同济·法哲学文库

法哲学与政治哲学评论
第5辑

菲尼斯与新自然法理论

吴 彦 主编

《法哲学与政治哲学评论》编委会

主 编

吴彦 黄涛

编委会成员
（以姓氏笔画为序）

马华灵　王　涛　王江涛　冯　威　朱　振
朱明哲　刘振宇　汤沛丰　李明坤　杨天江
汪　雄　周国兴　郑　琪　郑玉双　姚　远
钱一栋　徐震宇　韩　毅　童海浩　雷　磊

主办方

同济大学法学院法哲学研究中心

目 录

主题：菲尼斯与新自然法学

3　　自然法传统　　/ 约翰·菲尼斯

10　　一种当代自然法伦理学　　/ 杰曼·格里塞茨

30　　约翰·菲尼斯的成就　　/ 罗伯特·乔治

41　　自然法的诸原则　　/ 拉尔夫·麦金纳尼

60　　自然法的基本原则：对拉尔夫·麦金纳尼的回应

　　　　　　　　　　　　　/ 约翰·菲尼斯　杰曼·格里塞茨

74　　自然法以及"是"与"应当"问题　　/ 亨利·维奇

91　　自然法与"是-应当"问题：对维奇教授的一个邀请

　　　　　　　　　　　　　　　　　　　/ 约翰·菲尼斯

国内论文

109　　托马斯·格林的公民哲学（一）：道德存有论　　/ 刘佳昊

经典文献与资料

199　　自然法　　/ 布赖斯

241　　中世纪政治哲学　　/ 约翰·基尔卡伦

笔谈：经典进路的法哲学与政治哲学

309 古典法学之倡导 ／黄 涛

318 我们目前需要什么样的自然法理论 ／杨天江

321 当前法哲学领域知识引进运动之我见 ／姚 远

324 思想史之于法哲学研究：必要；不那么重要 ／钱一栋

336 从政治哲学看现代世界的生成 ／徐震宇

340 简谈法哲学与政治哲学研究的关系 ／宋京逵

345 "国家的法理论"：探寻现代国家建构中的法理 ／董 政

350 后思想时代的来临 ／马华灵

360 当下中国法理学研究之弊端 ／吴 彦

367 稿约和体例

主题:菲尼斯与新自然法学

自然法传统

约翰·菲尼斯* 著

吴　彦** 译

【编者按】本文最初刊发于《法学教育杂志》(Journal of Legal Education, 36[1986]: pp.492-495)。在这篇篇幅短小的文章中,菲尼斯概括了他的自然法的几个最基本的要素,亦即概括了他的最主要的几个"敌人"。同时,对于自然法法理学所应从事的几个主要议题,也作了相应的概括(尽管没有加以论述)。另外,因为这是一篇给《法学教育杂志》撰写的文稿,所以文末还有一个有关法理学教学的简短想法,这是菲尼斯为数极少的有关法学教育的论述。

谈论一个自然法"传统"是没有多大意义的。因为(在伦理学、政治学、法律与法理学中)"自然法"所指的是一系列真的命题,这些命题旨在界定"基本人类善"、正确选择所需满足的"一般性要求"以及当这些要求作用在特定的基本善之后所推导出来的"具体的道德规范"。①

---

* 约翰·菲尼斯,牛津大学法学院教授。
** 吴彦,同济大学法学院副教授。
① 菲尼斯的这个表述跟《自然法与自然权利》中的表述基本上是一致的(参见《自然法与自然权利》第23页)。所谓的自然法,主要是由三部分构成的:一是基本人类善,二是实践合理性诸要求,三是道德规范。在这里尤其需要注意的是第二部分,菲尼斯把它说成是实践合理性所提之要求。这个部分主要起到一个安排(ordering)的作用。首先,从表面上看,"实践合理性所提之要求"是从"前道德领域"(基本人类善)向"道德领域"(道德规范)过渡的一个环节;但是从更深层次来看,所谓的实践合理性诸要求,就是人

但是,确实存在一个自然法理论的传统或对自然法作理论化处理的传统(这种理论化处理的当代形态与该传统的古典形态是保持一致的)。这一"自然法理论的传统"拥有以下三个主要特征:①

(1) 批判和拒斥伦理怀疑论、独断论和习俗主义;

(2) 对各种描述性的和解释性的社会理论(诸如政治科学、经济学、法学……)所抱持的方法论予以澄清;

(3) 批判和拒斥那些有关正义和正当的累加式观念(诸如后果主义、功利主义、福利最大化理论、比例主义……)。

在法学中,该传统所关注的在于表明:②

(1) 有关法律的理解如何预设着一种有关共同体、正义和权利以及权威的"实践理解"——把它们理解为选择和行动的理由;

(2) 有关法律的定义——一个人对于法律的概要性理解——如何能够且应当参照"法律的道德功能"或"法律的目的"(特别是"法治"这一程序性理想,但并不限于此),由此,我们无需将那些不道德的法律从法律人所

的"理性"能力所提出的合乎其本性的一些要求,这些要求所着眼的就是如何安排那些被理性理解为是好的东西(善),亦即着眼于对各种"善"作出好的或正当的安排,也就是一种合乎理性的安排。正是在这个意义上我们可以看到,理性在菲尼斯这里是被提升到一个非常重要的位置上的,这也符合阿奎那的基本精神。另外,这里的理性,或(严格来讲)实践理性,并不是像康德那样把它理解为主要起到一种"立法"的功能,也就是说,实践理性不针对任何一个对象而发挥作用,而是针对它自身而发挥作用,从而以其自身的立法活动作为理性活动的根本特点。但是在菲尼斯这里,实践理性所起到的主要是安排的功能,也就是说,它是针对某些对象的,亦即以一种合乎其本性的方式对这些对象进行监督,并从整体上来安排它们各自的位置,由此型塑一个合乎理性的秩序。或许,也正是在这个意义上,菲尼斯赞同康德对于实践理性的强调,但却认为康德只局限于理性,而遗忘了理性所针对的那些对象。或许从另一个角度看来,有关实践理性的这两种不同理解——康德式的和托马斯主义式的——正是其伦理理论分歧的根源。——译注

① 从这里我们也可以看出,自然法理论首先是一套伦理理论,其次才是一套法律理论。有关第1条和第3条的详尽论述,参见菲尼斯的《伦理学原理》一书。——译注

② 在菲尼斯看来,自然法理论作为一种整全性的实践哲学理论,主要囊括伦理学、政治学和法学三个部分。就自然法的法律理论来讲,他肯定要处理某些专属于法律理论范围之内的问题,在这里,菲尼斯概括了所谓的自然法法理学(Natural Law Jurisprudence)的主要议题:(1) 法律与行动理由;(2) 法律创设了一些新的道德义务;(3) 各种不同类型的法律推理。参见菲尼斯:《自然法理论》,吴彦编译,商务印书馆2016年版,第89页。——译注

持有的有关法学研究的看法中排除出去;

（3）实在法是如何以至少两种完全不同的方式从自然法（道德原则）那里推导出来的;

（4）不正义的法律——作为法律——有的时候是如何可能创制道德义务的,但即便如此,它们永远都缺乏"以合法方式被制定的法律"所拥有的那种"道德权威"（因此,这种权威是这些法律的基本属性之一）。①

一、反对伦理怀疑论、独断论、习俗主义

至少,对于"真理和知识"这种基本人类善的怀疑论拒斥是自相矛盾的。自然法理论是一种旨在阐明如下事实的理论:追求真理和知识（或对之提出问题）是值得的。那些没有给它们自身之存在留有任何余地,或没有给它们自身之价值留有任何余地的理论,都是自相矛盾的。

当代很多有关基本人类善和实践合理性诸要求的怀疑论建立在一种错误的逻辑推论——从"是"中推导出"应当"——的基础之上（这种推论在现代尤其普遍）。例如:

（1）我拥有一种赞同 X 的情感,所以 X 是好的(是值得的,或是有约束力的,或是……);

（2）因为我对 X 这个实践原则作出了承诺、采纳、挑选、选择或选定,所以 X 就应该被践行;

（3）在现代思想/当代社会中,因为 X 被广泛地看成是好的/有约束力的(不好的/没有约束力的),所以 X 是好的/有约束力的(不好的/没有约束力的);

---

① 从这里我们可以看到法哲学预设了对于以下三个基本问题的理解:(1)共同体,也就是人的共同生活;(2)此种共同生活所遵循的正义规则,亦即一种正当的共同生活;(3)权威,亦即使正当的共同生活得以可能的那个东西。所谓的法律,就是从对于权威的规范的维度衍生出来的。因此,我们也可以看到,从共同生活到正义到权威再到法律,是层层相扣、环环推进的。从中我们也可以看到《自然法与自然权利》的基本架构。——译注

(4) 因为 X 没有被普遍地/共同地认为是好的/有约束力的,所以 X 不是好的/有约束力的。

这种明白易懂的自然法理论首先是由柏拉图和亚里士多德提出来的,以便作为对于此种无效推理的批判。这些理论家以及他们的继承者——比如阿奎那——都尊重"是"与"应当"、"事实"与"价值"之间的区分,他们比诸如休谟这样的人要更为谨慎地尊重这种区分。那些与此观点相左的说法完全是一种误读和捏造。①

对于怀疑论的批判是与当代法理学的主要策略紧密结合在一起的:不再关注"结构""实践"乃至"情感"这样一些外在的东西,而是关注人们据以行动的特定理由,正是基于这些特定理由人们才以某种特定的方式行动并由此而构成某种特定的社会现象(比如法律)。法理学所关注的正是各类据以作出决定的正当理据。

请注意:因为关注真理,所以自然法理论与各种政治运动是没有任何关系的,不管是保守的、自由的、激进的还是其他类型的政治运动。

二、 论社会科学的方法论

由此,我们便可得出这样一个结论:由边沁所发起,并由奥斯汀、凯尔森、韦伯、哈特、拉兹以及其他一些人所发展起来的"分析法理学"或"法律的描述社会学",只是因为在概念(亦即那些用于分析、描述和解释的概念)的选择和/或概念的构设中预设了某些评价,才避开了方法论的独断性。但是,一旦他们(在边沁、奥斯汀和凯尔森那里)否认和否弃这些评价,或(在韦伯和哈特那里)宣称这些评价是一些不能予以讨论的选择或预设,那他

---

① 就后面两个句子所谈之观点的文本证据,可参见菲尼斯:《自然法与自然权利》,第 330—338、470—478、53—55 页。

们就走向了一种独断。①

尽管描述性/解释性的社会科学完全不同于证成性/批判性的实践推理（这种推理所关注的是在各种社会安排中，哪些是正当的安排，哪些是好的安排），但是自然法理论却完全承认描述性/解释性社会科学的位置（亚里士多德的《政治学》就是一个早先的典范）。但是自然法理论却指出：用于进行社会描述和社会解释的概念，它们的型塑和选择实际上就是由某种评价——那些通过对于人类处境的批判性反思而被证明为正当的评价——引导的，并且必须由这种评价予以引导（不然，这些概念将仍然是一些地方性的概念）。

简言之，自然法理论试图公开地、批判性地去做其他很多分析理论家和解释理论家偷偷去做和不带任何批判态度地去做的那些事情。一旦人们承认亚里士多德所使用的那个定义方法（亦即根据拥有实践智慧的人来判定"核心的情形"与"边缘的情形"），他们就会看到亚里士多德的社会-科学方法论（区别于他对于该方法的某些历史学的原始应用）要比现代此领域中的很多论述要更加精致，且更能将新的素材和更深的理解纳入进来。

三、对各种累加式的正当理论的批判

对于伦理学、政治理论和法理学来讲，比阐述基本人类善更为重要的是阐述第二个层面的伦理反思，亦即甄别"实践合理性诸要求"或"责任模式"②。现代很多伦理学和法理学思想都不带任何批判地假定"合理性"（reasonableness）所要求的就是善或价值的一种累加。在那些由单纯的目标（规划或实现某些简单的承诺）构成的语境之中，的确存在可通过累加式的

---

① 参见菲尼斯：《自然法与自然权利》，第 1 章注释 1；菲尼斯：《论"实证主义"与"法律—理性权威"》（"On 'Positivism' and 'Legal Rational Authority'," 5 Oxford Journal of Legal Study, 1985, pp. 74 – 90）。
② 责任模式（modes of responsibility）是格里塞茨使用的一个术语，与菲尼斯所使用的"实践合理性诸要求"（requirements of practical reasonableness）大致是一样的。——译注

计算(或评价)予以确立的最大的善(或较少的恶),但是,除这些语境之外,亦即在那些具有道德或政治意涵的选择处境之下,根本不存在这样一种可通过累加式的计算而予以确立的最大的善或较少的恶。

人权,以及诸如法治这样的制度,之所以会呈现现在的样子,恰恰在于累加式的伦理/政治方法是无法被证成的。康德的公平原则以及尊重人性原则要比功利主义更为合理,但是,康德的这些原则需要(并且能够)通过阐释人类本性(人性)——以及基本的实践原则——而得到支持,而这种对于"人类本性"的阐释是由对于"基本人类善"的阐释提供的。①

相比于契约论的权威理论或以意志为基础的契约理论,自然法理论挖得要更深。对于一些传统的法理学问题,它可以给出更好的阐释,诸如具有约束力的习俗的形成(比如在国际法中),经过革命之后的法的连续性问题,实际存在的政府所拥有的权威,契约义务和其他义务之间的关系,侵权和其他补偿损失方案之间的关系,等等。

四、有关法理学教学的一点看法

在我看来,法理学可以被很好地纳入"法律导论"(Introduction to Law)②这门课程中:

(1) 由此以表明法治的程序标准/构成性标准(在富勒的《法律的道德性》第 2 章和第 6 章中得到了很好的阐述)是如何将法律(以及我们的法

---

① 菲尼斯在后来的著作中一再表述这样一种研究的次序:研究人类本性,需要以研究人的能力为前提,研究人的能力要以研究人的行动为前提,研究人的行动则以研究行动所指向的目的为前提。在这个意义上,对于自然法的研究或对于自然法之深层根据——人类本性——的研究必然以对于人类行动的各种目的的研究为基础,这样一种对于目的的研究就是菲尼斯所讲的对于基本人类善的研究。——译注
② 这门课程类似于我们中国的"法学绪论",就是从总体上给学生提供一个法学的总貌,包括对于法律的基本概念以及各个部门法的概述。因此,法理学也被纳入其中。比如晚近出版的一本《法律导论》教材,就分别包括法律渊源、法律推理、法律的基本概念、契约法、财产法、侵权法、刑法、宪法、行政法、欧洲法、税法、国际法、人权、程序法诸要素、法哲学这样一些章节。参见 Jaap Hage and Bram Akkermans (eds.), *Introduction to Law*, Springer, 2017。——译注

律)与政治理论(以及与我们这个政治体所拥有的一些信念和承诺)连接在一起,并体现在一些极其具体且极富争议的法律规则和法律制度中的。

(2)以表明私法制度(诸如侵权、契约或破产)是如何以如下三种方式体现道德观念的:①或者是道德观念的一种直接应用,②或者是以慎断的方式(建构性的、非演绎性的,一般观念的一种自由的运用或具现化)从道德观念中推导出来,③或者是基于融贯性的考虑,从而在某种程度上以演绎的方式从道德观念中推导出来。①

法理学课程需要正面处理上文所提及的那些方法论问题,并将之作为框架以便对部门法学家的工作作出有益的反思(到底是对哪个法学家作出反思都无关紧要,无论是已过世的还是仍在世的)。反思这些问题就等于是反思"自然法理论";事实上,研究自然法理论(不管人们喜欢哪个标签)就是要反思这些问题——当然,除非一个人事先就已经有了支持"怀疑论""现代习俗主义""方法论的地方主义"或"某种纯粹累加式的正义理论"的答案。

---

① 比如,可参见菲尼斯在《自然法与自然权利》一书中对于破产法的反思,第7章,第188—193页。

一种当代自然法伦理学[*]

杰曼·格里塞茨 著
童海浩[**] 译

一、导言

1959年,通过研究圣托马斯对自然法的论述,我开始投身于伦理学理论的工作。时过境迁,为回应现当代的问题,我对这个理论进行了精炼,对相关表述作了语义澄清,并始终对它保持着批评性的反思与体系化的努力。这项工作得到了其他哲学家的持续襄助,尤其是约瑟夫·波义尔(Joseph M. Boyle)和约翰·菲尼斯(John Finnis)。我们所发展的这套理论,是一种——但非唯一一种当代自然法伦理学。

本文只是对这个理论的简单概述。对其进一步的澄清与辩护感兴趣的读者,可查阅参考文献中列出的那些作品。

我们的理论是认知主义(cognitivist)的,而非直觉主义(intuitionist)。在这一点上,它与后果主义、康德主义,以及其他自然法道德理论是一致的。

---

[*] "A Contemporary Natural-Law Ethics," in *Moral Philosophy: Historical and Contemporary Essays*, edited with Introduction by William C. Starr and Richard C. Taylor, Milwaukee: Marquette University Press, 1989, pp. 125 – 143.

[**] 童海浩,中国政法大学法学院博士生,圣母大学访问学者。

我们认为,存在真道德原则,至为具体的道德规范能从它们中推导而出,良知的判断(judgments of conscience)也能根据它们得到测评。相较于后果论与康德主义,我们所提出的理论少有人知,因此,可以先参考它们,大致确定我们的理论。

后果论是一种目的论(teleological)理论,它试图将道德判断植根于人的福祉(well-being)。康德式理论则是一种义务论(deontological)理论,它试图将道德判断植根于道德主体的理性本性(rational nature),强调道德主体的内在尊严。目的论对很多人颇具吸引力,因为它不绝对化道德,而是把道德放在比更多人的幸福更低的位置。然而,义务论也自有其吸引力,因为它竭力捍卫人的绝对尊严。把某人仅仅当作他人之目标的手段,证成这个命题的任何尝试都是义务论所决然反对的。

我们的理论试图融合目的论和义务论的优点,同时又避免它们的缺点。我们认为,道德植根于人类善(human goods),人类善是生活在经验世界中有血有肉的人的善。同时,每个人的尊严受到绝对道德规范(moral absolutes)的保障,把任何人仅仅当作手段,是绝对错误的。

二、基本人类善的观念

用在人的行动与行动的原则中时,最宽泛意义的"善"指的是,一个人以任何方式欲求的任何东西。然而,人们欲求的东西有很多。比如,愉悦、财富与权力。仅仅追求这些东西似乎使人空虚,使此人与彼人有隙。还有其他一些善,比如,对真理的识知与友谊的生活;追求它们似乎使人提升,使此人与彼人和睦。像这样的善,构成了完整的人类实现的真正部分。我们把它们称为"基本人类善"(basic human goods),不是对生存(survival),而是对实现(fulfillment)而言的"基本"。

有些善是明确的目标,是被欲求的事态(desired states of affairs),比如,减重20磅,敌人投降,或顺利完成一项研究计划。但基本人类善,比如,健康、和平与对真理的识知,它们不是明确的目标。对这些善的追求永无止境,因为它们不能被最终与完全地获得。这些善具有的吸引力,甚于为了它们而追求的特定目标。因为这些善超越例示(instantiate)它们的事态。由此可知,各类共同体,或是独自行动的任何人,都能够促成这些善的实现,也可以分有这些善,但绝无可能变得完全等同于它们。

问题在于,如果基本人类善不是明确的目标,那么,它们是如何引导行动的呢?答案是,基本善提供了理由,它们使得某些可能性(possibilities)成为值得选择的机会。敌人投降作为一个要追求的目标,是因为这个信念——它将促成和平。减重 20 磅被追求,可能是为了健康。开展某项具体的理论研究计划,可能带着这一预期——它的成果将推动知识进步。由基本人类善提供的这些选择与行动理由,不需要任何在先的理由(prior reason)。和平、健康、知识等所能带来的人类实现前景,对作为潜在能动者的人自然地产生了相应的吸引力。

因此,人的实践反思始于基本人类善,这些善是那些可能性不断扩展之地,即构成人们作出选择,并落实选择的所有理由之基础的那些可能性。这一事实使得人的生命既具有恒常性与普遍性的特征,又具有多样性与开放性的特征。基本人类善解释了通常被认为只有人类才具有的创造性,它们为分析人类文化的历史,提供了一个必要的理想框架。

三、有哪些基本人类善?

有些善尽管是重要的,但却不是基本的,因为它们不是内在于人的实现。而凡是外在的善,任何由人制出或拥有,并被视为区别于人的东西,都不是基本的。个人与共同体总是基于进一步的理由去追求这样的善,而进一步的理由在人那里就穷尽了。

甚至有些更具个人与人际特征的善,如果它们只是因为其自身的工具性价值而被欲求,那么,它们就同样不是基本的。比如,自由是一项相当重要的善,但它不是基本的;它本身不是人的实现,而仅仅使人能够去追求不同形式的实现。因此,人们想得到探索真理的自由,结交朋友的自由,等等。

"愉悦"指的是各种感知状态。这些状态的唯一共同点是，人们偏好这些状态，而非其他状态。一种受偏好的感知状态(a preferred state of consciousness)，最好不过是人们分有某项善的部分面向。换言之，它最多是某项善的例示的部分面向。因此，愉悦不是基本的。然而，如果"愉悦"指的是感知充盈地分有一项或多项基本善，那么，我们就不需要使自己愉悦的进一步理由。

通过思考，并观察人们安排其各自生活的多元方式，我们能清楚地知道，存在诸多基本善。比如，真理与友谊显然分属不同的关切领域。它们既不能相互化约，也不能化约为一个更根本的关切。基本善的多样性，不只是偶然的事实。相反地，因为这些善是人的完整实现的各个方面，因此，它们对应着人性内在的复杂性，这种复杂性既体现在个体之中，也体现在不同类型的群体之中。

作为身体存在者(bodily being)，人是活着的动物。生命本身，包括生命的维持和传递，以及健康和安全，是一类基本人类善。作为理性存在者，人能够认识实体(reality)，欣赏美，以及任何强烈地触动他们的认识与感觉潜能的东西。知识和审美体验，是另一类基本善。同时作为理性的与动物性的存在者，人能够通过使用实体——这是从运用身体性的自我开始的——表达与(或)实现人类文化中的意义与(或)目的，从而改造物质世界。完全地赋予意义和创造价值，又是另一类基本善：工作和玩乐的卓越。

不必经过审慎地追求，每个人已在某种程度上分有了这些善。生命、知识与各种技能是作为自然的馈赠，以及文化遗产的一部分而获得的。但小孩很快就会将这些善视为他们能够关心，并且能够扩展与丰富他们已获得之物的领域。生命、知识与表现的卓越是基本人类善，正是因为它们能够被珍视，被提升，以及被传递给他人。

人还有另一个维度。作为进行慎思(deliberation)选择的能动者，人能够尽力避免，或克服各种冲突与嫌隙，并能够追求和谐、融洽与友爱。选择本身是人的这一关系维度的本质要素。已给出的人的统一性与人际间关系的诸方面，为这一维度提供了基础，但它又超越了这些已给出的东西。

在这种关系维度中，最明显的基本人类善是人与人之间，以及人与群体之间的各种和谐：友谊、和平、友爱等等。个人自身也可以实现类似的善，比如，内心安宁、自我完整、本真。除了人际间关系的和谐，还可能有人与更广袤的实体，甚至与这实体的源头间的和谐。对最后一类善的关切体现在各种活动上，比如，信徒的礼拜，以及环保人士拯救濒危物种的工作。

这些关系性的善，被各个要素的综合所例示，这些要素包括感觉、体验、信念、选择、表现与更广袤的现实。在理想状况下，和谐会增进它的各个要素；然而，事实上，冲突很少能在不损失任何被综合要素的情况下得到克服。有缺陷的和谐往往建立在相当程度的冲突之上。比如，剥削者和被剥削者间已确立的工作关系，这也是一种和平，但却存在根本的缺陷。这种有缺陷的和谐是可理知的善（intelligible goods），它们能够作为实践推理和行动的原则。不过，它们是有所折损的基本人类善。

四、首要的道德原则

要理解正确和错误，我们必须记住两件事。第一，人的实现的可能性是无穷的，并总是在不断显现，这是因为，存在着不少基本人类善，以及无数追求与分有它们的方式。第二，即便所有人齐心协力，所能做到的也仍然有限，没有人能展开每一项计划，并以每一种可能的方式去追求它。也没有任何共同体能够做到，选择必然要被作出。

受迫行为、能力缺乏、无心之失和坏运气所造成的糟糕结果，都并非道德上错误的。只有在选择时，人们才可能是道德上错误的。任何伦理理论都会说，道德规范告诉人们如何作出选择。

根据上文所勾勒的人类善观念，似乎难以理解人如何能错误地选择。如果没有植根于基本人类善的选择理由，那么，也就不存在诸选项；然而，选择特定的选项，在理性上绝不是必然的，否则也就不会有两个，甚至更多个在手的选项了。因此，按照上文的说法，每个选择都植根于某项可理知的善，并在那个意义上是理性的。但没有任何选择能够独占理性。事实上，每个选择都对此善或彼善有一些消极的影响。故此,如果不将不作出某个选择的理由放到一边,那么,没有任何选择可被作出。

一定程度上,正是为了应对这种真实的复杂性,后果主义者试图通过诸选择在最大化与最小化害上的效能(effectiveness)高低,区分好的选择和坏的选择。但后果主义不具操作性。这是因为,尽管我们或许有能力公度(commensurate)对善的不同例示所承诺的可测度的价值与无价值。但我们不能公度使各自可能性成为值得选择的机会的善与害,因为这些善与害绝不是在任何选择时刻就确切的东西。

然而,如果后果主义不具操作性,基本善如何能指示好选择和坏选择之间的道德差异?

存在两种选择的方式。第一,人们可以接受选择的不可避免的局限性,也就是,把自己选择的任何特定的善视为仅仅是在分有一个更宽泛的善;如此选择,人们就把自己选择的善当作某个更大的并继续扩大的整体的一部分,而且以要求它与那个整体的其他要素构成和谐的整体的方式选择。第二,人们能够以不必然排除某些实现的进一步可能性的方式选择。人们看待自己此时此地正在追求的特定的善,就好像这项善本身比人们对它所知的还更完整。

按照第一种方式作出选择做得好,是因为它们完全符合事实;按照第二种方式作出选择做得不好,是因为它们在某种程度上不符合事实。区分好与(或)坏选择的是首要道德原则。它能被表述为:在追求人类善,避开与其对立之物的意愿行动中,人们应当选择或意愿那些,并且仅仅对其意愿相容于完整的人类实现的可能性。

这样一个表述可能会被误解。"完整的人类实现"并不是指某个个体的自我实现,而是指所有人与共同体的实现。任何人能分有的任何善,也能够使他人实现。此外,某些善只能由个体与他人一起分有,比如,友谊。

完整的人类实现也不是诸善之例示的某种巨型综合,作为一种宏大的事态,要规划为联合国组织的一项千年计划的目标。伦理学无法成为那样一种建筑术(architectonic art);绝没有能带来整体的人类实现的计划。它是一个指导性的理想,不是一个可实现的理想,因为善无以穷尽。

此外,整体的人类实现不是一项至高的善。它并不高于真理与友谊这样的基本善。基本善提供行动理由,整体的人类实现则不提供。整体的人类实现只规制这些理由之间的互动,从而使得慎思将是完全合理的。

五、首要道德原则的具体化

我们可能赞成完整的人类实现这个理想,但会进一步问:上文给出的那个表述如何能真正成为一项可用的首要道德原则?具体的道德规范如何能从它推导而出?

具体的道德规范不能直接地从它推导而出,但这项首要原则的确蕴含着诸中介原则,规范能从它们推导得到。在这些中介原则中就有黄金法则(或可普遍化原则),因为一种表现出利己主义或偏倚(partiality)的意愿与整体性人类实现不相容。从这项中介原则能得到一些具体的道德判断。比如,简想要丈夫杰克对自己忠诚,但自己却与山姆厮混,这显然违背了黄金法则。

从首要道德原则到具体的道德规范,这中间存在一条通道。通过反思具体的例子,比如,反思首要原则与黄金法则之间,以及黄金法则与具体的公平规范(norms of fairness)之间直觉上就相当明显的关联,这条通道能逐渐显现。

人的选择受到很多方面的限制。有些限制是避无可避的,有些则不然。避无可避的限制包括:人们对基本善的洞见,对如何实现基本善的想法,以及可使用的资源。如果这样的限制是超出人们的控制的,那么,道德就不能要求人们应超越它们。

但是,某些限制是可避免的。我们能够意愿地限缩自己所关心的人与善的范围,有时候这种意愿地限缩有其可理知的根据,比如,拥有很多天赋的某个人,选择了一个职业,从而也就荒废了其他的才能。不过有的时候,在没有这样的理由的情况下,不可避免的限制就被意愿地设置或接受了。

因此,后一类限制的来源满足两个条件:(1) 只有事关我们自己的选择,它们才发挥作用;(2) 它们是非理性的动机(nonrational motivations),不是基本人类善的可理知的要求。通常地,行动者或是放任这些非理论的限制因素自行其是,或是超越它们。因为如果它们没有整合于基本善的理性吸引力,以及在这些善上的共同实现,那么,它们就是我们自己的感觉(feelings)或情感(emotions)。这种未被整合的感觉的确提供了行为动机,但它们本身不是选择的理由。

首要道德原则在理性上规定,未被整合的感觉应被超越。黄金法则禁止我们仅仅根据某些这样的感觉,即对自己与自己亲近或喜欢之人的偏爱,就限缩趣向与关切的范围。但黄金法则没有禁止不可避免的限制所要求的,或是共同分有之善的可理知的要求所确定的差别对待。

使人偏好受限制的而非完整的人类实现的感觉,并非只包括在人与人之间的非理性偏爱。敌意的感觉,比如,对自己或他人的气愤与仇恨,会导致具有理智的、心智正常的成年人作出通常被称为"愚蠢的""不理性的"与"幼稚的"选择。自我毁灭的与恶意的行动摧毁、损害或阻碍了某些基本人类善的例示。很明显,对这类行动的意愿,与对完整的人类实现的意愿是不相容的。

敌意驱动的行为未必违反黄金法则。有时,人们实施的自我毁灭行动,并非对他人不公。此外,报复也可能是公平的,比如,以眼还眼。然而,公平无法排除根据敌意的感觉实施某个对任何人都没好处的不合理性(unreasonableness)。因此,黄金法则不是具体化首要道德原则的唯一一项中介原则。这样看来,如果康德式伦理学主张的是,可普遍化是唯一的道德原则,那么,这种伦理学就是错的。"把人当作目的对待,而非仅仅作为手段",也就是,对人的尊重,必然远不只意味着公平地对待他人。

不只敌意的感觉,正面的情绪也可能驱动人作恶,即摧毁、损害或妨碍对某些基本善的例示。人们可能选择把作恶当作一种手段。他们作恶是为了避免某个其他的恶,或是为了实现某个进一步的善。在这种情形中,选择似乎是完全理性的,后果主义者会激赏这种选择。然而,正如我在上文已经说过的,完全理性的这个表象,建立在一个错误假设的基础之上:人类善能被例示,且能被公度,除此之外,人类善毫不重要。

因此,为了某个进一步的目的,选择摧毁、损害或妨碍基本善的某个例示是不合理的。如果我们作了这样的选择,那么,我们没有最大化善或最小化害的理由,因为根本就不存在这样的理由,善是不可公度的。相反地,人们被指向不同善的例示的感觉所驱动。在这种情形中,人们偏爱善的一项例示,正如人们偏好一个人一样,它们都违反了黄金法则。

因此,除了黄金法则,以及否定因敌对感觉而行动的原则,还有一项中介原则:不要因为可能带来善而作恶。

因为这项原则产生了绝对的道德规范,所以,它经常被看作是一项对人的至关重要的具体利益的威胁。虽然这项原则可能是对利益的威胁,但是,它所产生的绝对的道德规范却保障了真正的人类善,这些善是真实的人之实现的构成部分。为了整体的人类实现,牺牲某些重要的具体利益是合理的。黄金法则与上文已阐明的其他原则把首要道德原则的理性指示具化为明确的责任。因此,我们把这类中介原则称为"责任模式"(modes of responsibility)。我们总共区分了八项责任模式。

六、人的行动

具体的道德规范是从责任模式中推导出来的。但如果不首先说明人的行动,就无法解释这一过程。包括哲学家在内,很多人都不经反思地假定了一个相当简化的人类行为范式。它由三个要素构成:(1)一位潜在的能动者想要实现的一个可能的事态;(2)通过处于能动者掌控中的因果性因素(causal factor)来实现那个事态的一个计划;(3)通过实行一系列复杂程度不一的身体表现(bodily performances),带来那个被欲求的事态。

这种行动的范式是不恰当的,但它的确点到了某些东西:亚里士多德所说的"制造"(making)与"行动"(doing)有所区别。康德发现了这种范式的不当之处。他知道,道德生活不仅仅是追求一个又一个的目标。但因为康德将本体世界(noumenal realm)与经验世界(the world of experience)作出了区分,所以,他没有在根本上挑战这种对人的行动过于简化的思考。我们作为人,过着自己的生活,对这种经验的反思将证实一个更复杂的范式。

如上所述,基本人类善是一大片人类可能性。对这些善的兴趣,是对实现任何特定目标的欲求的基础。对人来说,无论是作为个体,还是在群体中行动,计划首先表现为有吸引力的可能性,值得慎思,甚至值得选择,这是因为人是对实现开放的人,善是那个实现的内在方面的善,而它们似乎提供了联合人与善的诸多方式。比如,除了任何课程的具体目标,敬业的教师想让他们的学生成为成熟与有教养的人;除了所有战术上的目标,一个政治家式的军事指挥官希望促成一个更和平与更正义的世界。

因此,从道德的观点看,行动首要的是行动人或行动的共同体与基本人类善的意图的结合(voluntary syntheses)。为了促成这种结合,至少有三种方式。它们也构成"行动"的三种意义。从道德的观点看,它们是完全各异的。

第一,我们选择某事,通过这项选择,我们直接分有了一项善。此时,我们在行动。比如,当我们赠予一件礼物,把它作为一种友谊之行动,我们就选择了实现某个事态,赠予礼物,作为实现友谊之善,以及自我与他人在这种和谐中的实现的一种方式,这被给予与接收这件礼物所例示。

第二,我们选择某事不是为了这件事本身,而是把它当作一个进一步目的的手段。此时,我们就是在以不同的方式行动。被选择之事,并不是作为一项基本善的例示而被意愿,而是作为通过它能带来一项基本善的例示的东西而被意愿。比如,很多人只是为了得到酬劳而工作。被选择的手段未必是那些人们绝不会为其内在价值而选择它们的东西。比如,我们有时为了工作目的而旅行,我们也可能为了度假目的而旅行。

第三,我们意愿地接受以前两种方式(的任何一种)行动而偶然产生的附带后果,此时,我们就是在以另一种不同的方式行动。在这种情形中,我们意识到,除了我们的兴趣直接对准的那些善,执行我们的选择将(或好或坏地)影响其他善的例示。尽管我们并未选择这种对其他善的影响,但我们的确预见到了这种影响,并接受了它。这种接受,有时是不情愿的(比如,人们为了拯救生命,就接受失去一个病变器官),有时是乐意的(比如,人们同意参加一个哲学研讨会,就接受了结交新朋友的额外好处)。

因为这里区分的三种意愿,以不同方式联结了人与善,所以,它们确立了"行动"的三个不同意义。这种区分的重要性,在消极情形中体现得最明显。我们揭发关于某个人的可耻真相,可能是出于恶意;也可能是为了激起那个人的羞耻心,从而为其提供忏悔的机会;亦可能是作为防止那个人伤害他人、无辜者的附带后果。在所有这三种情形中,我们都可以被说成"摧毁名誉",但是在不同的意义上摧毁名誉。

七、 特定道德规范的导出

具体的道德规范可以从责任模式中推导而出。在很多坚持可普遍化原则的哲学家的著作中,以及上文给出的坚持其他模式的例子中,都明确地体现了这一点。我现在试着厘清一下这个推导过程。

它的核心是一个演绎(deduction),这一演绎能被阐述为一个直言三段论。在最简单的情形中,规范性前提是一项责任模式,它排除了朝向相关善的意愿的某种方式。事实性前提是对一种行动的描述;它要指明,何种对准基本人类的意志,将被包含在那样一个行动中。结论是,做那样一个行动是道德上错误的(morally wrong);而不为任何模式所排除的行动是道德上允许的(morally permissible);那些不做它们就会违反某种模式的行动,则是道德上要求的(morally required)。

很多描述行动的方式,尤其是只关注结果的那些描述方式,没有揭示出推导一项道德规范所需之物。比如,如果杀人被定义为一个人引起另一个人死亡的任何行为,那么,对于道德评价而言,这个描述是不够的。对道德评价而言,恰当的描述必须说明或提示,能动者的意志是如何对准相关善的。这种描述将显示出,一个行动究竟涉及以上区分的三种"行动"中的哪一种。

并非所有的责任模式都适用于这三种行动。

可普遍化模式都适用。父母对自己偏爱的孩子表示喜爱,而对其他孩子冷淡相待,这是在一个直接例示家庭亲情之善的行动中违背了黄金法则。上级给自己厌恶的下属分配更棘手的工作,而给自己喜欢的下属分配更轻松的工作,这是在选择手段中违背了可普遍化原则。宿舍住户在他人睡觉时彻夜狂欢,但抱怨他人在白天时制造噪音,这是在接受附带后果中的不公平。

因此,如果人们不公平地作出选择,那么,接受这个选择的附带后果可能会是错的。相似地,甚至在没有对任何人不公平的情况下,如果某人排他性地依恋某项善,那么,接受它的严重的附带后果也会是错的。比如,一个上了年纪的冠军拳击手,在尽力保住自己的头衔时,损害了自己的健康。

然而,若不接受某些坏的附带后果,人们根本就无法行动。在任何的选择中,人们至少要把一部分自己有限的时间与其他资源,投入到追求一项有限的善上,而把人们本该为之行动的其他善放到一边。因此,我们不可能拥有一项一般性的道德原则,它能够完全地排除对每一项基本善带来负面影响的意愿。人们有时能够接受坏的附带后果,把它作为一个对可知的善的完全理性回应的,无可避免的伴随物。

因此,"不要为了善而实行害"这项原则,仅仅适用于选择实现一个进一步目的的手段,而不适用于接受附带后果。有的时候,行害与接受坏的附带后果的结果可能非常相似,但接受附带后果却是可允许的,除非其他的责任形式排除了这一接受。例如,作为"为了善而行害"的一个例子,选择杀死一个受苦之人是道德上被拒斥的,无论是以积极实施的方式,还是以故意不作为的方式。与此相反,选择限制或终止沉重与高昂的治疗,死亡被接受为一个附带后果,这不必然是错的。下一节对自由选择的讨论将有助于解释,为何即便选择导致的结果非常相似,选择意愿上的不同仍具有非常重要的道德意义。

行动或者得到完整地描述,或者得到部分地描述。如果对一个行为的有限描述已表明,它涉及一个摧毁、损害或妨碍基本善的某个例示的选择,那么,符合那个描述的任何行动的错误性(wrongness)就得到了确定。额外的因素可能会影响错误性的程度,但对这个行动的进一步描述,不能改变它的基本道德性质。因为这个原因,从这个责任模式推导而出的道德规范,能够被称为"绝对的道德规范"。例如,一项绝对的规范禁止为了阻止某个人与其他几个人都被暴徒杀害,而杀害这个无辜者。

不同模式起着不同的作用。因此,并不是所有具体的规范都是绝对的。可普遍化原则可能会以不公平为由,排除一个得到有限描述的行动。而会以公平为由,允许一个行动,这个行动包含那个描述的所有要素,再加上了一些其他道德上相关的特征。例如,公平要求信守承诺,无论到什么时候,破坏一项承诺的唯一动机都是承诺打算要切断其运转的那种动机。但如果我们有其他理由破坏一项承诺(比如,遵守承诺会造成严重的后果,以致被承诺人也同意这项承诺应当被破坏),我们就能破坏承诺,同时又不违反黄金法则。

一般而言,从可普遍化原则推出的具体规范都不是绝对的。乍看上去,事实似乎并非如此,这是因为日常语言有时会把具体的道德规范融入行动描述。例如,日常语言将"偷窃"界定为错误地拿取他人财物。不管怎样,那些可证成的拿取的例子,可能包含所有在不可证成的拿取中出现的所有要素。相关特征的增加而非减少,使得拿取成为可证成的。

八、自由选择、个人身份和品格

古代道德哲学家寻求过美好生活的智慧。按照他们的标准,到此处为止,所总结的伦理理论都不合适。因为做一个好人不只是让自己的每个行动都符合一项恰当的道德规范。

我们面对各种实践选项,相信自己能够,且必须确定选取其一,并审慎地选取其一,此时,我们就作出了一个选择。如果是由选择本身决定我们选取哪一个选项,那么,选择就是自由的。确实如此,超出我们控制的因素,既提供了选项,也限制了选项。然而,如果选择是自由的,那么,只有我们的选择能决定我们要采纳哪个选择。

一个成功的行动实现的特定目标,是一种可感知的善,也能被可感知地体验到。但在选择做那个行动时,我们决定使自身联结的这项有吸引力的善,则是可理知的,而且是超越了那种经验的。例如,从某种疾病中康复,这是可感知的善,而健康则是可理知的善,在选择做对身体好转必要的行动时,我们决定自己去实现它。在许多成功的人的行动中,具体被实现的善也能够被无涉选择的自然过程(natural process),或人的无意识行动(spontaneous acts)所实现。与此不同,我们通过选择,从而决定自己去分有或追求善,这只可能出现在我们自我决定的选择中。

作为自我创造的自由选择超越了物质世界。它们不是这个世界上的事件、过程或事物,必须将它们区别于执行它们的表现(performance)。特定行动的表现会有始终,但一个选择,一旦被作出,它就确定了自我,除非我们作出另一个不相容的选择。通过选择的自我确定意味着,自我(the self)是逐渐地被实现的,而且这种实现也是有其固有限度的。我们朝向进一步可能性的方向是确定的,通过选择,我们不仅带来了善的例示,而且以明确的方式分有了基本人类善。

人们不得不把一些大选择分解为许多小选择。当一位哲学家结婚,或把摄影作为一种爱好,这些都是大选择的例子。一些大选择能被称作"承诺"。作出承诺不只意味着接受了一个长期目标。承诺与宗教、正义、友谊、本真等这些善直接相关。因为这些善是相互关联的,所以,任何一项承诺都会在某种程度上影响所有这些善。而且这些善包含了人际和谐,因此,每个承诺都让我们进入与某个特定的人或群体的关系。

首要道德原则要求与完整的人类实现相一致的意愿。这样的意愿必须满足对基本善的有效与持续分有之条件。如果没有一整套的正确承诺,那么,我们就无法有效且持续地分有善。因此,我们每个人都必须识别哪些承诺对自己而言是恰当的,我们每个人都必须作出与整合这些承诺,并忠实地履行它们。

人的同一性(personal identity)的某些方面是被赋予的:我们具有某种特定的基因构造,在某种特定的文化中成长,等等。但道德的自我同一性(self-identity)的基础是我们的自由选择。成熟的人通过他们的承诺定义自身。尽管如此,一个道德上成熟的、善好的人,不只是一系列正当的承诺。为了忠实地履行正当的承诺,整个人格(personality)都必须依据它们而得到发展与受到限制。它们必须塑造感觉、信念、体验、行为模式、技能等等。因此,一个善好的人是这样一个人,即,他的整个自我,通过一系列综合性的正当承诺而得以形成。

这样一个人拥有好的品格(character),它的诸面向被称为诸"德性"(virtue)。因为存在许多区分品格之面向的方式,所以,存在许多德性的分类。但无论如何分类,德性必然都是道德之果(moral fruits),而非道德的原则。德性仅仅是通过履行道德上正当的承诺而被塑造的人格的一部分,这样的承诺是正当的,是因为它们从实践推理与道德的命题性原则(propositional principles)而来,并为这些原则所塑造。

九、主耶稣之路

描述善好的人是容易的,但真正过一种善好的生活似乎是不可能的。无能、失败、关系破裂、无知、犯错、误解、痛苦、疾病与死亡,这些东西都损害或威胁着我们获得或享有的善。我们有时会自由地选择,违反已知的道德真理。我们从来不能完全地履行自己的承诺。如果得到一个好的社会的支持,那么,我们或许能够过更好的私人生活。我们也需要一个好的生活,这是因为人自然地是社会的。然而,在这个世界上,有很多邪恶的人,而且有权势的人似乎尤其可能是邪恶的。因此,本质上,每一个政治社会都与系统性的不正义,以及其他类型的不道德妥协。所有人都生活在奴役之中,只不过有些人永远是奴隶,其他人有时也扮演主人的角色。

哲学反思似乎无法解释这种情形,也无法指出通往自由之路。准确地说,就不道德植根于真正的自由选择而言,它是无法解释,也无法防止的。

除了不道德之外,死亡是人的处境中许多最令人厌恶的方面的缩影,它似乎是自然的,也无法避免的。古代哲学家与非西方哲学家,都纠结于人的处境的神秘之处,忽视了自由选择。现代与当代的西方哲学家则断然否定了自由选择。通过在有道德意义的人与注定死去的人的机体之间作出区分,几乎所有人都在尽力地回避死亡的现实性。

我相信,基督教福音(the Christian gospel)为这种情形提供了一个更恰当的解释。根据这一解释,上帝是"三位一体"(communion of three persons)。他创造了人,因此,人会分有神的交融(communion),并在人类的友爱中生活。在造物时,上帝许诺,如果男人与女人在神的计划上合作,那么,他会预先阻止人的机体自然的不可避免的死亡。然而,从人类的开端处,错误的自由选择就断送了一个本质上没有向邪恶妥协的,包容性的人类共同体的形成与发展。因此,上帝许可自然自行其是,许可人体味死亡。如此一来,至少部分地,人能够体会到自身堕落处境的悲惨,从而渴望逃离它。

根据福音的说法,人的解放分为两个阶段,任何欲求它的人都能够获得解放。神的人之位格(divine persons)中的一个变成了作为人(man)的耶稣,他过着道德上无瑕疵的人生。在这么做的时候,他不仅提供了一个独一无二的例子,表明如何在凋敝的人的境况中正直地生活,而且他使自己有资格成为上帝一开始的计划中的人类共同体的领袖。所有人都被邀请来信靠耶稣,以及都被邀请来将耶稣的事业(cause)作为自己生活的核心承诺。福音教导到,通过作出这一承诺,耶稣的门徒不仅进入了相互友爱之中,而且也进入了神的家庭的交融之中。

福音教导基督徒,如果他们以自己的生活践行对耶稣的信仰,那么,他们就会在这凋敝世界中,过着最好的可能的人生。追随着主耶稣之路,每个基督徒能成为好人。而凭借与耶稣的共同纽带,他们能够一起努力,在教会与自己的基督徒家庭中,建立起体面的人的共同体。

然而,解放的第一个阶段是不完整的,这是因为正直的人必然在恶人手中受苦,而且所有人都必然承受在死亡中到达顶点的苦难。解放的第二个阶段,即,最终阶段需要神的再造行动。根据福音,这个再造行动自耶稣从死里复活开始,而当死去的信仰者全部复活,且在一个永久豁免于邪恶的、无以穷尽的神-人友爱中时,这些信仰者重新集结。

即便基督教福音是真的,前文勾勒的这种规范性的伦理理论仍是恰当的。基本人类善仍一如其往。尽管它们会以不可思议的方式呈现。责任模式仍一如其往,尽管它们导出许多具体的规范,以规制基督徒的行动。无信仰者根本无法理解这些行动,或者不认为这些行动值得选择。

最重要的是,基督徒无需接受奥古斯丁或托马斯版本的新柏拉图主义(neo-Platonism)。它假定,人的心灵自然地无法通过人的实现得到满足,而自然地被吸引到在神的至福远景(the Beatific Vision)中的实现。这是因为,信仰没有以某项超自然之善的至高例示取代整体的人类实现。

正好相反,信仰维系了对一场永恒的婚宴(marriage feast)的希望。在神与人的这种交融中,所有的基本人类善将被例示,而没有死亡所带来的缺陷,而且自然地只由上帝专属的超人的实现(more-than-human fulfillment),也会被他所接纳的儿子与女儿享有。

精选参考文献

Germain Grisez, *Contraception and the Natural Law* (Milwaukee: Bruce, 1964), xiii + 245. 第三章是这个理论的早期版本。对于理解它的成熟形式而言,在那一章中,只有对"传统"(conventional)自然法进路的批评尚有价值。而其中对后果主义、"情境主义"(situationism),并一直到"选择与后果主义"(Choice and Consequentialism)的批判,则错误地关注了不同类型的基本人类善的不可公度性。

Germain Grisez, "The First Principle of Practical Reason: A Commentary on the *Summa Theologiae*, 1-2, Question 94, Article 2," *The Natural Law Forum*, 10 (1965), 168-201; abridged version: *Modem Studies in Philosophy: Aquinas: A Collection of Critical Essays*, ed. Anthony Kenny (Garden City, N. Y.: Doubleday and Co., 1969), 340-82. (肯尼做了一些重要的、未经授权的编辑,因此,最好还是用原始的版本。) 在参考文献所列出的著作中,这篇与下篇论文是格里塞茨在托马斯注释学

(Thomistic exegesis)上仅有的尝试。除此之外,他尽力做哲学或神学,而非哲学或神学史,并且会自由地偏离圣托马斯,尽管没有这么说过。

Germain Grisez, "Man, Natural End of," *The New Catholic Encyclopedia*, 9: 132 - 38. 通过检测托马斯主义各学派解释圣托马斯关于人的自然目的的教导的努力,并且通过指出圣托马斯有关终极目的的观点的诸多不相一致之处,在拒绝圣托马斯有关人的终极目的的立场(因而,也是亚里士多德与圣奥古斯丁的立场)之路上,这篇文章审慎地迈出了一步。

Germain Grisez, *Abortion: The Myths, the Realities, and the Arguments* (New York and Cleveland: Corpus Books, 1970), ix + 559. 第六章是对这个理论的一个重述,其中涉及这个理论在堕胎与其他杀害(包括死刑和战争)中的具体应用。有人会发现,这里对理论的陈述,尤具吸引力,可能部分原因在于,与后来更恰当的版本相比,它更容易被把握。包括理查德·麦考密克在内,一些批评者仍然在处理这个版本的理论,并提出一些,能在我们后来的作品中找到答案的反对意见。

Germain Grisez and Russell Shaw, *Beyond the New Morality: The Responsibilities of Freedom*, 3rd ed. (Notre Dame: University of Notre Dame Press, 1988), xi + 255. 为了让刚入门的学生有可用的伦理学导论,我们提供了理论的这个版本,但某种程度上是简化的。即便在这本书的第三版中,这个理论以及对它的论证的很多重要方面都被慎重地删去了。

Joseph M. Boyle, Jr., "Aquinas and Prescriptive Ethics," *Proceedings of the American Catholic Philosophical Association*, 49 (1975), 82 - 95. 对黑尔(Hare)的规定主义(prescriptivism)的一个清晰的说明与批评。

Germain Grisez, *Beyond the New Theism: A Philosophy of Religion* (Notre Dame and London: University of Notre Dame Press, 1975), xiii + 418. 在这本书中,作者解释与捍卫了伦理理论的形而上学基础,它得益于同波义尔,以及托勒夫森多年的合作,尤其是在下一条目所列出的那本书上的合作。第六章到第十三章是对现代与当代理论其他理论选项的阐述和批判;第二十三章处理的是人与人的共同体不同的复杂性。

Joseph M. Boyle, Jr., Germain Grisez, and Olaf Tollefsen, *Free Choice: A Self-Referential Argument* (Notre Dame and London: University of Notre Dame Press, 1976), xi + 207. 对自由选择与行动理论的相关要素最完整的思考,以及对有关这些问题的替代性观点的批评,这些问题对伦理理论而言,是如此根本。

The Teachings of Christ: A Catholic Catechism for Adults, ed. Ronald Lawler, O. F. M. Cap., Donald W. Wuerl, and Thomas Comerford Lawler (Huntington, Ind.: Our

Sunday Visitor, 1976), 640. 菲尼斯与格里塞茨写了第十八章到二十一章的初稿(菲尼斯比格里塞茨写得多),但编辑大幅修改了他们的初稿。在这个计划上的工作是道德神学背景中的伦理理论的后续发展最重要的起点。

Germain Grisez, "Choice and Consequentialism," *Proceedings of the American Catholic Philosophical Association*, 51 (1977), 144 - 52. 首次呈现了反后果主义论证的成熟版本(也纠正了更早之前的版本),这个论证立足于那些善与害的不可公度性,它们是选项的可理知的根据,一个自由的选择必须在它们之间被作出。

Germain Grisez, "Against Consequentialism,"*The American Journal of Jurisprudence and Legal Philosophy*, 3 (1978), 21 - 72. 对后果主义最透彻的批评。

Joseph M. Boyle, Jr., "*Praeter intentionem* in Aquinas," *The Thomist*, 42 (1978), 649 - 65. 对附带后果概念的一个澄清。

Germain Grisez and Joseph M. Boyle, Jr., *Life and Death with Liberty and Justice: A Contribution to the Euthanasia Debate* (Notre Dame and London: University of Notre Dame Press, 1979), xiii + 521. 第十一章和第十二章受益于波义尔的行动理论著作。在这里,处理生与死议题所必需的任何东西,都趋近成熟形式。在这个书中的政治哲学需要发展,甚至需要某些修正。作者现在认为,不给昏迷中的病人食物与水通常是错的。

John Finnis, *Natural Law and Natural Rights* (Oxford: Clarendon Press, 1980), xv + 425. 第三章到第五章原创性地展现了这一伦理理论,它是菲尼斯完全自主的法哲学的基础。他特别关注经验主义传统提出的认识论问题。菲尼斯的伦理理论与格里塞茨和波义尔的伦理理论之间,有一些不同之处。但是,大多数差异都是表达方式上的,而非实质性的,而最重大的实质性差异涉及的是具体应用,而非理论本身。

Joseph M. Boyle, Jr., "Toward Understanding the Principle of Double Effect," *Ethics*, 90 (1980), 527 - 38. 通过澄清双重后果所假定的能动理论(theory of agency),捍卫了双重后果原则。

John Finnis and Germain Grisez, "The Basic Principles of Natural Law: A Reply to Ralph McInerny," *The American Journal of Jurisprudence and Legal Philosophy*, 26 (1981), 21 - 31. 对一位更泥古的托马斯主义者的反驳。

John Finnis, *Fundamentals of Ethics* (Oxford: Oxford University Press; Washington, D. C.: Georgetown University Press, 1983), x + 163. 菲尼斯再次表述了这一理论,在一系列充分的论辩中,既与哲学史展开了对话,又与当代的英语伦理理论著作展开了对话。

Germain Grisez, *The Way of the Lord Jesus*, vol.1, *Christian Moral Principles*, 受到了 Joseph M. Boyle, Jr., Basil Cole, O. P., John M. Finnis, John A. Geinzer, Jeannette Grisez, Robert G. Kennedy, Patrick Leet, William E. May 和 Russell Shaw 的帮助(Chicago: Franciscan Herald Press, 1983), xxxiv + 971。第二章到第十二章,是截至目前对这个理论最成熟与最完整的表述。为了本册,波义尔在六个多月的日日夜夜,完全投入高强度的工作中。不论及任何具体议题(比如堕胎与安乐死),在一个神学背景中,对整个理论的这种反思,导致了后来许多重要的发展,以及整个理论体系在充实性上可观的提升,第十九章与第三十四章提供了一种有关人的终极目的的神学解释;第二十五章与第二十六章解释了基督教伦理学的特殊之处。

John Finnis, "Practical Reasoning, Human Goods, and the End of Man," *Proceedings of the American Catholic Philosophical Associattion*, 58 (1984), 23 – 36. 对整体人类实现的理想与圣托马斯所理解的人的终极目的,作了一种调和式的(conciliatory)比较。菲尼斯比格里塞茨的观点更接近圣托马斯的观点,在这里,菲尼斯强调了他与圣阿奎那的一致之处。

Joseph M. Boyle, Jr., "Aquinas, Kant, and Donagan on Moral Principles," *The New Scholasticism*, 58 (1984), 391 – 408. 对 Donagan 的非后果主义(康德主义)伦理学的批评。

John Finnis, Joseph M. Boyle, Jr., and Germain Grisez, *Nuclear Deterrence, Morality and Realism* (Oxford and New York: Oxford University Press, 1987), xv + 429. 这个理论的一种鲜活的、哲学的表述,将它细致地应用到核威慑道德性的分析之中,本文部分地是该书第十章初稿的一个修订版。

Germain Grisez, Joseph Boyle, and John Finnis, "Practical Principles, Moral Truth, and Ultimate Ends," *The American Journal of Jurisprudence*, 32 (1987), 99 – 151. 对这个理论很多部分的重申、澄清和精炼,因为这个理论是从自然法传统发展出来的,但它的那些部分却经常受到(宽泛地说,托马斯主义的)自然法传统中的哲学家的批评(与普遍误解)。

约翰·菲尼斯的成就*

罗伯特·乔治** 著

童海浩 译

"存在通过法律制度才能得到保障的诸人类善,且存在只有那些制度才能满足的实践合理性诸要求。"

不到40岁的约翰·菲尼斯以这句话开启了他的巨著《自然法与自然权利》,这本书不仅复兴了学者们对脆弱且受到深刻误解的自然法与自然权利观念的学术兴趣,而且挑战了分析传统中的法律、道德与政治哲学家们一边倒的思考方式。[1]

毫无疑问,将来的思想史学家会像这样介绍该书与菲尼斯教授的其他哲学著作:它们构成了在20世纪70年代晚期逐渐探头的亚里士多德进路的道德与政治思想之广泛复兴的一部分。这样介绍是准确的。与伊丽莎白·安斯科姆(Elizabeth Anscombe)、戴维·威金斯(David Wiggins)、菲莉

---

* 本文系罗伯特·乔治(Robert George)为其与约翰·基翁(John Keown)主编的"菲尼斯纪念文集",《理性、道德与法律——约翰·菲尼斯的哲学》(*Reason, Morality and Law: The Philosophy of John Finnis*, Oxford: Oxford University Press, 2013)所撰写的导言。(原文还有另一个版本,收录在 Robert George, *Conscience and Its Enemies*, Wilmington: Intercollegiate Studies and Institute Books, pp. 267-277。两个版本稍有出入,本译文根据"文集"版译出。)他在其中精炼而准确地勾勒了菲尼斯的学术立场与生平。本文翻译已获授权。

** 罗伯特·乔治,普林斯顿大学麦考密克法理学教授。

[1] John Finnis, *Natural Law and Natural Rights* (Oxford: Clarendon Press, 1980); 2nd ed. published in 2011.

帕·富特（Philippa Foot）、阿拉斯代尔·麦金泰尔（Alasdair MacIntyre），以及其他学者一样，菲尼斯吸收并改进了亚里士多德式方法，一方面，克服功利主义与其他结果论伦理学进路的缺陷；另一方面，克服康德或纯粹"道义论"进路的缺陷。

与功利主义者一样，而与康德主义者不同，这些（能被称为"新亚里士多德主义者"的）思想家坚持，伦理思考必然与对人的福祉（well-being）或昌盛（flourishing），以及亚里士多德的"幸福"（eudaimonia）的考虑密切关联。但他们也坚持，切忌把人类善想象成能以一种融贯的、有效的方式进行加总与计算的东西，切忌把伦理思考想象成仅在于指示人们选择将产生"最大多数人的最大幸福"，或者"从整体与长期看，利益相对损害的最佳净比例"的选项（或者根据这条规则行动）。与康德主义者一样，他们都拒斥这种观念，即伦理学是纯粹或完全旨在带来最佳可能结果的技术性推理（或者"成本与收益分析"）这样一种探究。然而，与康德主义者不同，鉴于康德主义者将道德思考化约到逻辑领域，他们拒斥一种纯粹道义论伦理学，可以确定的是，他们接受道德事关"善良意志"这种看法，但他们论争说，道德上失当的选择不在于以不连贯的方式思考。相反，不道德在于以违反人类善的方式选择（和意愿）。

差不多在《自然法与自然权利》出版前15年，菲尼斯智识生涯中的一个关键契机出现了，我们或许可以把它称为独一无二的关键契机。他邂逅了杰曼·格里塞茨（Germain Grisez）的著作。格里塞茨已经"重新阐述，并实质性推进"阿奎那在《神学大全·论法律》中对实践推理首要原则的理解，这使菲尼斯得以可能以分析哲学传统所合理要求的精确性，把亚里士多德式方法运用到法哲学与道德和政治哲学的问题上。① 按照格里塞茨与菲尼斯的理解，阿奎那恰当理解了不证自明与不可推演的（per se nota and

---

① Germain Grisez, "The First Principle of Practical Reason," pp. 168–196. 在《自然法与自然权利》的前言（p. vii）中，菲尼斯坦言他在智识上受惠于格里塞茨，并注解道："在第3—4章提出的伦理理论，以及在第6.2节与13.2节中的理论论证端赖我对他之于这些要事的古典论证的有力重述与相当实质性的发展。"

indemonstrabilia）实践推理首要的与最基本的原则,它们使人们的选择与行动指向可理知的人类善,并远离它们的匮乏。这些人类善是人的福祉与人的实现的诸多不可化约的方面,而不是工具性的行动理由。需要注意的是,这些首要原则（与在指示我们的选择与行动时,它们涉及的基本人类善——友谊、知识、批判性的审美欣赏、各种娴熟的表现等等）本身并不是道德规范（有关它们的知识是初期道德知识,但也仅仅是初期的）。它们引导并规制所有融贯的实践思考,这其中就包括道德上正当的行动（比如,仅仅出于友谊去看望一位住院的同事）,也包括不道德的行动（比如,撒谎以保全一位做了某些不光彩事的朋友的声誉）。

像"黄金法则"（如"像他人待你一样待他人"）这种一般性的道德规范,以及像"即便为了保全朋友的声誉,也禁止撒谎"这种更具体的道德规范,都是珍视所有人（包括你自己）的尊严这项义务的具体化,它要求尊重完整的人的福祉,即得到完全考虑的诸基本人类善。随后,格里塞茨与菲尼斯（和约瑟夫·波义尔一道）在发展格里塞茨先行的道德理论上进行了广泛合作,他们提出的"道德首要原则"责令我们的选择和意愿要与指向完整的人类实现的意愿相互合拍。① 阿奎那把实践理性的首要且最一般性的原则阐述为"善要被实行与追求,而害要被避免",诸"基本人类善"则是它的具体化。同样的道理,我们自身努力遵守,并教给孩子们的各种道德规范,是首要与最一般性的道德原则的具体化。这些规制人类选择的道德规范,不是感觉或情绪的投射（projection）,也不是从外部强加给理性的,而是关于人类善及其完整指引性的推理的结论。正是在那个意义上,菲尼斯说,它们是（实践的）合理性要求。

---

① 这种发展在约瑟夫·波义尔的文章（文章4）,菲尼斯对它的回应（文章28）,以及格里塞茨的文章（文章27）中得到集中的讨论。在《自然法与自然权利》中,菲尼斯没有正式地阐明道德第一原则——在本书第二版的后记中他将其说成是一个"失败"（failure）。不管怎样,在他的著作中,这很快得到了补救,作为在精炼与发展"新"自然法理论之与格里塞茨、波义尔合作的一个结果。正如菲尼斯1983年在他的《伦理学的基础》（*Fundamentals of Ethics*, pp. 70 – 74, 120 – 124, 151 – 152）中指出的,"对完整实现的开放性"被赋予了"道德主导原则"的地位。对这项原则一个更正式的阐述,首次出现在Grisez et al., "Practical Principles, Moral Truth, and Ultimate Ends," pp. 126 – 129。

20世纪60年代早期，菲尼斯获得阿德莱德大学法学学士学位，并以罗德学者的身份从澳大利亚远赴牛津大学。他很幸运，能在赫伯特·哈特——牛津大学法哲学教职的执鞭人，以及那个时代英语世界卓绝的法哲学家——的指导下撰写博士论文(《论司法权的观念》)，哈特那时刚出版他的巨著《法律的概念》①，菲尼斯在法律与政治哲学领域的很多见地，正是来自跟哈特的思想论战。这是哈特欢迎的论战。事实上，牛津大学出版社"克拉伦登法律系列"颇具威望，哈特在担任该系列主编期间，委任菲尼斯(在20世纪60年代中期成为哈特在牛津大学法学院的同事)撰写《自然法与自然权利》，哈特甚至亲自拟定了这个书名。虽然哈特不认同菲尼斯针对他的著作所作出的大多数批评，但这丝毫没有妨碍他热切地欣赏自己这位年轻同事的卓越的才识，以及老道的论证。

哈特的观点往往被归入温和的经验主义与某种程度的功利主义的分支(之一)，然而，在某种意义上，他的著作(尤其是《法律的概念》)预告了亚里士多德主义的复兴。虽然哈特坚定地投身于他视为"法律实证主义"的理论——他把它理解为严格地投身于"法律与道德的概念分离"，但他却是杰雷米·边沁(Jeremy Bentham)的外在主义(externalist)与化约主义(reductionist)法律观(或法律概念)的严厉批评者。边沁假定我们知作"法律"的(诸多)社会现象，最好以"受威胁支持的命令"——由习惯性被服从，而自身不服从任何人的主权者发布的命令——这个模式来理解。根据这一理解，作为人类行为的原因(cause)，法律发挥其作用。然而，在那个词的规范性韵味的(normatively flavored)意义上，法律没能创制义务。相反地，它们只是以持械悍匪强迫受害者交出钱包的方式强迫。

针对边沁的观点，哈特给出的并不是道德上的反对，他只是认为边沁的观点在描述上是失败的，也就是说，它不"符合事实"。② 尤其是，它不能解释频繁地提供某类可理知的行动理由——哈特之后把它描述为"独立于内

---

① Hart, *The Concept of Law* (Oxford: Clarendon Press, 1961); 2nd ed. published in 1994.
② Hart, *The Concept of Law*, p.78.

容的断然性理由"①,而这是法律在公民与官员生活中发挥作用的典型方式。为"符合事实",对法律的解释就必须关注法律与法律制度的实践观点,并在各种类型的法律与其各种功能之间作出区分。而这又要求法理论家,或法律与法体系的描述性的社会学家②采纳哈特所谓的"内在观点"(the internal point of view),即公民与官员的"实践观点"——法律通过使公民与官员能个体地或集体地追求某些对象,以及完成某些目标,从而为他(她)们提供了行动理由(比如,在高速公路上通车,结婚,创制一个有约束力的商业合同,以及确立一个公益信托)。③

一旦识别与采纳了内在观点,哈特的法律"概念"(与哲学)就开始脱离处在边沁的法律实证主义核心的唯意志论(法律作为意志),从而承认了法律在理性上有其根基,即法律提供指引选择的理由。根据哈特,(诸)法律不能被化约为人类行为的原因,也不能被恰当地描述为(一位主权者的)纯粹意志的强加。它典型地是(虽然并不总是)理性的(reasoned)与合理的(reasonable)。至少,它能如此,并且在法律的核心或"焦点"情形中将会如此,在那种情形中,法律首先作为人类慎思与判断的一个产品,以使其自身作为可理知的方式运行。遗憾的是,哈特本人就此止步不前,这让他没能进一步得出任何类似上述的结论。甚至在抛弃边沁的外在主义(与严格的唯意志论)与化约主义时,哈特仍希望保住法律实证主义的核心。正是针对这一止步不前,即拒绝把完全合理的(或正义的)法律识别为法律的焦点情形,以及把被道德驱动的法律官员与公民的观点识别为内在观点的焦点情形,菲尼斯批评了他的老师若非如此将强劲有力的哲学。

对菲尼斯而言,法体系的焦点情形是这样一种情形:法律规则与原则作

---

① Hart, *Essays on Bentham* (Oxford: Clarendon Press, 1982), Ch. 10.
② 在《法律的概念》第 1 页,哈特就邀请读者把本书视为在"描述性社会学"上的一个练习。
③ 如菲尼斯指出的,在《法律的概念》中,哈特把描述性解释的优先性给予那些"不只是报道与预测遵守规则",或者"只是基于视其为可能惩罚的一个标志的外部视角"才心系规则的人,而非那些"使用规则作为评估自己与他人行为的标准"的人。*NLNR*, p. 12, quoting Hart, *The Concept of Law*, pp. 95–96.

为公民、法官以及其他官员的实践理由起作用,这是出于他们对法律规则与原则中的好处与价值,即它们的要旨(point)的欣赏。阿奎那著名的法的实践性(practical)定义指出:法律是由对照管共同体负有责任的个人与制度公布的,指向共同善的理性指令。这一实践性定义在描述性的法律理论中也有其重要性。菲尼斯评论道:

> 如果我们想想人们确立实在法体系(具有推翻古老习惯的力量),维持它们(抵制强烈激情与个人自利的驱使),并且当它们落后或衰退时,改造与修复它们的理由,那么,我们会发现,只有其中的一些人经常依之行动的那些道德理由才能解释,为何这类人要如此去做,以及为何这类人要赋予法体系这些特征——哈特那样的细致的描述性解释把这些特征识别为,实在法的核心情形与"法律"的焦点意义的要点,并因此,这些特性在恰当的实在法的概念(理解与说明)中有一席之地。①

但如前所述,哈特本人在《法律的概念》和其他地方都拒绝进一步区分内在观点的核心与边缘情形。因此,哈特认为基于"未经反思的传承态度",甚至"仅仅同其他人步调一致的希望"而服从法律,与基于道德上的驱动而忠实法律之间没有区别。② 菲尼斯论争说,这些能够归结为自利或避免惩罚的"考虑与态度"是"某种实践观点稀释的或冲淡的具例(instances),这种实践观点使法律成为一种有意义的独特社会命令(social order),并恒其如此。无疑地,这些具例寄生于那一实践观点"③。

这并不意味着,菲尼斯在否认哈特坚持的"法律与道德的概念分离"具有任何有效意义。④ 他仅仅是在强调这一分离之断言的含混性,以及区分这一分离的可取之处与疏漏之处的必要性,在这一点上,他甚至比哈特做得

---

① *CEJF* IV. 7 (Oxford: Oxford University Press, 2011), p. 204.
② Hart, *The Concept of Law*, p. 198.
③ *NLNR*, p. 14.
④ See generally *CEJF* IV. 7.

更细致,也更清晰。这更不意味着,从对自然法或其他形式的道德实在论的信念推出了下述命题,即法律与道德以某种形式相互关联,以致要授予法官充分的权威,或者强制执行自然法的要求,或者正当地废止他们判定为与这些要求相冲突的实在法的规定。法官权力的范围与限度是一个不同的问题,它是哈特的另一位杰出的学生罗纳德·德沃金(Ronard Dworkin)针对哈特法理学批评的焦点,罗纳德·德沃金批评了哈特的实证主义,因为哈特严重地限缩了法官与其他官员在法律解释事业中施加道德判断的权威。① 菲尼斯不认同德沃金对哈特法理学的批评——德沃金的批评有时被认为是基于一种他自创的自然法视角展开的。德沃金的批评在某些重要方面是误导性的,菲尼斯的部分工作提供了得出这一结论的理由。对菲尼斯而言,命题"恶法非法"的真(性)是一种道德上的真(性),即由权威的法律(实在法)创造的道德义务是有条件的,而非绝对的。这项初步的(prima facie)服从法律的道德义务是可废止的。菲尼斯没有主张,不正义的法律不是合法(legitimate)意义上的法律②,他也没有说过,基于自然法,法官享有充分权威去废止甚或颠覆或无视他们认为(即使是合理地认为)不正义的法律。

我们看到,菲尼斯认同哈特经由与边沁的法律实证主义论战而得到的关键洞见,并从它们进一步推到它们的逻辑结论。就此,菲尼斯让法哲学跨出法律实证主义,甚至跨出相对温和的哈特版本的法律实证主义,从而进到自然法理论,它承认完全意义上的法律与对正义与共同体善的理性探求(法律作为理性,而不只是作为意志)紧密相关。在这个过程中,菲尼斯反

---

① 菲尼斯在《自然法与自然权利》第一章的一个启发性的脚注中评论德沃金在《认真对待权利》中对哈特与拉兹的"实证主义"的批评,他认为,这个争辩"流产"是因为德沃金没能意识到他们的理论兴趣并不如其自己的一样,是识别一个根本的"法律测试"(test for law),以识别在一个给定实践的一个给定共同体中,(甚至在最具争议的"疑难案件"中)法官的法律(道德与政治)义务真正地在何处。相反,他们的兴趣是描述,在一个给定时间的一个给定共同体中,什么被视为(比如,被接受的与有效力的)法律,以及产出将使得这种描述能是清晰的与解释的概念,而不是专注于提供在有资格的法律人之间争议问题的解决方案(无论是"正确答案",还是如果使用得当将产出正确答案的标准)。

② *NLNR*, Ch. 2.

驳了对自然法的一种常见误解,这种流传甚广的误解(包括哈特本人、凯尔森与其他人)已经成为严肃的学者与学生轻视自然法的一项堂而皇之的根据。

约翰·菲尼斯的成就不只限于他对法哲学作出的界标性贡献。他的贡献显然包括发展了对实践推理与道德判断的理解,他与格里塞茨、波义尔的这项工作逐渐以"新"自然法理论的名头(当然,这个名头是成问题的)为世人所知。① 他的贡献也包括他的批判性著述,这些著述反对道德怀疑论,反对伦理学中的功利主义与其他形式的结果论,反对在识别道德生活的行动规范时,不去考虑人类福祉的那些伦理理论。② 此外,菲尼斯的贡献还包括他在政治哲学中的工作,这项工作中的一些旨在揭示,作为我们时代最有影响的一类自由主义政治理论的"反完善论"(anti-perfectionist)理论(它们经常支持一种表现型的与/或占有型的个人主义观念),比如,罗尔斯提出的"政治自由主义"与正义理论所潜存的问题。罗尔斯认为,不能正当地根据有争议的观念作出政治决定,这些有争议的观念涉及何者有助于,和何者有损于一种有价值的、道德上值当的生活方式。罗尔斯还认为,在作出有关基本正义之事与宪法之本的决定时,自由不能被正当地限制,除非是根据"公共理由"(public reasons)(公共理由的观念严格地排除从"综合的"哲学与宗教观点那里获得的理由——无论那些"综合的"观点可能多么合理)。③

---

① 由菲尼斯等人提供的自然法理论的实质绝非是新的。它的核心能够在阿奎那那里被发现,而阿奎那的许多观点进而得自亚里士多德。的确,菲尼斯、格里塞默与其他人已经以多种方式发展了托马斯的理论,并且以现代哲学用语阐明了这种理论。但是发展一种理论并不意味着拒斥它,而是接受它的实质,并且挖掘出它进一步的内涵。那正是他们在做的。比如,他们通过展现阿奎那呈示的实践理性诸原则的整体指引性或规定性(directiveness or prescriptivity),反思如何使得我们能够识别区分完全符合合理性要求的所有东西的选择,以及以种种方式达不到或冲突于实践合理性的完整要求的选项之道德原则与规范。

② See especially *FoE*.

③ See Rawls, *A Theory of Justice* (Cambridge, MA: Harvard University Press, 1971); Rawls, *Political Liberalism* (New York: Columbia University Press, 1993); Nozick, *Anarchy, State, and Utopia* (Oxford: Oxford University Press, 1974); Dworkin, *A Matter of Principle* (Cambridge, MA: Harvard University Press, 1985).

菲尼斯在政治哲学上的贡献不只在于批评有影响的当代自由主义思想家，比如，罗尔斯、德沃金与后期的罗伯特·诺奇克。《自然法与自然权利》，尤其是第6—11章，构成了菲尼斯的积极贡献，主要包括他对以下主题的思考：(1) 正义与它的要求；(2) 政治共同善的内容(与范围)；(3) 权利，包括人权，以及对它们的识别；(4) 敬重法律与政治权威，以及承认法律与政治义务的理性基础；(5) 法律的性质与社会功能。在所有这些领域，菲尼斯的分析与论述都值得注意，这不仅是因为其分析的严格性与精确性，而且是因为其对主题的复杂性心知肚明。比如，在《自然法与自然权利》第7章第4节中，菲尼斯细致地思考了当分析分配正义问题时，以下五个因素是如何相关的：(a) 需要，(b) 功能，(c) 潜能，(d) 丧失，(e) 想清楚谁带来，或者至少预见并接受损失或伤害的风险。在所有这些领域，《自然法与自然权利》所展现的原创性内容，已经由菲尼斯随后发表的诸多文章被扩展与深化，并以不同的方式得到丰富。这些文章中的绝大多数已被收入牛津大学出版社在2011年出版的《菲尼斯文集》五卷本。《自然法与自然权利》与菲尼斯之后的很多文章论及政治原则的选择、政治制度的合理设计与健康运转，它们构成了对当代相关论辩的一项重要与突出的贡献。①

在规范伦理学与政治理论领域，菲尼斯无出其右地捍卫了所有阶段与条件下的人类生命的不可侵犯性，并反对把杀人或伤人作为人类选择对象的规范。他不遗余力地反对堕胎、杀婴、安乐死，以及杀害或伤害非战斗人员(包括俘虏的或投降的敌军士兵)的意图的(包括有条件的)意愿，即便是在正义的战争中，这也应当被禁止。同样地，他捍卫婚姻是一种夫妻伴侣关系，即是一种丈夫与妻子之结合的传统理解，在该问题上，他是主导性的声音。在很多时候，菲尼斯的观点将他置于自由主义正统的对立面，而这种正统支配了大学和其他这一文化中的知识阶层；在少些时候，他的观点又将他置于如今被视为保守主义立场的对立面。像他的英雄苏格拉底一样，菲尼

---

① 菲尼斯扩展、深化并且以种种方式丰富了他最初在《自然法与自然权利》，以及他此后出版的论文中呈现的东西，其中的绝大多数都结集在《菲尼斯文集》五卷本 (Oxford: Oxford University Press, 2011)。

斯的虚怀若谷使他能无畏地拒斥,他只遵从论证,不管这些论证会导出什么结论,并且他不会因为某个观点与当下智识的、道德的或政治的教条相冲突,就在陈述和辩护这个观点时,有任何的惶恐和犹豫。一路走来,他获得的荣誉与赞赏,绝不是通过盲从所谓的启蒙意见,或是通过对启蒙意见的某些严重缺陷三缄其口换取而来。他坚定与坦诚的异议也绝不是为了获得牛津大学的个人教席,或者当选英国国家学术院院士(Fellow of the British Academy)而故作姿态。以或此或彼的方式,菲尼斯总是鼓舞着我们这些能成为其学生的幸运儿们,也鼓舞着那些年轻学者们,他们身处菲尼斯感兴趣并有影响的各个研究领域之中,知道菲尼斯的工作,也见证了他所代表的对真理义无反顾的追求。

这把我们带入到他感兴趣并有影响的最后一个领域,在这个领域中,被追求的真理关乎终极事物。当菲尼斯还是一位年轻哲学家时,在一个由世俗主义支配的环境中——显得对异见充满敌意的环境——受古典哲学家与基督教圣徒的影响,他从世俗主义接近(天主教)基督教。并不是接受了信仰,他才开始以不同的视野看待这个世界。这句话反过来说才是真的。世俗主义的封闭视野,人为地限制了这个本该以苏格拉底的义无反顾去追索的问题,这个问题削弱世俗主义本身,并拓开一段信仰的旅程,它将导向对精神实在的理性确认,也将导向对进入与超验来源的某种形式交流与友谊的开放态度,那是意义、价值和世间万物的超验来源。换言之,通过对这个世界,以及对具有可理知性的多重秩序(自然的、逻辑的、道德的与技艺的)的反思——在这四重秩序中,世界向我们呈现它自身,并受到我们的追问与探究,菲尼斯得出结论,除了能以感觉直接被感知的事物,或能通过经验探究、技艺分析被解释的事物,还存在更多的事物。像许多其他声名显赫,并且已从世俗主义接近天主教的现代哲学家一样,比如,伊丽莎白·安斯科姆、阿拉斯代尔·麦金泰尔、迈克尔·杜梅特(Michael Dummett)、彼得·吉奇(Peter Geach)、尼古拉斯·雷斯切(Nicholas Rescher),是理性与推理把他带向了信仰。

对菲尼斯而言,信仰不纯是个人虔敬之事,而与他努力成为一名哲学家毫无关联。这是因为，在实践哲学诸学科中——伦理学、政治哲学、法哲学——必然要穷究的求索之路，将把我们带向意义与价值的最深层次问题。除非我们在尚无恰当理由时，就选择止步不前。理性本身，倘若不只是一种算计能力，就还是一种精神潜能，它不能被简单地化约为质料因与动力因。如果理性的确能够把握超越工具性的行动理由（与它们整体的指引性）——能够指引真正自由选择的理由（包括道德规范），那么，理性就不能只是一种算计能力。如果我们的确是理性的与自由的造物——人，其根本构成（性质）指向慎思、判断与选择的存在物——那么，我们就不只是物质的，还是精神的造物，完整的善不仅包括我们身体的（生物学上的）健康，而且包括我们智性的、道德的与精神的福祉的造物。显然，这些人类学事实，倘若它们是真的，必然与伦理学、政治哲学与法哲学，以及神学（主要是，但非全然是道德神学）的问题高度相关。

　　菲尼斯在道德神学领域的成就，吸引了天主教会的最高权威召唤他为其最重要的神学委员会，即国际神学委员会（International Theological Commission）服务。在那里，他尤其要应对这样一种哲学与神学潮流，这一潮流否认存在着内在的道德失当的行动。菲尼斯并不打算代表委员会讲话，而只是以自己的名义发声，他出版了一本论及该主题的短小却具有持久价值的书，这本书的题目是《绝对的道德规范》[①]。在我看来，我们已经有了一个极佳的例子，这个例子将表明，经由整合到理解启示之材料，阐明与丰富信仰之教诲这项事业之中，严格的哲学著作体现出其烁烁价值。这部著作也证实了教宗若望·保禄二世（Pope John Paul Ⅱ）在教宗通谕《信仰与理性》（*Fides et Ratio*）首句提出的著名主张："信仰与理性像两只翅膀，使人精神飞扬，瞻仰真理。"约翰·菲尼斯探求真理的成就之为可能，正是由于他意愿使用这一对翅膀。

[①] John Finnis, *Moral Absolutes: Tradition, Revision, and Truth* (1991c).

自然法的诸原则[*]

拉尔夫·麦金纳尼　著

宋京逵[**]　译

　　杰曼·格里塞茨对于阿奎那的《神学大全》IaIIae, q. 94, a. 2 部分的极有影响力的解读,为约翰·菲尼斯最近的重要著作《自然法与自然权利》提供了框架。在对托马斯·阿奎那的文章进行概述后,对格里塞茨/菲尼斯观点的仔细检视就可以表明为什么这一观点能够对那么多人都显示出吸引力。这些主张——推导自然法诸规诫(precepts)时严格遵守事实/价值的区分,实践理性第一原则是前道德的,以及诸基本价值是同等的、基本的——受到了仔细考察,并且,相关论者对它们作出了一些批评性的评论。

　　当我考虑在这个场合下给予我的任务——告诉你们关于主导了过去四分之一个世纪的自然法学者之间讨论的趋势——时,我非常快地得出了这一结论:我并不想像这个给予我的任务建议的那样,让你们赤脚在崎岖不平的道路上前进。这样一种考察将会是非常难以做到的事情,并且我担心对于心灵来说,这并不是一种无需资格即可处理的乐事。当我偶然发现一个更容易处理,而且在我看来更为有趣的路径时,对于上述的想法就得到确认了。

---

[*]　这篇文章在 1980 年 4 月 9 日由圣母大学举办的自然法研究所年度会议上宣读。
[**]　宋京逵,中国人民大学法理学博士,目前在北京中孚律师事务所工作。

15年前,杰曼·格里塞茨教授发表了一篇题为《实践理性第一原则》("The First Principle of Practical Reason")的文章。它刊登在《自然法论坛》(*Natural Law Forum*)上,《自然法论坛》其后又演变为《美国法理学期刊》(*The American Journal of Jurisprudence*)。在这个场合下,集中精力于格里塞茨的这篇文章上是具有一定显著的适宜性的。在接下来由圣母大学出版社出版的一系列书籍中,他又发展和扩展了他这篇文章中的观点,这一事实使得上述的适宜性又有所增益。我并不仅仅是被一种地方主义式的忠诚所打动。格里塞茨的文章还被重印收入了由安东尼·肯尼(Anthony Kenny)编辑的致力于阿奎那的当代哲学研究系列中。此外,这篇文章还得到了艾伦·多尼根(Alan Donegan)热烈的赞扬,以及为约翰·菲尼斯在近期出版的《自然法与自然权利》①一书中所采取的方法提供了基础。我认为这样一种说法比较稳妥:杰曼·格里塞茨对阿奎那的《论法律》IaIIae, q.94, a.2 这一关键文本的解读对很多人来说已经成为了具有决定性和权威性的版本。所以谨慎地说,对完成我今天的任务而言,对这一篇文章作出适当的思考无疑是确实的、值得的,即便这些思考仅服务于让人们对格里塞茨的工作予以更多的关注。

接下来,我将主要做三个事情。首先,我将尽可能快和准确地重述阿奎那在这篇文章所涉及的相关问题上的观点。其次,我将概述格里塞茨的解读,他的解读旨在替代传统上或多或少带有苏亚雷斯色彩的自然法版本,并且回归到更令人满意的以及在他看来即便不是被遗忘也是被掩盖了的托马斯主义的自然法。最后,我将对格里塞茨和菲尼斯提出一些批评。

一、《神学大全》IaIIae, q.94, a.2.

虽然托马斯·阿奎那被准确地视为自然法的主要拥趸——其认为存在着一些真实的人类行动的指导方针,任何人都可以轻松地用以规范自己的

---

① John Finnis, *Natural Law and Natural Rights* (Oxford University Press, 1980); G. Grisez, "The First Principle of Practical Reason," *The Natural Law Forum* (1965), pp.168–96. I cite the reprint in A. Kenny (ed.), *Aquinas* (London, 1970).

行为——但奇怪的是以下一点也是真实的,即阿奎那在其庞大的著作体系中只在一个地方对法律及其各种类型作出了深入和正式的讨论。托马斯的任何一位学生都会意识到这是多么的不寻常。鉴于他写作的本质和场合,托马斯注定要对同一个问题作出反复和多次的探讨,这些探讨如此之多,以至于在《神学大全》每篇文章的尾部,都会列出与核心观点类似的清单,人们可作出与《神学大全》中类似观点的补充讨论。在《论法律》中有对相似之处的索引,但这应归功于编者的独创性,而非托马斯在这里开始着手重新讨论一个他已经在别处讨论过的问题。最为显著的是,就我评论所关注的第一部分,并没有与之类似的讨论。

这段文章设问:Utrum lex naturalis contineat plura praecepta vel tantum?(自然法的规诫是仅有一个还是有多个?)在他看来自然法是什么意思?就这个问题我们手头上有的仅是他在 q.91,a.2 处给出的定义:自然法是人类参与上帝用以管理所有被创造物的永恒法的一种特殊方式。每一个创造物都处于上帝的管辖范围之下,"但在所有创造物中,理性的创造物以一种更完美的方式处于上帝的意旨之下,在他们分享了那一意旨并将之提供给他们自身以及其他人的意义上"。理性的创造物指引他们自己趋向于合适的目的和活动。这样的一种指引性通过规诫而表达出来,① 因而问题归根结底就是:仅仅一个规诫足够表达出我们应当如何实现自身合适的目的吗?

托马斯首先将自然法的诸规诫(他使用了复数形式表明了这一问题将会被如何回答)与指导理论探讨的第一原则联系起来:二者都是不证自明的,即仅仅因为它们自身而被认知,而非通过推演被得出,因而是不证自明的。当一个命题不需要借助任何中项就能解释其主语与谓语的连接,就是不证自明的。也就是,任何能理解该词汇意义的人都能够立即认识到该命题是真的。当我们的心智用于理论思考时,存在着一种领悟(apprehension)

---

① Thomas Aquinas, *Summa Theologiae*, IaIIae. 92. 2c. "… sicut enuntiatio est rationis dictamen per modum enuntiandi, ita etiam lex per modum praecipiendi." 法律的命令正如理性所作出的断定。

和判断(judgment)的区分。我们必须先掌握构成一个命题的词汇的意义,之后我们才能从这些词汇中构造出命题。存在就是一种人们不可能不会领会的概念;illud quod primo cadit in apprehensione, est ens, cujus intellectus includitur in omnibus, quaecumque quis apprehendit(不论一个人去领会任何什么东西,存在都是需要第一个被领会的,因为存在涉及所有东西的可理解性)。任何被认知到的东西,无论它是什么,都是一种存在。这样一种领会就奠定了无需证明的第一原则:对同一个东西你不能同时既肯定又否定。①

正如存在是心智无需任何资格即可领会的第一个东西,善就是心智为了指导某些工作而发挥其实践功能时所第一个领会的东西。一个行动者为了一个目的而行动,而目的则具有善的涵义。所以实践理性的第一原则就将奠定在善的观念之上。什么是善的概念?善就是所有东西都追求的。这就是"善"被用来意味的。某个东西是被追求的,因为它能够使得追求者完整或完美。因此"善"并不仅仅指称着被追求的对象,它还暗示着这个对象被追求时所遵循的那种必要方式;即完整的,完善的。与无需资格的推理的第一原则,即矛盾律,相对应的实践思考的第一规诫就是:善应当被完成和追求,恶应当被避免。

> Et super hoc fundantur omnia alia praecepta legis naturae, ut scilicet omnia illa facienda vel vitanda pertineant ad praecepta legis naturae, quae ratio practica naturaliter apprehendit esse bona humana.②

所有其他的自然法都以这个规诫为基础,其他相关的自然法也都

---

① 可能有人会问为什么托马斯会如此表述所有推理的第一原则,他说第一原则是建立在存在和不存在的观念上,那么为何不这样去表述这个原则:任何东西都不可能在同一时间以及同一种方式上既存在又不存在。其中理由似乎是这样,自然法的概念尤其关注人类理性的这样一种角色,即作为塑造指导行动去追求人类目的的规诫;鉴于此,心智的肯定和否定所传达出的对第一原则的表述显然与实践理性更为类似。
② 这里修饰实践理性对人类善的领会的"naturaliter"(自然的)一词,指的是以下二者或者二者中的其中一者:(a)心智所领会的正在被讨论的诸善,(b)判断的直接性,即这些善应当被追求以及与他们相反者应当被避免。

被表述为某种东西应当被追求或者避免,能被实践理性自然领会的就是人类善。

这一规诫是由人类理性塑造的并且旨在成为人类行动的指引。规诫的接受者就是作为行动者的人类,而其指引就是:完美,完善,作为终极目的意义上的应当被追求的善,以及与这一目的不兼容的东西应当予以避免。

任何其他的指引,任何其他的作为自然法规诫的规诫,事实上都将只是这一规诫的个例化。这就是说,我们应当期待着对每一种由诸人类目的和善所构成的表述的多元化领会。

> Quia vero bonum habet rationem finis, malum autem rationem contrarii, inde est quod omnia illa ad quae homo habet naturalem inclinationem, ratio naturaliter apprehendit ut bona, et per consequens ut opere prosequenda, et contraria eorum ut mala et vitanda.
> 然而,由于善具有一种目的的性质,而恶则有相反的性质,因此,所有那些被人们自然倾向的东西,都被理性自然而然地领会为一种善,并且最终被领会为所追求的对象,而与它们相反的则是恶,也就是应当被避免。

作为目的或者完整的善是倾向和欲望(appetite)的对象。人是一种由各种倾向所构成的复杂的整体,每一种倾向都具有一个合适的目的或善。如果我们能把这些倾向列举出来并且意识到它们之间的高低排序,我们就能管窥到自然法的诸规诫并将它们纳入考虑。

诸倾向的排序是什么意思?即,有些善是人类与所有创造物都分享的,而其他某些善人类仅与某些创造物分享,还有一些则只为人所具有。如果人类善被用来意指那种为人所特有或相对于人的善,那么人类的完善,就将是指他身为某一特殊种类的行动者(agent)的完善。然而,人类是一种理性的行动者。因此,理性活动的善或者完善就是人类的目的。但是,至于其他各种的倾向,如为所有创造物与人类所共同享有的自我保存的倾向,以及为动物和人所共同享有的生育、组织家庭、培养后代的倾向:难道被这些倾向所意欲的目的和善并没有成为人类善的一部分吗?它们当然属于人类善,只不过仅是在它们被人化的意义上而言,也就是说,它们不仅是通过本能而被追求,而是被当作有意识的行动的目的或目标而被追求。作为人类的各种行动,对这些目的的追求必须是理性的、慎思的、负责任的。与这些善相联系的自然法的诸规诫必须把它们设想为人类善:其规诫就是关于我们如何追求这些善的一种理性的指引。因而,那些并不为人类所特有的善也将成为人类善的构成部分,仅在它们处于人类行动者独特的特点,即理性的影响下而言。性,并不仅仅因为是性所以才是人类善,只有当它被有意识、有意图、负责任地追求时才是人类善。这也就是为什么因为同样的原因它也可以变成一种人类的恶。人类不可能不通过有意识的方式参与性活动,这就是为什么我们本性中的"动物"部分总是潜藏在深层下而从来不是拥有自主权的。①

自然法就是理性给出的指令。自然法的诸规诫就是指向人类善的理性的指引。人类善和人的最终目的是复杂的,但是把它们统一联系起来的是人类独有的特点,即理性。所以法律也是理性的运作。一个人并不仅仅只有自我保存的本能。他把自我保存视作一种善,并且设计各种方法和手段在不断变化的环境中确保它。一个人并不仅仅拥有性的本能。在认识到涉及性行为的同伴关系、生育和培育后代的可欲性后,他有意识地指引他自己把这些善当作善来追求,没有这些善他就将是不完整的。

熟悉《神学大全》的这一部分开篇关于人类善和人类终极目的讨论的人,将会注意到各种自然法的规诫是对于人类善或终极目的构成成分的指引。这些规诫首先是:追求你的善,追求你的终极目的,并且避免那些可能

---

① 祁克果(Kierkegaard)的唯美主义者的梦想就是能够以这样一种方式参与物欲享受,以致能够在同一时刻既有意识又无意识;同一时刻既成为没有注意力的单纯的动物,也成为有意识和自我观察能力的参与者。这种不可能的梦想就是这个审美主义者终生活在绝望中的原因。

摧毁它们的东西。然后，又存在着以规诫为形式的对这一终极目的的各种进一步的表述，各种规诫表明了目的的构成：理性地去追求自我保存；理性地去追求性、生育、培育后代的善；理性地去追求理性自身的善，即各种形式的真理，尤其是那种关系到最重要事情的真理。

不同于第一规诫的自然法的诸规诫，并没有表达出手段的意味，凭借着这些手段，最为普通的第一规诫的善就能被实现，就好像这些手段是实现第一规诫的善的工具。即便它们表达出了手段的意味，也仅仅是就表达出了终极目的的构成成分而言。因此，自然法的诸规诫看上去就是对于终极目的的一种普遍的指引，或者是通过最为普遍性的陈述（善应当被实现和追求，恶应当被避免），或者是指向终极目的的构成成分。稍后我们将注意到，通过参考共同的（comunissima）、普遍的（communia）与个人的（propria）之间的区分，在这里也许需要对这一主张进行修改，但就现在而言，通过确定这个文本最明显的涵义，即所有的自然法规诫都是关于追求终极目的或人类善的一般性指令，再结合人类的目的是既定的这一事实，我们就可以看出为何能够宣称自然法的诸规诫在任何地方以及任何时代都是有效力的。每当作出对如何达成或实现目的的某一具体方法的表述时，这一主张看上去就会是有争议的，不论这一表述是如何具有一般性。

二、格里塞茨的这篇文章

一开始提及的杰曼·格里塞茨的这篇文章是论战性质的，因为他试图纠正在他看来是对于托马斯在实践理性第一原则的教导上的一种或几种根本性的误解。格里塞茨的论点就是，对托马斯自然法的一种讽刺的描绘长期以来被当作是一种好的东西而为人们所接受，而这一讽刺的描绘应更多地被归给巴斯克斯和苏亚雷斯，而非托马斯。从这一讽刺的描绘中可以引申出很多致命的批评，但是这些批评对被给了正确理解的托马斯的观点来说是无效的。

从他这篇文章的第一段开始，我们就将得知产生这一误解的其中一个原因是混淆了命令与动形词陈述(gerundive statements)①的区别,也就是说,把"去做善,去避免恶"等同于"善应当被实现和追求,恶应当被避免"。"虽然照字面上来看后者与命令只有轻微的不同……但是我将表明这两种表达形式在意义上具有重要的区别,并且他们属于不同的理论语境。"②如果把第一原则当成一种命令,那么对自然法的讽刺描绘就会是这样:

> 人们在其良知中发现了这一必须要做的命令(imperative);就像是由上帝亲手谱写上的铭文。在意识到这些命令之后,人类通过咨询自身的本性来领会什么是善的和什么是恶的。他通过与他的本质进行对比来考察他的某个行动,来弄清这一行动是适合他的本性还是不适合他的本性。如果这一行动适合,那它就被视为善;如果不适合,就被视为恶。一旦我们知道了某种特定的行动——如盗窃——是坏的,我们就拥有了两个前提,"避免邪恶"和"盗窃是邪恶的",从二者的结合中就能推出"避免盗窃"。所有自然法的具体命令都是通过这种方式推导出的。③

我对于这一讽刺性的描绘很感兴趣,而格里塞茨对这一描绘的处理只是为了更好地说出他自己所理解的托马斯真实想要表达的东西。我将不会辩驳这一讽刺性描绘是或者曾经是流行的;我也不会对其所谓的苏亚雷斯主义的根源说任何东西。这些显然都是否定的。我完全没有暗示对这些历史问题的考察能带领我们得出对于格里塞茨的刻画的批评意见。

一旦人们进入格里塞茨的这篇文章,并且开始管窥他正面的阐释,那么,那么多人接受了这一阐释的理由就很容易被发现了。虽然他没有非常

---

① 动形词即动词状形容词,是拉丁语中起表达形容词作用的动词形式。如 Mutatis mutandis 的意思是(only) the necessary changes having been made, 即已作出必要修正的。——译注
② "The First Principle of Practical Reason," as reprinted in Kenny, p. 341.
③ Ibid., p. 340.

强调这一点，但是格里塞茨完全没有给那些把终极目的这一概念理解为最高等级的善的人提供任何安慰，最高等级的善意味着存在着一个目的或者活动方式是所有人都应当追求的。终极目的观念——它是阿奎那取自亚里士多德的——的很多批评者都认为它的主张是荒谬的，即在观察鸟类、木匠以及从事法律这些活动之上还存在着我们都应当从事的某种具体的人类工作，并且如果能够很好地从事这一活动，就能使得我们成为更为完美的人类。格里塞茨和菲尼斯重新恢复了这一温和的主张，即自然法的观点准确来说就是认为几乎存在着无数种不同的生活方式，人们可以通过这些生活方式实现自身作为人类的完整和完善。

所以，格里塞茨的解读也把重点放在积极而非消极的规诫之上。把自然法视作一系列的"不要做"确实是对它的一种讽刺性描绘，因为自然法规诫指向的是那些能够使得人完善、完整的东西，而不仅仅是指向需要人类予以避免的东西。后者预设了前者，因而，不论我们如何需要道德禁令，任何关于道德生活的探讨如果主要都只是关注禁令的话，就不会让道德观念中的自由、解放的一面具有任何意义。可以肯定的是，这种对消极一面的强调是与托马斯·阿奎那的著作没有什么关系的。

不过我在这里当然不是要简单地表扬格里塞茨和菲尼斯。格里塞茨的文章受到的欢迎长期以来一直困惑着我，因为在我看来，他的文章似乎在本该最清楚的地方却极为晦涩。在这里我归结了三个一般的标题，它们代表着我对格里塞茨的解读感到最为疑虑的地方：（一）对事实和价值之间过度的区分（这就让对实践理性的理解变得惹人怀疑）；（二）主张实践理性的第一原则，以及也许是全部的基本价值，不知怎么地是前道德的，还未成为伦理上的问题；（三）否认在诸基本价值之间有任何的客观等级秩序。我将首先概述格里塞茨在这些问题上的观点，然后在我论文的下一部分进一步表达我的疑虑。

（一）事实/价值的分离

"如果一个人假设自然法诸原则的形成是通过考察各种类型的行动，

再将之与人类本性对比,然后再指出它们的一致或不一致,那么这个人就必须回应这一批评,即从本体论的思考中不可能推导出规范性判断。"①格里塞茨坚持规范的和事实的、价值性和描述性、是和应当之间的区分,并且我认为这样一种坚持具有一定陈旧的魅力。刚刚引用的这段文字认为像下文的两句话间的推导是非法的:

从"麦片对你来说是好的"
到"你应当吃麦片"。

菲尼斯用了《自然法与自然权利》第二章中的一部分来讨论这个问题。"由 Stone 提出的另外三个关键性问题是:'自然法学者表明过他们能够从事实中推导出伦理规则吗?'而对这一点的回答可以是简单干脆的:他们没有这么做,他们也不需要这么做,经典的自然法理论的支持者们也从来没有梦想过尝试作出这样的推导。"②菲尼斯认为这样就从根本上消除了对于自然法的最普遍误解之一。他说简而言之这一点就不是真的,即"任何一种形式的自然法理论的道德都没有必然暗示着这一信念,关于人的义务和责任的命题是从关于这个人的本性的命题中推导出来的"③。自然法的第一原则是不证自明的、无需推论的;对于菲尼斯来说,这就是否认它们是从其他任何种类的命题中推论或推导出来的真正基础。"它们不是从理论性的原则中推演出来的。它们不是从事实中推出来的。它们不是从关于人类本性,或者善与恶的本性,或者'人类的功能'这种本体论的主张中推理出来的。"④他的否认变得越来越彻底和全面。

是与非的诸原则,同样也是从前道德的实践理性第一原则中推导

---

① "The First Principle of Practical Reason," p. 382.
② John Finnis, *Natural Law and Natural Rights*, p. 33.
③ Ibid. 菲尼斯想到的是 D. J. O'Connor 的 *Aquinas and Natural Law*。
④ Ibid.

出来的,而不是从任何无论是本体论的还是其他什么样的事实中推出来的。一旦确认出什么是善的、应当去追求的(prosequendum),人类的智识就会以一种不同于确认出什么是事实的方式来运作,并产生不同的推理方法……但是没有任何理由断定智识的后一种运作方式要比前面一种更为理性。①

更正面地,菲尼斯写道:

一个人不需要做出"我有(或者任何一个人都有)一个倾向去发现某些事物"的判断,然后再由此推出知识是善的、应当被追求的。毋宁是,通过非推理性的理解这一简单行动,一个人领会了倾向的对象,并且这个人把它经验为一种普遍的善的形式的例证……②

无需推论的实践理性第一原则,根本就没有参考人类本性,而只是参考了人类善。③ 在格里塞茨那里,远不只像菲尼斯,这样一种坚持导致了实践理性的某种不寻常的意义。格里塞茨说在理论思考中发号施令的是世界,而在实践思考中发号施令的则是心智。他经常指出实践理性有赖于一个可以基本上随心意而重造的具有可塑性的世界。人们可以意识到这样一种特征是亚里士多德和托马斯更多地归给艺术的,而远非归给审慎,或者特定的道德的。

(二) 第一原则的前道德性质

如果格里塞茨和他的追随者坚持,道德原则和实践理性的第一原则不是从由心智通过理论思考所领会的事实性真理中推导出来的,尽管如此他们也在如下意义上论证了一种他律的伦理学。无需推论、不证自明的第一

---

① John Finnis, *Natural Law and Natural Rights*, p. 34.
② Ibid.
③ Ibid., p. 36.

原则和自然法的诸规诫是前道德性的，而不是道德性的。不过道德原则依然是从它们中推导出来的。根据前面已经提及的《神学大全》q.94，a.2部分的文章，这一点归根结底就是在主张，诸基本价值，以及被天性所指向或趋向的各种善，本身并不是道德价值。这种观点并不存在这样一种意思，比如说，当性交的本能欲望被感受到时，它既不是善的也不是坏的，也不是一种道德行动；或者一种愤怒或喜悦的情感汹涌而出的时候既不是道德的，也不是非道德的。他们真正的意思是应当被追求的综合性的善不是一种道德价值。归根结底就是说，人类的终极目的不是一种道德价值。因此，菲尼斯所列出的诸基本价值的清单，相比格里塞茨的稍有扩充，即生命、知识、游戏、审美体验、社交、实践理性和宗教都不是道德价值，不管是单独来说还是汇集在一起来说。"不论是这一章还是下几章（在第3、4章，菲尼斯讨论了诸基本价值）都没有作出或预设任何道德判断。毋宁是，这两章关心的是所有判断的价值的基质。这就是说，它们关心的是实践认识的各种行动，通过这些行动我们就领会了有关人类生活的各种基本价值，以及因此也领会了实践理性的各种基本原则。"①

菲尼斯所可能意指的是，对这些基本价值的领会是通过定义的形式而非规诫的形式表达出来的，因而在这种意义上就没有给出实践的、道德的或任何种类的建议。仅当我们判断我们应当去追求某种基本价值，或判断这样或那样的行动将是获得或参与基本价值的方式，并以规定性的方法陈述这些判断时，我们才进入了正当的道德领域。也许这就是他的意思，②那么这就相当于说概念的形成还不是一种可以谈得上是对或错的活动；仅当我们作出了判断，使用了这些概念，对或错的问题才会出现。

但如果这就是菲尼斯的意思，就似乎与格里塞茨所说的这些不证自明的自然法基本原则是前道德性的涵义并不一样。他似乎关心更多的是有一些原则可以指导所有人的实践活动，不管是好人还是坏人。因此就必须划

---

① John Finnis, *Natural Law and Natural Rights*, p.59.
② Ibid., p.84.

分出道德的和不道德的之间的差别。如果坏人像好人一样都被这些第一原则所指导着，那么一个人被称为好人还是被称为坏人都不会仅仅是因为他受到了这些原则指导的缘故。

（三）基本价值的平等主义

片刻之前我列举出了各种基本价值，它们的出现是源于领会了被人类倾向所指向的各种善。而格里塞茨的解读最鲜明的特征之一就是，主张这些价值中没有一个是比其他的更好的。在这些基本价值之间没有一种客观的等级秩序，以致任何人必须在拟定自己的人生计划时受到它的指引。当然，根据事物本身的性质，一个人会以这样一种方式规划他的人生，也就是把追求知识当成是优先于其他价值的；另一个人，作为医生，则会把生命这个价值放在他人生的中心位置。即便在这样一种给定的偏好下，即更偏好基本价值中的某一个，一个人也必须不能在行动上直接损害任何其他的基本价值。我认为这样一来我们就有了理由宣称诸基本价值是同等重要的。

> 比各种价值的准确数量以及对它们的描述更为重要的是在某种意义上这些价值的每一个都是基本的。第一，每一个都是一种同样的、不证自明的善的形式。第二，没有任何一个可以在分析上被还原为仅仅是其他基本价值的某种形式，或者被还原为仅仅是追求其他基本价值的手段。第三，每一个基本价值，当我们关注它时，都可以被理性地视为最重要的。因此，在它们之间没有一个客观的等级秩序。[1]

菲尼斯至少意识到了这样的一种思想使他脱离了阿奎那的文本，也就是格里塞茨的文章所致力于分析的那一部分。我们知道，托马斯曾写道：Secundum igitur ordinem inclinationum naturalium, est ordo praeceptorum legis naturalis（奠基在自然倾向的秩序之上的，是自然法规诫的秩序）。菲尼斯注

---

[1] John Finnis, *Natural Law and Natural Rights*, p. 92.

意到了这一点,根据托马斯的表述方式,最为基本的倾向是人与所有事物都共同分享的,其次,是人与其他动物共同分享的,等等。而菲尼斯对此评论道:

> 但是这真的与对人类各种不同方面的福祉之价值的沉思相关吗?这难道不是一种推测性的思考对于实践性原则的重构的入侵吗?这些基础的、无需推论的、不证自明的实践原则并没有从任何的推测性的思考中得出(阿奎那也没有试图作出这种推导)。①

菲尼斯的结论就是托马斯在这里设计了一个非常有问题的例子,并且菲尼斯还屡次说:"在伦理学的反思上,这一关于三层秩序的假说应当被视作一种不相干的概念图示而被抛弃。"②于是我们就又回到了推测性的理解与实践性的理解,现在的这样一种理解就会与托马斯的理解在很重要的方面产生冲突。

三、 对格里塞茨解读的若干反思

一种把关于世界的知识当作与实践理性无关的观点,显然是与我们所见到的亚里士多德和阿奎那的观点不同的。阿奎那发展的实践推理理论的复杂性很大程度上似乎没有被格里塞茨和菲尼斯所认识到。众所周知,托马斯提供了不只是一个而是三个关于实践推理的标准,并且指出,满足了更多这样标准的推理就是在一定程度上更为实践性的。③ 这些标准中的其中一个是对象的本性,也就是那种可以被我们制作和完成的东西,而根据这一观点,一个关于房屋(由于房屋是典型的人造的产物)的纯粹事实性陈述就将会被视为一段实践理性的探讨;最低限度上是实践的,这一点是真的,不过人们会认识到不能根据语法规则而把实践性的与理论性的区分开。而格

---

① John Finnis, *Natural Law and Natural Rights*, p. 94.
② Ibid., p. 95.
③ Cf. Thomas Aquinas, *Summa Theologiae*, Ia, q. 14, a. 16.

里塞茨倾向于把实践探讨完全限制为动形词状的规诫。

与这一点相结合的是坚持在自然法中不存在从是到应当、从事实到价值之间的转变。这一"二分法",曾经被认为是清晰明显的,现在只是被当作一种不能被还原为绝对统一体的几个对比。马里旦(Maritain)在《道德哲学的新课程》(*Neuf Lecons sur la philosophie morale*)中指出,所有智力性的活动都与价值有关,比如说关于真理的价值。这一价值也确实被格里塞茨和菲尼斯承认为基本价值之一,并且受到了道德的支配。对于不要从事实中推出价值、从是中推出应当的担心,也许是一种过于吹毛求疵的表现。

> 乔伊重二百五十磅。
> 乔伊应当节食了。

通过理解"体重过重不利于健康"这一前提,这一转变就可以被称为正确的。而这是一个价值性的前提。它是指导行动的。然而是这样吗?如果一个人说:"谁想要健康?"我们也许会觉得很奇怪,但是我们会想说某个谬误被作出了吗?格里塞茨和菲尼斯显然关心避免谬误。但是一个人的谬误可能是另一个人的常识。

> 知识对于人类是好的
> 必然意味着
> 人类应当追求知识吗?

格里塞茨和菲尼斯经常讲第一个命题作为本体论的真理与实践判断无关。"知识对于人类是好的"这一事实只是"善是所有人都追求的"一个特殊实例。准确来说,基本价值正是一种原则,而"知识应当被追求"的规诫就建立在这个原则之上。无论从是到应当的过渡中存在什么样的谬误,格里塞茨对其的理解很可能会从根本上破坏他自己的以及托马斯的实际的论证方法。

不论他可能会说什么,没有一个哲学家会想把关于人类的事实视为在道德上是不相干的。被经验主义者所坚持的规范性和非规范性话语的截然对立本身并不是事实:有很多命题——如肺结核是一种疾病,或者一个人类儿童在五岁前就应当能够说话了——并不能很好地与对立双方中的任何一方相容。①

我认为这一主张,即实践理性的第一原则、不证自明的自然法原则是前道德的而不是严格意义上的道德,是非常奇怪的。这肯定就像是一种对《神学大全》IaIIae,q.94,a.2 部分的匹克威克式的描述方法。这一次在这个问题上菲尼斯又要比格里塞茨表述得清楚,即在什么是他们这样说的动机上更清楚。

表述了人类生命的一般目的的诸原则,直到在与一定范围的或特定的计划、倾向、行动联系起来之前,并不会获得在当今被称作"道德"的那种效力。它们是如何与之联系起来的,则是一个实践理性的问题。古典意义所设想的"伦理学",不过就是对这一问题回顾性的和/或前瞻性的深思熟虑的表述,以及对如何用被认为是理性的方式解决这一系列问题的表述。②

引导菲尼斯的是他所认为的"道德"一词在当代的涵义。因为明显过于普遍、一般,所以实践理性的第一原则还不是道德性的,并且菲尼斯认为他发现了托马斯也曾经有过这样的说法。③

---

① Philip Devine, *The Ethics of Homicide*, p.43.
② John Finnis, *Natural Law and Natural Rights*, p.101.
③ Ibid. 另见第 30 页:"即便在稍后当托马斯·阿奎那非常清楚地辨别出一组实践原则,而这一组原则对于任何有足够经验和智识来理解构成这一组原则的词汇的人来说是不证自明的,他强调诸如十诫那样的道德原则是从基础的、不证自明的原则中得出的结论,而推理出这些结论则需要良好的判断力,并且还存在着其他更多的更具体和特别的道德规则需要被遵守,因而更多的判断和决定需要被作出……"

而他参考的是在 IaIIae, q. 100, a. 1 这一部分中我们能看到的有意思的文本,在这里托马斯设问是否所有旧法中的道德原则都与自然法相关。(道德规诫在此处被区别于旧法中礼仪上和司法上的规诫。)这里的文本明显把自然法的第一原则和道德规诫归为一类,所以我们没有理由怀疑托马斯自己的说法。不过作为一个术语的问题,这并不具有什么重要性。菲尼斯想要从他称之为道德性的或伦理性的中区分出来的是那些指引我们去追求我们的最终目的或其构成的规诫。

> 我的回答是,道德规诫不同于礼仪和司法上的规诫,将对那些与良好道德有关的东西产生影响。从此以后人类的习俗(道德风俗)就可被说成是受到了理性的梳理,而理性则是人类活动所特有的原则,那些被称为善的习俗是与理性一致的,而邪恶的习俗则是违背理性的。
> 现在,正如每一个理论理性的判断都是源自第一原则的先天知识,每一个实践理性的判断也都源自某种先天就被得知的原则。①

在这里托马斯提到的是 q. 94, a. 2。这一自然法的第一规诫他现在称之为共同的、最为普遍的,而既然它们严格意义上是最为普遍的规诫,它们就不能只是对于诸基本价值的掌握和领会。② 尽管如此,这样一种建议似乎是正确的,它们不过是指向目的的规诫,不论这些规诫是一般的(善应当被实现和追求,恶应当被避免),还是澄清了人类善的具体构成的。

> 从那里开始它(理性)就开始对多样的事物作出多样的判断。(1)人类行动中有一些东西是如此明显(explicita),以至于仅需要一点考虑就能通过普遍的第一原则对它们予以认同或反对。(2)对另一些东西进行判断则确实需要对不同具体情况作出更多的考虑,对其的勤

---

① IaIIae, q. 100, a. 1.
② Thomas Aquinas, *Summa Theologiae*, q. 99, a 2, ad 2m.

勉探究并不是对所有人都可能的,而仅对聪明的人才可能……①

在这一文本的基础上,我认为自然法的第一原则是绝对的和不变的,这正是因为它们指向着目的并且没有表达出哪怕是最为抽象、一般层面上的实现这一目的的方式。而托马斯所说的下一个层面,即从最为一般的中得出来的那一层面的规诫,可以被认为是这样的一些指示,其表达出了实现目的的各种方式,或者表达出了那些由于阻碍着目的所以需要被避免的方式。如果某种特定的行为模式必然会阻碍目的,那么在这里就出现了绝对性,不过显然我们更可能有的规诫是那些仅在大多数情况下有效力的。此外,如果"规诫"这一词覆盖了表达出实现了目的的手段的判断,而不仅仅是表达出目的的判断,并且我们有理由认为托马斯也是这么理解的,②那么我们就能够说,自然法的第一规诫,相比于那些表达出了手段的,更少的是一种正当意义上的规诫或道德规诫。因而这就是一种表述菲尼斯和格里塞茨或许出于同样的理由想要表达的东西的方式。

至于否认在诸基本价值之间存在客观的等级秩序,人们需要牢记这一否定的理由——防止任何与基本价值相抵触的行动。接受在诸基本价值之间存在客观的等级秩序是否就会使其中一种禁止抵触某一基本价值的行动的基础无效,还是不清楚的。仅当这一等级秩序会把基本善还原为只是工具性的东西,这种情况才会发生。出于同样的道理,承认诸基本价值之间存在等级秩序绝不会阻碍这一点,即主观上,从一个领域到另一个领域,一种更为个人化的等级秩序将会实现。无论如何,必须要说明的是托马斯自己,正如在他之前的亚里士多德,坚持诸基本价值之间的不平等性并且认可它们之间存在着等级秩序。一个善也许像目的一样,然而并不是终极目的,但

---

① Ibid., q. 100, a. 1.
② Thomas Aquinas, *Summa Theologiae*, q. 100, a. 9, ad 2m; q. 99, a. 1: "praeceptum legis, cum sit obligation, est de aliquo quod fieri debet. Quod autem aliquid debeat fieri, hoc provenit ex necessitate alicuius finis. Unde manifestum est quod de ratione praecepti est quod importet ordinem ad finem, inquantum scilicet illud praecipitur quod est necessarium vel expediens ad finem."

是附属于另外一个目的并不就会使它仅仅沦为工具。托马斯和亚里士多德都把他们称为沉思的理性活动的完美当作是客观上最高的。二人都不认为有人能够把自身的全部精力都投入沉思的活动中；人类善依然是复杂的，不可被还原为单一的活动。而根据这一观点，道德美德就被看作是对于心智的沉思的运用的倾向或条件。

四、总结

我希望这些对格里塞茨和菲尼斯的解读的评论不会显得粗暴、琐碎或纯粹负面。如果他们的解读没有太多值得表扬的，那么他们的解读就很难会变得像现在这样富有影响力。稍早前我已经提到了其一些主要的优点，在我看来，我还能在这些之上添加更多。我希望如果我说出以下这话不会被认作是阿奎那过于顺从的学徒，即我发现格里塞茨和菲尼斯最出色的表现就是当他们遵循着托马斯自己的思考而发展他的思想之时，而最弱的表现就是当他们有意识地或无意识地偏离托马斯的思想之时。无论如何，在我看来自然法学似乎就是对《神学大全》中的《法律篇》做一些注脚的问题，并且只要其依然具有力量和说服力，这一点就会保持下去。除开其自身独立的优点，格里塞茨和菲尼斯的观点被视作托马斯主义的。这就是为什么我对之加以关注，并且我希望我简陋的意见是对他们观点的致敬而不是吹毛求疵的批评。我的主要意思就是人们应当结合阿奎那来阅读格里塞茨和菲尼斯。我认为在我们面前最主要的工作是找出最终目的和《法律篇》的关系。当这一工作完成时，对于格里塞茨工作的主要强调就可以完成了。

自然法的基本原则:
对拉尔夫·麦金纳尼的回应

约翰·菲尼斯　杰曼·格里塞茨　著
宋京逵　译

在这一期刊的前一卷中,麦金纳尼教授对菲尼斯和格里塞茨的理论立场及他们对于圣托马斯的解读提出了批评。在本篇文章中,菲尼斯和格里塞茨的回应指出麦金纳尼的批评缺乏说服力,因为麦金纳尼误解了他们的理论,并且他用自己的不同的解读来评判菲尼斯和格里塞茨的诠释,而麦金纳尼的解读被他无根据地假设为是正确的。并且这种哲学的与历史的混杂在一起的批评方式,既无助于说清楚伦理学理论的问题,也无助于对托马斯的理解。

拉尔夫·麦金纳尼的《自然法的诸原则》[1]一文对我们的工作的重要性作出了非常慷慨的评价。但是我们认为麦金纳尼对格里塞茨的文章《实践理性第一原则》[2],以及菲尼斯的专著《自然法与自然权利》[3]的批评,存在着对于

---

[1] 25 *American Journal of Jurisprudence*, pp.1 – 15; hereinafter cited as McI.
[2] "The First Principle of Practical Reason: A Commentary on the Summa Theologiae, 1 – 2, Question 94, Article 2," 10 *Natural Law Forum*, pp.168 – 201, hereinafter cited as FPPR. 麦金纳尼参考的是一个删节的版本,即安东尼·肯尼所编辑的 *Aquinas: A Collection of Critical Essays* (London: 1970), pp.340 – 382. 但是这个删节版并不是麦金纳尼(McI, p.1)所以为的那样是对原来文章的一个重印。
[3] (New York and Oxford: Oxford University Press, 1980), hereinafter cited as *NLNR*.

我们观点的严重误解。我们怀疑诸如这些误解在人群中是非常普遍的。

这里存在着一个方法上的问题，使得评论麦金纳尼的文章非常困难。格里塞茨的文章是对《神学大全》I - II, Question 94, Article 2 的评论，而不是对托马斯伦理学的普遍诠释，更不是对格里塞茨自己伦理学思想的概述。相反，菲尼斯的专著则阐述和辩护了他自己的伦理学理论，而书中所提到的托马斯的文本"既能够阐明这本书里所呈现出的理论，也能被其所阐明"①；但是它并不是一个评注，也没有考虑是否体现了圣托马斯自己思想的问题。麦金纳尼似乎没有对他选取讨论的这两份文本的范围和目的上的限制予以充分的考虑。

麦金纳尼说他对于"格里塞茨（对圣托马斯的教导）的解读"的疑虑可以主要被归结为三个标题。② 因而我们的回应也归为三个标题。在每一标题下仅包括一些主要的观点。

一、"事实和价值之间的过度区分"③

在文中一个地方麦金纳尼说我们持有"一种把关于世界的知识当作是与实践理性无关的观点"。④

为了支持这一说法，麦金纳尼引用的菲尼斯的论述都是在他书中的第二章第四节的若干页。书中的这几页致力于对当代的一些批评家的观点予以必要的辩驳，这些批评家主张托马斯试图从理论命题中推论出规范命题（从"是"到"应当"）的做法犯了一种逻辑上的谬误，因而他们将托马斯直接摒弃不予考虑。一个托马斯主义者必须认真地阅读书中的这几页，特别是其中关于"托马斯的理论不是什么"的论述。想要找到菲尼斯对于托马斯的理论关于价值与事实之关系的积极的论述，这位托马斯主义者就需要更

---

① *NLNR*, p. v.
② McI, p. 7.
③ McI, p. 7.
④ McI, p. 11.

进一步地继续阅读这本书。① 在这里菲尼斯的解释是：

> 阿奎那追随了亚里士多德关于无需推导的第一原则的"归纳"（induction）理论，这是通过作用在观察、记忆和经验之上的那种洞见而得出的，但是他又把这一解释扩展到类似的关于实践理性（即自然法）的无需推导的第一原则的"归纳"上，而这一洞见是通过作用于所感受到的倾向和对各种可能性的认知而得出的：《神学大全》I‐II,q.94,a.2。②

在解释了对于托马斯来说那些第一性的诸实践原则的形式是"X 是一种值得追求的善……"后，菲尼斯给出了为什么这样的原则是自然法原则的正式解释：

> ……第三,善的各种基本形式是存在的各种机会（opportunities of being）；一个人越是充分地实践这些机会，他就越会成为他所能够成为的那种存在者。对这样一种一个人所能够充分成为的存在状态，亚里士多德用 physis 一词来表示，翻译成拉丁文就是 natura……因此阿奎那就会说这些要求不仅仅是理性的要求、善的要求，而且（必然意味着）也是（人类的）自然/本性的要求……③

菲尼斯本人既没有认为"关于世界的知识是与实践理性无关的"，甚至也没有认为关于世界的知识与实践理性掌握自身的原则是无关的。在解释他所说的"无法从事实中推出价值"这句话是什么意思时，菲尼斯指出："……我的主张是，即使对于某种特定的'事实上的'可能性的意识是做出真理是有价值的这一理性判断的必要条件，这一判断依然不是从另外的其

---

① 特别注意 *NLNR*, pp.78‐79,并同时参考 p.45, n.60。
② *NLNR*, p.77。
③ *NLNR*, p.103. 得出这一结论时还给出了原先在第 35—36 页处的参考,在这里托马斯的相关文本得到了引用和分析。

他判断推导出来的。"①

麦金纳尼对格里塞茨的价值与事实之分的有关内容做了两点表示。

首先,他援引了格里塞茨所使用的这一批评:"从形而上的思辨中不可能推导出规范性判断。"②麦金纳尼认为这就意味着像下文的两句话间的推导是非法的:

从"麦片对你来说是好的"
到"你应当吃麦片"。③

稍后,麦金纳尼又说他和格里塞茨都认为这样的一种推论是不成立的:

从"知识对于人是善的"
到"人应当去追求知识"。④

"格里塞茨和菲尼斯,"麦金纳尼说,"经常把前一个命题看成是与实践理性判断无关的形而上学真理。"⑤而对这一所谓的我们"经常讲"的主张却并没有给出援引,并且也根本不可能给出援引,因为我们没有在任何地方讲过类似的话。

实践理性的其中一个原则就是知识是善的从而要被追求;这一原则必然意味着知识应当被追求。但是在实践原则"知识是善的从而应当被追求"之中,"善"是按照实践的意义来理解的,其根据的是实践理性第一原则:善应当被实现和追求。如果"知识对于人是善的"按照理论的意义来理解,即仅仅是一种形而上的人类学的真理,那么它就不会比"知识对于天使

---

① *NLNR*, p.73(带着强调)。菲尼斯反复地谈论了关于世界的知识的相关性:pp.17-19, 65-66, 71, 77(最后一个注)。
② McI, p.7,引自 FPPR, p.196。
③ McI, p.8.
④ McI, p.12.
⑤ McI, p.12.

是善的"这句话对我们来说有更多的规范性意涵。

在我们对实践理性的解释中——不论是一般性解释还是特别于伦理学的解释——从没有把一种非实证主义的,亦即目的论的对于自然和作为自然的一部分的人的理解,当作是与伦理学不相干的东西予以贬低或排除。① 但是如果麦金纳尼想要证成这样一个结论——乔伊应当节食了,那么他最好就别仅仅满足于②诸如这样的前提:乔伊重两百五十磅,以及,身体过重不利于健康。

人们还必须预设一个更基本的实践性的前提:健康是应当被追求和保护的善。

而这句话本身就是对实践理性第一原则的具体化。但这第一原则——"善是那种所有人都追求的东西"——并不是形而上的或心理学的真理,就像麦金纳尼似乎认为的那样。③ 而是应当像托马斯在那段著名的文章里处理"善应当被实现和追求,恶应当被避免"这个问题时非常清楚地表明的,并且这段文章也正是格里塞茨予以评论的。

类似地,只有加上实践原则"健康是应当被追求和保护的善",以及另外的事实性条件,一个人才能有效地从"麦片对你来说是好的"推出"你应当吃麦片"。我们从没有说过人们不能通过结合形而上的和/或事实性的真理以及实践理性原则从而推出规范性的结论。我们的意思毋宁是说没有规范性的原则就不能有效地推导出规范性结论,因此实践理性的第一原则不可能从形而上的思考中推导出来。④

---

① 参见 FPPR, pp. 177, 194。
② 就像他似乎做的。McI, p. 12.
③ McI, p. 12.
④ 参见 FPPR, pp. 193 - 196;*NLNR*, pp. 33 - 34;McI, p. 12。在这里麦金纳尼指责我们不能从是中推出应当的考虑是"吹毛求疵",而且他还说"一个人的谬误可能是另一个人的常识"。我们认为错误的论证会造成错误的后果;缺乏吹毛求疵恰恰使很多的当代伦理学和道德神学付出了可怕的代价。同样重要的是,以最高标准对理性的仔细运用,其本身就应当被视为是有价值的;缺乏吹毛求疵表现出了对于作为人类基本善的知识的一种马马虎虎的热爱。至于说常识,我们认为它对于基本原则的无法表达的特性,对于一般人来说是完全可以接受的。然而哲学家却有义务清晰地表述出常识所假设的前提。就目前的情形来说,如果一个人回避了第一实践原则的不可推导性(托马斯说它是不证自明的——而这对麦金纳尼来说说还能意味着什么呢?),并且求助于(形式上不合法的)常识推理这种经常是省略了前提的判断,那么他在哲学上是失败的。

麦金纳尼写的关于格里塞茨的事实和价值问题的第二点是:

> 格里塞茨说在理论思考中发号施令的是世界,而在实践思考中发号施令的则是心智。他经常指出实践理性有赖于一个可以基本上随心意而重造的具有可塑性的世界。①

再一次地,没有给出任何援引。格里塞茨没有在任何地方说或"指出"过这样一种荒谬的观点:实践理性有赖于一个可以基本上随心意而重造的具有可塑性的世界。当他说在实践知识中是"心智发号施令"时,②格里塞茨所提出的观点和托马斯在评论亚里士多德伦理学的序言中提出的观点是一样的:和理性只能去发现而不能由理性来制作的自然秩序相反,还有一些其他秩序是由理性本身制作出来的——比如说道德性的实践知识、有意志的行动,以及由它们所导致的结果。

格里塞茨也曾在其他地方耐心地表示过必然也存在着一种秩序是理性不能制作而只能沉思的,一种自然的秩序(包括人类本性),它完全不同于"一个可以基本上随心意(理性)而重造的具有可塑性的世界"。③ 在阐述这一问题的上下文里,格里塞茨展示了在每一种类的实在的秩序中的一种彻底的作为可能性的充分实现(fulfillment of possibilities)的价值客观主义理论,并且强调:"在区分某种东西在什么程度上已经成为了什么,与某种东西在什么程度上还没有实现其最充分的可能性时(因此缺少善),某种东西是什么和它归属于哪一种实体的秩序必须当作是被给定的。"④因此对于

---

① McI, p.9.
② FPPR, p.176. 麦金纳尼可能受到了他所依赖的安东尼·肯尼的删减版本的误导,这一删减版把格里塞茨关于这一问题的阐述简单地归约,使得"心智发布施令"像是一种神秘莫测的、刺激性的口号。
③ 关于托马斯在他评论亚里士多德的伦理学的序言中所区分的四种秩序,以及关于秩序的不可还原性,参见 Germain Grisez, *Beyond the New Theism: A Philosophy of Religion* (Notre Dame and London: University of Notre Dame Press, 1975), pp.230-240, 353-356,以及对于本体论相对主义的处理, pp.205-225;另见 Finnis, *NLNR*, pp.136-139, 380, 389-391。
④ Germain Grisez, *Beyond the New Theism: A Philosophy of Religion*, p.291.

格里塞茨来说,即便在心智发布施令的道德世界中(理性制造,而非发现秩序),由麦金纳尼的"随心意而重造"这一不幸的表述所透露出来的主观主义,也是完全被排除在外的。

二、作为前道德的诸基本价值

在讨论自然法的诸原则的前道德特性时,麦金纳尼似乎得出结论说他同意他所认为的我们或许在这一问题上也想表达的看法。① 但是,麦金纳尼就这一问题的观点预设了他的一个假定,即在绝对的第一原则"Bonum est faciendum et prosequendum ..."(善应当被完成和追求)中,这个词"bonum"指称的是终极目的。②

不论是考虑其本身还是把它当作一种对托马斯的诠释来考虑,这一预设在我们看来都是站不住脚的。在讲这一绝对的第一规诫时,麦金纳尼评论道:

> 规诫的接受者就是作为行动者的人类,而其指引(directive)就是:完美,即完善,也就是作为终极目的意义上的善应当被追求,以及与这

---

① McI, p. 14. 在这里我们不会批评麦金纳尼的概念:目的、手段、自然法的第一原则、从最一般的原则中推导出来的道德规诫。但是我们不会接受这种暗示的理论,这一理论在我们看来似乎扭曲和极度简化了道德实在的结构和道德推理。此外麦金纳尼错误地认为菲尼斯对第一原则的想法是:"因为明显地过于普遍、一般,所以实践理性的第一原则还不是道德性的。"(McI, p. 13.)另外,在处理托马斯阐述源自第一实践原则的道德规诫的工作时,菲尼斯(*NLNR*, pp. 30, 101, 128)援引了除了麦金纳尼引用(McI, p. 13)的那一单一文本之外的其他许多文章段落(《神学大全》I-II, q. 100, a. 1)。就我们目前理解到的而言,我们不接受麦金纳尼对于《神学大全》I-II, q. 100 的诠释。他翻译的他从文章整体中引用的那一部分删去了"直接的"(statim)一词,而这一词对托马斯的回答的结构提供了线索。

② McI, pp. 3-5. 在第 13 页,麦金纳尼说:"菲尼斯想要从他称之为道德性的或伦理性的东西中区分出来的是那些指引我们去追求我们的最终目的或其基本构成要素的规诫。"但是菲尼斯想要从道德规诫中区分出来的是那些在《神学大全》I-II, q. 94, a. 2 中所表述的规诫;并且菲尼斯否认这些规诫被托马斯理解为(或应当被任何人理解为)是指引我们去追求我们的终极目的的。如果菲尼斯认为实践理性第一原则对我们的指导是像麦金纳尼所认为的那样,那么菲尼斯就会把它们视为道德规诫。

一目的不兼容的东西应当予以避免。

任何其他的指引,即任何其他的作为自然法规诫的规诫,事实上都将只是这第一规诫的个例化。这就是说,我们应当料想得到对每一种由诸人类目的和善的要素的表述的多元化领会。①

但是注意,首先,托马斯的标准的公式是"善应当被完成和追求",而在麦金纳尼提供的解读中,他放弃了"被完成"(to be done),而关注于"被追求"(to be pursued)。这一对 faciendum(完成、做)的抑制(suppression)显然促成了把 Bonum(善)解读为 ultimus finis(终极目的)。因而,要么最后的目的还没有被完成(虽然可能包括正在完成),或者,如果最后的目的已经被完成,那么仅当人们安然自足时它才被完成,因而它就不能再通过理性而指导行动了。

第二,这一点是绝不清楚或者不太可能的,即托马斯把人类自然地倾向的所有善(omnia illa ad quae homo habet naturalem inclinationem)都考虑为是人类最终目的的基本构成要素。实际上,阿奎那所讲的最终目的②似乎非常不同于麦金纳尼主张的"基本人类善构成了人的目的"这一观点。这一观点似乎更接近于第二届梵蒂冈公会(Vatican Ⅱ)③以及格里塞茨所说的④人类目的,而不是托马斯的教义。

第三,托马斯坚持绝对的实践理性的第一原则在其所属的领域中,就如同矛盾律在思维的一般领域中的作用。⑤ 如果这是真的,那么第一原则必然也指导着那些做邪恶之事的人的实践推理。唐璜认为通奸是一种善因而值得去追求。这一想法不是非理性的(irrational),并且这一想法是能够指导行动的;因此,唐璜不道德的推理是由实践理性第一原则所指引的。但是

---

① McI, p.4.
② 《神学大全》I‑Ⅱ, qq.1‑5,特别是 q.3, a.8。
③ Gaudium et spes, sects. 38‑39. Cf., e.g., Finnis, "Catholic Faith and World Order...," 64 *The Clergy Review* 309 (1979), pp.310, 317‑318.
④ In "Man, the Natural End of," 9 *New Catholic Encyclopedia* (1967), pp.137‑138.
⑤ 《神学大全》I‑Ⅱ, q.94, a.2; FPPR, pp.170, 175‑179.

他的行动是背离,而不是趋向人的最终目的的。

麦金纳尼以为当菲尼斯说自然法的基本原则是前道德性的,意思是不同于格里塞茨的,格里塞茨"似乎关心的更多的是有一些原则可以指导所有人的实践活动,不管是好人还是坏人,因此这些实践活动就必须划分出道德的和不道德的"①。但事实是——先不去管最后一句话,我们二人都不会认同——菲尼斯想表达的观点是与格里塞茨一致的,并且我们二人都认为这就应该是托马斯的立场。② 实践理性的诸基本原则确实保证了并使得好人和坏人的实践推理都成为可能。否认这一点的代价就是要说不道德是纯粹的不可理解的(irrational),因此免于承担道德责任。

然而,我们二人并没有说过不道德的人对于全部的实践理性原则给予了回应,也没有说过不道德的人是以一种一致的方式对所有的善予以追求。道德之善与道德之恶的区别恰恰就是在这一点上出现的。实践原则并没有"划分出道德的和不道德的之间的差别";毋宁是,那种不正确的道德良知是仅仅通过回应某些实践原则而塑造了行动,却同时忽视了其他相关的实践原则。

这一伦理学理论的重要部分(第一道德原则的问题)并没有在麦金纳尼所评论的格里塞茨的那篇文章中予以处理,其中的理由很简单,托马斯并没有在格里塞茨所评论的他的那部分文章中涉及这个问题。③ 当麦金纳尼把他的批判延伸到这个问题上时,他应当去关注格里塞茨在其他的作品中对第一道德原则的处理。④

---

① McI, p.10.
② *NLNR*, pp.30, 51 附有对托马斯的参考。
③ 菲尼斯曾经说过托马斯对于道德思考和仅仅是审慎思考(在现代意义上的"审慎")之区别的解释是:"往最好了说,是非常概括性的、分散的以及难以领会的,而往最坏了说,是极为不充分的;而这一缺陷引起了后来历史上的哲学化的神学中那些宣称追随他的人做出的不令人满意的回应。"(*NLNR*, p.46.)于是菲尼斯就给出了他自己对于道德和道德性美德具体区别的解释。(*NLNR*, ch. V.)
④ 比如说,Germain Grisez and Joseph M. Boyle, Jr., *Life and Death with Liberty and Justice: A Contribution to the Euthanasia Debate* (Notre Dame and London: University of Notre Dame Press, 1979), pp.361-368; Germain Grisez and Russell Shaw, *Beyond the New Morality: The Responsibilities of Freedom*, 2nd ed. (Notre Dame and London: University of Notre Dame Press, 1980), pp.80-101.

既然麦金纳尼并没有真正地把握到我们对于这个问题的处理,我们就不对它们予以多说。然而,我们确实想强调我们称基本人类善为"前道德的"的意义,与那些采纳了比例主义①的很多当代的道德思想家和神学家所认为的那种意义并不是相同的。比例主义者把基本人类善视为某种可欲的事实状态,是可以被测量和被公度的(commensurable),并且它们是可以被或在人类行动的方式中或多或少展现出来的。我们认为基本人类善是人类充分自我实现的各个环节,而这些环节在本质上是不能被测量和被公度的。对比例主义者来说,正确的选择就是尽可能实现最大化前道德的善和最小化前道德的恶的选择。对我们来说,正确的选择是与以开放的心态去热爱所有基本人类善相一致的。因此对比例主义者来说,善是前道德的就意味着人们可以正确地去选择摧毁、毁灭和阻碍它们。对我们,善是前道德的仅仅意味着道德上善的选择和道德上恶的选择都指向着(虽然以不同的方式)它们中的一个或数个(或者说,至少是指向着它们中的一个或数个不完整的环节或者表象)。

三、否认基本善间的客观等级秩序

我们已经论证了②在人类善的各种基本形式之间不存在客观的等级秩序(也就是说,不能就意味着价值的不可公度性)。麦金纳尼说:"菲尼斯至少意识到了这样的一种思想使他脱离了阿奎那的文本。"③事实上,菲尼斯并不认为这一思想使他脱离了托马斯的文本;菲尼斯说托马斯对于自然法规诫的"秩序"的理论阐述"都过于容易地可以被解读为是一种位阶"④。

---

① 关于我们对于比例主义的批判,参见 NLNR, pp. 112 – 118; Germain Grisez, "Against Consequentialism," 23 American Journal of Jurisprudence (1978), pp. 21 – 72。
② NLNR, pp. 92 – 95; Beyond the New Morality: The Responsibilities of Freedom, pp. 74 – 78.
③ McI, p. 10. 在麦金纳尼所评论的文章中,格里塞茨并没有讨论诸价值之间的等级秩序的问题;他明确地不去考虑(FPPR, pp. 180 – 181.)他所评论的托马斯的这部分文章中涉及的这个问题。尽管如此,在没有援引任何格里塞茨对此问题予以论述和辩护的作品的情况下,麦金纳尼就对他所以为的格里塞茨的立场提出批判。
④ NLNR, p. 94.

我们否认麦金纳尼的这一确信,即我们的立场"会与托马斯的理解在很重要的方面产生冲突"①。

设想所有秩序都是有等级性的是非常独断的,而更独断的是假设被托马斯在《神学大全》I-II,q.94,a.2 中所确定的对应自然法的规诫和自然倾向的秩序是一种价值上的等级秩序。托马斯在这里所确认出来的秩序的原则是很简单的:那些人类"与所有物质都共同具有的","与所有动物都共同具有的"以及"专属于他自己的"。为什么这一关于秩序的本体论原则应当被解读为价值上的等级排序呢?无需怀疑亚里士多德有一个理论主张人的最高等的善是那种最为适合于他的善。② 但是托马斯他自己在哪里做了这个理论呢?③ 对于一个认为人类的至高的善就是与上帝交融的基督教神学家来说,采纳亚里士多德的论证思路难道不是一种灾难吗?因为与神圣三人(divine persons)④亲密交融并不是专属于人的,而显然只能是专属于神圣三人他们自己的,并且他们把这超自然的赠礼不仅与人分享,还与天使分享。

我们没有在托马斯的文本中找到麦金纳尼的这一理论,即"如果我们能把这些(人类的)倾向列举出来并且意识到它们之间的高低排序,我们就能管窥到自然法的诸规诫并将它们纳入考虑"⑤。托马斯的确说了:"人类自然倾向所指向的所有的东西,理性自然地把它们领会成各种善,因而在结果上,就领会为通过工作应当被追求的东西,而与它们相反的就是恶因而就是应当被避免的东西。"⑥我们并没有在托马斯那里找到麦金纳尼所认为他找到的东西,"因而那些并不对人类所特有的善也将成为人类善的构成部

---

① McI, p.11.
② 《尼各马可伦理学》,X, 7 (1178a4-5);参见 I, 7 (1097b24-1098a7)。
③ 在《神学大全》I-II, qq.2-3 里的论证,相当程度上更为复杂,正是因为托马斯确实相信与上帝亲密交通(communion with god)是人类最终的自我充分实现。
④ 即圣父、圣灵、圣子。——译注
⑤ McI, p.4.
⑥ 《神学大全》I-II, q.94, a.2, c.;对于 ad 2 的回应是很隐晦的,必须结合文章的整体来解读。

分,仅在它们处于为人类行动者独特的特点,即理性的影响下而言"①。我们也不认为托马斯的文本是能够支持麦金纳尼的进一步解读的:"自然法的诸规诫就是指向着人类善的理性的指引。人类善和人的最终目的是复杂的,但是把它们统一联系起来的是人类独有的特点,即理性。"②第一句话无疑表达出了托马斯的立场,但是第二句话无法跟随第一句话而出,这句话只对于那些把托马斯解读为某种程度或种类上亚里士多德主义的人来说才似乎显得是托马斯式的,而这一点我们并没有在托马斯那里找到。

托马斯很清楚地指出自然法的主要规诫就是确定出对于人类来说的各种善(复数的),而这些善其中的一个,所对应的自然倾向是根据理性而行动。③ 但是这一倾向只是众多中的一个,而所有倾向都是指向善的,并且所有善都自然地能够被理性所理解。在哪里托马斯采用了麦金纳尼的模式——"理性地去追求自我保存""理性地去追求性、生育、培育后代的善"等等——来阐述主要的自然法规诫呢? 根据托马斯的说法,更为自然地阐述的模式是:"生命是一种值得被追求和保护的善"等等。

即便托马斯的文本支持一种麦金纳尼所认为的人类善之间的亚里士多德主义的等级秩序,我们也会拒绝这一等级秩序。我们这么做不仅仅是因为诸基本善的不可公度性,而不可公度性阻止了比例主义的理性算计(麦金纳尼以为这是我们唯一所关心的),还是因为实践理性第一原则的善的超越性。正如格里塞茨在他文章的一段——而这一段在安东尼·肯尼的删减版中被去掉了——中所解释的一样:

> 仅是凭借着这一超越性这一点才得以可能,即基督教信仰所推荐的目的,对于人类来说是超自然的天堂的至福,应当变成真正人类行动

---

① McI, p.4. 麦金纳尼接着说:"性,并不仅仅因为是性所以才是人类善,只有当它被有意识、有意图、负责任地追求时才是人类善。"通过这种说法他似乎暗示着人类的性能力本身是半人似的——这一假设必然导致一种不能被辩护的二元论,并且与保罗六世在 Humanae vitae 中对《神学大全》I-II, q.94, a.2 的使用方法是不一致的。
② McI, p.5.
③ 《神学大全》I-II, q.94, a.3, c.

的目标,也就是在实践理性指导下的行动。如果实践理性第一原则把人类善限制在与自然可比较的那些善上,那么对于人类来说超自然的目的就被排除了。只有通过信仰之跃才能进入超越性之中,人类和这样一种目的间的关系才能建立起来,而这一超越性对于人类行动来说是不可及的,在这里信仰将会替代自然法而不仅仅是补充它。①

正如格里塞茨在与麦金纳尼所评论的文章同时代的另一篇文章中所主张的,托马斯关于人类自然目的的理论仅仅在这样一种意义上是不融贯的,即在向神圣生命开放的关于人类本性的实在所允许的限度内更多的是一个亚里士多德主义者。②

四、小结

由于建立在误解之上,麦金纳尼对我们工作的批判性评论在我们看来缺乏说服力。我们认为,由于麦金纳尼决定在批判我们对托马斯文本的诠释的同时批判我们独立的理论工作,这一误解变得更加严重。

在麦金纳尼的文章中,我们没有发现任何需要承认我们对托马斯的解读是错误的论据。假设一种不同的对托马斯的解读,即"亚里士多德主义的托马斯",然后再指出我们不认同这一解读可以成为批评我们的解读的基础。但是,除非这种替代的解读能够通过论证而建立,仅仅通过对它的断定而反对我们的解读只是一种循环论证的做法。

麦金纳尼对我们独立的理论工作的批评全部都建立在我们称为"亚里士多德主义的托马斯"这一预设的权威之上。虽然在某些方面这一哲学理

---

① FPPR, p.200. 人类本性在没有限制各种可能性的情况下为其树立了基础,人类能通过自由选择面向这些开放的可能性,这一点是一个重要的人类学真理。这一点是亚里士多德所不知的,它是凭借着基督徒对于在基督中实现圆满的人类超自然天命的信仰中得到清晰表述的,而现在已经被当代"后基督"时代的各种人文主义所普遍接受(即便被扭曲)。

② "Man, the Natural End of," pp. 134 – 135.

论是值得称道的,但我们并不认为这一理论像麦金纳尼似乎所设想的那样完美。此外,有时我们有意地不同意托马斯的这一事实显然并不意味着我们误读了他,除非一个人假设托马斯的所有立场对于那些正确地理解了它们的人来说是不证自明的。

麦金纳尼在他文章的结尾处指出我们当前主要的任务"是找出最终目的和《法律篇》之间的联系"。格里塞茨在伦理学上的工作正是以试图完成这一任务而开始的。他越发坚信托马斯对最终目的的解释是不符合他对自然法的解释的。这一信念使得他发展出了他自己的伦理学理论,他的理论很大程度上得益于托马斯,但却是自主建立的。我们认为所有对自然法感兴趣的人都应该承担展开独立的哲学工作的责任,就像我们和很多其他人已经做的那样,而不是继续满足于新经院主义式的历史解读和哲学建构的混杂。

自然法以及"是"与"应当"问题

亨利·维奇* 著
宋京逵 译

约翰·菲尼斯的《自然法与自然权利》①在写作上的成就确实是非凡的!仅仅在昨天都很难找到哪怕一个著名的法哲学家、政治哲学家或道德哲学家不会把自然法的教义当成是在哲学上完全没有信誉的东西而嗤之以鼻。但是今日不同以往了,特别是自从菲尼斯教授的书出版之后。确实,这样一种在哲学立场上的明显转变几乎是由菲尼斯教授一手推动的。

那么我现在对菲尼斯教授提出几个尖锐的问题是否过于挑剔呢?更糟的是,我的这些问题可能看起来是完全不相干的,因为相比于菲尼斯非常重要作品②的其他部分,我的问题主要针对的只是其中的一个部分,即"从事实到规范的非法推论"。尽管如此,这一部分对于更好地理解他的理论和自然法的教义来说都是非常重要的。菲尼斯教授提出的观点是如此令人困惑,以至于人们必须琢磨他所说的是否真就是他可能的意思,或者他是否说出了他的意思。这一部分的标题本身就在表示任何从事实到规范的推导都是非法的。然而一种自然法的伦理学的事业除了是在自然本身以及自然的

---

* 亨利·维奇,乔治城大学荣誉教授;本科,剑桥学院,1932 年;硕士,剑桥大学,1933 年;博士,剑桥大学,1936 年。
① 约翰·菲尼斯:《自然法与自然权利》,1980 年。(以下参考简称菲尼斯)
② 菲尼斯,第 33 页。

事实中探寻一些道德和伦理的基础之外,又怎么可能是别的呢?

让我们再一次审视菲尼斯教授的那些断定。菲尼斯说:"这一点根本就不是真的,即'任何一种形式的自然法理论的道德都必然暗示着这一信条:关于人的义务和责任的命题是从关于他的本性的命题中推导出来的'。"①在谈到圣托马斯·阿奎那对于自然法的观点时,菲尼斯指出阿奎那"以尽可能清楚的方式断定,确定了善和恶的各种基本形式的自然法的第一原则……不是从理论理性的原则(speculative principles)中推导出来的。它们不是从事实中推出来的。它们不是从关于人类本性,或者善与恶的本性,或者'人类的功能'这种本体论的主张中推理出来的;它们也不是从关于任何自然的目的论观念或者任何关于自然的其他观念中推理出来的。它们不是从任何东西中推理或推演出来的"②。最终,为了解释为什么会如此普遍地以为自然法的辩护者全犯了这样一种错误,即试图"非法地从'是'中推出'应当'",菲尼斯教授指出这样一种普遍地被接受了的误解的一个原因是"'自然法'这一术语本身就能导致人们以为,在任何一种自然法理论中,其所指称的规范是建立在对自然(人类的和/或其他的)的判断上的"③。

人们应当怎么去解读像这样的一种断定呢?要不是知道菲尼斯教授的整本书都致力于对自然法进行持续和精彩的辩护,人们可能会以为"在任何一种自然法理论中所指称的规范"必须不能被视为是"建立在对自然(人类的和/或其他的)的判断上的"这一断定是传达了一种与自然法在伦理学上的教义截然相反的立场。除非我们暂时把自己放置在菲尼斯教授的立场上,否则这样一种反应肯定会是草率的。没人比菲尼斯教授自己更清楚地意识到自然法教义的传统的辩护者试图确立:(1)任何的自然法、伦理准则、道德法则、道德规范都是在自然本身中的存在;(2)通过考察自然本身中的事实来发现这样的自然道德法则应当是可能的。但是必须记住的是,菲尼斯是一位牛津的学者;而在牛津大学,有任何人敢说道德规范可以以事

---

① 菲尼斯,第33页。
② 菲尼斯,第33—34页。
③ 菲尼斯,第35页。

实为基础,或者说也许一个"应当"可以从一个"是"中推导出来,那么几乎就会导致英语哲学的建制派——而不仅仅是牛津人——大呼:"把他踢出学术界!"显然,如果菲尼斯教授想要在牛津为自然法辩护的同时避免被排斥,他就不得不把谨慎当作勇气中最好的一面。

即使很容易理解为什么菲尼斯教授不想犯下在当今英国最严重的哲学罪行——从事实中推出规范,或者从自然中推出义务,或者从"是"中推出"应当"——但为什么他又希望自己被视为一个自然法学者呢?有可能是因为"自然法"这一词被一种不可见的高尚的光环所环绕。因而游戏规则似乎就是一边要试图享有"自然法"术语带来的所有好处,同时小心地避免任何因支持这一教义所可能带来的污点。

我相信菲尼斯教授可能不小心地陷入了一个非常稀奇的困境。这一困境简单来说就是一个人必须在以下二者之间选择其一:或者找到一种方法能从事实推进到规范,或者就干脆不再试图支持自然法的哲学。然而,似乎菲尼斯教授对这一困境非常不敏感。相反地,他感受不到有任何理由为什么他不应该这么做:仍坚持他的伦理学是一种自然法理论,即便同时他一劳永逸地否定了所有在自然中为道德法则建立基础的尝试。相应地,我将在两个理论阵地上提出我对于菲尼斯教授的批评。第一,为了论证我所提出的困境是一个真实的困境,我将提供一个简单的以及某种意义上带有想象性的对于西方道德哲学史的主要阶段的解释。明显地,这一总体性的回顾将表明菲尼斯教授必须宣布,或者他是一个自然法学者,从而抛弃他作为牛津人对于分割了"是"和"应当"以及事实和价值之墙的迷信,或者彻底与牛津传统断绝关系并且成为一个后继于托马斯·阿奎那思想之后的自然法学者。我在第二个理论阵地上的批判是由一系列挑战组成的,这些挑战直接针对的是菲尼斯教授所提出来解释为什么从"是"中推出"应当"以及试图在自然和实在中直接找到道德和伦理的基础在逻辑和哲学上都是贫困的具体理由。

根据西方道德哲学的历史来考虑菲尼斯教授的这一说法,即这样的一种设想是徒劳且不合逻辑的,关于人类义务与责任的命题能够从关于他的本性的命题中推导出来,或者道德规则和标准能够建立在对人类的本性和万物自然的考虑基础之上。这样一种对道德和伦理的处理方法难道没让我们回想起古代智者和苏格拉底之间的(以及间接地,柏拉图和亚里士多德之间的)争论吗?像《高尔吉亚》中的卡里克利斯这样的智者的立场就是认为道德和伦理,像通常理解的那样,只不过就是 Yóuos(习俗)的问题,而不是 Qújis(自然)的问题。与智者的立场相反,苏格拉底所主张的不就是道德和伦理不仅仅是人们选择和习惯的问题,而是"是"且"应当"基于自然——主要是人类的自然本性,并且在额外的和根本的意义上是基于万物的自然之上吗?

这样一种反驳自然法的论证方法并没有在这里停止。现如今人们必须承认当代的道德理论家——他们或者是功利主义者或者是道义论者——将会同意智者,因为没有任何办法把道德和伦理视为是关于 Qújis 而不是 Yóuos 的问题。确实,功利主义者会坚持道德是一个社会习惯的问题,而不是一种自然的问题。因此,他们没有认同道德相对主义或者古代智者的怀疑论立场。相反,当今的功利主义者认为他们可以把伦理学中纯粹的习惯主义与非相对主义结合起来,一般是通过某种语言学或逻辑上的考虑,如可普遍性。即便是道义论者,虽然他们毫无疑问地不会想主张道德不过就是一种 Yóuos 的问题——在它是一种纯粹的社会习惯的意义上,但是他们依然会否认在任何意义上道德可以被考虑为是有关自然或 Qújis 的问题。并非如此,我们的义务和责任被认作是源于或者直接就是对这种义务的直觉,或者是对于一种被假定的不可避免的逻辑不一致的认识,无论何时一个人试图否定绝对命令这样的东西都会把这种逻辑的不一致展现出来。

对这一点人们并不应该感到惊奇,当代任何一个流派的道德理论家都一致地否定以人类自然本性、事物的自然本性或者其他什么东西作为可能的道德的基础。基于现代自然科学被不可置疑地认作是唯一有资格给自然做出解释的方式,没有一种对自然本身的所谓的科学研究或调查能够得出真正的规范或价值之存在的证据。

不论菲尼斯是否担忧自己可能会被他在牛津的同事驱逐,菲尼斯在这一点上是不落于人后的,即在试图表明如何以及为什么从对于实在的考虑中推导出道德原则在逻辑和性质上都是不可能的。这看上去大概就等同于从石头中找出血。此外,他的论证被更为可畏的杰曼·格里塞茨所附议。①相应地,我的任务就变成了消解菲尼斯和格里塞茨的这些被设计用来表明诉诸自然永远也无法为伦理和道德提供适当支持的论证。

我将把这些论证大致归为三个主题。第一个主题是从本体论或哲学人类学中应当逻辑地"推导"或"推理"出像伦理学这样的科学。不容否认的是菲尼斯和格里塞茨的立场是经过极为精心的挑选的。任何人都想承认伦理学拥有自己的自主的特征,拥有自己的第一原则。

对于第一个论证的回应,我承认从本体论中无法推导出伦理学,仅从"关于人的自然本性的命题"中推导不出"关于他的道德义务和道德责任的命题"。然而,这种观点的合理性难道不是源于人们对于"推导"以及"推理"这样的词汇过于贫瘠或者过于技术化的理解吗?此外,人们能够采取如下做法吗?即把本体论到伦理学的不可推导性这一命题正当地扩展到菲尼斯某种意义上过于夸大的结论,即在任何意义上伦理学都不能奠基在本体论之上,或者本体论思考应当被视为很大程度上是不相干的,即便其有助于使得伦理学原理得到理解?

以下这一点是真实的,我们都已经习惯了"推导"的意义有些时候是与现代逻辑相联系的,我们都知道说算术原则可以从逻辑中推导出来是什么意思。此外,遇到附加在这种推导意义上的另外一种解释也很常见,根据这一解释,在推导论证中任何一种前提和结论之间的关系都只不过是同义反复。可以承认,像圣托马斯·阿奎那这样的哲学家绝不会得出这一结论:伦理学不过就是从本体论中推导出的或者道德是从人类学中推导出的。

我没有能力批判这一种在当代逻辑学中所运用的可能有些狭隘甚至任

---

① See Grisez, "The First Principle of Practical Reason: A Commentary on the Summa Theologiae 1-2, Question 94, Article 2," 10 *Natural Law Forum* 168 (1965).

性的推导的含义。尽管如此,这一点显然是完全可能的,即设计出某种熟悉的例子用来展现一门科学或者学科可以是如何极为依赖另外一门学科的第一原则的可理解性,然而并不能被认为只是从那一门学科中"推导"出来的。亚里士多德的物理学依赖于所谓的亚里士多德形而上学或者第一哲学。当然,亚里士多德会坚持物理学有它自己的第一原则,并且作为第一原则,物理学的原则并不能从形而上学的原则中推导出,就好像前者不过就是对后者的一种仅仅是同义反复式的复述。比如说,想一想亚里士多德物理学中著名的变化的三原则——质料、形式和匮乏。当然,三者可以被整理为好像是它们构成了物理世界中单一的关于变化的第一原则:任何变化必须都是关于某物的(质料原则)从某物(匮乏原则)到其他某物(形式原则)的变化。当然,作为第一原则,至少在这一术语的传统意义上,这一点可以被认为是不证自明的,即意味着某种东西是 per se notum(不证自明),因而作为这种不证自明的东西可以不被理解为只是从其他东西中推导或推理出来的。尽管它的这一不证自明的性质,这一关于变化的存在的原则之适当的可理解性难道不是完全建立在各种关于存在的先验原则之上吗?比如说,在他的形而上学中,亚里士多德会主张作为一个存在者,它必须是某种实质(substance)或者至少是被准备安排成为实质。而且,作为一个存在者,它必须是确定的——它必须有某种本质(essence),或者适当的形式上的确定性。最后,如果《形而上学》这本书 A 卷的第三节到第十节正确地说都只是亚里士多德形而上学的一部分,就会存在着一种进一步的形而上学原则,即对于任何成为存在者的存在者,它必须具有关于物质和潜能的原则。

确实,鉴于这样一种形而上学中的原则,难道不也可以说亚里士多德物理学的第一原则实际上是建立在他的形而上学之上的,甚至某种意义上是从他的形而上学中推导出来的?另外,由于仅仅知道存在还不代表着拥有完整的关于变化的存在者或者存在者作为存在者的知识,所以如果一个人没有关于存在的在先的领会,就永远也不可能有对于变化的存在者的适当的理解,这一点难道不明显吗?

鉴于形而上学的原则,确实有迹象表明亚里士多德的物理学的第一原则是以他的形而上学为基础,甚至是从形而上学中推导出来的。这当然不意味着人们只需要知道存在者,或者存在者作为存在者,因为它们没有哪怕是暗示地揭露出全部人们所需要知道或能够知道的关于变化的存在者的知识。相应地,加以必要的改变,我们为什么不能说对于亚里士多德来说以及更确定地,对于阿奎那来说,相对于形而上学本体论和哲学人类学来说,伦理学确实是一个自主性的学科,因而具有它自己的第一原则,但是绝不能由此推论说道德哲学家在关心被他们视为是善的存在者时,不需要考虑有关存在者的一般原则。由此一来,我们不就拔掉了被我们称为菲尼斯-格里塞茨的首要论证的牙齿了吗?这一论证主张所谓的伦理学相对于形而上学本体论,以及道德知识相对于关于自然的知识的绝对的独立。没错,某种意义上确实很难说我们的道德义务是可以从关于人类自然本性的知识中"推导"出来的。然而,菲尼斯走得太远了,他明确地得出结论说"在任何一种自然法理论中其所指称的规范"不能被视为是"建立在对自然(人类的和/或其他的)的判断上的"。[1]

现在,我们必须考察菲尼斯和格里塞茨的第二个论证。明显地,他们通过这第二个论证来主张即便在自然法伦理学内部,道德和伦理学的原则也不能在任何意义上被理解为是存在或自然的原则。这一次,似乎菲尼斯-格里塞茨的论证求助于某种对于诸如在"人类的自然本性"或者"事物的自然"这样的表达中"自然"的意义的理解或者误解。此外,这一论证大概是被设想出来用以显示任何从自然中推导出人们的道德和伦理的努力都不可避免地涉及从"是"到"应当"的谬误。不能否认的是,被菲尼斯和格里塞茨挑出来充实他们的论证的例子是选得非常好、非常生动的。我将尝试着用我自己的话来说明这一论证和阐述的方法。事实上,菲尼斯和格里塞茨指责传统上声称信奉自然法的道德理论家以一种纯粹静态的方式来设想人类本性。虽然菲尼斯和格里塞茨没有明确地这么说,但是我同意他们所批评

---

[1] 菲尼斯,第35页。

的很多自然法道德学者主要是以一种思考纯粹几何图形的性质的模式来思考人类本性或关于人类的自然。不要忘了是亚里士多德坚持只有把数学物体的性质——正方、圆、三角——设想为好像是完全静态的、不允许变化和发展的那种种类才是唯一适当的。因此,一个正方或一个圆的自然或本性是既不会生成也不会消逝的;它不会遭受变化或发展以及位移或性质上的改变。相反,它只不过就是它所是的东西。于是,亚里士多德认识到了这个问题,所谓的存在因在三角形的例子中就可以被还原为单一的形式因。当然,不会有关于三角形这种东西的动力因或者原因,因为它既不会生成也不会消逝。如果没有动力因的存在,在三角形的例子中就不会有任何一种最终原因、目的或目标的存在。相似地,既然在三角形的例子中不存在着变化的潜力,这里也就同样不会有质料因。一个三角形是并且只能是它所是的东西,它既不从也不由其他东西中发展而来。而且,三角形不是那种能被想象为瞄准或者朝向某种方向而发展的东西。

在思考了三角或正方的模式后再来设想我们现在思考的人的自然本性。显然,我们也许会说这一点是违反了正方形的自然本性的,即通过其边长增加一倍来使其面积也增加一倍。相应地,如果我们也以这种方式来考虑人类的自然本性,我们或许会说以下这些是违反了人的自然本性的:他不被描述为是直立姿态的,他不是男性或女性二者中明确的之一,或者某种人类的器官不以其自然的使用方式来使用。因此,人们也许会被诱惑主张既然对于人类来说通过四肢行走是违反了自然的,因此对于人类来说这么行走是错误的;或当以某种给定的、静态的人类本性为标准判断时,某些特定的性行为是不正常的或者堕落的,因此对于人类来说实施这些性行为就是错的。尽管如此,显而易见的是,这样的推导是非法地从"是"到"应当"、从自然或不自然到对或错的推理过程的明显的例子。此外,如果我对它们的理解是正确的,这就一定是格里塞茨和菲尼斯都会提出的对任何自然法思想家的批评。无需否认,这一批评在某些情境下是完全成立的。上面的这些例子就是明显的从"是"到"应当"或者从关于自然的事实到所谓的自然的规范的非法推导过程。

即便如此,不论格里塞茨和菲尼斯对于特定的某些自然法思想家所提出的批评是多么正当,一定还要认识到这样的批评并不是对于任何或每一种明确的从自然到规范的推导过程都必然成立的。这是因为存在着一些方法,人们可以凭借这些方法在不依靠理解几何图形的简单模式下来领会事物的自然本性。确实,如果我们思考的是人类,那么把他的自然本性设想为是如同于一个正方形、一个矩形或者一个圆形的自然本性就是错误的。并且,其中的差异正是在于这一事实,即变化对于人类的自然本性来说是相关的,而对于一个圆或一个正方是不相干的。对于一个人或者人类来说,根据或就他自身的本性而言,如果他不是这样的一种造物的话又能是什么呢?它是一种能够经历发展、具有潜能的造物,因而他并不完全是他也许会是或他能够是的,并且他当下的或现实的条件总需要与他也许会是的或能够是的进行对比。人们不需要在这里停止。一个人不仅仅是根据其本性能够经历变化和发展的存在者。根据这样的本性,一个人在很大程度上还是为他自己是成为或者没有成为他全部也许会是的或者能够是的而负责的存在者。结果就是,人类很少能够成为他完全可以成为或应当成为的,因而在事实上通常并不会成为在道德上有责任成为的或者在道德上义不容辞应当成为的那种存在者。

如此一来"应当"被我们直接引入对于人的或人类的自然本性的解释中不就很清楚了吗?菲尼斯和格里塞茨就不能再说从"是"到"应当"的推演是以一种非法的过程而完成的。与之相反,人类的自然本性这一"是"本身就表明了有一种"应当"已经进入其中了。在没有确定一个人也许会是或能够是什么,即没有考虑到人的具有目的性的潜能和自我实现的情况下,就不可能确定一个人作为人在事实上真正是什么。在没有考虑到一个人应当是什么或者考虑到任何人都根据其本性所具有的,并且试图实现和成为的那种自然目的完满或善的情况下,去确定或者甚至充分地描述一个人是什么也同样是不可能的。显然,并不存在从"是"到"应当"的惹人怀疑的推演——就好像不知怎么地从一种完全排除了"应当"的"是"中,人们能够想出办法神奇地召唤出一种"应当"。从我们前面的解释中,现在就应该已经非常清楚了,人类自然本性的这一"是"本身就已经蕴含着它的"应当"。确实,如果一个关于推导的问题被提出,现在就可以说这一所谓的从"是"到"应当",或者从自然到规范,不过就是从一个已经与"应当"相联系的"是"中推导出一个已经蕴含在那个"是"中的"应当"。如果人们需要偏爱使用"自然"和"规范"这种语言,那他们就可以说,如果人类本性得到了正确的理解,并且不被类比为具有误解性的几何学模式,不可避免的就是一种指向以其自身完善为特定规范或标准的自然。我们应当无惧于严厉地批判过去我们所听到的大卫·休谟对从"是"到"应当"推导的自鸣得意的责难。相反,是休谟而不是自然法道德学者现在必须接受一个教训。显然,自然和自然事实可以被理解为是这样的一种从事物自然的所是到他们应当所是的非法的推导。然而,被休谟极为自信地描述为是谬误的推导完全不是这样的。毋宁是,推导是从一个比休谟在其作品中所想象的要远为丰富和多样的人类自然本性之所"是"的概念开始的。

根据以上的论述我们现在又该如何看待菲尼斯和格里塞茨呢?先前的论述告诉我们,必须承认如果基于所谓的几何学模式来理解人类自然本性,从"是"到"应当"、自然到规范之间的推导就不可能是正确的。此外,我们还需要认同菲尼斯和格里塞茨这一观点,即很多被称为自然法道德学者的人,尤其是近年来的,确实有意或无意地只是不加批判地把人类的自然本性按照已经被我们确定是错误的几何学模式来予以理解。由于这些自然法思想家采取了按照这种不幸的模式来理解人类自然本性的做法,他们自诩的从"是"到"应当"、从自然到规范的推导就必须得被描述为谬误。确实,不必惊讶会有那么多近代的自然法的支持者会以这样一种让人误解的方式来粗心地理解"自然",因为这种理解方式几乎就是从笛卡尔到霍布斯的所有现代哲学家理解事物的"自然"这一观念的方法。现代的自然科学家只是遵循了这一路径而已。

在对菲尼斯和格里塞茨做出这些让步之后,我们必须追问他们会如何理解含有"人类自然本性"或者"人的自然本性"这些词的语境中的自然概念。当然,他们会拒绝所谓的几何学模式。既然菲尼斯和格里塞茨宣称自己是最为有说服力的托马斯主义者,那么人们也许会以为他们会是第一个承认,像亚里士多德和阿奎那一样,几何学的模式绝不能不加批判地从数学领域中搬到物理学和形而上学领域中,以及也同样不能搬到人类学和伦理学领域中。让我们假设菲尼斯和格里塞茨到目前都会同意我们,那么问题不可避免地就会变成:关于菲尼斯和格里塞茨的争议之处在哪里呢?任何关于可能是非法推导的从"是"到"应当"、从自然到规范的困境现在显然都已经被消解了。此外,尽管菲尼斯教授做出的关于如何"'自然法'(必须像从来没有过的去理解)这一术语本身就能导致人们以为,在任何一种自然法理论中,其所指称的规范是建立在对自然(人类的以及/或其他的)的判断上的"这一非常痛苦的表述,我们现在能冷静地平息和改正很多菲尼斯-格里塞茨所建议的补救和构想。人们只需要承认对自然和本质的亚里士多德式的解释,并且这里就再也不会有这样的问题,即如何"在自然法理论中指称的规范(是会)建立在对自然的判断上的"。相反,它们正是建立在其上的。

菲尼斯和格里塞茨为了坚持他们所谓的自然与规范之间的隔离之墙所诉诸的最后一个论证,是建立在传统亚里士多德主义的实践科学与理论科学的区分之上的,这是一个完全正当的区分。不仅这一区分是正当的,由此所导致的像伦理学这种实践科学相较于像形而上学本体论这样的理论科学的相对自主性、独立性也是正当的。不过我们的主张依然是在利用这一特别的区分时,菲尼斯和格里塞茨把他们的论证推得太远了。

尽管如此,也要看格里塞茨是如何解释他对于实践理性与理论理性之区分的理解的,以及他是如何分析由此导致的相对于形而上学的伦理学的自主性的。首先,他提出了一个完全正确的观点,即由于伦理学是一门实践科学,它直接关心的是确定如果我们想要实现人类的自然目的、目标,或者用格里塞茨或许会喜欢的表述来说,人类存在的基本善,那么我们就需要采取什么样的行动以及必须不能采取什么样的行动。更为具体地,格里塞茨还接着指出:"因为善具有一种作为目的的可理解性,而恶具有相反于目的的可理解性,由此可得出理性能够自然地领会善……即所有人类自然倾向所指向的对象。"①

那么对于格里塞茨来说实践理性是什么呢？他的回答是,他对实践理性的认识与阿奎那对实践理性的认识是一样的。格里塞茨指出,根据阿奎那,实践理性就是"心灵……以发挥出某种能力的方式来运行,这种能力是'直接指向工作的'……实践理性(因此)就是心灵作为行动的原则而起的作用,而不仅仅是起到客观实在的接受者的作用。是心灵来宣布将会是什么样子,而不仅仅是记录已经所是的样子。在理论上……世界来发号施令。心灵使用认知者的力量来指望着被认知的东西能够服从它；心灵在发号施令"②。格里塞茨继续说：

> 就现在来说,如果实践理性就是心灵作为行动的原则而起的作用,它就要满足对于每一个行动原则来说都是必要的全部条件。它们其中的一个就是每一个行动原则都是出于某种目的而起作用。一个行动原则总是将会带来某些东西或其他什么东西,否则的话它就根本不会是一个行动原则。行动原则必然会指向着某些东西或其他不论是什么的一些东西,如果它们将要被它带来的话。③

此外,以像这样的陈述为背景,就应该可以了解圣托马斯所明确说明的实践理性的第一原则：Bonum est faciendum et prosequendum, et malum vitandum。格里塞茨谨慎地将之翻译为："善应当被实现和追求,恶应当被避免。"④

然而,在此时去追问实践理性第一原则应当怎样被理解似乎并不是完全不合时宜的。确实,它是第一原则,因而是不证自明的,并且在这种意义

---

① Grisez, "The First Principle of Practical Reason: A Commentary on the Summa Theologiae 1 2, Question 94, Article 2," p. 170.
② Ibid., pp. 175–176.
③ Ibid., p. 177.
④ Ibid., p. 168.

上是无需被推导出来的。尽管如此,我们问的并不是对"善应当被实现和追求,恶应当被避免"这一原则的推导,而仅仅是对于这一原则的澄清和解释。记住格里塞茨非常有技巧地对圣托马斯这一观点的重复:①一个原则有可能就其自身来说是自明的,但是对于我们来说不是自明的。所以,我将特别强调这种自明性的缺乏,并且要说在这一问题上我是比较"迟钝的",我并不十分能感受到实践理性第一原则的这种不证自明的性质。作为一个不证自明的原则,其唯一能够对像我这种迟钝的人或其他人来说能够显得是不证自明的方法,就只有通过对主词"善"和"恶"的进一步阐述。在这里善的观念究竟应当如何理解呢?

可以期待我对这一问题的答复,我将建议在这种语境下回答像这样的问题的唯一方法就是从形而上学中援引特定的原则。此外,如果这一解释是合理的,那么它就应当被用来有效地打破伦理学与形而上学之间的隔离,这一隔离正是格里塞茨坚持要建立起来的。然而,这仅仅是期待。就目前而言,让我们继续跟随格里塞茨的思路。在回答是否必须在实践理性第一原则中理解善的观念的问题时,格里塞茨指出对善的观念的理解必须根据对目的这一观念。他说,"善有一种作为目的的可理解性",善简单来说就是"所有事物都指向的"。② 另外,如果人们想要弄明白这一"指向"(tending towards)的观念应当怎么理解,格里塞茨引用了"倾向"(inclination)这一观念,更具体地说是"(人类的)自然倾向的秩序"。③ 援引格里塞茨的话就是:"理性能够自然地领会善……即所有人类自然倾向所指向的对象。"

到目前为止没人能反对格里塞茨所说的任何东西,因为他很大程度上只是在跟随和复述阿奎那,并且是正确的复述。依然,在进展到把善理解为倾向的对象后,格里塞茨不能在这里停止。在我看来似乎阿奎那并没有在这里停止。非常奇怪的是,正是在这里格里塞茨显然停止了。为什么?如

---

① Grisez, "The First Principle of Practical Reason: A Commentary on the Summa Theologiae 1-2, Question 94, Article 2," p. 173.
② Ibid., pp. 173, 178.
③ Ibid., p. 180.

果善仅仅被理解为一个目的,或者倾向或欲望的一个对象,那么一种危险的模糊就会立即产生。这一模糊性可以被我喜欢叫做"游叙弗伦的拷问"的观点予以最好的解释。可以回想一下在《游叙弗伦篇》中苏格拉底提出的这一问题:一个东西被称为善是因为它是上帝所爱;或者毋宁说一个东西为上帝所爱是因为它是善的?

对于伦理学来说最具有重要意义的就是取决于我们如何解决这一模糊性,如果我们选择了前者而非作为替代选项的后者,那么这一重要意义的结果就能被轻易地看到。一个事物是善的并不是基于任何理由,而只是因为人们恰好欲望着它们,或者倾向着它们。即刻地,就会得出这样一个结果,没有任何东西是真正的善的,只是欲望着某种东西才使得它变成了善的。难道这一结论没有彻底粉碎实践理性第一原则吗?这是格里塞茨跟随阿奎那并且极力坚持的。如果善和价值只是相对于品味和倾向的,那么就不会存在着丝毫的根据来主张善是任何应当被实现和追求的东西或者恶应当被避免。在阿奎那表述的拉丁文中,Bonum est faciendum et prosequendum,动词具有动词状形容词的效力,因而这句表述在英语中的效力就是善是必然地、自明地应当被实现以及需要被实现。这就很清楚了,如果善不过就是"任何兴趣的任何对象"[1],那么善就不会有一点儿义务或道德急迫性的效力。鉴于实践理性第一原则本应具有的逻辑上不证自明的特征,为什么那些我们仅是喜欢、欲望或者倾向的东西应当也是属于我们应当去做或追求的东西这一点也不清楚呢?

事实上,这一点不正是普遍的康德主义批判的主要对象吗?这一批判直接反对所有快乐主义的或者所谓目的论的伦理学理论。康德实际上在说,仅因为某些人自然地倾向于某种东西,或者认为这种东西是满足、幸福、快乐的源泉,与这些东西是否应当被追求、珍视、喜欢,或者是否追求、实现

---

[1] 我们这些接受的哲学教育可以追溯到很久远时代的人会想起这就是晚期 R. B. Perry 对他所谓的价值的利益(或兴趣[interest]——译注)理论的关键的表述。大致参见 R. B. Perry, "General Theory of Value: Its Meaning and Basic Principles Construed in Terms of Interest"(1926)。

这些东西是正确的问题根本没有关系。把二者联系起来的推论等于是犯了"是"与"应当"的谬误。这样一个明确的康德主义或康德的论点在这一问题上肯定是正确的。

格里塞茨目前的观点又是什么呢？当然，在被要求回答游叙弗伦的拷问时，他绝不会选择第一个路径。相反，他必须超越他自己所说的怎么样理解善和目的的方式：善在这种被推荐的意义上可以被很好地说成是倾向的对象。这一点必须被解释为这样一种意义，这些东西是倾向的对象的意思是它们是我们应当倾向的，或者我们需要去倾向的，不论我们现实中是否在倾向着它们。这一点又意味着，善作为善是基于客观的原因，或者是基于它们自身的原因，善不只是相对于它们被人们所欲望，或者相对于人们恰好对于它们的感觉。除了善必须被理解为存在之外这一点意味着什么呢？

把善定位在存在中，阿奎那坚持善需要被理解为存在，以及理解为一个存在者。换句话说，形而上学开始进行解释并且使得伦理学或实践理性的第一原则（即善应当被实现和追求）可以得到理解。确实，是在他对超越性的形而上学的处理中，特别是在《论真理》①中，阿奎那向他自己提出了这一明确的问题：Bonum 或者善，究竟是什么？他说 Bonum 无非就是 ens（存在），被考虑为欲望的一个对象，或者是 appetitus（爱好）。此外，所有的这些术语——bonum、ens 以及 appetitus——在充分的类比意义上，每一个都需要被理解为形而上学中所固有的全部观念。正如阿奎那在这里解释的 bonum 和 ens，应被考虑为是所谓的超越的②，他利用了潜能和行动之间的区分，并将之当成一种形而上学本体论上的区分，可以说这一区分是弥漫在整个存在或现实的领域中的。那么，如果不仅仅是理解为 ens 或存在，即给定的潜能所指向的现实化，又怎样把善的正当的满足、完善或者实现在这种完全的

---

① *De Veritate*, Aquinas, *Summa Theologiae*, q. XVI, art. 1 & q. CIX, art. 1, 2（Priman Partem & Secunda Secundae 1962）. 指出这一点是有意思的，据我所知，菲尼斯似乎很少言及这些篇章，也很少仔细地考虑它们。格里塞茨也是如此。

② 在这里，我们说"超越的"（transcendental），意思当然是指那些不能被归类为任何单一的范畴之中的，而是贯穿、超越它们全部的东西。

类比或者超越的意义上予以理解呢？既然对于任何潜能的正常实现，就意味着潜能所客观地指向的，可以自然地予以满足或者完成的东西，人们可以说这样的一种现实化，作为相关潜能的善，正是这样的潜能"应当"去欲望的。换句话说，关于游叙弗伦的拷问，人们可以说善或者 bonum 被圣托马斯定义和确定为存在或 ens，不仅仅是人们所欲望的，而毋宁说是可以被欲望的，或者应当被欲望的。

另外，如果有人此时反对说我们目前为止讨论的或许只是所谓的形而上学本体论的善，而格里塞茨关心的仅仅是伦理上的善，我认为这并不是一个能让格里塞茨摆脱困难的路径。即便他关心的善或目的是伦理意义上的，而不是形而上本体论意义上的，在没有参考后者的情况下也绝不可能有办法来确定前者。如果格里塞茨的提议是只把人类善考虑为人类具有的倾向所指向的目的或若干目的，那么就像我们看到的，被很好设计出来的游叙弗伦拷问所揭露出来的那种模糊性就会立即出现。在不承认善或目的不仅仅是那种相对于人类的偶然、兴趣、欲望的善的情况下，就不可能有效地避免这一模糊性。相反地，善是客观的，在于它是应当被人们所欲望的东西，而不论人们实际上是否欲望它的意义上。想要理解被考虑为存在或 ens 的善或那种善是什么，就必须去参考形而上学，以及圣托马斯对于善的"定义"①，简单来说就是相对于潜能的现实。

追溯人们从形而上学本体论到伦理学的步骤，人们会发现要确定人类善是什么，或者人类适当存在的目的或目标是什么，就必须根据具体的②人类善明确形而上学的善，或者一般意义上的善。此外，如果善不过就是存在或者一般意义上的善，不过就是与潜能相对应的实现，那么显然地，人类善就必须具体地被理解为是朝向着特定的人类潜能的充分实现、完满、繁盛或完善，人类善的缺乏将导致人类作为人类的不完整和不完美。

---

① 我需要补充一点，善是超越性的，在严格意义上它不能被定义为任何一种具体的种类。大概参见 O'Connor, *Aquinas and Natural Law* 1, 57 (1967)。
② 在这种宽松的意义上使用如"一般意义上的""具体的"术语，我们应保证上一条注释中的条件不会被忽视。

当然,在这篇论文中我们不会列出人类生活中的各种基本善。毕竟,我们非常熟悉阿奎那和亚里士多德在伦理学以及在两本大全中对完成这一工作的尝试。确实,格里塞茨和菲尼斯分别提供了他们的解释,描述了他们所谓的人类生活的基本善是什么。就现在的任务来说,我们关心的不是人类生活的基本善或目的是什么,而是它们是如何被确定的,以及通过什么样的论证方法人们能够证明这样的善是真正的人类善。必须承认,这样的一种论证方法只能通过格里塞茨所称的推定或理论理性而非实践理性来完成。即便根据格里塞茨的解释,实践理性也只是这样来发挥作用,即告诉我们善如何最佳地被实现,一旦我们确定了善是什么。然而为了确定善是什么,理论理性就必须被运用。因此人们必须从确定善在形而上的意义上是什么开始,再根据人类生活的实现和完善来确定特别关于作为人,而不仅仅是作为存在的善是什么。但是格里塞茨的意思是,在某种相反的意义上,在这样的一种语境中心智确实涉及宣称"是什么样的"。这是理论的领域,正如格里塞茨说的,"世界在发号施令",而心智必须"服从事实"。换句话说,这里绝不是格里塞茨所说的"实践"的领域,在一处带有一种令人担忧的观念论的意味的表述中,格里塞茨说"心智发号施令"。显然,不可能有这样一种实践或实践理性的领域,除非是基于形而上学或者理论理性,通过它们来获得适当的确定性。

人们还需要对隔离之墙再说些什么吗?格里塞茨和菲尼斯都坚持它存在于实践理性与理论理性、伦理学与形而上学本体论、自然与道德、"是"与"应当"之间。能够有效地打破这一隔离之墙对于我们来说是非常重要的,如果打不破这座墙,人们就可以预见到格里塞茨和菲尼斯都踏上了一座滑坡,最终沦落到只是一种 Νόμος 而非 Φύσις 的伦理学——这种伦理学在当今无处不在,并且与任何一种可算得上是自然法的伦理学都完全不可调和。相反地,就让我在菲尼斯和格里塞茨的似乎是模棱两可的话前以"自然法万岁"的呼喊而结束讨论。

自然法与"是-应当"问题：
对维奇教授的一个邀请

约翰·菲尼斯　著

宋京逵　译

亨利·维奇教授的"尖锐的问题"，针对的是那些否认道德和伦理的基础是存在于自然或者自然事实之中的人；是那些相信在"是"与"应当"、事实与价值之间存在"隔离之墙"的人；是那些"坚持伦理学原则不可能在自然和事实中拥有基础"的人；是那些认为"伦理学绝对的独立于形而上学本体论，或者道德绝对的独立于关于自然的知识，"因而"道德和伦理原则绝不能在任何意义上被想成是关于存在或者自然的原则"的人；以及是那些"把人类善考虑为那种人类拥有的倾向所指向的目的或若干目的"而不是"真正能够完善人类的那些目的"的人。

因此，维奇的问题和批评，并不能很好地针对杰曼·格里塞茨或者我自己。格里塞茨和我都没有认同任何一种上述的否认、确信和设想；事实上，我们不同意所有这些东西。我们俩所发表的任何作品，在其内容中，都不可以被理性地解读为是涉及或暗示上述这些观点的。因而我对维奇教授的邀请是两方面的：首先，邀请他严格地、充分地去阅读我们所写的东西；第二，更重要的是，去考察在我书①中所提到的那些以类似维奇这种方式②来解读

---

① J. Finnis, *Natural Law and Natural Rights* (1980).
② See McInerny, "The Principles of Natural Law," 25 *AM. J. Juris.* 1, 1-15 (1980); Finnis, G. Grisez, "The Principles of Natural Law," 26 *AM. J. Juris.* 21 (1981).

阿奎那和亚里士多德的人所遇到的那些严肃的问题。

谁能从维奇的争论中猜想到,在我的书中用"游叙弗伦的拷问"得到了与维奇同样的结果。这一点主要是在书中第三章①做的,这一章致力于通过考察我们对于一个特殊的人类基本善,知识或真理的判断来仔细研究关于人类善的判断的本质。

这一章始于对"欲望、倾向或感受到某种需求"和"领会到某种价值"的区分。在这里"价值"意味着"那样的一些特质,由于这些特质一个个别的事物就具有了其吸引力,可以引起兴趣、选择和努力的工作,因此就是(或者被认为是)一个善的事物"②。理解价值因而就表现为实践理性原则的功能,这是因为"它阐明一种需求,但是它又使得这种需求不仅仅是盲目的冲动,这一点是通过把它的对象……指作具有可理解性以及普遍形式的善而做到的,而这一对象就是参与进或例证善的一种可能方式"③。

接着我又转而确立"关于善的知识的不证自明性"④。在否认了正在讨论的善是可以被推导或推理出来的后,我还否认了"不存在着认识到价值的前提条件"。⑤

> 相反,真理的价值只对这样的人来说是明显的,那些体验到过追问的冲动的人,那些领会了问题和答案之间的联系的人,那些理解了知识是由对一个特定问题的正确回答而构成的人,以及那些意识到了进一步追问的可能性以及存在着像他自己一样的也会享受获得正确答案的利益的其他追问者的人。⑥

为了表明我如何使用"推导""推理"这样的术语,我继续说:

---

① J. Finnis, *Natural Law and Natural Rights*, pp. 59 – 80.
② Ibid., pp. 60 – 61.
③ Ibid., p. 63.
④ Ibid., p. 64.
⑤ Ibid., p. 65.
⑥ Ibid.

但是,一个像这样知道了获得真理的可能性的人,就因此能够领会那一可能的对象或成就的价值,这并不是从那种可能性中推导出价值。这样的推导是不可能的。没有价值可以从事实或一系列事实中推理或推导出来。①

维奇教授认为这种使用"推理"和"推导"的术语的方法是"有些贫乏和过于技术化的"。在我看来这一用法在准确性上是可取的,由此就既可以照顾到阿奎那所坚持的基本原则的形式"X 是善的,应当被追求……"是不证自明的和无需被推导而出的,也可以照顾到我们当代人有理由所坚持的关于"是"什么的命题与"应当是什么"的命题之间的逻辑上的重要区分。②这一逻辑上的区分根本就不是"隔离之墙"。为了使这一点更清楚,我在上面引用的文章后面又补充说:"阿奎那继承了亚里士多德关于无需推导的第一原则的'归纳'理论,它是通过对观察、记忆和体验的洞见而产生的,但是又延伸到了相似的无需推导的实践理性第一原则(即自然法)的'归纳'上,这一归纳是通过洞见到所感受的倾向和可能性的知识而产生的。"③这种从经验中的归纳当然能够被称作是一种形式的推导。④ 因而像很多的哲学家一样,我更喜欢把"推导"这一术语严格地限定为从一个命题或原则到另外一个的思考,所以我对这一术语的使用就会符合阿奎那的不证自明的观念。

不论如何,我开始着手否认基本价值可以从这些基本价值被人们普遍地认同和欲望的事实中推导出来,可以从相应地表达了心智的深层结构的欲望是不可根除的,普遍于所有动物或者特殊于人类的事实中推导出来,⑤

---

① J. Finnis, *Natural Law and Natural Rights*, p.66.
② 如 H. Veatch, *For an Ontology of Morals* (1971), p.119。
③ J. Finnis, *Natural Law and Natural Rights*, p.77.
④ 参见 H. Veatch, *Aristotle* (1974), p.180。
⑤ J. Finnis, *Natural Law and Natural Rights*, p.66.

可以从人们感受到对这些基本价值的确信的事实中推导出来。① 然后,我提出了"游叙弗伦的拷问"。

> 真理是值得追求的原则……因而就是一个不是被推导出来的原则。它的可理解性和效力都不依赖于任何进一步的原则。这可能引诱着我们去说知识之所以是善的是因为我们欲望着它、有意于它、珍视它、追求着它。但是仅当我们放弃了理解知识的价值的努力,这种诱惑才是可能的。并且仅当我们出于错误的哲学理由把一个原则缺乏可被推导性混淆为缺乏可证立性和客观性时,这种诱惑才得以可能……对于一个做出像知识是善的这样的考虑的人来说,他的观点和态度的真正表述不是"这个东西是善的因为或仅因为我欲望它"而是"我欲望它是因为或仅因为它是善的"。②

然后,在解释亚里士多德的这一可能引发混淆的表达"善就是所有事物都欲望的"③,我给出的结论是:

> 那些使用这一表述的人同样的会主张一个人的人类欲望就是去追求某些东西,就这些东西看上去是可欲的意义上,而这些东西对于这个人来说似乎是可欲的是因为它们(显得是)保证了使这个人变得更好……对于一个做出某些东西是善的和可欲的判断的人来说,他的欲望和追求相应对象的决心是他的如下判断的结果:(ⅰ)这个对象是善的,(ⅱ)他将真正地变得更好,通过获得它、做它或实现它。④

我在这一章中全部的论证以一段说出了所有维奇教授可以合理地期望

---

① J. Finnis, *Natural Law and Natural Rights*, p. 69.
② Ibid., p. 70.
③ Ibid., pp. 69 – 70.
④ Ibid., pp. 70 – 71.

听到的关于潜能和现实的话为总结:

> 很明显的是,一个见多识广或与之类似的人简而言之要好于(其他条件都一样)一个糊涂的、被欺骗的以及无知的人,第一种状态要好于另外一个状态,不仅是在这一个体的案例中是如此,而是依照其本性普遍的适用于所有案例中,并且不论我是否喜欢……因而理解对实践原则(即真理是善的——做出必要修正后可适用于其他所有的基本价值)的确认,既不涉及我的欲望、冲动或倾向,也不是对这些的表达。它也不仅仅是对我的同胞的恰好拥有的任何偶然欲望的提及(或者暗示性的预设)。对实践原则的理解超越了欲望和倾向,欲望和倾向可能一开始激发了我对于知识的可能性的兴趣,并且就保持对任何真理的兴趣来说可能仍是一种必要的基础,从而足以促使我自己展开行动去追求真理。这是一种关于人类福祉的普遍形式、关于人类潜能的充分实现的理性的判断。①

在一段被冠以"对象是因为是可欲的才会被欲望,并且是因为能够使人变得更好而被认作是可欲的"②的文字里,我把我的英语习语"更好的"(better-off)与像《神学大全》这样的托马斯的成熟的文本联系起来。③ 我引用了阿奎那所使用的与知识的善有关分析的原文。在后面几章中,我决定用"繁盛"(flourishing)、"福祉"(well-being),甚至"充分实现"(full-being)几个术语来表达阿奎那的完善(perfectio)、维奇的"实现"(actuality)以及我自己的"更好的"几个概念的意思。因此,基本善就是"人类繁盛的基本方面"或者"福祉的形式"。④

在这本书的论证中的一个重要关头,当我着手展示伦理的或道德的善

---

① J. Finnis, *Natural Law and Natural Rights*, p.72.
② Ibid., pp.78-79.
③ Ibid.
④ Ibid., pp.23, 67, 87, 144.

是怎样参与实践理性的基本善时,我正式地表述了善与存在,以及伦理学和人类本性之间的关系。我邀请亨利·维奇思考一下这一段关于实践理性要求的段落:

> 这些要求中的每一个,关心的都是如果一个人想要参与实践理性的基本价值,那么什么是他必须去做,或想,或成为的。那些能够履行这些要求的人因而就是亚里士多德意义上的明智的人(phronimos);他拥有阿奎那意义上的审慎;它们是实践理性或者实践智慧的要求,因而不去履行它们是不理性的。但是,第二,理性既是人类福祉的基本方面的一种,而且也关心一个人参与所有的(其他的)人类福祉的基本方面。因此理性的要求涉及福祉的充分性……所以那些满足了这个要求的人就是亚里士多德意义上的 spoudaios(成熟的人),他的生活是 eu zen(享有福祉的),并且除非环境非常不利于他,我们可以说他拥有亚里士多德意义上的 eudaimonia(包容、全方面的繁盛或福祉——翻译为快乐并不是很好)。但是,第三,善的基本形式是存在的机会;一个人越是充分地参与它们,这个人就越是能够成为他可以成为的存在者。就这样一种一个人成为其可以充分成为的存在状态,亚里士多德征用了 physis 一词,翻译成拉丁文就是 natura(自然)……所以阿奎那就会说这些要求不仅仅是理性和善的要求,而且(基于一种蕴含关系)还是(人类)自然本性的要求……于是,概述而言,我们就可以说目前我们所求助的这些要求表达了一种"自然法的方法",通过这个方法我们就能从第一(前道德的)"自然法原则"中提炼出(道德的)自然法。仅使用当代的"道德"这一专门术语(其引入是不确定的),我们可以说这一章接下来的部分关心的是这样的一些理由,根据这些理由为什么(因而以什么样的方式)有些事情是我们道德上应当去做的(或不去做的)。①

---

① J. Finnis, *Natural Law and Natural Rights*, pp. 102 – 103.

尽管他那么断定,维奇教授似乎并不真的相信一个"应当"能够从一个纯粹的"是"中推导出来。维奇指出:"所谓的从'是'到'应当'或者从自然到规范的推导是不可能的,如果不是这一推导过程的起始'是'中已经涉及了一种'应当'的话……"维奇接着补充,"人类自然本性的这一'是',被显示出有一种'应当'已经进入其中了"。确实,不考虑一个人应当是什么——或者说施加到任何一个人身上的他必须去努力成为或变成的自然目的、充分实现、善,就不可能确定这个人是什么。

我非常同意。我邀请亨利·维奇来考虑这一点:他的这一观点,即对人类本性的充分的知识涉及一种什么是人类"义不容辞"的事情的知识,这难道不是意味着,在认识论上,一种关于什么对人类来说是善的因而对他们是义不容辞的知识,是对任何充分的人类本性的知识的前提条件。我邀请他考虑我在文本中提出的这个问题,而他所评论的文字也恰好在这些页数上:

> 这一点可以说是真的,亚里士多德和阿奎那的自然法理论是与一种目的论的自然概念并肩而行的,并且在阿奎那那里,还与一种神圣命令和永恒法的理论并肩而行。但是需要被展示的是被这些理论家所抱有的人类善概念是依赖于这更为广大的理论框架的。①

不能说维奇的评论针对了这一挑战,尽管我试图在接下来的一句话中挑起这一针对性:

> 也可以有道理地说这一依赖的秩序是恰好相反的——这一目的论的自然概念仅仅在这一情况下才是可能的,甚至是可以想象的,与自省性的清楚、不证自明的人类福祉、实践理性、人类有意图的行动的结构

---

① J. Finnis, *Natural Law and Natural Rights*, p.52.

进行类比……①

我所强调的涉及"自省性的清楚"在文本的那一部分中只是被间接提到,而这一部分文本在维奇对那一页的引用中又被单独地省略掉:

> 被实践理解力所掌握的(人类善)的基本形式就是对具有特定本性的人类来说是善的那种东西。阿奎那认为这一实践理性并不起始于对于本性的外在理解,就好像通过心理学、人类学、形而上学本体论方式的观察和判断来定义人类本性,而是要通过体验一个人的本性,也就是说,从内在开始,体验那种表现为人类倾向形式的本性。②

以上面最后一句为结尾是很遗憾的,可能会给读者留下这样一种印象,即对人类本性的相关理解是在对倾向的体验中单独被发现的。这样的印象是不正确的且非托马斯主义的。我的真实意思在紧跟着的三句话中才被传达出来:

> 但是再一次的,这里不存在任何的推导过程。一个人并不是判断说"我有(或者每个人都有)一种发现事物的倾向",然后再以此推论说"知识是善的因而值得追求"。毋宁是,通过一个简单的非推导性的理解行动,这个人领会了这一倾向的对象,并将之体会为对这个人来说(以及类似于他的其他人)的一种善的普遍形式的个例。③

正如我在这一章开始时陈述的,对于除了知识的善之外的其他基本价值,去扪心自问是否确实存在着这些其他价值"在某种意义上,就是一种理

---

① J. Finnis, *Natural Law and Natural Rights*, p.52.
② Ibid., p.34.(脚注被排除。)
③ Ibid.

解他自己……本性的尝试"①。那么,在哪一点上我不同意维奇的命题:对人类本性的充足的判断"涉及""已经恰好进入了""包含了"关于人类的"自然目的或者充分实现或者善"的判断,以及关于"他应当成为什么"和什么是"义不容辞加之于"任何人的判断? 分歧是在这里:我断定后一判断的类型主要是(虽然可能不完全是)实践理性或实践科学的判断。维奇则断定它们完全都是理论性的且非实践性的。像很多阿奎那和亚里士多德的解释者那样,他相信实践理性的用处就在于一旦善被确定之后就告诉我们如何最好地实现它,这样一来确定什么是善的仅可能是理论理性的工作。

我有很多的批评意见针对于维奇的这一主张,即人类善的基本方面仅由理论理性来确认,而实践理性只限于确定实现由理论理性所发现的目的的手段。我将表述和阐明我的主要哲学反对意见,然后再简要地提出一些理由来表明为什么维奇的观点会遭到亚里士多德和阿奎那的反对。

跟随以上内容,我将直接接受阿奎那的这一成熟观点,即只有一种人类理性,一种人类智识的潜能或官能,因而推定理性与实践理性之间的不同主要在于在不同的对象上智识的运作。另外,人们应当记住,"推定的"(或"理论的")和"实践的"都是类比性的术语。② 存在着典型的纯粹推定性和纯粹实践性的理智活动,但是大多数实际的理性思考还是既是推定性的又是实践性的。

似乎是这样,一个人关于人类善的知识以及什么是值得人类去拥有、去做和去成为的主要理解,是源自当一个人思考去成为、去拥有、去做的善是什么,以及因而什么是(或将是)值得去拥有、去做和去成为的。而这样的

---

① 我补充说:"这一尝试因而可类比于,以一种非常不同的方式,为那些人类学家和心理学家所做出的尝试,他们追问(实际上)是否存在着人类本性以及它们的性质是什么。人类学和心理学的研究应当被视为是对回答我们目前问题的一种协助——也就是,不是任何一种从普遍性或'人类本性'到价值的'推导'(这样的推导只可能是谬误的),而是一种聚集所有提醒我们值得追求的可能活动范围和向我们开放的前途的方法。"
② 除非牢记这一点,阿奎那对这些术语的使用只能被看作是自找矛盾。将阿奎那在 I, q. 14, a. 16c 的话"即实践理智必须指向其运作的目的;而推定理智的目的是对真理的思考"与在 q. 79, a. 11 和 2 说的话"因此实践理智的对象是必予以运作的善,并且是在真理的背景之下。因为实践理智就像推定一样知道真理,但是它把所知的真理予以运作"进行比较。

思考就是"实践思考"的意义;也就是说,当思考的是我自身的人类境况,即在这里或那里实施我自己的承诺和行动的认识;根据这一点(但依然是主要的),当思考是更具反思性的,审视我现在的承诺和过去的行动,考虑可能的未来的行动和承诺,评估承诺、行动和其他人的特点。因此,我们对于人类善、人类繁盛以及什么是"义不容辞的施加于"人要其去成为的主要领会是实践性的——这并不是否认这一理解可以被整合进对作为诸种自然之一的人类自然本性的一种形而上学本体论的解释。

我的主张可以通过简单地考虑亨利·维奇在其很有帮助的著作——《亚里士多德》(*Aristotle*)中的论点予以很好的说明,① 在书中他把人的自然的善、功能、完美、充分发展确认为与理性保持一致的生活。必须记住的是,根据维奇的看法,这一论点完全是推定性的:实践理性并不能构成或者有助于这一在先的对人类生活的善和目的的理论断定。但是让我们来考察一下维奇的论点:

> (1) 人类的功能,或者说人类的完善或充分发展,确实在于……像拥有知识和理解力的那种人一样的方式来生活,并且(2) ……正是这一目的是所有人都努力争取的且它因此就是人们的真正幸福和满足的源泉。关于(1),我们难道不会承认以下这点吗? 即无论一个人在狭隘的物理或生物意义上可能是多么的健康或得到了充分的发展,以及他的基本的需求和欲望是得到了多么好的满足,如果他的行动和举止方式普遍上并不比一个愚人更好,我们就很难说这样的人的存在方式正好会是我们所认为的那种充分和正当的人类存在样式。相似的,关于(2),想象你自己身处这样一种情境,你将会被提供所有寻常的或不寻常的必需品以及甚至生活的各种善……但是代价却是不能拥有真正的知识和理解,既包括对你自己的也包括普遍的事物的性质的知识和理解——也就是说,代价就是你无法提出任何问题……因而你就不知

---

① H. Veatch, *Aristotle* (1974).

道有关任何事物的是什么和为什么。你会满足于此吗？大概不会。但这样一来不就说明了亚里士多德所坚持的人类生活的善或终极原因正是理智的生活是正确的吗？①

这一论点的结构和说服力十分清楚地表明了获得关于人类目的和善的知识不是通过去问什么是"所有人都努力争取的"，甚至不是通过在一种纯粹理论的意义上去问什么是一种"充分和正当的人类存在样式"。毋宁是，这一论点起到了确定什么是充分和正当存在样式的作用,正是通过促使一个人去"想象你自己处于这样一种特殊的情境"，然后再提出这一问题："你会满足于此吗？"换句话说,这一论点迫使人们通过思考一个假设性的,但尽管如此却是实践性的问题,去承认一个关于人类本性的形而上学命题。② 如果这个问题不是假设性的,而是要求于此时此地在不同的生活方式间做出选择,这一论点将起到同样的效果。这就说明了其假设性的性质不会影响到其根本的实践性质。

亚里士多德在他的《伦理学》中思考了人的目的和善。难道阿奎那没有反复地说明亚里士多德的政治学和伦理学是一种实践科学的展示吗？阿奎那和亚里士多德似乎都没有主张维奇（以及很多其他的新经院主义学者）的这一观点,即伦理学和政治学的实践部分只是在对人类目的和善予以理论的确定后才开始。根据阿奎那和亚里士多德的看法,伦理学和政治学是实践性的——从它们的第一原则到它们对行动和动机的具体建议,并且直到适用于你我在此时此地做出的选择。

亚里士多德关于伦理学和政治学第一原则的不清晰表述是众所周知的。维奇承认亚里士多德对于确认人类的目的和功能的"理论性"论据令人难以信服。维奇汇报了亚里士多德的这个论据,即通过确认什么是特殊于人类的,来确认人类的目的是什么,但是他在正确地忽略这一论据的同时

---

① H. Veatch, *Aristotle* (1974), pp. 106 – 107.
② J. Finnis, *Natural Law and Natural Rights*, pp. 95 – 97.

却没有推荐我上述所引用的本质上是实践性的并且相对来说是有说服力的论据,并用之替代亚里士多德的论据。这一实践性的论证策略更加符合亚里士多德通常在其伦理学和政治学中所运用的方法。①

在包括了伦理学和政治学的实践推理的第一原则上,阿奎那说的要比亚里士多德清楚得多。他直截了当地拒斥了他的很多注释者(以及维奇)②的这一观点,实践理性和它独特的品德——审慎(prudentia),关心的只是特殊的东西(不是普遍的真理)和手段(不是对目的本身的确认)。阿奎那的这一原则被一种他称之为良知(synderesis)③的智识倾向所领会。在确定了实践理性的这一主要方面后,他就可以用审慎的这一术语(我们已经看到了他曾用它来表示实践理性的所有方面)来特别地意指原则在相对具体的行动问题上的适用。

良知的这一智识性内涵——实践理性的第一原则——被阿奎那在他的《法律篇》中予以阐释,《法律篇》开头的文章被杰曼·格里塞茨和我多次地回顾,因而在这里就不再加以解释。④ 就像阿奎那清楚地表明的,实践理性对于对应着人类自然倾向诸对象的人类诸善的自然领会,是一种对人类存在的目的的领会。自然法的第一原则是对人类生活诸目的以及因而就是对诸如道德美德的目的的确认(实际上,是主要的确认),因为在实践领域中目的起到的作用就如同某些原则在推定领域中起到的作用。⑤ 不能否认的是阿奎那关于人类"最终目的"的篇章不能很好地容纳进他关于自然法和实践理性第一原则的篇章。前一篇是神学,而不是形而上学本体论,但是很容易被解读为是一种纯粹的或者至少主要是推定理性的工作。然而,表象是有欺骗性的。在我看来,阿奎那对于是什么构成了人类完善或幸福的漫长确认的论证策略,在本质上就是我在上面通过很长篇幅来引用和讨论的

---

① 大致参见 J. Monan, *Moral Knowledge and Its Methodology in Aristotle* (1968), pp. 60 – 143。
② 例如,H. Veatch, *Aristotle* (1974), p. 111。
③ Thomas Aquinas, *Summa Theologiae*, I 79, 12 & II 47, 6, 1.
④ Ibid., I – II 94, 2.
⑤ Ibid., I – II 47, 6c.

亨利·维奇的论证。在一开始,一个"反对者"主张"因为幸福是人的终极目的,不论它如何存在,它都是影响人类欲望的情感中最主导的力量"。阿奎那对这一主张的回应方式显现出了他的方法论:"我们仅应向智慧的人,而非向愚蠢的人,去请教关于人类善的判断,正如同我们应当向有'良好品味'的人请教关于口味的判断。"① 当然,阿奎那和亚里士多德经常保留智慧(sophia,sapientia,wisdom)这些术语,专指给事物以最终解释的纯粹的推定/理论知识。然而,阿奎那为了确认人类善而求助其良好判断的那些智者,肯定就是他对《伦理学》评论的第一句话中所求助的那些人:"秩序是智者的创作"(sapientis est ordinare)。道德哲学中所考虑的秩序就是自主行动的秩序。所以现在所讨论的智慧就不是一般意义上的智慧,而是关于人类事务的智慧,阿奎那称之为审慎,且它"只与实践理性相关"。② 总之,我们发现阿奎那认为他在讨论哲学的篇章中对人类存在目的的思考是实践性的。因此,同样的,在他的神学篇章关于人类最终目的讨论中,阿奎那求助于智者的方法就是邀请读者反身自问:在关于人一生的选择中,我将把什么认作是明智的,把什么认作是愚蠢的?③

面对着这一尴尬的事实,即阿奎那确定实践理性有其自己的基本原则,并且这些基本原则简单来说是无需推导的且不证自明的(而不是通过形而上学而得以证明),亨利·维奇相信为了澄清和解释在这些基本原则中出现的善这一术语意味着什么,我们就必须从形而上学本体论中援引特定的原则。

我支持形而上学是对澄清和说明的伟大的探索的一部分(在某种意义上是重要的部分)。我在关于自然法的书中花了多一章的篇幅正是为了致力于这一说明。我坦率地称之为"非实践性的,而是理论性或形而上本体论的"④,并且我断定,回答在这里所考虑的理论性或本体论的问题,是对任

---

① Thomas Aquinas, *Summa Theologiae*, I-II 2, 1, 1.
② Ibid., II-II 47, 2.
③ See J. Finnis, *Natural Law and Natural Rights*, pp.66-67.
④ Ibid., pp.49, 371, 378.

何一种充分、令人满意的回答以人类善为主题的最深刻的实践问题的必要条件。① 我还断定——这一点似乎是维奇反对的——正如"对分子运动的良好解释可以被给予"②,即便在没有对宇宙整体以及宇宙和分子运动所依赖的最终因予以解释的情况下,"同样的……自然法可以被理解、认同、适用以及被予以反思性的分析"③,即便在没有对我所提及的形而上本体论问题有所探讨的情况下。

维奇假装他自己是一个"不能十分看清实践理性第一原则的不证自明性的'迟钝'的人",由于圣托马斯小心地指出过,"一个原则可以就其自身来说是明显的,然而对我们来说是不明显的"。维奇的表述是令人遗憾的、模棱两可的:"关于不证自明的命题的重要一点就是,人们(具有相关的经验和对术语的理解)在不需要证据的情况下就认同它;至于是否他们进一步承认这一命题属于相对来说更为复杂的哲学范畴'不证自明',则是根本不相关的。"④我以为维奇的迟钝应该不是对诸基本实践原则的不证自明性的惊讶,而是对那些原则自身:"它们是什么意思?它们是真的吗?"

我不相信有维奇所谓的那种迟钝的人,不能理解"善"的意思但是却可以通过被告知一些"源自于形而上学本体论的原则"而得到启迪——善就是"存在,被理解为给定的潜能所指向的现实化,正如这就是其自身的正当的充实、完整和实现"。那一本体论的"原则"是真的,因而与这一主题也是相关的。然而,它与这一想象出的迟钝者并不"相关":回答他设想的问题是没有必要的。

我在文中所提出的被维奇引用的那个命题简单来说就是这样的:自然法的诸基本原则可以被理智地领会,而无需注意到这一本体论原则,它关心的是存在与善之间的普遍联系,或者是人类本性与神圣及宇宙的自然本性的关系。我确实对阿奎那屡次重述的即便是迟钝的人也能理解自然法的主

---

① J. Finnis, *Natural Law and Natural Rights*, pp. 371-372, 378, 405-410.
② Ibid., p. 49.
③ Ibid.
④ Ibid., p. 31.

张给予了严肃的思考。① 由于在构想他的迟钝的人的时候,维奇诉诸了阿奎那的权威,我无法理解为什么他无论怎样都不回应我提出的下面的挑战:

> 自然法,或道德,可以被理解、认同和适用,而无需关于本体论和人类学的知识……阿奎那的《神学大全》I-II,q.58,a.4c 是非常清楚的:没有人能是道德上正直的,在没有(a)一种对实践理性第一原则的理解和(b)实践理性(审慎)把这些原则合理地落实在特殊的承诺、规划、行动上的情况下;但是人们确实可以是道德上正直的,即便在没有推定性(也就是理论性,对"是"的知识)智慧(sapientia,显然是在严格的意义上),没有匠人的实践知识(艺术),以及在没有推定性知识(scientia)的情况下。②

如果我和格里塞茨的作品在复兴对自然法理论的一些哲学尊重上像维奇所认为的那么有影响力,这仅是因为我们迫使我们的读者去承认他们自己所领会的自然的(而不是与生俱来固有的)原则,阿奎那说这些是他们即便在缺乏本体论和人类学理论的情况下也可以拥有的。仅当我们实现了这样的承认,并探索了其道德内涵,我们才尝试去解释善又如何被认作是存在,而这一存在又参加进四种被创造的存在秩序之中。这一关于优先事项的教学顺序似乎更加忠实于亚里士多德和阿奎那的伦理学知识的理论的内容。但是我承认这样的安排也有不利之处,这要求读者们去注意在我们各自的工作中不同片段间出现的非常偶然的句子。

---

① J. Finnis, *Natural Law and Natural Rights*, p. 30.
② Ibid., p. 52.

# 国内论文

托马斯·格林的公民哲学(一):道德存有论
刘佳昊*

一、前言

  无论中外,关于托马斯·希尔·格林(Thomas Hill Green,1836—1882)的主流诠释,多聚焦在他对于英国自由主义道德与政治哲学思想的改造之上。如英国著名的社会改革派学者霍布豪斯(Leonard Trelawny Hobhouse,1864—1929),在他的经典著作《自由主义》(*Liberalism*)一书中便指出,密尔(John Stuart Mill,1806—1873)虽根据他的效益主义(utilitarianism)哲学立论、批判并试图改良英国自由主义政治哲学的思想内容,但真正让英国自由主义在理论和实践上发生变化的,则是格林和他的学生汤恩比(Arnold Toynbee,1852—1883)[1]的思想行动。[2] 另一方面,在晚近的中文研究成果里,自由主义哲学的相关道德与政治论题,也同样被看作是格林思想旨在回

---

* 刘佳昊,英国卡迪夫大学政治与国际关系博士,台湾"中央研究院"人文社会科学研究中心博士后研究员。
[1] 撰有名著《历史研究》(*A Study of History*)的知名历史学者汤恩比(Arnold Joseph Toynbee,1889—1975)的叔父。
[2] L. T. Hobhouse, *Liberalism and Other Writings*, ed. James Meadowcroft, Cambridge: Cambridge University Press, 1994, p.105.

应的主要对象。例如2018年赵京超的《自由主义的转舵人》①、2012年郭沙的《共善、国家和自由——格林政治哲学研究》②、2007年邓振军的《共同善中的自由:托马斯·希尔·格林自由民主思想研究》③和2006年王东海的《自我、自由与和谐》④等博士专论,或是2001年刘明贤的《格林的新自由主义理论评析》⑤、2000年杨龙的《西方自由主义政治思想的转折点——托马斯·格林的政治哲学》⑥和1999年万其刚的《格林的自由权利理论》⑦等文章,尽皆是以"自由"的哲学思想为重心,来梳理格林思想论著的时代意义。

笔者自身于2016年发表的《伦理国家的开展:格林对古典自由主义的哲学改造及其民主实践意涵》⑧,也是在19世纪英国自由主义发展与蜕变的大脉络下,来探究格林哲学思想的底蕴。然而,本篇题名为《托马斯·格林的公民哲学》的论文与前作相比而有所不同之处,概略说来有三:

1. 关于永恒意识的不同诠释。永恒意识(the eternal consciousness)可谓格林思想中最为棘手且素有争议的概念。格林同时代的研究者如西奇威克(Henry Sidgwick, 1838—1900)认为,格林的永恒意识概念根本上是基督教"神祇"的哲学化指称,而就此概念的本质来说,实际上仍是关乎外于人类意志与行动自存的超越存有;相对于此,晚近研究者如文森特(Andrew Vincent)、泰勒(Colin Tyler)、魏普(Ben Wempe)等人则认为,永恒意识乃是格林受黑格尔哲学影响,以之表述"精神"(Geist)运动和人类世界关联的语汇;此外,迪摩娃-库克森(Maria Dimova-Cookson)、曼德(William J. Mander)和王东海、赵京超等,则倾向从康德哲学开展出来的"本体-现象""先验-经

---

① 赵京超:《自由主义的转舵人》,中共中央党校博士学位论文,2018年。
② 郭沙:《共善、国家和自由——格林政治哲学研究》,复旦大学博士学位论文,2012年。
③ 邓振军:《共同善中的自由:托马斯·希尔·格林自由民主思想研究》,华东师范大学博士学位论文,2007年。
④ 王东海:《自我、自由与和谐》,复旦大学博士学位论文,2006年。
⑤ 刘明贤:《格林的新自由主义理论评析》,《广东社会科学》2001年第5期。
⑥ 杨龙:《西方自由主义政治思想的转折点——托马斯·格林的政治哲学》,《云南行政学院学报》2000年第3期。
⑦ 万其刚:《格林的自由权利理论》,《中国人民大学学报》1999年第2期。
⑧ 刘佳昊:《伦理国家的开展:格林对古典自由主义的哲学改造及其民主实践意涵》,《政治学报》(台湾)2016年第62期。

验"此二元分析框架来解读,而将永恒意识概念置于理性论及认识论的范畴里。① 诚然,透过这些诠释架构,学者们不断打开了各种有助我们进入格林思想的多元路径,然而,在探究永恒意识如何作为人类自我意识(self-consciousness)的"条件"时,这些路径多谨守前述提及之形上学、神学或认识论立场,而未能注意到格林在谈论永恒意识和自我意识之关系时,其所借以指陈的人类存有困境。在本篇论文里,笔者遂以格林的文本为据,重探了他透过永恒意识概念所呈现之人类存有境况景象;此即,人类作为有限的自我意识存有,将永远在自身的动物本能与理性意志之间摆荡,而唯一可使人跃脱此永恒境况之途的,乃是诚心地向自身居处之社群共善牺牲奉献。

2. 关于格林伦理学和圣保罗思想之关系的阐发。延续前述有关永恒意识概念的诠释与阐发,另一个时常为论者所忽略的格林思想面向,则是他的思想观念和圣保罗思想的关系。文森特和普兰特(Raymond Plant)在《哲学、政治与公民身份》(*Philosophy, Politics and Citizenship*)一书里,曾少见地提到格林和圣保罗思想的关系,而他们论述的重点则聚焦于"基督式自我"(the Christed self)这个概念的阐发。此即,依格林对于圣保罗如何皈依耶稣宣扬教义之过程所作解读,文森特和普兰特认为在格林的笔下,每个人的理想自我之实现当取决于其能否舍弃肉欲,转向意欲精神理念之达致而定;至于这所谓精神理念的具体内容,则必须透过人我之间的关系与互动获致。② 由此延伸,格林遂认为个人的理想自我生命仅可能在一个他所归属的道德社群之中实现,而格林思想中的"基督式自我"概念,遂与其透过永恒意识概念描绘之人类生存境况相呼应,唯此二者之间联结,未有论者关注。此外,除了文森特和普兰特,莱顿(Denys Leighton)晚近亦将格林的"基督式自我"概念,整合于其论述格林思想和 19 世纪英国宗教信仰变迁之关联的广

---

① 关于格林永恒意识概念的论辩与讨论,详见本文第三、四部分。
② Andrew Vincent and Raymond Plant, *Philosophy, Politics and Citizenship: The Life and Thought of the British Idealists*, Oxford: Basil Blackwell, 1984, pp. 13 – 17.

大脉络中。① 不过,无论是文森特、普兰特或是莱顿,他们对于格林和圣保罗之关系提出的少见议论,基本上乃是针对人如何舍弃肉欲、转向精神理念之过程和个人基于自我意识开展出来的道德行动性这二者之间的关联进行解读,而未能注意圣保罗对于法律与道德之间关联的诠释,如何启发了格林就康德"善意志"(the good will)概念发展出他自身的创新解读。概要来说,格林认为,真正的善无法在法律的规范下产生,正因如此,基于法律规范引导之道德实践,也无法称得上是基于善意志所履践之德行。在本篇论文里,笔者除将指出格林思想中的此一面向和圣保罗之关联外,亦将借由圣保罗对于法律和道德之关系的诠释强调,格林非如部分论者宣称那般将道德实践所引发之愉悦感受全然斥为是无任何道德价值之事物。

3. 针对格林主权概念蕴含之伦理意义的阐发。以前述两项论点为基础,我们将可发现永恒意识概念指向的人类处境、社群共善与自我实现之关系,乃是格林蒙受圣保罗思想启发,而杂糅亚里士多德、康德、黑格尔等诸多思想家论说之观念主张所造就。在其中,以这些道德存有论课题为本,格林最终开展出来的一套公民哲学,遂聚焦在主权概念蕴含的伦理意义,以及伴随此伦理意义产生之政治行动要求。质言之,格林对于英国自由主义思想之转化的重要贡献,乃是将自由主义过往立论的个体主义(individualism)思想做了崭新界定,从而在他的论说框架下,当国家为了改善政治、经济、社会上的诸多不平等处境而进行立法干预时,此些干预行动即可在社群共善的指引下兼容于个人的自由与权利。只不过,在此广为学者所接受的诠释架构里,国家纵然可依社群共善为据,透过立法活动正当干涉个人的自由与权利,但这里所谓的国家及其主权权力之发动根源,对格林来说,当是每个公民透过具体行动,而经人我之间的互动关系所营造出来之共同意志(the general will)。

综上,《托马斯·格林的公民哲学》遂将由三个部分构成,借以综览格

---

① Denys Leighton, *The Greenian Moment: T. H. Green, Religion and Political Argument in Victoria Britain*, Exeter: Imprint Academic, 2004, ch. 3.

林思想的独到之处。第一部分关切的是格林思想中的形上学与伦理学课题,基本涵盖了前面提到的第一、二项论点;第二部分则是以第一部分阐释之格林的道德存有论思想为本,彰显格林笔下的主权概念具有之伦理意义及其实践要求;第三部分则记述格林本人在19世纪曾经参与过的公共事务,以述说他的理论思想和实践行动之间的关联,进而以此为背景,概略介绍格林的公民哲学对于在他之后出现的英国政治哲学与思想论述之发展的影响。以此架构为本,当前这篇文章即聚焦第一部分,亦即关于格林思想中的形上学与伦理学课题之阐发。

二、格林公民哲学的背景

不免俗地,为使读者更清楚本文立论的背景与基础,首先综述格林思想的渊流、时代背景及其特色,有其必要。格林生于1836年,卒于1882年,而在他未及艾老的生命岁月里,其思想论著与实践行动对19世纪的英国政治社会发展产生了深远影响。随着18世纪产业革命(industrial revolution)带来的各项经济社会变革在19世纪达到高峰,英国的工厂工人和佃农的生活处境也愈益艰难。虽在自由党人的宣传下,劳动阶级蒙受的经济、社会与政治上的不平等待遇渐为有识之士关切,但各项改革议案却往往因保守党人与自由党人的权力斗争而搁置,甚或遭到抵制。直至19世纪30年代接续爆发了史温暴动(Swing Riot)、梅瑟尔起义(Merthyr Rising)、新港起义(Newport Rising)等多起劳动阶级的动乱事件,英国政府与国会才被迫正视产业革命带来的诸多社会经济问题及其政治效应。1832年英国国会通过了下议院的改革法案,重新划定了市镇地区的议员代表席次,使中产阶级得以进入由托利保守贵族长期主导的下议院,提升国会代表人民发声的正当性。此后,英国国会陆续于1833年至1835年间通过了《工厂法》(Factory Act)、《新济贫法》(The New Poor Law)、《市议会组织法》(Municipal Corporations Act)等各项社会经济政治改革议案,以期借此改善劳动阶级的生活处境。然而,鉴于此时能够享有选举权与参政权的工人和佃农尚属少数,英国国会的代表正当性不仅不足,在拟定政策法案时,也仍多偏重贵族与资产阶级的利益。

至于劳动阶级未能普遍享有选举权与参政权的原因,则与当时英国知识阶层奉行的道德信条相关。19 世纪的英国知识分子多认为,能够肩负起做政治决定责任的公民,不仅需要有一定的教育水平,更必须在生活上与经济上能够自主。换句话说,公民必须拥有相当程度的道德品格与素养,才具备享有选举权与参政权的资格。然而,此番限制劳动阶级享有选举权与参政权资格的主张,却也是造成劳工生活困顿但少有政府单位愿提供协助的原因之一。这是因为,身为一个可肩负起政治责任的公民既须在生活上与经济上能够自主,政府便不应介入人民的社会经济活动,而仅能鼓励民众以自发力量实现生活上的自立,成就自身的道德品格。但是,此种期盼民众可独立彰显道德品格、自主生活的思想主张,对于处在社会弱势地位的劳动阶级来说,实是任凭贵族与资产阶级对其恣意剥削。正是在此,格林透过他的公民哲学与实践行动,对这类鼓吹自由放任的道德与政治观点提出了批判,并赋予了英国自由主义思想以新解,从而唤起公众对于社会平等议题的重视。

(一) 家庭背景与宗教批判

除了当时的社会背景之外,就格林公民哲学的渊流来说,我们接续需要了解的,当属格林的家庭背景与其思想的发展历程。格林的父亲瓦伦丁(Valentine Green,1799/1800—1873)以及与他感情深厚的舅舅沃恩(David James Vaughan,1825—1905)皆是基督教福音派的教区牧师,而他们二人的神学知识与道德操守深刻影响了格林。格林家族历来是在大不列颠岛的中英格兰地区拓垦,直到格林的祖父辈,格林家族才逐渐拥有较大的地产,从而脱离自由农民的身份,跻身乡绅之林。不过,纵然格林家族的社会经济地位日渐改善,其族人固有的安静、持守之虔敬性格,则与他们世代共享的精神信仰相关。以格林的父亲瓦伦丁为例,身为教区牧师,他不仅定期向教区内的信众布道,平日里也时刻关照当地民众的生活状况。自幼在这宗教家庭的环境里长成,基督宗教强调的人性关怀与精神生活,便对格林的伦理政治思想产生了潜移默化之效。另一方面,在年少时期读过卡莱尔(Thomas Carlyle,1795—1881)为英国17世纪内战时期的重要人物克伦威尔(Oliver Cromwell,1599—1658)编撰的书信集后,格林也对拯救人民免受专断苛政所苦的英雄形象心生向往。特别是格林祖母来自的莫蒂默(the Mortimers)家族与克伦威尔家族素有渊源,这遂更增添了格林对克伦威尔及其事迹的崇敬之情。①

进而,正是在这些宗教信仰和历史人物昭示的济世思想的感染下,格林对于其母舅沃恩的事业尤为敬重。沃恩是格林母亲安娜同父异母的弟弟,他曾就读剑桥三一学院,并于此完成柏拉图《理想国》(The Republic)的编译工作,而被学界公认为杰出的古典学者。不过,沃恩于1860年离开三一学院,依循其父(也就是格林的外祖父)的脚步成为教区牧师。于担任教区牧师期间,沃恩除善尽布道的职责外,另与莫里斯(Frederick D. Maurice,1805—1872)、韦斯科特(Brooke Foss Westcott,1825—1901)等基督教社会主义者相交,并在莫里斯开设工人学院,以助改善劳动阶级的知识水平的事迹启发下,始于莱斯特筹建工人学院,开办晨间、夜间与周日课程。当格林在牛津贝利奥学院任教时,他便时常造访莱斯特,对沃恩的社会教育工作表示支持,而他著名的《自由立法与契约自由》("Liberal Legislation and Freedom of Contract")讲词也是在莱斯特发表。此外,在沃恩的影响下,当格林刚从贝利奥学院毕业,苦思未来谋生之道时,即曾考虑投身神职;唯格林对于必须毫无保留地接受一切宗教信条,才能坚定地向民众布道一事感到迟疑,遂打消了从事神职工作的念头。② 就此说来,格林对于宗教信仰的态度究竟如何,令人好奇。

---

① 克伦威尔的孙女,也就是理查德·克伦威尔(Richard Cromwell)的女儿多萝西(Dorothy),是约翰·莫蒂默(John Mortimer)的首任妻子,而格林的祖母则是约翰·莫蒂默和他第三任妻子伊丽莎白·桑德斯(Elizabeth Sanders)的子嗣。此外,伊丽莎白的祖父托马斯(Thomas Sanders)也是克伦威尔家族麾下的一位军官。
② R. L. Nettleship, "Memoir," in Works of Thomas Hill Green, Volume III, ed. Richard L. Nettleship, pp. xi - clxi (London: Longmans, Green, and Co., 1906), p. xxxv.

若按格林1872年写给他的学生霍兰(Henry S. Holland,1847—1918)的信中所言,他对自幼耳濡目染的基督宗教悲天悯人的思想应无疑义,唯独对基督宗教的各种教士制度和神学教条感到不满。他说:

> 首先,你无须认为我对教士的工作抱有敌意。所有影响我一生的最美好事物都与教士工作相关,而我也一直对教士工作抱有浓厚兴趣,并认为除了在少数的例外状况下,教士工作当是开启一段高贵生命的最佳方式。不过,令我感到苦恼的,或许是人们必须先接受就我看来站不住脚的宗教主张,才能进入这段高贵的生命。甚且,这样的苦恼,更时常在我发现,祭司们多假借于实践上会产生危害的诸种妄言或陋习来呼应上天的感召,从而使其尊贵的天职显得滑稽时,更为加剧。①

如此,就上述引文看来,格林对于基督宗教的不满和迟疑,当与神学思想的专断性质有关。事实上,格林确曾撰文就基督教思想在启蒙批判哲学勃兴的时代下,还能拥有何种意义进行论说。在题名为《论基督教信条》("Essay on Christian Dogma")的文章里,格林强调,当教会的阶级制度与神学体系渐于欧洲中世纪时期发展完备后,基督教原有的悲天悯人情怀则渐被遗忘与扭曲,取而代之的是教士与教会的专断权力和会众(brotherhood)的盲目信仰。如此,格林认为,若要在新的时代下重新寻回基督教思想的意义和价值,我们便应透过哲学仔细审视基督教思想原有的道德内涵,从中汲取可助今人陶冶性情、培养道德品格的要素。② 至于格林批判基督教思想所造就的,则是一套杂糅古希腊哲学、德国观念论哲学和圣保罗思想的伦理学体系。

---

① Thomas Hill Green, *Collected Works of Thomas Hill Green*, *Volume V: Additional Writings*, ed. Peter Nicholson, Bristol: Thoemmes Press, 1997, pp. 441 - 442.
② Thomas Hill Green, *Works of Thomas Hill Green*, *Volume III*, ed. R. L. Nettleship, London: Longmans, Green, and Co., 1907, pp. 182 - 183.

（二）启蒙哲学与人的境况

前面提到,格林的公民哲学内藏浓厚的实践意向与理论改造企图,而这两者共同指向的,是对立基在启蒙哲学之上发展而成的19世纪自由主义政治思想进行强力批判。承袭18世纪启蒙哲学的主张,自由主义抱持的一项思想内核是对个人自由的高度颂扬。以理性为人类特有的天赋能力,启蒙哲学颂扬个人自由的用意,一方面是为制衡当时在欧洲大陆上日益高涨的专制王权,另一方面则是为了抵抗腐败的基督教会带来的蒙昧主义。如格林批判,当基督教会完备了一套阶级制度与神学体系,耶稣与其使徒原有的悲天悯人情怀便逐渐消逝。甚且,为了捍卫宗教信条,巩固教会权威,教廷更不惜囚禁异议者,指控其为异端而铲除之。在此高举教义的氛围下,人类知识技术的创新只得在服膺教会的前提下才可发展。如此造就的,遂是思想上和智识上的蒙昧主义。与之相对,欧洲各国国王为扩展统治权力,便积极鼓励、支持学者研究新的思想与技术,借以和握有信仰权柄的教廷的政治势力抗衡。然而,各国国王鼓励学术发展的用意既是为了与教廷或其他政治势力对抗,知识技术的发展实是从服膺教会转为服膺王权。不过,正是在这知识的权力结构发生变化的时刻下,启蒙哲学发展出了以理性对抗蒙昧、以自由对抗专制的想法。

进一步地,启蒙哲学颂扬人类理性与个人自由的思想论据,不仅造就了知识技术的创新与变革,更颠覆了欧洲千年来对宇宙秩序的想象。格林在《处境的力量》("The Force of Circumstances")一文中指出,当人们认为可透过理性的使用,来掌握宇宙秩序和世界运作的法则时,这是将人类置于一种外在的自然规范下,并重新界定了人类的存在。依格林之见,过去人们在专断的教会与教义约束下,总是因自身的原罪而受各种启示神学所囿,而当启蒙哲学宣称可透过理性认识自然法则并将人类视为这自然世界的一环时,人的思考行动则是改受此可为理性认识的自然法则规范。在此,理性的自然法则最终便取代了神意,成为引导宇宙秩序运作的圭臬。然而,格林认为,启蒙哲学虽与基督教蒙昧主义相对,但在这两者勾勒出的宇宙秩序和生

存处境里,人类却都是受到某种"非人的"外在事物规范。在回应启蒙哲学描绘的人类处境和自然世界之关系时,格林论道:

> 将这巨大的环境单纯视为人类心智的产物,和把人类看作是这个环境的造物或奴隶一样,都与真理相悖。外在环境带给我们的真正影响,该是以各种方式扬升我们的思维,致于知晓"我们生活、动作、存留,都在乎于"那位神灵;如此他当教导我们,我们是由他所造而非由自己所造,且他是依其形象造就了我们。①

在此,格林的论说言及两项要点,而和他的思想体系一贯奉行的根本信念相关。首先,"我们生活、动作、存留,都在乎于"这段文字摘引自《圣经·使徒行传》,其原文为"我们生活、动作、存留,都在乎于他"。不过,当格林引用这段文字时是先以"神灵"(spirit)取代"他"(Him),而他之所以如此改动引文,其缘由在于格林理解的神祇并非经人格化而外在于人的存有。1870年,当格林遵循贝利奥学院的传统向学生讲授神学思想时,他曾说道:"对于神的在场之见证,非是透过各种外在的迹象,而是透过一个话语,即仁爱或基督的爱,于我们的内在显现。"②质言之,神是内在于人的事物且其存在是当人们依仁爱之心待人处事时才得显现。进而,我们诚可指称透过人的仁爱而显现的事物为"神",但这项事物既须透过人们的心性和行动才可显现,以人所具有的"神性"指称当更为切合。如此,当格林在发展他的伦理学体系时,他对于伦理主体的能动性之设想即与"如何实现众人皆有的内在神性"这项要旨息息相关。

其次,格林以神灵来联结外在环境和人类内在心智活动的做法,关涉的是他对主体与客体之关系的理解。接续前面摘引的段落之后,格林旋即在《处境的力量》中强调,于孩童时期,人们尚处于无意识的阶段,但当孩童逐渐成长,便会开始意识到世界并非总是以自己所想、所欲的方式呈现,而逐

---

① Green, *Works of Thomas Hill Green*, Volume III, p. 4.
② Thomas Hill Green, *The Witness of God and Faith: Two Lay Sermons*, ed. Arnold Toynbee, London: Longmans, Green, and Co., 1886, p. 35.

渐意识到自我和外在世界之间存在着区别。① 进而,格林认为,这个区辨意识指向的是,人会因为对外在世界有不同的认知连带促成自我认知的转变。当人们的世界观发生变化,人们如何理解自身在这个世界中的处境之方式便也会发生变化。易言之,人们理解外在世界的方式当与人们如何理解自我存在的观念相辉映。再者,依格林之所见,由此区辨意识在自我与世界之间划下的主体与客体之分非如某些思想家所言的那般绝对。享誉19世纪的英国理论家斯宾塞(Herbert Spencer,1820—1903)以洛克和休谟的经验论哲学为基础,吸纳物理学、生物学与实证科学的研究成果提出诸多经验心理学主张,并为当时的社会政治思想带来许多极富创意的观点。而在斯宾塞所提观点和主张里,居处关键的一个概念预设便是认知主体和认知客体的分立。以主客分立为其立论的首要前提,斯宾塞声称外在世界作为认知客体是独立于认知主体之外自存的事物。由此,主体对于客体世界的认识与感知,是以后者对主体肉身引发的刺激为基础进行;透过外在世界引发的刺激,主体肉身的神经系统便会与大脑的意识活动联动,形成思想与知识。也就是说,主体与客体虽然彼此分立,但前者的认知活动是由后者引发、决定的。

对于斯宾塞提出的此种主客分立的看法,格林大力抨击。1877年至1881年间,格林在《当代回顾》(Contemporary Review)期刊上针对斯宾塞和另一位心理学兼文学研究者路维斯(George H. Lewes,1817—1878)的思想主张发表了三篇批判文章。于其中,他声称斯宾塞对于认知主体与认知客体之关系的认识有误。格林指出,斯宾塞一方面既已设想主体与客体之间存在着某种相互关联的可能,另一方面却又声称主体与客体是彼此分立的事物,这样的论说在概念上即潜藏矛盾。② 若从斯宾塞的思考框架出发来思考化解之道的话,格林认为,这便须要设想一个存在于主体与客体之间的第三类事物,作为联结二者的中介,而这个中介项在斯宾塞笔下即是所谓"刺激-神经"这组人类生理反应模式。然而,外在事物既是自存于人类之

---

① Green, *Works of Thomas Hill Green*, Volume III, pp. 4–5.
② Thomas Hill Green, *Works of Thomas Hill Green*, Volume I, ed. R. L. Nettleship, London: Longmans, Green, and Co., 1885, p.388.

外,其刺激人类神经系统运作的传导力量若不具备某种与人类肉身相应的同质属性,那么以"刺激-神经"这样的生理反应模式作为解决主客分立观点产生的矛盾之方式,便仅是一种丐题论证而已。质言之,从客体与主体到刺激与神经,斯宾塞的观点都仅能就事物的分立进行论说,但若说两种事物具有某种关联性,这就必然涉及二者之间隐含的某种同一性质才为可能。换句话说,主体和客体若相互关联,便无法是绝对分立、相对的事物。对此,格林认为,联结认知主体与认知客体的同一性基础,即是自培根与笛卡尔以降不断在西方哲学中言及的"意识"(consciousness)概念。

(三) 古希腊哲学与"神"的观念

由前述可知,格林一方面基于他对宗教的批判态度,认为基督教为英国社会带来的良善价值观念,必须经由哲学的梳理才可辨明;但另一方面,他对启蒙哲学持有的人与外在世界分立之预设观点,也多有批判。换句话说,在格林构筑其公民哲学的思辨历程里,启蒙哲学和基督宗教皆是他批判的对象,而非其立论的根本。不过,格林的公民哲学也正是在这批判辩证的过程里逐步成形;其中,"如何实践众人皆有的内在神性"这一结合神学与伦理学的思想论题,则趋向于和"意识如何成为主体与客体之中介,而为二者的同一性基础"之课题相互勾连,进而成为格林思想的核心。就前一个论题来说,格林为从哲学的角度重新理解"神"这个观念,遂研读古希腊哲学和德国观念论哲学,以期在这两类哲学思想发展的形上学与本体论中获得启发。

格林对于古希腊哲学的喜爱,我们可从他友人的讲述中见其端倪。19世纪牛津大学著名的古典学教授纽曼(William L. Newman,1834—1923)曾说,格林对亚里士多德的《政治学》(Politics)多有推崇,特别是《政治学》第7卷开篇所写"想要研究最优良政体的人,必须首先规定什么是最值得渴求的生活"这段文字,尤为他所爱。[①] 另一方面,格林的学生缪尔黑德(John

---

① Colin Tyler, "Recollections Regarding Thomas Hill Green," 14 (2) *Collingwood and British Idealism Studies*, 2008, p. 27.

H. Muirhead)则把格林的哲学思想定位在英国柏拉图主义的传统里,而视德国观念论与英国观念论为承继古希腊哲学的思潮。① 此外,里奇(David G. Ritchie)亦曾指陈:"若我们想要将格林和任何特定的思想家之名相联结,那称他是以亚里士多德的思想改正康德,又以康德的思想改正亚里士多德,该是最不会使他遭受误解的。"②至于格林自身在《论政治义务诸原则讲演》("Lectures on the Principles of Political Obligation")中则曾明言:"正由于柏拉图和亚里士多德清楚地将城邦(国家)生活视作个人的终极目的……他们遂为所有真正的权利理论打下了基础。"③就此来说,格林对古希腊政治思想的崇敬当是显而易见的。

不过,格林虽对古希腊政治思想抱有崇敬之心,这却也并未减损他批判古希腊哲学的力道。1866 年,格林在《北不列颠评论》(North British Review)发表了《亚里士多德的哲学》("The Philosophy of Aristotle")一文,针对柏拉图和亚里士多德的形上学与知识论主张作了详尽评述。他宣称,柏氏和亚氏都犯下了二元论的谬误,而将神或理念理解为超脱于世外的第一因。依格林之见,古代哲学和现代哲学共同关切的一项课题,是人如何可能认识世界、形成知识,而在探索这个课题的过程里,哲学家们往往是从"可感知的事物"(sensible thing)出发。然而,若可感知的事物指的是人的知觉经验,那知觉经验具有的变动、主观的性质,便将导致知识在形成的过程里缺乏客观基础,而难以成为企及真理的途径。职是之故,柏拉图和亚里士多德即把这里指称的"事物"定义为自为存在的普遍实体,以为相应于事物产生的人类知觉经验提供客观基础。只是,从格林的观点来说,事物既是自为存在的实体,这就意味着事物是独立于作为认知主体的人类之外而存在。也就是

---

① John H. Muirhead, *The Platonic Tradition in Anglo-Saxon Philosophy*, London: George Allen & Unwin, 1931, pp. 202-218.
② David G. Ritchie, "The Political Philosophy of T. H. Green," in *The Scottish Idealists: Selected Philosophical Writings*, ed. David Boucher, pp. 161-174 (Exeter: Imprint Academic, 2004), p. 168.
③ Thomas Hill Green, *T. H. Green: Lectures on the Principles of Political Obligation and Other Writings*, eds. Paul Harris and John Morrow, Cambridge: Cambridge University Press, 1986, p. 36.

说,这类事物对于人类而言所具有的认知意义,便仅可能是从相应于事物产生的知觉经验而来。如此,在除却人类的知觉经验之后,这些自为存在的普遍实体仅可能是"空无"(nothing)。①

进一步地,格林指出,为诉说自为存在的普遍实体何以成为人类能够知觉宇宙经验的基础,柏拉图和亚里士多德遂诉诸一个神祇的观念,以为宇宙经验和世界秩序的最高根源。以亚里士多德的见解为例,神祇对他而言是一个神圣的灵魂力量,也是一个纯粹的存有,而所有人类经验到的殊相事物,都是在这个神圣存有蕴含的潜能获得实现时,被具体表现出来的显像。在此,殊相经验作为神圣存有的潜能实现所得之显像,诚然可以这神圣存有为其客观根源。然而,亚氏既把神祇另也看作是纯粹的存有,而系以思想的纯粹性来规定神祇的属性,那么,作为纯粹存有的神祇,自将与人类含混、流变的知觉经验分立相对,而难以成为人类认识宇宙秩序的根本来源。② 即因如此,格林主张,虽然亚里士多德的潜能实现说就神祇的内在性(immanence)给出了相当好的陈述,但在高举思想智识,贬抑感知,并将二者视为分立相对的观点影响下,亚氏的神祇是一个仅可能透过超绝的理智才得以洞察其存在的超验(transcendent)存有。换句话说,对格林而言,亚里士多德和斯宾塞一样都无法在其论说中真正克服思想与感知、实在与表象等二元论的对立思维。

不过,就格林建构其思想体系的发展历程来说,亚里士多德的潜能实现说仍对他的伦理学思想产生相当的影响,并为他理解人的内在神性,何以可能借实践活动具体展现的重要参考对象。进而,在德国观念论的影响下,格林则将此种实现人类内在神性的观点和意识哲学结合,并借"意识"概念规定其性质,以为他贯通和破除思想与感知、主体与客体、人类与世界、表象与本体等二元区分的关键。

---

① Green, *Works of Thomas Hill Green*, Volume III, pp. 48 – 55.
② Green, *Works of Thomas Hill Green*, Volume III, pp. 71 – 90.

（四）德国观念论与意识哲学

一般而言,研究格林思想的学者们多认为,格林之所以会接触德国观念论哲学,是经由他大学时期的导师乔伊特(Benjamin Jowett,1817—1893)的引荐。乔伊特是19世纪初牛津大学里少数能读懂德文的教授,而他为了考察古希腊哲学和《圣经》诠释学的发展,便开始研读德国哲学思想。也正因如此,有学者认为,格林应是在乔伊特的推荐下阅读康德和黑格尔的著作的。① 然而,格林自1855年进入牛津大学后,便一直待在牛津直到1882年逝世,而在这段时间内,乔伊特也同样居处牛津。换言之,若概括地称格林对德国观念论哲学的研究兴趣是受乔伊特影响开始,这将难以成为研究格林思想的学者细部考察其思想系如何转变、发展的参照依据。对此,魏普根据牛津贝利奥学院的修业规定主张,格林应是在1861年的夏天顺利完成学院规定的各项学科考试后,才有时间开始研读德国哲学。此外,依据存留在贝利奥图书馆的借阅记录显示,格林也确实是在该年夏天才开始借阅黑格尔的论著。② 魏普的推测受到另一位格林思想研究者莱顿的附和,而莱顿声称,格林虽在求学期间受乔伊特的影响而对德国哲学抱有兴趣,但他应该是在1861年担任贝利奥学院的学生导师职务后,才真正开始认真研究康德和黑格尔的思想。③

相较于魏普和莱顿,尼科尔森(Peter Nicholson)则认为,格林接触德国哲学的时间可能更早,且是在他进入牛津就读之年便已开始。尼科尔森指出,1855年乔伊特的一名学生桑达斯(Thomas C. Sandars)完成了一篇介绍黑格尔《法哲学原理》(*Elements of the Philosophy of Right*)的短文,而格林很有可能在当时经由乔伊特取得该篇文章。另一方面,尼科尔森认为,西布利

---

① Melvin Richter, *The Politics of Conscience: T. H. Green and His Age*, London: Weidenfeld and Nicolson, 1964, p.71.
② Ben Wempe, *T. H. Green's Theory of Positive Freedom: From Metaphysics to Political Theory*, Exeter: Imprint Academic, 2004, p.21.
③ Leighton, *The Greenian Moment*, pp.51–52.

(John Sibree)翻译黑格尔《历史哲学讲演》(*Lectures on the Philosophy of History*)的英文本,正是在 1858 年出版,而格林自然也可透过西布利的译本认识黑格尔。① 在此,尼科尔森虽然多仰赖间接证据,来主张格林对黑格尔的认识早在 1861 年之前就已开始,但我们若以尼科尔森的推断为据来检阅格林在 1861 年及于此之前发表的论著,其实可以发现格林对基督教思想在人类历史上具有的意义之理解,早已明显带有黑格尔或德国观念论哲学的色彩。

1860 年和 1861 年,格林曾分别撰写《生命与永生已由福音彰显》("Life and Immortality Brought to Light by the Gospel")和《基督降临时犹太人的信仰状况》("The State of Religious Belief among the Jews at the Time of the Coming of Christ")两文,投稿参加"依莱顿神学论文奖"(The Ellerton Theological Essay Prize)。而在这两篇文章里,格林对神学观念的理解和诠释,即已运用了意识、精神、理性、个体性等与德国观念论相近的概念语汇。举例而言,当格林讲述福音来临前,古闪族人的神学彰显的是人类尚未意识到自我的阶段时,他援用的是黑格尔所提理性精神尚处直接意识而未达自我意识阶段的见解。② 其次,当格林强调,犹太人以血缘来理解谁为神的选民之观点是在接触到柏拉图主义哲学后,逐渐转变为以精神和意识来理解人与神的沟通纽带时,他则于此取用了德国观念论的意识概念,来述说犹太教和基督教神学的变迁。③ 质言之,若我们详加审视格林在 1860 年和 1861 年发表的这两篇文章之内容,我们当可发现,格林显然在这段时期已对黑格尔和德国观念论哲学有所认识,甚且已达到可运用这些哲学思想提出的概念,来重新诠释基督教神学及其发展历史的理解层次。由此推测,格林很可能如尼科尔森所言,在 1861 年以前便已认真研读黑格尔和德国观念论哲学的论著。

---

① Peter Nicholson, "T. H. Green's Doubts About Hegel's Political Philosophy," 31 *Bulletin of the Hegel Society of Great Britain*, 1995, pp. 61 – 62.
② Green, *Collected Works of Thomas Hill Green*, Volume V, pp. 60 – 62.
③ Green, *Collected Works of Thomas Hill Green*, Volume V, pp. 91 – 100.

进一步地，我们若细查格林在1868年和1874年以后发表的著作，便可更清楚地发现意识概念正逐渐成为他论说神、人和自然世界之关系的核心。于1866年撰文批判古希腊哲学之后，格林接着将他批判的对象转向启蒙哲学。在1868年的《大众哲学及其和生活之关系》("Popular Philosophy in Its Relation to Life")一文里，格林视启蒙哲学的开创者为洛克，而把洛克以降发展的理性主义和经验主义思想，看作是同一哲学思潮的两派分支。然而，这两派思想作为启蒙哲学的分支，依格林之见，都错误地以二元论的思维方式来理解现代人的生活处境。一方面，人的感觉和思想在理性主义思维的主导下被切割开来；在作为理性认识的对象意义下，两者都被视为某种与人的意识活动相异而自存的事物。另一方面，当经验主义思想把人看作是由各种知觉、情感和欲望构成的个体时，理性则被视为替这些知觉、情感和欲望服务的从属能力，而非人可借以规约自身、成就至高理想道德生命的准绳。至于启蒙哲学犯下二元论谬误的缘由，格林认为，是因为启蒙哲学忽略了可意识到自身并可自我决定的精神，在这些认知活动中扮演的角色。[①]格林指出，这个可自我意识又可自我决定的精神，作为体现在每个认知主体心智活动之中的内在力量，不仅能借由自我意识将思想和感觉区分开来，更可借此在自身的心智活动上立下限制与规范，从而提出所谓的自然法则或普遍道德律等观念。如此，启蒙哲学便是因为仅看重经由这个精神的自我意识与自我决定能力带来的种种产物与结果，却未承认甚或注意到这个精神的存在，才会犯下二元论的谬误。

承此，在格林于1874年和1875年出版的两篇介绍休谟《人性论》(*A Treatise of Human Nature*)之长篇评论中，他即以此批判启蒙哲学的论点为本，详尽而细致地点评休谟的认识论和道德哲学思想。此外，在1874年至1879年间，格林更进一步将他批判启蒙哲学与休谟的论点，延伸至他对康德的理解与诠释上。依格林之见，康德所谓"物自身不可知"的论调，虽然为人类理性的使用划下了一道界线，而为科学、道德与美感知识确立了坚实

[①] Green, *Works of Thomas Hill Green*, Volume III, pp. 104–117.

基础,但这一论调的根本却是现象与本体的二元分立预设。在康德的思想主张里,现象是人类理性唯一可以认识的对象,而现象之外的本体作为自为存在之物,则处于理性无法触及的境地。由此,本体作为现象之为可能的必要条件,既非理性所能考察的对象,人类自当无法就本体提出任何有效的知识主张。至于康德的思想之所以仍存有此种二元区分的色彩,格林认为,这是因为康德把"建构感觉之间关系的能力"和"理解感觉之间关系的能力"视为两种不同的人类认知能力所致;事实上,这两种能力是意识活动表现出的同一行为,而所谓构成关系即是理解关系,两者为一体之两面并同为人类意识活动之表征。①

总归而言,对格林来说,世界作为人类意识活动的经验对象,在其背后并无所谓本体存在,因任何存在皆是作为人类意识活动的一环才为可理解的。顺此,格林主张,人透过感官产生的各种不同知觉经验,是以混沌未分的状态存留在人的心智之中,而当意识引领心智去理解这些混沌的经验时,各种潜藏在其中的知觉经验便是以相互关联的方式呈现。至于知觉经验,便正是透过这种相互关联成为心智认识的对象。质言之,作为认知主体的人是透过意识的活动,才于其心智之中区别出作为认知客体的知觉对象;如若意识蛰伏而未活动,认知主体与认知客体之间的区分则是混沌未明的。

由此说来,若格林对康德的批判成立,他和康德相比当更是执着于克服过往哲学主张所蕴含的二元论思维。从而比起康德,黑格尔对格林思想的影响遂显得较为鲜明。至于格林是如何透过吸纳德国观念论的思想,而试图以"意识"为核心,发展出一套超克二元论的主张,将于本文后续的章节内做讨论。在此,本节最后所将概述的则是圣保罗的神学和道德思想对格林的公民哲学与其实践行动之影响。

---

① Thomas Hill Green, *Works of Thomas Hill Green*, Volume II, ed. R. L. Nettleship, London: Longmans, Green, and Co., 1886, pp. 25, 28–30.

(五) 圣保罗与向善的意志

格林对于圣保罗思想的接触与认识,除透过家中父执辈对《圣经》的阐释获悉外,乔伊特在 1855 年译注的《圣保罗致帖撒罗尼迦人、加拉太人及罗马人书》(*The Epistles of St. Paul to the Thessalonians, Galatians and Romans*) 也对他产生不小影响。如前提过,格林是在 1855 年进入牛津贝利奥学院,而乔伊特作为牛津大学知名的基督教自由派信徒,也正是在该年因为在前述提到的这本书里,对圣保罗的思想作了批判性评注,而饱受学院内保守派教授抨击,甚至被当地教会指控为异端。然而,尽管有来自学院内与学院外的诸多压力,终至 1893 年辞世之前,乔伊特对《圣经》和圣保罗思想的诠释仍极具批判性,而他提出的诸多创新观点,则深刻影响了格林对于基督教道德思想的理解。而在乔伊特提出的诸多观点中,最为重要的一个便是去人格化与去神秘主义的"神"之概念。在乔伊特遗留下来的手稿中,他曾写道:

> 如果神的人格不再被相信,那人们是否还能祈祷?我认为可以,因祈祷可看作是:(1) 和神沟通;(2) 承认我们之间存有至高的真理;(3) 彻底地将自己交付律法,亦即神的意志;(4) 在我们权能的界线内怀抱热切的期盼。①

在此,对乔伊特而言,所谓"神"不必然是指某个超脱于凡人和俗事之外,而拥有绝对力量的人格化存有;相反地,神可意指的是某种非人格化的存有、宇宙律法的根源或真理和希望的象征。质言之,神无须以《旧约》中那般会因人的堕落、渎神而愤怒的形象显现,而可以单纯作为真善美的根源之方式,与人沟通。从此来看,格林将神的显现看作是人具有的某种内在神

---

① Benjamin Jowett, *Letters of Benjamin Jowett*, eds. Evelyn Abbott and Lewis Campbell, London: John Murray, 1899, p.241.

性之展现,而不以人格化的理解方式来思考神的存有之取径,显然有着乔伊特影响的痕迹。

不过,除了乔伊特的影响外,格林对圣保罗思想最为关注的部分,是他放弃犹太教的信仰转而信奉耶稣教诲的这一"改宗/皈依"(conversion)举动,以及他以基督行善、造福的悲天悯人情怀为典范,鼓励众人效尤基督的道德情操,关照自己的族人与同胞,由而在基督教会众间实践道德良善事业的"活在基督里"之精神。

圣保罗原本是个虔信传统犹太教信仰的法利赛人,而致力坚守犹太律法,并曾依从犹太司祭的命令与教诲,迫害追随耶稣者。然而,据圣保罗自身所言,他在前往大马士革的路途上,蒙受耶稣的启示感召,从而放弃了犹太《托拉》的律法之义,转而信奉耶稣例示的那种道德的、精神上义。从此,圣保罗认为神的公义并非如犹太司祭宣称,在于遵行《托拉》载录的传统律法和司祭的谕令。他指出,律法的规训是针对人的罪而来的,也就是说,正是为了使人不犯罪,律法才会出现。只是,正因律法是由于罪的存在而存在,两者是相互伴生的事物,所以律法并没有使人的罪消失的能力,反而必须预设罪的存在。换句话说,遵行律法、获致律法之义无法使人免罪,或使人与神亲近、和解。相对地,经由启示,圣保罗发觉,真正可使人免受罪的引诱而与神和解的方法,是效法耶稣舍弃肉欲的生活,落实爱邻人、爱同胞的道德精神。如格林在1877年讲授的《信仰》("Faith")一文中所指陈:

> 信者因罪而死、因神而获新生的过程,正如同耶稣死而复生一样,是在基督教会众之间持续进行的过程,至于其完满成就,则是当"造物摆脱堕落的束缚,并在神子里取得光荣的解放时达成";而这一切则都是在神灵的主导下进行,亦即是在世界之中,在人的意识之中经神的显现进行。这些,即是圣保罗知晓的唯一启示。①

---

① Green, *The Witness of God and Faith*, p.58.

至于这样一种脱离肉欲、脱离堕落转向新生命的能力,则正是人所具有的内在神性经由意识的变化展现的过程。更具体地说,这是人从追求肉体欲望的满足,朝向行善、行义和关爱邻人的意念变化之过程。依格林之见,以满足自身欲望过活的人,多自私自利而惯于忽视他人的生活处境。然而,当人转念,转向关切周遭人们的生活处境,并以具体行动帮助他人而不再光以自我的利益为中心来思考时,这样的一种转念与转变便是人重获新生的契机。质言之,对格林而言,透过圣保罗的皈依和耶稣复活等事件揭示的,乃是人所拥有的那可透过省思自我存在境况来落实道德理念的反思能力。

　　承此,透过圣保罗思想的启发,格林进而认为,此种转念向善的人类意识能力即是所谓善意志的切实定义;与之相反,康德提出的善意志概念则是空洞、抽象的,且因不具有确实内容,而易于落入客观主义和主观主义构成的道德二元论之悖论中。在1874年至1877年讲授过康德的《纯粹理性批判》(*Critique of Pure Reason*)之后,格林接续于1878年至1879年在牛津讲授康德的道德哲学。此时,和他讲授康德的知识论时一样,格林对于康德的道德哲学与伦理学主张提出了诸多批评,而其演辩,则再次以康德思想中存有的二元论思维为批判对象开展。依格林之见,当康德把感知经验划归于现象,而把个人依理性法则实践道德自由的场域划归于本体时,他的道德哲学便再次陷入了本体与现象的二元对立思维之中。当康德主张,个人的意志系以遵循内在理性法则的指引来决定如何实践道德自由,并把感知经验视为个人依循现象的因果律所得之认识对象时,他实际上排除的正是个人透过外在世界认识自我存在境况的可能。[1] 如此,格林认为在康德的论述里善意志与道德本分必然是种关于理性的空洞、抽象、形式的规定,而无法经由现象的感知经验取得具体内容。然而,当个人依循此种针对善意志与道德本分给出的空洞、抽象、形式之规定来实践其自身的自由能力时,这将可能导向两种结果:其一,任何人皆可辩称,其出于主观意志而以非关道德

---

[1] Green, *Works of Thomas Hill Green*, Volume II, pp. 83-109.

的各种欲求甚或恶念行事之作为,系合乎自身的内在理性法则之指引,从而借此抵御外在道德律法的约束;其二,任何人也可从与前述主张相反的立场出发,声称只要经由"理性"确证的客观法则,即为所有人皆应遵循的至高道德规范,而不论个人主观上是否同意遵循此法则的规范。① 质言之,就格林的角度来看,以本体和现象的二元分立为基础的康德道德哲学,将可能导致极端的主观主义或极端的客观主义出现。

总结而言,受到圣保罗的思想启迪,格林提出的一套可资克服康德二元论的伦理学主张,便是以联结主体与客体的意识概念为据,阐明个人系如何可能在和自我、社会、外在世界的互动过程里,渐次发觉自身拥有的转念向善能力,从而以致力实现社群共善来完备自身道德品格为生活目标的思想论述。在此,格林构思发展的公民哲学,当不是古典自由主义者信奉的那般,仅关乎个人道德自主的个体主义论述,而是一种将他人与社群一同带入个人生活视域的整体主义思想。对于这一点,在本文接续的讨论里将会有更清楚完善的阐述,唯须强调的是此个体主义与整体主义之别,即是格林赋予英国自由主义思想以新解的关键所在。

三、 道德的形上学基础

经由前面的讨论,我们可以知道格林在发展、建构他的公民哲学之过程里,众多思想主张都曾发挥过积极或消极的影响。诸如基督教神学、启蒙哲学、古希腊哲学、德国观念论哲学、圣保罗思想、英国自由主义政治思想等,都是他批判转化或援用的思想资源。然而,对当代研究格林思想的英国学者泰勒来说,影响格林思想的论著或人物其实不只有上述提到的这些思想主张或思想家。像是英国文学家华兹华斯(William Wordsworth, 1770—1850)、卡莱尔(Thomas Carlyle, 1795—1881),或是德国哲学家洛采(Hermann Lotze, 1817—1881)、意大利政治家马志尼(Giuseppe Mazzini,

---

① Green, *Works of Thomas Hill Green*, *Volume II*, pp. 154-155.

1805—1872)等人,也被泰勒认为曾对格林的思想发展发挥过相当程度的影响力。① 不过,泰勒声称华兹华斯、卡莱尔、洛采、马志尼等人皆曾对格林思想发展带来影响的论据,多是倚靠格林友人的文章或书信记录。如奈特绪普(Richard L. Nettleship,1846—1892)在为格林撰写的回忆录中,便曾提到格林喜于阅读华兹华斯的诗文,而奈特绪普的回忆录也正是泰勒参考的主要文本之一。② 只是,除了这些二手的文章书信外,在格林自身的著作里,我们实际上难以明确辨识出,这些思想家或文学家对格林思想发展的影响痕迹。如此,为避免过度诠释特定人物思想和格林公民哲学的关联性,本文是以格林自身的著作文稿中,曾明确批判过或讨论过的思想主张为据,来检视他是如何透过重新诠释、吸纳各种不同的思想主张,建构了一套独特而又切中时代问题的思想论述之过程。至于格林公民哲学的基底,诚如第二节所提到的,则是他受德国观念论哲学影响提出的形上学主张。

(一) 形上学与伦理学

1874 年至 1875 年间,格林在贝利奥学院讲授过一学期的康德思想后,接续开授了逻辑学。而他在课程进行之初,曾就形上学、逻辑学和心理学三者的关系作区分。依格林之见,普遍而言,人们对于这些学科关系的态度基本有三:一是将形上学和逻辑学看作不可区分的;二是将形上学看作逻辑学的后设知识,并把逻辑学理解为认知心理学的一环;三是完全摒弃形上学,将心理学看作知识理论的起点,而逻辑学则是以心理经验为基础,探究观念知识与具体感知之间关系的学科。③ 先从第一种观点说起,格林认为,这种

---

① Colin Tyler, *The Metaphysics of Self-realisation and Freedom: Part 1 of The Liberal Socialism of Thomas Hill Green*, Exeter: Imprint Academic, 2010, pp. 24 - 34.
② 除了奈特绪普外,格林的好友西蒙斯(John A. Symonds),其书信也是泰勒参考的主要数据源,特别是在他论说格林思想中的"无意识"(unconscious)概念时,西蒙斯的书信与论著即被引用作为泰勒论证的重要依据,参见 Tyler, *The Metaphysics of Self-realisation and Freedom*, pp. 104 - 106。不过,在这些泰勒声称影响格林思想发展的人物里,只有洛采因格林翻译过他的《哲学体系》(*System of Philosophy*)第一卷《形上学篇》,而有第一手的文本证据。
③ Green, *Works of Thomas Hill Green*, Volume II, pp. 158 - 159.

将形上学和逻辑学看作不可区分的态度,混淆了两个不同的知识问题。就逻辑学来说,这是一门探究知识应以何种方法获致的学科,而形上学则是一门探究知识对象(亦即客体世界)的各种形式及其原初关系为何的学科。在此,若把逻辑学和形上学混淆,便容易导致知识对象的本体条件和形成知识的研究方法两者的混淆,从而使得知识的可能性受先天预设的本体条件所囿,成为一种封闭的思想体系。再说第三种观点,格林认为,这是以经验归纳为知识取得方法的问学态度。当我们从具体的感知经验中抽绎出观念,并借由观念的积累与链接形成知识后,这些由观念构成的知识体系,便可经由人们与再次经验到的感知内容比对,来检测或修正起初建立的知识体系。

至于第二种看法,依格林的解读当是对形上学、逻辑学和心理学三者关系的理解最为正确之观点。无论是如毕达哥拉斯那般,从量的概念出发来理解世界和逻辑推理的本质,或是从实验观察来归纳分析自然世界的运作法则、形成知识,在这些知识理论里,都涉及一个有关知识对象的本体默认以及一个探索、认识这个知识对象的方法论主张;而前者作为形上学探究的学科主题,便是逻辑学与心理学等有关"如何"认识世界、形成知识的学科之为可能的必要前提。据此,对格林而言,形上学便是所有知识理论之为可能的后设理论;没有了形上学,各种逻辑学、心理学得以成立的预设基础,便容易在人类知识的研究领域里受到忽视,导致人们在发展知识体系、解析实验成果时发生偏误。举例而言,依格林之见,斯宾塞和路维斯从结合心理学与生理学的研究视角来界定知识的本体条件之方式,便导致了实然问题和应然问题的混淆,进而将应然问题化约为实然问题。至于斯宾塞和路维斯之所以会有此混淆,格林强调,这便与休谟从经验上的苦乐来界说人性的知识论与伦理学观点有关。

在《伦理学绪论》(*Prolegomena to Ethics*)里,格林指出,19 世纪的知识学科有着轻估道德哲学、漠视形上学的倾向。因道德哲学被认为可由生理学、心理学或人类学和物理学所取代,而形上学则被看作是无关真理知识的个人幻象之荟萃。溯其本源,这种普及于 19 世纪英国社会的知识倾向,格林认为与休谟在《人性论》中所提的主张相关。在《人性论》里，休谟是从印象和观念等人类认知活动的基本单元出发，逐步就人类心理运作的机制、知识的构成，乃至社会和道德活动的经验条件等，给出了一套前后一贯、论说完备的论述。而在休谟的论说下，道德活动是起于人的快乐和苦痛经验。此即透过快乐和苦痛的经验，人将能借此学习到什么事物会令自己感到快乐或苦痛，从而有了好恶之别。如此，对休谟而言，道德规范的出现遂与道德感的经验密切相关，而后者即是基于人观察各种行为或情绪所感受到之快乐与不快的养成。①

然而，休谟这种从人类本性固有的心理运作机制出发，来阐释知识和道德如何可能的论说方式，对格林来说，是把实然问题和应然问题混淆了起来。简单来说，实然问题关切的是有关世界的各种事实面向。如我们从太阳的东升西降所能得出的通则，便是太阳总会从东边升起，从西边降下，但无法得知这太阳东升西降的运作方式背后是否有一个神祇赋予其道德意含。相较于此，所谓应然问题关切的是有关世界的规范面向，如不得行窃、不得偷盗、儿孙应孝敬长辈等各种关于言行举止的规范。只是，这关于应然问题的规范和有关实然问题的通则时常被人所混淆。对此，休谟自身即曾在《人性论》中对此混淆作出批判。他指出，诸多循抽象理性概念论说哲学课题的思想家，往往错误地混淆了实然问题和应然问题，而这是因为他们未能了解理性所处理的问题仅限于各种事实知识，而非应然问题。因此，理性既无法处理应然问题，而道德也不是由理性确立，过往的思想家便仅能透过形上学的论述，以假托神意的方式来解释道德课题中的好恶之别，从而给出了虚假的道德观念。② 简言之，休谟认为，人们言行举止的应然规范既无法单凭理性证立，过往的思想家们便只好引入其他原则，以解释道德上的好恶是如何形成的。

于此，休谟本人既然清楚意识到我们不应将实然问题和应然问题混淆，

---

① David Hume, *A Treatise of Human Nature*, London: Penguin Books, 1969, p. 527.
② Hume, *A Treatise of Human Nature*, pp. 507–521.

那么格林又是站在哪个基点上声称休谟的观点仍然混淆了这两类问题？依格林之见，休谟的混淆正在于将趋乐避苦的心理通则看作是道德感的起源。当休谟主张，人是经由快乐和苦痛的经验形成好恶观念时，他是将人天生具有的这种心理机制看作是一种实然通则来讨论。由此，若说人的道德感与道德判断必然是以这个关于快乐和苦痛的通则为基础形成，那么，休谟的论述便显然有将应然问题和实然问题混淆之虞。其次，当休谟说道德感是基于人对于各种行为或情绪的观察所感受到之快乐与不快而形成时，他在这里提到的观察，已然预设了人是从旁观者的角度来感受各种行为或情绪所引发的快乐与不快。换言之，我们若细查休谟的论述便可发现，他在谈论人是如何形成道德感的时候，其实是从第三人称的角度论说。如此，格林认为，当休谟以旁观者的角度来论说道德课题时，他的观点其实已经涉及了一个形上预设，也就是有一个观看道德如何可能的主体在场。而这个主体显然是在与行为和情绪保持某种距离的情况下才能进行观察，也就是说，这些行为和情绪事实上是这个主体作观察时区辨出来的客体。由是之故，格林强调，纵然快乐和苦痛是经生理和心理的共感造作而为人所有的感知经验，但这些经验必然是透过一个主体意识的省思过程，才可成为我们认识、理解的对象。[1] 而这个主体意识的省思过程，如我们之后将会说到，对格林而言，正是人类的道德生活之所以可能的必要条件。

　　质言之，从格林的角度来说，若人们忽视形上学而径从心理学甚或逻辑学出发为道德哲学立论，其后果便是把经由观看区辨好恶的认识主体，化约成为自然科学研究的行为客体，从而混淆了实然问题和应然问题，或将道德课题当作是研究实然通则的自然科学所能处理的对象。如格林指出，在休谟的论说中，他其实已经预设了主体和客体的概念，但正因为他拒斥了形上学，改从生理学和心理学出发论辩人类知识和道德活动是如何可能，他遂未能留意在他自身提出的主张里，早已涉及了一个有关主体与客体之关系的形上预设。因为这个不自觉，休谟遂宣称，这个作为一个得以省思、认识世

---

[1] Green, *Works of Thomas Hill Green*, Volume I, pp. 199 – 200, 357 – 371.

界和道德问题的主体,只是由连续不断的知觉所构成的一束感知集合体而已。① 只不过,格林认为,在这以自然科学挂帅而把应然问题化约为实然问题的研究取向里,人类的自由意志便不再具有道德意含,而仅会被当作是实然通则下的某种经验或然性(probability)之表征。② 简言之,自由意志作为一种经验事实,其概念指涉便是实然通则涵盖的各种状况之发生概率,而可由这个通则包含的因果法则解释。举例而言,若一个人总是选择吃饭而不吃面,根据实然通则归纳出来的解释,或将认为这是因为这个人在吃饭时比起吃面能感受到较多的快乐,换句话说,个人选择的根据其实不是其自身的意志,而是由其生理和心理的共感协作产生。进一步地,当这种混淆实然和应然问题的道德观点与演化论思想结合,某种视"自然淘汰"(natural selection)为人类道德生活的基本法则之观点,便可由此成形。

(二) 演化论与道德规范

在此,斯宾塞的伦理思想便为一例。诚如我们在第二节中所见,斯宾塞是从结合生理学和心理学的学科视角来界定主客关系,而这种理解主客关系的方式,格林认为与休谟在《人性论》中所言并无多大不同。不过,在斯宾塞的立论中,有一部分是休谟未曾谈论的,此即"个体是如何以社会为媒介,而在与外在环境互动的过程中演化"这项课题。

若从学科史的角度来看,演化论在英国之所以引起广泛讨论,始自达尔文(Charles R. Darwin,1809—1882)和赫胥黎(Thomas H. Huxley,1825—1895)分别撰写的《物种源始》(On the Origin of Species)及《演化论与伦理学》(Evolution and Ethics)③两本专论。在达尔文于 1859 年出版的《物种源始》里,自然生物的形态变化与物种存续皆被认为是和生物追求生存的原始驱力相关。在这个生存驱力主导下,生物为了维系自身物种的存续,将会

---

① Hume, *A Treatise of Human Nature*, p. 300.
② Thomas Hill Green, *Prolegomena to Ethics*, eds. A. C. Bradley and David Brink, Oxford: Clarendon, 2003, pp. 8 - 9.
③ 严复译为《天演论》。

在漫长的世代更迭过程里,逐渐因应外在环境的变迁存留其生物优势,若非如此,生物物种便将易于被自然所淘汰。① 举例而言,若有两群长颈鹿共同生活在一块旷野里,一群的颈部长度较长,另一群则较短,而生长在这块旷野中的树木,其高度对于短颈的长颈鹿族群而言不易取得,那么,这群长颈鹿的数量便会在世代更迭的过程里逐渐减少,最终完全为另一群长颈的长颈鹿所取代。由是观之,若生物无法因应外在环境的局限存活,其物种最终便将会被自然所淘汰。随后,在赫胥黎的宣扬下,这种以经验观察为据主张自然淘汰为生物演化的基本原则之见解,不仅挑战了法国生物学家拉马克(Jean-Baptiste Lamarck,1744—1829)以"用进废退"(use and disuse)解释生物遗传性状的变化和物种演化的观点,更被广泛应用在人类社会是如何发展的研究之上。②

不过,在《演化论与伦理学》一书里,赫胥黎强调,宇宙发展的进程虽可借演化论来解释,但人类的社会活动(特别是人类社会中的伦理生活)则无法单纯按演化论来说明。依赫胥黎之见,在社会演化的过程里,最容易受到宇宙发展进程影响的,当是最为原初的、尚在发展的人类文明。③ 这是因为原初的文明,其社会规范与社会制度尚在萌芽阶段,人类也就不易透过人为的体制力量来应对各种自然世界的突变或影响。由此,赫胥黎进而宣称,人类社会发展的动因之一,其实就是为了确保文明社会的内部成员,不会仅是一些在生物意义上最能适应环境变迁而存活下来的群众,而是在伦理意义上品德最为良善的人们。④ 换句话说,人类文明社会的发展,一方面是与宇宙发展进程相对,另一方面,社会发展的内在驱力也并非单纯的求生,而是

---

① Charles Darwin, *On the Origin of Species*, Cambridge, Massachusetts: Harvard University Press, 1964, chs. 4-6.
② 拉马克在《动物哲学》(*Philosophie Zoologique*)里,依据生物器官是否常被使用的状况,主张常被使用的器官将会成长得更为发达、突出、精细,而少被使用或不被使用的器官则会逐渐退化萎缩。进而,拉马克认为,这些基于是否常被使用而产生的生物性状差异,可经由世代遗传影响后代的生物性状,造成物种的演化。参见 Jean-Baptiste Lamarck, *Zoological Philosophy*, London: Macmillan and Co., 1914, p.113。
③ Thomas H. Huxley, *Evolution and Ethics*, London: Macmillan Co., 1894, p.81.
④ Huxley, *Evolution and Ethics*, pp.81-82.

与人类如何完善自身的道德品行相关。显然地,虽然赫胥黎对达尔文的演化论多有推崇,但他并不认为用来解释生物发展的演化论,可以同样被拿来说明人类社会的发展。

在此,正因为赫胥黎将宇宙发展和社会发展的动因作了区辨,在他的学说主张里,便不致犯下将实然通则和应然规范混淆的错误。相对地,当斯宾塞试图用演化论的自然淘汰说来解释人类社会的动态发展时,他的立论观点便涉及了"实然-应然"的混淆。

在第二节,我们已经看到,格林对于斯宾塞理解主体与客体之关系的方式,有诸多意见与批判。就这个部分来说,斯宾塞被格林批判的主要文本是《心理学原理》(*Principles of Psychology*)一书。然而,若从《个人对抗国家》(*The Man Versus the State*)、《社会学原理》(*The Principles of Sociology*)、《伦理学原理》(*Principles of Ethics*)和《社会学研究》(*The Study of Sociology*)①等论著来看,斯宾塞挪用自然淘汰说来解释人类社会发展原理的做法,另也相应于格林在《伦理学绪论》里,针对自然主义伦理学将实然通则和应然规范混淆所作之批判。受达尔文影响,斯宾塞认为,无论是在自然世界还是在人类社会之中,生物个体的行为模式都是依据"适者生存"(survival of the fittest)这个基本原理展开。质言之,人类作为一个生物物种,不仅在与自然争斗的过程里,是以成为最能适应外在环境挑战者为目的,在社会生活的日常处境里,更是为了生存而须彼此争斗。②

由此,斯宾塞认为,政府、国家和任何法律都应该是以最能够让人自由发挥其天赋能力,从而在与他人竞争的过程中胜出为首要原则来运作、施行。他说:

> 对于人或对于那所有次级的生物来说,使物种得以存续的基本法则,就是要让那些在所有成熟个体中最能够适应生存处境者能取得最

---

① 严复译为《群学肆言》。
② Herbert Spencer, *The Principles of Sociology*, Volume II, New York: D. Appleton and Company, 1898, pp. 244–264.

佳的成就或达致最繁荣的生活,而让那些最无法适应生存处境者仅能取得最简略的、最少的成就——而这个法则,若未受干预或干扰的话,便是适者生存,而这是在所有可适应环境而变异的物种中最为常见的法则。……若从伦理上来说,这个法则即意味着每个人都应该依其本性及由此产生的各种行为结果,来承担其间的利弊得失,而不应由于外界的干预,致使他无法获得由其行为带来的益处,或使其行为招致的损失转嫁至他人身上。①

由是观之,正因为物种的存续是以"适者生存"为基本法则运作,每个人在社会生活中,也被斯宾塞认为应当是以这个法则为根本行动,而对政府和国家来说,最能确保每个人都可依据"适者生存"法则行动从而在社会中生存下来的方法,便是尽量减少或不去干预人们的行为所招致的后果。举个例子来说,若一个人宁愿酗酒,也不愿把酒钱存下来,为改善自己的生活处境预做准备,那这由酗酒带来的健康上和财政上的不适与困难,便都是这个人自作自受;而若这个人因此丧失竞争力,被社会淘汰,陷入困顿,国家与政府也不应介入。换句话说,若以斯宾塞的观点来看道德、伦理和政治生活,社会上出现的各种贫困、不平等与苦难,都是在"适者生存"的法则下属于正常的现象。

然而,对于斯宾塞挪用演化论的观点,来解释个体在社会中该如何求生以及人类社会应如何运作的做法,格林认为,这不仅有混淆实然通则和应然规范的倾向,其结论也难为人所接受。如缪尔黑德指出,斯宾塞这种以自然淘汰为本发展、形成的个人主义政治观,实难助人理解政治家应尽的本分为何,而格林在《论政治义务诸原则讲演》中便致力证明这类政治观的偏误。②进而,格林亦曾直言:"正在进步中的文明,总得伴随着对个人那种依其偏

---

① Herbert Spencer, *The Principles of Ethics*, Volume II, New York: D. Appleton and Company, 1898, p. 17.
② John H. Muirhead, *The Service of the State: Four Lectures on the Political Teaching of T. H. Green*, London: John Murray, 1908, p. xi.

好而行的自由,做更多的干预。"①而格林提出此种见解的背景和缘由,如我们在第二节提过,即是因为在 19 世纪的英国社会里,伴随工业技术大幅进步而来的不是更多民众能够获享富足的生活,而是严重的社会不平等和阶级剥削。由是之故,出于对普罗大众身处的困苦处境之关切,格林便不赞同斯宾塞依其理路所做的残酷结论。

其次,鉴于斯宾塞援用达尔文学说提出的"社会演化论"思想,在当时的英国知识圈内广受注意,格林遂企图从斯宾塞立论的基础,也就是形上学、本体论和知识论的根本预设出发,借指陈其中犯下的形上学错误来减损其社会影响力。而斯宾塞对于主体与客体之关系的界说,便成为格林批判最有力的部分。如我们在第二节见到,依格林之见,斯宾塞是将主体与客体视为各自独立自存的事物,因此,当斯宾塞要解释主体如何认识客体,客体如何影响主体时,他便必须假想一个第三者作为中介,将主体和客体联系起来。然而,若这个第三者也是在主体和客体之外独立自立的另一个事物,那这第三者和主体、客体的联结是如何可能,便又是一个斯宾塞有待解释的设想。不过,若这第三者作为中介,不是自存于主体和客体之外,而是隐含于主体和客体之中,那么,这作为中介的第三者,其实就是主体和客体彼此共享的同一事物。换句话说,主体和客体便非如斯宾塞所言是彼此分立的事物,而会因这同一事物于彼此之间享有内在联结。②

(三) 意识作为道德的形上预设

不过,纵然格林批判斯宾塞的主张有其道理,若他未能另外提出一套论述,而可解释主体和客体的内在关联,辨析实然通则和应然规范的差异,那

---

① Green, *Lectures on the Principles of Political Obligation and Other Writings*, p. 21.
② 于此,虽然格林对演化论和伦理学的结合怀有疑虑,但在他于 1874 年至 1875 年间讲授形式逻辑的课堂上,他则提到"在演化论里,'物质'不再只是单纯以某种归属于它的特殊属性而被定义(如广延或坚固性),而是成为如亚里士多德所说过的,是所有事物的初始本源,或谓潜能"(Green, *Works of Thomas Hill Green*, *Volume II*, p. 178)。质言之,从论理逻辑和存有阶序之关联这个面向来说,格林认为演化论作为一种理解物质及包含精神性在内的所有存在事物之间关系的学说,其论理逻辑实则有助刻画出那潜藏于所有事物之间的存有阶序关系。

格林便也难以仅由他对斯宾塞的批判来为国家改善社会不平等的状况所应作之干预行动提供正当理据。对此，格林立论的根本即是意识概念。自康德和黑格尔的哲学思想中汲取了诸多资源后，格林在他的《伦理学绪论》开头直言，他想要效法康德在《纯粹理性批判》和《实践理性批判》(Critique of Practical Reason) 里所作的尝试，去探问人类的认识活动和道德行动是否立基于同一个原则。① 诚然，如前提及，格林认为康德和洛克、休谟相同的地方，在于他仍然是从一种二元论的立场出发，来解释人类的认识活动和道德行动之运作。由此，康德虽界说了一套道德的形上学，而为人类的道德行动奠立了一个合理的根据，但对格林而言，在康德的论说主张里，知觉现象和道德理念既分属于两个相对且无法彼此统摄的界域，人类便仍然无法在认识活动和道德行动之间，找到一个贯通二者的链接或根本原理。如此产生的后果，便是理念本身成了空洞的形式，而知觉则停留在不断变化、居处混沌的阶段，无法成为思想得以具体掌握的认知客体。②

为了回应这个依然存留于康德思想之中的二元论倾向，格林主张，化解这个关乎主体与客体、本体与现象的二元论思维之关键，其实就是西方哲学家长久以来提到的"意识"概念。他表示，就现代哲学的发展历程来看，"知识必然是和意识相连，而知识的主体与客体也正是在此意义下彼此关联"（亦即认知的主体与客体是以意识为媒介而相互关联）这个见解，其实普遍为论者所接受。③ 然而，如果意识作为认知主体与客体的媒介，广为论者所知，那么为何自17世纪以来，仍有各式各样解释主体与客体之关系的学说主张被提出，便是一个有待解释的事态。对此，从格林的角度来说，论者之所以一方面接受这样的见解，但另一方面却又不断想要提出其他解释来说明主体与客体如何关联，其主要缘由在于他们将实在的课题和知识的课题混淆。诚如格林在谈论何为形上学研究的主题时指出，在逻辑学和心理学之外，形上学研究关乎的是认知客体的本体条件，而这个认知客体的本体条

---

① Green, *Prolegomena to Ethics*, p. 12.
② Green, *Prolegomena to Ethics*, pp. 23 – 48.
③ Green, *Prolegomena to Ethics*, pp. 14 – 15.

件,依格林之见,即与"意识作为联结主体与客体的媒介"此项界说相关。不过,若人们将认知客体和实存客体二者混淆,从而认为认知客体是先在且自外于认知主体的实存事物,那有关主体如何认识客体,客体又是如何影响主体等问题,便自然地成为论者必须优先解释的课题。

进而,格林指出,当认知客体和实存客体被混同起来理解时,人们便易于误解康德所谓"悟性造就自然"(understanding makes nature)的原意。对格林来说,这所谓"悟性造就自然"意指的是:自然在成为认知对象之前诚然是实存的事物,但只有透过悟性能力的运作,自然才得以成为人类认知的对象而显现。就此而言,作为实存事物的自然,若未经由悟性能力的运作成为人类认知的对象,这个自然对人类而言便永远只会是个混沌未明的世界;在其中,各种生物、事物与自然现象之关系都尚待揭露而无以名状。① 就此来说,若人们将作为认知客体的自然和作为实存客体的自然混同起来,这所谓"悟性造就自然"的意指,就变得好似在强调于悟性能力运作之前从未有过自然存在那般。换句话说,"悟性造就自然"便可被理解为"悟性创造自然"。对于这样的误解,格林在他批判斯宾塞的一篇文章里曾提到。他说:

> 斯宾塞对于"何谓观念论"的认识,和大学生的理解并无多大不同。对他而言,观念论的核心指向的是"没有所谓物质的存在"或"外在世界仅是我们心智的造物"这般见解。但这种理解观念论的方式早已被康德明确地否决,从而自康德以来,这些说法都不曾在观念论谈论的观点中占有一席之地。②

按此,对格林而言,纵然康德的思想主张依然有着二元论的要素,但至少康德对于悟性和自然之关系的理解是至为关键且无误的,由而,这也是为何格林希望承继康德的思想路径,来探寻存在于人类的认识活动和道德行

---

① Green, *Prolegomena to Ethics*, pp. 15 – 19.
② Green, *Works of Thomas Hill Green*, Volume I, pp. 385 – 386.

动之间的同一原则之缘由。

不过,即便意识被格林看作是联结认知主体与认知客体的重要媒介,但具体而言,意识是如何将主体与客体联结在一起,仍有待详论。特别是,如果认知客体是透过认知主体的意识活动(如悟性能力)呈现,那么,以这个经由主体意识造就的客体为根据形成的知识,其是否仍具有客观性(objectivity)便成为引人关注的课题。

若从客体是外在自存的事物这一角度来说,主体对于客体的认识当仰赖客体透过某种媒介,对主体产生刺激,使主体形成知觉。如第二节提到,斯宾塞对于主体与客体之关系的理解,即以"刺激-神经"的生理反应模式指陈。在此,主体的认识内容便是经由客体的刺激产生。进而言之,若将主体和客体看作是彼此分立的事物,经由主体认识形成的知识,其客观性即是来自主体对于客体的直接经验。然而,就此种凭借主体对客体的直接经验来确立知识客观性的主张来说,错觉和幻觉的事实存在便构成了挑战。例如,在观赏达·芬奇的名作《蒙娜丽莎》时,人们常会觉得,无论从前方哪个角度观看蒙娜丽莎的画像,蒙娜丽莎的双眸似乎总是直视着自己。换句话说,人们观看蒙娜丽莎画像的直接经验是彼此矛盾的:有些人在正前方可感受到蒙娜丽莎的视线,有些人在左前方感受到蒙娜丽莎的视线,但也有些人是在右前方感受到她的视线。诚然,若《蒙娜丽莎》并非是达·芬奇时代的一幅油画,而是数字时代的一具液晶显示器,那么蒙娜丽莎的双眸会随着人们的位置而移动,便似乎很容易就能获得解释。此即蒙娜丽莎的双眸确实可能会基于数字设计,而随着观赏者站立在不同的位置上转动。但《蒙娜丽莎》实际上仅是一幅油画,而这种不同且矛盾的观赏经验,即意味着人们对于客体的知觉可能有所不同,甚或有误。就此而言,若主体对于客体的直接经验无法作为客观性的根源,但人类知识却仍然必须具备客观性,那么这客观性就无法单纯依据主体对客体的直接经验而来,而须另求根源。

对格林来说,这个客观性的另外根源所指向的,当是经主体意识呈现的各个认知客体皆能在彼此构成的关系联结中,被安放在适切的位置上所构成之知识结构。依格林之见,当自然尚未经由意识转变成为我们认知的对象时,我们知觉到的所有经验内容都会随着知觉的生灭而流逝。这是因为知觉就是在转瞬之间出现、消退,若知觉经验未经意识呈现为认知客体,从而以特定的形貌留存于心智之中,那么这些知觉与其相伴的经验内容便难以为我们所觉察。例如当我们行走在路上却专心思考某事时,在路上经过的形形色色便成为一个混沌的整体。即便我们事后尝试透过回忆,从中拣选出特定知觉作为思考对象,但若在这混沌整体里,未有知觉当初是以特定的形貌被意识注意到,从而被凸显、存留于心智之中,那么我们能够透过回忆掌握的知觉经验,便将会是这"曾在路上行走"的混沌印象。由此,格林认为,知觉经验若要能够被认识,成为知识的一环,便必须经由意识将之呈现为认知客体,随而在判别这个客体和其他客体的关系之过程中,构筑出一个由交互关系组成的知识结构。①

进一步地,格林指出,既然知识的建构过程是以认知客体的形成、客体与客体之间关系的确立展开,那么,知识客观性的根源其实就是组成知识结构的各个认知客体之交互关系,其安放位置不容再作任何改动的理想状态。他说:

> 就人类的理智力量来说,一个事件的彻底确知或许难以达成。因为在任何一个表象和我们之所以能够认识它的各种条件之间,总潜藏着某些尚未确知的其他条件,致使这认知关系总可能有所改变。只不过,当我们在探寻诸表象的真实本质时仍须预设,那有着一个不会变动的关系秩序有待我们发现。②

在此,对格林而言,当意识将特定的知觉经验呈现为认知客体时,在这个呈现的动作中,意识并不只是将这特定的知觉经验凸显于心智之中;这是因为当我们对某个知觉经验有所认识时,即意味着我们已然了解这个经验

---

① Green, *Prolegomena to Ethics*, pp. 19–31.
② Green, *Prolegomena to Ethics*, p. 31.

和其他经验有所不同。换句话说,当我们透过意识了解某个知觉经验的内容时,我们已然在这意识动作中,同时把这个认知客体和其他客体作了比较,从而对这客体蕴含的经验内容有了初步的掌握。①

承此,正因人类拥有这种意识能力,能够将知觉经验转化为认知客体,进而经由确知客体和客体之间的关系来建构知识,格林遂认为,人类社会当不会如斯宾塞所言那般和其他生物一样,依循一个自然淘汰、物竞天择的实然通则运作。至于格林如此认为的关键在于,人类拥有的这种意识能力实不只及于自然世界中的各种事物,更可及于认知主体自身,而可借以反思自己的言说表现。如前面提到,当休谟谈论人是如何透过旁观者的视角观察行为和快乐与不快之间的经验联结时,他其实正陈述着这种将知觉呈现于心智之中的能力;由此说来,以这种意识能力为据,人就可透过自我反思创制各种社会道德规范。质言之,对于格林来说,人类拥有的意识能力不仅是认识活动之所以可能的基础,亦是道德行动之所以可能的必要条件。

值得注意的是,格林所言的意识是指一种心智能力,而非一种心理现象。依格林之见,作为心理现象而被理解的意识,已是经由意识能力呈现的认知客体,而非指人类特有的心智运作模式。在说到斯宾塞对"意识"一语的使用有所混淆时,格林指出,感觉、知觉等经由人类意识呈现的认知对象,在过往经验主义的传统下,是被当作各种不同的"意识状态"(state of consciousness),而这些意识状态作为外在事物促成的知觉表象,被认为是依自然世界的运作法则构成,而非人透过心智运作产生的事物。② 然而,这种将知觉看作是外在事物的表象,并由此将意识理解为心理现象之观点,难以就主体和客体如何可能相互关联、形成知识提出有效的解释。质言之,若外在事物是自外于作为认知主体的人,而为具有不同于心智性质的另类事物,那么,显像于人类心智之中的知觉,其内容是如何作为这外在事物的表象而与之相应,便是经验主义者有待厘清的知识论难题。不过,若按格林的观

---

① 这也正是为何格林会认为康德将"建构感觉之间关系的能力"和"理解感觉之间关系的能力"视为两种不同的人类认知能力是有误的。参见本文第二部分。
② Green, *Works of Thomas Hill Green*, Volume I, pp. 428–429.

点,将意识看作是一种运作模式而为人类独有的心智能力,此知识论难题便有望化解。

要言之,格林认为,人类知觉的内容确实是透过实存客体的外在刺激,而由人类身体的生理机制保存,成为有待认识的经验对象。不过,他强调,在这一阶段,这些由外在刺激提供的知觉内容,仅是以一种混沌未明的感觉群簇形态被存留起来。唯有经过意识的运作,从这混沌未明的感觉群簇中提取出特定的经验对象,以及与之相关联的其他经验对象所构成之关系网络,作为人类知识结构根本单元的认知客体才会呈现。于此,引领人们进行认识活动的客观知识依准,即如前所提及的为所有认知客体之间的相互关系与其条件,都经获确定而不会再有所更动的理想知识结构。

由是观之,透过阐述意识概念和认知客体与认知主体之关系,格林似乎成功发展了一套足以化解现象与本体、主体与客体之间的二元对立之见解。此即,在意识的运作下,认知客体才得以经主体的认识活动呈现,唯正在进行认识活动的认知主体,也是借由此客体的区辨而呈现。然而,当格林宣称这个联结客体与主体而令人类的认识活动成为可能的意识,并不只是指每个人拥有的有限主体意识,而更指向一个永恒的(eternal)精神原则时,他的道德的形上学便有滑向决定论的潜在危险。

(四) 永恒意识与自由

所谓永恒的精神原则是联系格林的形上学、本体论、知识论和伦理学主张之关键。不过,格林虽曾在讲授大学课程时提到过诸如"永恒自我""永恒主体"或"永恒心智"等概念,[①]但他是直到撰写《伦理学绪论》一书时,才首次在书中以"永恒意识"(the eternal consciousness)为名论说这个精神原则的重要性。他说:

> 若我们审视对所有受过教育的人来说什么是大家都接受的智识发

---

① Green, *Works of Thomas Hill Green*, Volume II, pp. 28 - 29, 178 - 179, 182.

展观念，我们会发现在这之中往往涉及两种关于心智活动的理解方式。此即，我们若非把智识发展理解为知识的取得，便是将之理解为真理的企及。只是，我们由此所无法设想的是，那使人成为专家的种种知识，其构成所仰赖的各种存在于意识之中的事实或客体关系，是在人取得知识之后才出现的；犹如这些关系仅是在人们努力习得之后才存在，或是当人们遗忘或混淆了它们之后，它们便将不复存在似的。与此相反，无论人们对这些关系的态度有何转变，无论人们是梦是醒，分神或专注，对其一无所知或了然于心，这些关系都必然属于一个精神的宇宙或意识的宇宙之一部分，亦即一个永恒宇宙的一部分。……而这些关系既是各个事实之间的关系，在这之间便需要一个意识将它们作为事实呈现、联结。如此，我们理当设想，那使得各种事实关系得以呈现而让我们得以逐渐形成知识的意识早已并永远存在，而为我们获取知识所欲迫近的目标。①

进而，在上引段落提到这个和我们的意识能力相似而永远存在的意识之后，格林接着说：

令知识得以形成、发展的初始语料本就是一种对于事实的觉知，而这便意味着，在这之间有某个能够将瞬息万变的感知留存于关系之中的作为；换句话说，这个作为并非在这些感知显现之前或之后存在，亦不总是处于变化之中。如此，我们无论是对既有的知识增添了什么内容，或是借这些知识取得了什么成果，在这通往真知的道路上，我们都必须假定在这所有瞬息万变的感知中，所有专注力交替的过程中，所有不间断的观察实验过程中，都必然有个意识在那将所有事物限定成为一个相互关联的整体。此即，有个在所有接续流变的过程中都持续运作，并且是透过这些过程才得以使自身实现的意识存在；因为唯有如

---

① Green, *Prolegomena to Ethics*, p.80.

此,知识的推展才为可能。①

在此,这个永远存在而使知识成为可能的意识即是"永恒意识",而格林提到这个概念的目的显然是为了自圆其说。前面提过,格林认为知识客观性的依准是指组成知识结构的各个认知客体,其交互关系的安放位置不容再作任何改动的理想状态。质言之,当我们确定所有的事实经验,在一个知识体系里的相对位置,都不会再有任何变动的可能时,这个知识结构显现的便是宇宙的真理。而这个理想的知识结构,即是我们测度各种知识是否客观的根本。然而,如果构成知识的事实关系,全然是由认知主体的意识能力形成,那么每一个人作为一个认知主体,便有可能依其各自的经验与观点,发展出形形色色的知识体系,而如何判别这些基于主观认知形成的各种知识体系,何者正确、何者谬误便是格林有待厘清的课题。

由此,为了让他提出的知识依准不致成为主观主义或相对主义的凭借,格林遂提出"永恒意识"这个概念来强调,各个主观意识之所以能够从各自的立场型构知识,却又不会落入各执一词的窘境之缘由,就在于那令宇宙中所有有待人们认识的客体彼此联结成整体的必要条件,是个恒常不变且落于时间序列之外的意识;而这个永恒意识,作为使所有认知客体得以呈现的必要条件,即是个别的主观意识所欲逼近的,对一切宇宙知识都了然于胸的心智状态。如上揭引言说道:"这些关系既是各个事实之间的关系,在这之间便需要一个意识将它们作为事实呈现、联结。如此,我们理当设想,那使得各种事实关系得以呈现而让我们得以逐渐形成知识的意识早已并永远存在,而为我们获取知识所欲迫近的目标。"对格林而言,永恒意识遂不仅是让所有事实经验都能作为认知客体而为人所认识的必要条件,而是同时象征着当人们获得真知时的心智状态。换句话说,永恒意识对于认知客体而言的意义,便是致令一个客观知识结构得以在个别的主观意识之外自为运作的条件。至于永恒意识对于认知主体而言的意义,则是作为个别主观意

---

① Green, *Prolegomena to Ethics*, p. 81.

识所欲企及的理想心智状态。

在此,虽然格林希望透过"永恒意识"概念来化解那潜藏在他提出的客观性依准中的主观主义、相对主义危险,但"永恒意识"具有的双重意义则让他的道德的形上学变得极具争议。首先,如前提到,当格林以意识概念来解释认知主体和认知客体的关系时,这所谓意识,意指的是人拥有的一种心智能力而非心智状态;因作为心智状态的意识,系以现象的形式呈现而为人们认知的对象,从而无法用来说明为何由外在刺激产生的知觉,能够成为人们建构知识的基本要素。然而,当格林说"永恒意识"概念"是每个人获取知识所欲迫近的意识"时,他却又将这个意识看作是一种人们期望获致的心智状态。换句话说,格林在使用"意识"一词时显然有所混淆。进而,若说永恒意识和人的主观意识一样是一种心智能力,那么这个永恒意识作为一种能力是由哪个行为者展现的,便是格林必须进一步阐释的课题。对此,格林从未指明这表现出永恒意识的行为者是谁,但他却以"神"与之比拟,并从此为"永恒意识"概念留下了某种与"超验存有"相关的印记。他说:

> 即便我们应当尽量避免使用神学的语言,但若在此能容我稍加提及的话,那么,为了确保这精神原则的独立或完满,我们理当将其性质神格化但不给予它神的称号,而这是意指,我们在述说一个无关神的本有属性时,系以这属性犹似归属于神的那般方式进行。①

格林在这里说到的精神原则便是前述提到的"永恒意识"。作为将所有事实对象和认知主体统摄为一的根本,"永恒意识"对格林而言便是那将现象与本体联结起来的同一原则。然而,为了强调这个原则作为统摄一切事物的完满性质,而不致再次落入物质和精神的二元理解之中,格林遂将之比拟于神。唯此一做法,让他的永恒意识在与一般意义下的个别主观意识关联时,产生了一个难解的课题:若永恒意识指的是神或某个超验存有的心

---

① Green, *Prolegomena to Ethics*, p. 62.

智能力之展现,那么个别主观意识对于事实和现象的认识,不就是由这神的权能所决定?

对此,西方学者已提出诸多关于格林"永恒意识"概念的诠释。若从19世纪说起,格林的"永恒意识"即因上述缘由而被认为是泛神学的哲学观念。身为格林好友但也是智识上论敌的西奇威克便曾抨击,格林的伦理学包含了诸多未经哲学洗练的神学观念,从而带有浓厚的宗教色彩。① 他认为,格林所谓的永恒意识其实就是指神,而当这个永恒意识被格林宣称是人之所以能够开展认识活动和道德行动的形上预设时,这便意味着人的一言一行实际上都是由这内在于人类活动之中的"神圣"原则所决定。②

延续着西奇威克的见解,泰勒认为,若我们从格林的永恒意识概念出发来理解他的道德哲学体系,那我们至少可以从中发展出两种解读他论说主张的方式。③ 其中,泰勒所谓第一种的解读方式,便是从决定论的角度来理解永恒意识概念对格林解析人的道德行动而言之必要。依泰勒之见,永恒意识在格林的论说中确实带有一种决定论的色彩。如前文提到,格林认为"在这通往真知的道路上,我们都必须假定,在这所有瞬息万变的感知中,所有专注力交替的过程中,所有持续不断的观察实验过程中,都必然有个意识在那将所有事物限定成为一个相互关联的整体"。这里的"限定成为",其原文是"are determined",而此处文字便是论者指称格林的永恒意识概念涉及"决定论"思想的一个重要文本证据。对此,泰勒解释,格林所谓的永恒意识作为一个精神原则,其内涵指涉其实是人们的思想与行为皆系由某个特定的社会文化结构所圈囿之处境。这是指当人们在思考、抉择自己在

---

① Henry Sidgwick, "Green's Ethics," 9 (34) *Mind*, 1884, pp. 178 – 179.
② Sidgwick, "Green's Ethics," p. 170; Henry Sidgwick, *Lectures on the Ethics of T. H. Green, Mr. Herbert Spencer, and J. Martineau*, London: Macmillan, 1902, p. 8. 除了西奇威克外,19世纪末至20世纪初,另有诸多学者曾撰文抨击格林的"永恒意识"概念,例如 A. J. Balfour、S. S. Laurie、E. B. McGilvar。参见 A. J. Balfour, "Green's Metaphysics of Knowlcdge," 9(33) *Mind*, 1884, pp. 73 – 92; S. S. Laurie, "The Metaphysics of T. H. Green," 6(2) *The Philosophical Review*, 1897, pp. 113 – 131; E. B. McGilvary, "The Eternal Consciousness," 10(40) *Mind* (new series), 1901, pp. 479 – 497.
③ Tyler, *The Metaphysics of Self-realisation and Freedom*, pp. 89 – 91.

特定处境下应采取何种行动时，其思想与行动当是根据自身成长背景中的社会文化结构所引导，而在这个意义下，其最终作成的决定和选择，都是经由这些所谓的"精神性"结构所规限产生。不过，泰勒认为，除了这种精神决定论（spiritual determinist）的理解方式外，我们也可从一种"自我介入"（self-interventionist）的角度，来理解格林的永恒意识概念与其道德哲学之关系。此即，永恒意识亦可意指某个人们在特定处境下，从其自身拥有的特殊品格所表现出的思想行动之状态。在此，这作为人的道德本性之根源而位居于时空范畴之外的意识，其实就是每个人依其独特品格作出决定的能力。① 简言之，若我们接受泰勒的诠释，格林凭借永恒意识概念论说的道德哲学，便是一种关乎社会文化决定论的结构主义主张，或是一种关乎个人意志论的个体主义思想。

相对于泰勒，迪摩娃-库克森则认为格林谈论意识概念的整体目的，既是为了解释人类活动之所以可能的必要前提，并借以论说实然和应然之不同，那么，永恒意识其实也就是在为了达成此目的之下所被提出讨论的一个概念。据此，她主张永恒意识未如西奇威克所指，代表了某个超验的存有，但亦非如泰勒所言，是某种社会文化结构或外于时空现象的人类自我决定能力，而是人类活动之所以可能的先验（transcendental; a priori）条件。② 不过，迪摩娃-库克森强调，若我们从"人类活动之所以可能的先验条件"这一点来理解格林的永恒意识概念，我们则会发现，格林在他的道德哲学体系里引入这个概念，其实是容易引起误解而又多余、不必要的举动。依迪摩娃-库克森之见，格林建构其道德哲学体系的首要目的，若是为了回应休谟和斯宾塞等人把实然与应然混淆的错误，那他的立论重心理当放在阐释"应然如何可能"这一点上。如前文提到，格林在《伦理学绪论》中确曾言及，从休谟等人的观点来谈论应然的话，自由意志将沦为一种科学研究中的经验或然现象，而非隐含道德究责性（moral imputability）的人类本体能力。

---

① Tyler, *The Metaphysics of Self-realisation and Freedom*, p. 90.
② Maria Dimova-Cookson, *T. H. Green's Moral and Political Philosophy: A Phenomenological Perspective*, Houndsmill: Palgrave, 2001, pp. 23 – 32.

如此，格林在他的道德哲学体系里遂应证明为何人的自由意志不是现象或然性而是一种道德能力。然而，当格林论证指出意识是人类活动的必要前提，并进而论说人类可透过反思意识分化自我时，他其实就已经把自由意志的运作图像勾勒出来了。换句话说，格林论说的意识概念即已足够响应他所欲讨论的课题，而无须多此一举再提出一个"永恒意识"概念。

顺此，按迪摩娃-库克森的见解，这由格林勾勒出来的自由意志基本图像，其与休谟等人设想的自由意志之根本不同，在于这个意志并非纯以自然驱力驱使，而必须经由理性观念引导。她说：

> 先验论的目的即是去演示人类行为的前提为概念体系（亦即某种经理性运作形成的事物）这件事。于此，人类行为是以拥有理性内容的结构为先决条件，故使人类实践之为可能的当非种种自然事实，而是具有理性内容的体系。至于这先验哲学追求的目的，格林则公开、明白地想要将之落实。①

由此，总的来说，若人类的道德生活是以天生趋乐避苦的自然本性为据展开，这种关于道德生活的理解方式，便容易落入以实然通则取代应然规范的谬误，而把人的道德能力划归在某种必然的因果律则之约束下，取消了人类行为的道德究责性。即无论我们的行为与行为产生的后果为何，这种种行为及其后果皆是依据人所具有的某种无可改变的自然天性而来。唯如此一来，任何人都可据此实然通则主张其任何作为的合理性甚或必然性，而无法在这之外，另寻评判人类行为的准则。不过，若人类具有从感知经验中提取出理性概念的能力，这就意味着人类的行为举止非仅能由经验研究推导得出的实然通则解释。因理性概念的型构与提出，即揭示着人类拥有反思自身自然本性的能力。质言之，透过意识能力的运作，从知觉中区别出认知客体和认知主体，进而形成理性知识的过程，正是格林之所以能够摆脱过往

---

① Dimova-Cookson, *T. H. Green's Moral and Political Philosophy*, p. 47.

以自然本性界说人类道德生活的重要论据。①

诚如格林所言,人类在认知活动中展现的是"自由的肇因"(free cause)。于认识自我与自然世界的过程里,人类可透过区辨主体和客体,而在身为主体的自我和身为客体的自然之间,打开人类经认识自我推展自由行动的可能。② 就此说来,据迪摩娃-库克森的诠释,格林道德哲学的第一原则便是人类的意识能力。透过这个意识能力的发展和养成,人类即可经由自我反思开展道德行动。至于永恒意识概念,在此诠释下就成了一个在论证上多余却又令人困惑的主张。不过,关于永恒意识概念在格林的论证中是否确实多余这一点,有待商榷。为了厘清这项争议,我们接续的讨论将进入格林《伦理学绪论》的第二卷。在这一卷中,格林的论述如迪摩娃-库克森所言,聚焦讨论"人是如何以理性观念引导行为"这个面向上。但在格林开展的论述图像里,另则蕴藏了一个关于人类存在境况的想象,而这即与他的永恒意识概念相关。

四、心智、行动与善观

上一节说到,格林为了在人类认识自然世界的活动与人类的道德行动之间,寻求一个连通二者的根本原则,借以作为他区别实然和应然的基础,他便从批判洛克、康德等人的二元论出发,指出"意识"是将自然世界转化成为认知客体,将人类本身转化成为认知主体的关键。在此,经人类对自然世界的认识而形成的实然通则,其客观性的判别依准遂是各个经验事实是否被安放在适切的位置,从而令这些事实对象彼此之间的关系获得充分确认之知识理念。然而,为了让这个知识理念不致沦为相对主义或主观主义的立论凭借,格林即提出"永恒意识"这个概念来宣称,当人们各自依循该理念的指引企求知识时,在这所有经由人们的有限主观意识所确立之知识

---

① Dimova-Cookson, *T. H. Green's Moral and Political Philosophy*, pp. 46–48.
② Green, *Prolegomena to Ethics*, pp. 85–89.

体系间,仍存在着一个唯一完全的知识结构,而使这个知识结构之为可能的必要预设,则是个亘古不变的精神原则。如此,永恒意识便也指向一个获知真理之时的心智状态,而为人类追求知识所欲达致的终极目标。

然而,当格林借神的概念来比拟永恒意识时,这个原本作为知识条件的先验原则,就和某种超验存有的形象发生关联。尤其是格林曾说到,永恒意识是透过认识活动的运作,才得以经由这些认识过程将自身实现(realise),而这说法便似乎赋予了永恒意识某种能动性,犹如人拥有的那种想要将特定目的实现的能力。对此,我们看到西奇威克、泰勒和迪摩娃-库克森即分别从不同的角度,论说格林的永恒意识概念蕴含着某种决定论的倾向或是这个概念在格林思想中系属多余等各种看法。不过,有关格林永恒意识概念的评价,尚有部分学者认为其在格林的思想体系里至为关键。如文森特主张,永恒意识概念在格林的论证里,扮演了整合他的哲学体系的关键角色。他强调,永恒意识作为一个先验要件,不只让人们认识自然世界的活动成为可能,更是人类的道德行动之为可能的前提。① 如格林说道:"永恒的心智,系以人类拥有的动物机体为媒介,来建构它对自身的意识,唯这个自我意识仍受动物机体局限……而人类的心智作为心智,其发轫则因此不是在时间之中。"② 无论是人类的身体运动,人类对自然世界的认识,或是人类对自我的认识,遂都是受内在于其身心之中的永恒意识驱使所为。如此,永恒意识也就是那使人类活动之为可能的必要条件。

只是,如前所提到,永恒意识若是具有能动性,而与个人的有限主观意识有所别,这便似乎意味着永恒意识是某种超越于人类之上的存有,并可依其能动性决定个人的行动。对此,文森特的看法是,我们其实有两种不同方法来解读格林永恒意识概念的这种内涵。③ 首先,若我们从严解释永恒意

---

① Andrew Vincent, "Metaphysics and Ethics in the Philosophy of T. H. Green," in *T. H. Green: Ethics, Metaphysic and Political Philosophy*, eds. Maria Dimova-Cookson and W. J. Mander, pp. 76 - 105 (Oxford: Clarendon, 2006), p. 92.
② Green, *Works of Thomas Hill Green*, Volume II, p. 182.
③ Vincent, "Metaphysics and Ethics in the Philosophy of T. H. Green," p. 99.

识概念的内涵,当格林说永恒意识是借人类实现自身、意识自身,或说永恒意识具有的完满、完备属性近似于神时,这个概念确实有成为某种超验存有,而可决定人类行动的倾向。换句话说,若是在严格解释(harder rendition)的架构下来理解永恒意识,格林论说的道德的形上学基础,将与演化论或是经验论的伦理学观点一样无法和个人的自由意志兼容。然而,若我们从宽解释永恒意识概念的内涵,文森特认为格林借永恒意识概念所描绘的,其实是一种"赋能"(enabling)学说。这是指当格林提出永恒意识概念时,他所谈论的并非某个超验的存有,而是在谈论那些使人类的行动之所以可能的社会条件。按此,文森特遂主张,若我们在宽松解释(softer rendition)的架构下来理解永恒意识,这个概念指向的其实是那些潜藏在我们身处的社群中,使我们的行动得以开展的社会条件。如各种社会制度、风俗习惯、行为常规、实践经验与社群传统等,皆是令我们人类的行动得以开展所必要的社会条件。① 质言之,若按文森特的诠释,我们可从"让人们的行动成为可能的各种社会条件"这个角度来理解格林的永恒意识概念,而无须将这个概念完全排除在他的道德哲学体系之外。②

然而,纵使我们可以借文森特的诠释,替永恒意识概念在格林的道德哲学体系之中寻得一个具有意义的解读方式,但这一解读仍未清楚指陈,为何永恒意识概念是格林发展其道德哲学主张之所必要的具体缘由。为探究这一点,我们接下来便将进入格林《伦理学绪论》的第二部分,也就是他从道德心理学的角度,析论人类道德行动本质的篇章。

---

① Vincent, "Metaphysics and Ethics in the Philosophy of T. H. Green," pp. 100 – 103.
② 除了文森特外,尼科尔森和马丁(Rex Martin)解读格林永恒意识概念的方式,也倾向从道德实践的社会视域(social horizon)此面向切入。参见 Peter Nicholson, "Green's Eternal Consciousness," in *T. H. Green: Ethics, Metaphysics and Political Philosophy*, eds. Maria Dimova-Cookson and William J. Mander (Oxford: Clarendon, 2006), pp. 139 – 159; Rex Martin, "The Metaphysics and Ethics of T. H. Green's Idea of Persons and Citizens," in *Ethical Citizenship: British Idealism and the Politics of Recognition*, ed. Thom Brooks, pp. 13 – 34 (England: Palgrave Macmillan, 2014), pp. 14 – 16.

(一) 反思自我与动物本能

于第一卷指出永恒意识是人类认识活动和道德行动共同预设的精神原则之后,格林在《伦理学绪论》第二卷中便开始就"意志如何自由"这一论题进行讨论。

首先,延续他在第一卷提出的见解,格林认为意志自由的基础当是人所拥有的自我反思能力。这是指透过意识能力的运用,人们不仅可以将自外在世界获得的经验对象转化成为认知客体,当这种意识能力运用在人们自身上时,这个"自身"也将转化成为认知客体,而于此过程中形成一个"自我"(self)的观念。在此,正是经由这反思行为,人类即可脱离动物性的、无意识的本能之掌握,蜕变成为一个可以透过自我认识、自我省思的过程,形成某种关于"自我"的观念,从而经此决定自身渴求的理想目标之道德行动者。格林尝言:

> 与我们常谓的道德动机并存的欲求(want),并不会因为道德动机的出现而在本质上遭到改动,或不再是个欲求;然而,无论欲求是否会在道德动机之中续存、消失或重新出现,当欲求向自我意识的主体现身时,这里便浮现了一种与单纯的欲求不同的能动性,即主体会出于这欲求,形成某个得以满足此欲求的对象之观念。质言之,这独具特性的新能动性便是自我意识(self-consciousness),而不是某种自然事件或自然程序,也不是自然事件或自然程序的产物。①

据此,依格林之见,人类之所以不会如休谟或斯宾塞设想的那般单纯按照自然本性行动,是因为人类可以透过意识能力的运用,将自身固有的动物性本能转化成为认识的对象,进而借由观察、省思累积关于自我的知识,设想出得以满足自身欲求的目标事物。换言之,人类便非如休谟所言,仅是顺

---

① Green, *Prolegomena to Ethics*, p.101.

从趋乐避苦的自然本性生活,也非如斯宾塞所宣称,是在生物求生本能的主导下,彼此单纯为了生死存亡斗争。相反地,人类是一个可以透过意识能力将自我客体化,从而对自身本能意向作出规定的道德行动者。至于那经由自我反思,而被设想为得以用来满足人类欲求的事物,即是人透过行动寄望实现的善观(conception of the good)。①

准此,以人所具有的意识能力为本,格林即冀望发展出一套思想论述,而可据以驳斥把道德规范化约成为自然通则的伦理学见解。如人们既可透过反思设想自身的善观,这善观作为人们言行举止企求的对象,当是如此基于人们自身的决定确立,而非受到某个自然法则规限。换句话说,人们自当对其行为及行为产生的后果负有责任,而有所谓在道德上的可究责性。不过,在这所谓人可透过意识能力将自我客体化的陈述里,另也蕴藏了一个关乎道德行动者的课题。此即在这个自我反思的过程里,涉及了三种不同的自我想象。首先,当人们透过反思将自我客体化时,在这过程中现身的第一个自我,正处于由动物本能驱使而有所欲求的状态里;进而,当人们针对这个欲求设想了某个对象以为自身行动的目标时,在这个目标下勾勒成形的,则是一个欲求将获满足的自我状态;最后,在这所有自我认识的过程里,居处于反思意识运作当下的自我,则处在另一种现时的状态之中。简言之,按格林就人如何凭借反思意识脱离动物本能的支配,蜕变成为道德行动者的过程所作之阐述来看,这里当涉及了三种自我:欲求的自我、当下的自我、理想的自我。

从这三种自我来说,在格林的理解下,意志即具体体现于当下的自我之中。他说:"意志即是人。任何意志行为,都是人对于他当下之所是的表现。在人的行为中关涉的动机、人意志的对象、人设定给自我实现的理念

---

① Green, *Prolegomena to Ethics*, pp. 102-107. 善对于格林而言,其首要意义正如此处论及,是为满足人类的欲求而被设想的对象。不过,除了这种关于善的一般定义外,格林在《伦理学绪论》中更进一步区分出道德善和最终善二者,作为他驳斥效益论(utilitarianism)的重要基础。有关格林提出的各种"善"的定义,以及他对于效益论伦理学的批判将于后文讨论,于此暂不赘述。

等,都只是就同一事物作出的不同表达方式而已。凡此种种,都是人对当下感觉着、渴望着、思考着的事物之反思,也就是对人当下之所是的反思所形成的对象。质言之,在意志中,人承载着自我、整全的自我,而朝向实现某个给定的理念努力。"① 在此,为更清楚地阐明这个当下自我和意志自由之间的关系,以及格林是如何借阐述这二者之间的关系,而把永恒意识和人类的存在境况联结起来,我们便须进入格林就人类的欲望、理智和意志之联结所做的详尽论述里。于其中,我们将发现,永恒意识概念具有的那种超脱于时间序列之外的特殊属性,在格林的思想体系里的重要意义。

(二) 欲望、理智与意志

在根据人所具有的反思能力来主张人不是单纯按照某种自然法则生活之后,格林强调,人透过自我反思设想的用来满足自身欲求的对象,一旦明确地被人决定成为其意欲实现的理念,这个欲求对象便构成了行为的动机。顺此,为解析人的行为动机和意志、自我之关系,格林即进一步将人的意志与行为动机涉及的心理结构拆解成两个面向,即欲望(desire)和理智(intellect)。

关于欲望和理智,格林首先指出,这两者是人类自我意识能力表现出的两种关乎自我的心智活动。他说:

> 若是没有了感觉,我们对于自我意识一无所知,甚至可以说,自我意识将从未存在。因此,当我们谈到自我意识时,必然涵盖了感觉;但这里所谓的感觉,与其进入自我意识之前的样态不同。因此时感觉是对自我意识的呈现,或说感觉在此,是作为主体和客观世界之间存在的各式各样已被辨认之关系而呈现。在这存在的样态下,在这知觉彼此共作的状态下,自我意识即是悟性能力,而在这能力充分发挥时,知识或谓有关世界的真实理解便是借由分析知觉蕴含或揭露的事物而累

---

① Green, *Prolegomena to Ethics*, p.173.

积。同样地，若欲望的特色正在于将人的心智导向其所渴求的对象，那么自我意识也即是欲望的能力。①

在此，诚如前述，意识作为区分主体与客体的能力，若是将之运用于人身上，即可将自我客体化，而从"主体我"之中抽绎出可用"客体"界定之的事物。如第二节提到，格林认为理性主义者或经验主义者各自对理性和知觉的偏重，其关键就在于他们拘泥于只由理性或欲望二者之一来解释人类活动的思维，而把人透过自我意识从己身分殊而成的理性和欲望二者，看作是对立而自为运作的事物，从而有将二者"实体化"（substantiated）的倾向。② 然而，若按格林的观点来说，欲望和理智则都是人类活动中潜藏的同一原则之具体表现形式。此即，在人的各种行动背后，是"同一个主体或精神，在其欲望经验中欲望着，在其理智运作中理解着，在其意志行动中意欲着"③。换言之，欲望、理智和意志皆是同一个自我意识的主体之心智活动的表现。

顺此，格林认为，欲望和理智各自作为一种解释人类心智活动的概念语汇，其实都只是从某个特定侧面来描绘人类心智活动的全貌。依格林之见，欲望和单纯出于动物本能产生的欲求之不同，在于人在欲望的运作状态里已设想了一个对象，以期借之来满足自身的欲求。于此，经由自我意识如此形成的欲求自我（主体）和欲求对象（客体）之区分，在欲望的运作状态里，某种渴求实现某物的心智意向遂透过这主体和客体的距离展现。换句话说，"欲望即是对于自我和真实世界之对立的意识，且这存在于个人意识之中的欲望亦是一股力量，一种冀望将某个经自我认识形成的实在概念，落实于真实世界之中，从而超克自我和真实世界之对立的力量"④。进而，我们可以看到，从意识出发产生的自我意识虽赋予了人区分主体和客体的能力，

---

① Green, *Prolegomena to Ethics*, pp. 135–136.
② Green, *Works of Thomas Hill Green*, Volume III, pp. 105–106.
③ Green, *Prolegomena to Ethics*, pp. 132–133.
④ Green, *Prolegomena to Ethics*, p. 148.

使人成为道德行动者,但这个主客区分的能力却也促成了人与世界的分立、疏离。但也正因如此,欲望作为人所拥有的一种独特心智能力,对格林而言,即是种渴望超克自我与真实世界之对立的力量。

进一步地,当格林在界说理智的运作状态时,他更直指经由这冀望超克自我与世界之对立的力量所呈现出来之样貌,实是一种关于人渴望在世间求得安宅(at home)的存在处境。他指出,理智认识的对象作为经由自我意识能力区辨出来的认知客体,其与作为认知主体而正在认识的"我",诚然在此认识过程里是彼此分立的。不过,理智运作的最终目的既是透过在各个认知客体之间形成关系,朝建构理想的知识结构之目标努力,那么当人完善了这理想的知识结构,便可透过这关于世界的完善知识来寻求自己在这世上的安宅。格林表示:

> 无论我们设定来认识、理解的对象为何,这认识的程序皆系因我们的注意力被某个外在特异的事实引起,如同这事实仅是如此才得以和我们发生关联,而非早已存在,等待我们去认识那般;至于这个程序的终点,或说这个程序不断迫近却永无法到达的终点,则是在各种事实的运作下,唯有经由我们确立这些事实的相互关系,而于宇宙中寻得了自身的安宅时才可望企及。①

顺此,如谈论欲望的运作时那般,格林认为,在理智运作的状态里,认知主体和认知客体固然因为意识的区辨能力而有所别,但理智作为一种心智力量,其指向亦是这分立的主体和客体之联结,且正是在这联结中,人才得以于世界之中寻得自身的安宅。

由此,就格林对于欲望和理智与人类追寻安宅的处境之关联所作的阐述来看,当人类发展、拥有了意识能力,一种冀望自我和世界得以重归于好、通往和解(reconciliation)的渴求,即深藏于人的心智活动之中。至于这通往

---

① Green, *Prolegomena to Ethics*, p.150.

和解的道路该如何前行,按格林之见,便与人的意志表现有关。不过,在我们进一步讨论格林针对意志和人的存在境况之关系所作阐述之前,就他述说的欲望和理智系如何运作这部分来说,尚有一项要点必须提及。此即对格林而言,在人类发动的任何心智活动中,欲望和理智皆是彼此相伴运作,或更进一步说,欲望和理智作为人类自我意识活动的两种运作模式,二者并非彻底互斥、全然迥异的人类本有属性。格林尝言,作为两种心智力量表现的理智和欲望,"一者是意识将世界带入自身的力量,另一者则是意识将自身实现于世界的力量,但这两股力量是同时存在于每一个完整的精神行为——我们能够将之视为是自身造作的行动——之中,而不论我们经由反思将这精神行为的来源归于理智还是欲望"①。按此,当我们运用理智能力来认识世间万物时,在我们运作这个能力的过程里,必然涉及一种求知的欲望,一个追求完善知识的渴望;同样地,当我们透过欲望能力的运作,产生想要实现某物或某个理想的念头时,在这过程里自然也涉及我们对于这物或这个理想的认识和理解。换句话说,在理智运作的时候,欲望必然会伴随着运作,反之亦然。就此而言,格林之所以批驳理性主义者或经验主义者的认识论,以及他们奠基在其认识论之上提出的伦理学主张,便是因为他认为这些论者若非过于侧重理性和理智,便是过于重视欲望和情感的功用,从而误解了理智和欲望二者的关系。进而,正因为理智和欲望的关系被误解,在这些论者的主张里,意志和它们之间的关系也就连带被误解与错置。

前面提到,依格林之见,意志是每个人当下的自我,而这个作为意志的当下自我,其实与欲望和理智能力的运作相关。当人透过反思把处于欲求状态的自我转化为认知客体时,某个得以用来满足自身欲求的对象,便会经由欲望和理智的运作呈现于心智之中。举例而言,当我们因动物本能而感到饥饿时,透过意识的反思,我们便可基于这饥饿感来设想可满足自身食欲的对象。诸如米饭、面食等各类佳肴或食品,皆可为我们用来满足食欲的事物。在此,意志或说当下的自我便是在人认可、决定以取得或成就某个特定

---

① Green, *Prolegomena to Ethics*, pp. 154–155.

的事物或事态，来满足自身的欲求时显现。具体来说，当我们基于饥饿感而决定选择米饭来填饱肚子时，这个以米饭来满足食欲的决定即是我们的意志。随而，透过这意志的具体展现，我们的当下自我就获得了实在性。

准此，从格林的观点来看，在"意志作为当下自我"的这条陈述里，实蕴含了三项要点。第一，所谓意志的自由，并非意指由某个空洞、不具内容的抽象自我作出选择，与之相反，意志自由的展现必然涉及某个具体、特定的欲求对象才为可能。对格林而言，"若人未在行动中追求或逃避某个对象，那便没有任何意志表出"，从而也就没有意志自由或不自由的问题。① 质言之，意志并不是和欲求对象分立的某个自为存在之实体或官能。第二，在这借由某个具体的、特定的欲求对象而展现之意志里，人并不是单纯因欲望或理智的驱使和指引而"决定"企求某个对象。更明确地说，欲望或理智并非令人作出决定的充分原因。格林表示：

> 把意志和任何一种欲望的形式等同之观点，似乎会和一个常见的事实相左，即纵然人们不常使用它，但人们确实拥有一种意志力量，能够拒绝按照欲望行事，甚至能够凭此力量抗拒极强的欲念……同样地，若把意志和思想或判断等同起来，便似乎也忘了一个大家熟悉的事实，即人们时而会在知道什么是更好的选择下，却偏好较差的而依此行动。②

然而，若人的意志和行动并不是依照欲望或理智的指示形成、展开，那人的意志展现究竟如何可能？或说人实际上是依据什么作出决定？

对此，关于这些问题的讨论与回应引领着我们进入"意志作为当下自我"这条陈述蕴含的第三项要点。此即意志之为意志，并不是根据某个特定依准作出的决定，而是当在欲望与理智协同运作的过程里，作为"认知-欲求"主体的个人若于某个欲求对象中辨识出自我，从而把自身与之等同

---

① Green, *Prolegomena to Ethics*, pp. 115–116.
② Green, *Prolegomena to Ethics*, p. 155.

(identify)起来时,这个蕴含着个人自我认同的对象,便是其决定企求的具体、特定的欲求对象。在此,这个把主体和特定对象等同起来的行为所呈现的就是意志。对格林而言,当"某个对象系以个人将之等同于其自身或其自身的善而呈现,且同时有一接续的力量趋向实现这个对象"时,意志便于此凭借这行为表出。① 质言之,意志既不是由欲望或理智所决定,亦不是由某个不具内容的抽象自我产生,而是在主体认同客体时构成的同一关系中显现。由此,正因意志呈现的是主体和客体的等同,是欲望和理智协同运作的成就,格林才会如前揭引文指出:在意志中,人承载着自我、整全的自我,而朝向实现某个给定的理念努力。当意识反思自我,人即透过欲望和理智等心智能力的运作,将自身区分为主体和客体两个部分,但在自我等同的意志中呈现的,则是这自我分化的主客体复归一统。于此,当人在心智中区分、呈现的主体与客体重归统一,这基于人的动物本能发动的一连串心智运作模式,便可在这意志表现出的当下短暂地达致内在和谐。

不过,之所以说在这当下自我的显现中,人是短暂地达致内在心智的和谐,是因为此时意志朝向、企求的特定对象仍处在一个有待实现的状态里。若是人所企求的对象迟迟未能实现或无法实现,那么,那促使人发动这一连串心智运作模式的本能欲求便无法获得满足,从而会再度驱使人构思得以满足自身欲求的对象。进而,在这个不断渴求满足的过程里,人便将逐渐产生一个寄望追求"更好的自我"的想法,并由此触发人的心智所具有的另一种运作模式,即实践理性(practical reason)。

(三) 实践理性与最终善

经上述讨论可知,当格林在《伦理学绪论》第二卷中,从道德心理学的角度阐述人类道德行动之本质时,他的立论系与某种特殊的人类境况想象相连。如他描绘,从人的反思意识出发,欲望和理智的运作指向的是人们希冀超克自我和世界之对立的渴望,从而在这个渴望的影响下,人们是在具体

---

① Green, *Prolegomena to Ethics*, p. 159.

展现自我意志之时,得获内在心智的短暂调和。此即,在意志呈现时,作为认知主体的自我和作为满足自我欲求对象的客体两者便等同了起来。由此,若按格林述说的人类活动本质来看,意识既为人类活动的基础,心智的运作、道德行动的开展便皆与反思自我之后产生的主客分化相关。而这个主客分化,旋又驱使人渴望调解分化、超克对立。简言之,在格林的描绘下,人类的存在境况即是朝着自我内外的主客和解努力:在内,人们渴求出于反思意识产生的自我分化可重归统一;在外,人们则渴求意志呈现的欲求对象及善目的得以在世间实现,从而成就自我和世界的和解。然而,在格林论说欲望、理智和意志如何运作、呈现的篇章里,虽就人类的存在境况作了描绘,但他对于人类存在境况的最终陈述,则是显露在他讨论意志和实践理性之关系的段落里。

依格林之见,当人们展现出自身的意志,从而透过实践行动取得或成就某个特定的事物或事态并期望借此满足自身欲求时,人们是作为一个整全的自我行事。只是,当人们发现自身取得或成就的对象未能让自己获得真正的满足时,这个整全自我便将再次陷入分化之中。在此,对格林而言,所谓真正的满足,意指的是一种恒久、持续的满足(an abiding satisfaction),唯这种满足与某些道德哲学家认为可借"趋乐避苦"原则指引获得的满足不同。这是因为由趋乐避苦指引获得的满足是以快乐或不快定义,但快乐与不快作为感受是瞬息的,且这些瞬息的感受必然是在某个具体特定的对象经实际行动取得、成就之后,才会附带出现于人们的心智之中。[1] 换言之,纵然人们可以如这些道德哲学家主张的那般借由不断取得或成就新的事物,来让自己持续地感受到快乐,但这不断透过取用事物以享乐的行为若是停止,瞬息的快感就不会再出现,那么人们便会再次陷入欲求的匮乏状态。对此,格林认为,这种认为人们可以透过不断享乐来满足自我的观点,是"基于某些人对自身内在经验的错误分析"所产生的妄想(dclusion)。[2]

---

[1] Green, *Prolegomena to Ethics*, pp. 181–183, 194.
[2] Green, *Prolegomena to Ethics*, p. 274.

整体而言,格林之所以针对趋乐避苦的观点提出批判,主要是为了回应当时 19 世纪英国社会常见的一种道德观念。这种道德观念认为人应当作为一个有品格的人,且人仅能凭借一己之力才能真正地成就自身的品格以及由此而来的幸福。如第二节提到,19 世纪的英国知识分子普遍认为每个人都应该凭借己力成就自身品格,随而才可以其品格为基础,来谋求、履践经济上和政治上的自主与幸福。进一步说,这所谓的"品格"(character),其内涵即如理查德·贝拉米(Richard Bellamy)所列举,涵盖了"自我教养"(self-culture)、"自制"(self-control)、"活力"(energy)、"勤奋"(industry)、"节约"(thrift)、"审慎"(prudence)、"正直"(integrity)、"节制"(temperance)、"独立"(independence)等德行,而为当时英国社会评判一个人是否具有教养的标准。① 而这个 19 世纪英国知识分子普遍享有的社会道德观念,究其根源,则与英国新教宣扬的道德思想有关。依传统基督新教的观念来说,凡人都必须凭借自身的意志,来克服神给予他在现世面对的各种挑战与磨难,从而荣耀神的权柄与智慧。② 唯在 19 世纪的英国,这个带有神学及宗教色彩的社会观念则和诸如效益论等诸种伦理思维联结而获支持、延伸。

首先,随着 18 世纪以来,欧洲学者对于古希腊思想的研究日益深刻,诸如亚里士多德强调的"德行伦理学"遂为人们理解、述说品格对于一个人而言为何重要的思想资源。如特纳(Frank M. Turner)指出,对维多利亚时期的英国知识分子而言,"自亚里士多德的时代以来,人性皆未有改变,故《伦理学》依然与人们今时今日的行为举止密切相关",而可用以作为捍卫非效益论(non-utilitarian)道德主张之利器。③ 于此,"德行作为一种公民的社会本分"这种亚里士多德式的内涵,便在基督教神学的洗礼下,蜕变成为个人

---

① Richard Bellamy, *Liberalism and Modern Society: An Historical Argument*, Oxford: Polity., 1992, p.6.
② Stefan Collini, "The Idea of 'Character' in Victorian Political Thought," 35 *Transactions of the Royal Historical Society*, 5th series, 1985, pp.38–46.
③ Frank J. Turner, *The Greek Heritage in Victorian Britain*, New Haven and London: Yale University Press, 1981, p.339.

得以在世上彰显其存在意义的根本途径。质言之,个人之所以实践德行首要是为了在神设造的秩序里,寻求安宁,发挥自身的存在价值,而不只是为了谋求社群共善的实现和个人荣耀的彰显。其次,相较于这经由重新解读文艺复兴以降的人文主义精神所发展形成的品格与德行论述,另一种关于品格观念的论述方式则是从享乐主义(hedonism)和效益主义的视角出发进行。以密尔为例,他虽承继边沁从休谟那里发展来的"享乐主义-效益主义"伦理学,而认为诱发道德行为的动机在于人趋乐避苦的天性和社会效益的计算,但他也试图改良这套观点,强调人除了会计算行为带来的苦乐和效益多寡来决定如何行事外,亦会考虑行为带来的快乐质量的高低差异。举例而言,当一个人在享受美食和热心公益之间抉择时,他考虑的主要因素或许是享受美食和热心公益何者能够为自己带来较多的快乐或较少的不快,不过,密尔认为,当这个人在作抉择时,他除了会考虑美食和公益带来的苦乐多寡外,也能就这两个选项所将带来的快乐质量之高低来作判断。若热心公益比起享受美食通常较能带来高质量的快乐,那么这个人便会倾向于在这两者间选择前者。[1] 准此,以密尔的论述来说,人的良善品格便是在追求高质量、高效益的快乐之过程里,透过经验积累所逐渐养成的行为习惯与倾向。

对此,格林认为,无论是基督新教或是结合享乐主义和效益主义的密尔思想所提出之品格观念,根本上都是一种"个体主义"道德论述。而在这类论述里,个人需要关切的课题便容易只是如何陶冶自身的品格;他人的困苦与不幸,则非个人所能或所应关切的对象。即因如此,尽管在 19 世纪的英国社会里,众多劳工因产业革命带来的社会经济变化而蒙受剥削、压迫以致无法温饱,多数的英国知识分子和政治精英却仍然认为劳工必须凭己力克服这困顿处境。就此而言,虽然密尔在他的论述主张里提到,人应该追求质量较高的快乐,也就是应透过协助他人、履践德行来陶冶自身品格,而不像同为自由主义者的斯迈尔斯(Samuel Smiles, 1812—1904)或哈考特(William

---

[1] J. S. Mill, "Utilitarianism," in *Collected Works of John Stuart Mill*, *Volume X: Essays on Ethics, Religion, and Society*, ed. J. M. Robson, pp. 203 – 259 (Toronto: University of Toronto Press, 1969), pp. 209 – 226.

V. Harcourt,1827—1904)等人,①一味坚持政府和社会公众应尽量不去介入劳工阶级的生活处境。但格林则认为,密尔的主张仍因论理逻辑的不一致,留给了人们可以借之扭曲何谓道德善行的口实。要言之,依格林之见,快乐与不快既然是个人的感受,选择履践何种行为来趋乐避苦的决定便自然是主观的。换句话说,纵使密尔区分出快乐的质量高低,从而试图改良以计算快乐的多寡、强弱来决定个人行为的享乐主义论述,但鉴于个人的感受终归是主观的,什么是道德善行或说什么是质量较高的快乐,便仍然取决于个人自身的主观偏好。②唯一个人主观认定的道德善行,对于他人而言则未必是良善的。

承此,既然从新教教义或享乐主义和效益主义出发论证的品格思想,过于偏重个人主观意志的道德意含,致使社会弱势的处境易被漠视,格林遂选择以前述论说的意识哲学出发,来重新诠释亚里士多德的德行伦理学,并借此发展出一套得以兼容个人自由和社群共善的道德论述。而在这套论述里,让快乐得以伴随其实现而来的欲求对象,其具体内容便不仅和个人的欲望、理智及意志相关,而更涉及另一种人类行动能力,即实践理性的运用。诚如前述指出,格林认为,真正能够使人获得满足的欲求对象,是一个能够提供恒久、持续满足的事物。即因如此,仅能提供转瞬即逝的快乐或不快之事物,便不会是人所欲追求的"最终善"(the ultimate good)。延续此一论点,

---

① 斯迈尔斯是 19 世纪著名的自由主义者,其知名论著《自救》(*Self-Help*)论述了为何个人和国家都应致力于凭借己力成就道德品格的重要性;他并称有品格的人才是"真正的绅士"(the true gentleman)。参见 S. Smiles, *Self-Help*, London: John Murray, 1859, pp. 314 - 315。至于哈考特则是 19 世纪著名的自由党人,他曾于 1868 年至 1880 年间获选为牛津的下议院议员,而与格林相识。但哈考特和格林曾就政府是否应介入管制酗酒问题有所争论。哈考特认为,饮酒是否过量关乎的是个人的自我控制能力,如果一个人能够将饮酒量控制在足以保持他清醒的范围内,这就显示出他的良善品格;若他未能控制饮酒量而酗酒、醉酒,这则显示出他的品格不佳。换句话说,酗酒问题是个人的道德课题,而非政府所应介入管制的对象(Green, *Collected Works of Thomas Hill Green*, Volume V, p. 217, n. 1)。然而,对格林来说,当时英国社会的酗酒问题已过于严重,而不再仅是属于个人问题的少见个案。因此,倘若政府不介入管制,酗酒问题造成的社会动荡与经济损失将日益庞大。甚且,格林认为若人们旁观他人受苦却不采取任何行动,这种行径很难称得上是道德的(Green, *Collected Works of Thomas Hill Green*, Volume V, pp. 450 - 452)。

② Green, *Prolegomena to Ethics*, pp. 185 - 187, 263 - 264.

对格林而言,人是否获得了真正的满足,则须从人是否自取得某特定对象后,其欲望、理智、意志等心智能力便不再运作来检视。也就是说,若在取得某特定对象后,人追求满足的道德行动能力便歇息了,这便表示人的欲求获得了真正满足;相反地,若在取得某特定对象后,人的欲望、理智和意志又再度运作,这便代表该对象未能让人获得真正的满足。质言之,最终善"是个终结,在此,一个道德行为者的力量可以真正停歇(find rest)"①。

进一步来说,若特定对象未能让人获得真正的满足,人们自当会重新设想一个新的欲求对象。而在这反复构思、设想该如何满足自身欲求的过程里,格林认为人们便会获得一个新的观念,即真正能够让自己满足的对象,并非仅是某一个更好的事物或事态,而应当是"最佳的"(the best)事物或事态。他说:

> 当人们在追求更好的事物时,会开始有一个在某处存在着最佳的事物之念头;如此,这"存在着最佳的事物"之念头的出现诚属稀松平常,唯其影响则是使得人们总致力于在世间企及那最佳之物……且正因为这稀松平常,我们其实对于指引自身行为举止的最终善早已有了认识,而足以让我们去判断,那型塑我们品格的种种既有道德利趣,是否确实有助发挥我们的人类精神力量。②

在此,这经由实践经验使人得以设想出一个"更好的"或"最佳的"事物之观念的能力,便是"实践理性"。一如格林所言:

> 所谓意志是指自我意识的主体想要努力满足自身的那种力量,至于理性,就其实践意义来说,则是这个主体去设想一个较佳的自我状态,以作为自身行动目的的能力。③

---

① Green, *Prolegomena to Ethics*, p. 196.
② Green, *Prolegomena to Ethics*, p. 197.
③ Green, *Prolegomena to Ethics*, p. 201.

质言之,对格林而言,当理性在动物本能的驱使下,经反思自我的意识运作形成某个欲求对象或谓善观时,此种助人形成对象观念的能力是一般所谓的理智。但是当人透过经验的积累,发现自身过往设想的种种殊异善观皆未能满足自身欲求,从而在这经验积累的过程里产生某个有关"更好的"或"更佳的"的观念时,此刻于人类心智中运作的能力便是实践理性。换句话说,理智关切的是善观的类型区分和经验事实对象的差异,但实践理性则进一步与善观的良莠评价相关联。

总之,按格林解释,当实践理性经由经验的积累而运作,并使人们得以发挥评价事物好坏的能力时,希冀自身欲求可持续获得满足的人们,便会借由其实践行动逐渐形成一个有关"最终善"的概念,而为他们生活处事的终极目的。举例而言,当我们感到饥饿而决定去吃饭时,在我们"做决定"和"去吃饭"的这些行动中皆涉及了一个终极渴望,也就是期盼我们不会再感到饥饿的意念。而这个意念所代表的,其实就是一个追求自我完善(self-perfection)的意识,一个知晓自身拥有某种职志而必须将之实现的状态。① 换句话来说,对格林而言,人的行动必然朝向一个最终善,其实现意味着人得以处在一个完善的自我状态里,而不会再感受到任何匮乏。不过,由于实践理性的运作仰赖经验的积累,格林遂主张人必然是在社群生活之中,经由各种社会制度与习惯陶冶之后,才可借反思这些体制对自身生活的完善带来了哪些益处与影响,来逐步摸索出那最终善的具体内容。就此而言,虽然人们是在实践自身意志的过程里逐渐形成有关"更好的""最佳的"观念,并进而能够获悉自身追求的某个得以令自我永远满足、完善的最终善,但对于这最终善的具体内容,却远非人们可以轻易洞察之对象。究其缘由,这是因为人无法在行动结束之前,预先知悉其所追求的对象,是否能够让自身获得真正满足,而只能在欲求对象实现之后,就这对象的落实状况来评判自身是否已达致完善,来推敲那最终善的具体内容。② 至于这存在于人们对最终

---

① Green, *Prolegomena to Ethics*, pp. 200-201.
② Green, *Prolegomena to Ethics*, pp. 202-204.

善的理性设想与其实践状态之间的差距,即是格林对于人类的存在境况之最终描绘。

(四) 人的永恒境况

本节开头提到,西方学者文森特认为,在格林的论说框架底下,所谓的永恒意识并非指向某个超验存有,而是意指那令人类活动之为可能的各种社会条件。而在上述关于格林如何阐释人类道德行动能力之本质的讨论里,我们另也提到,格林确实认为人若想达致自我完善的理想状态,便须生活在某个社群之中。此即,无论是人的欲望、理智、自我或冀望实现的善观,都定然是在某个社会处境下形成。换句话说,从"人类活动的社会条件"来解读格林的永恒意识概念,有其道理。进而,当格林在述说人的欲望、理智、意志、实践理性等能力系如何经意识的自我反思展开运作时,他亦于这述说过程里就人类的存在境况作了明确描绘。此即,在欲望和理智的运作状态下,人所渴求的是自我和世界的和解;在意志具体呈现的状态下,人所企及的是自我内在分化的复归统一;而在实践理性提供的最终善经自我认同呈现于意志之中的状态下,人所达致的除了自我的内在统一外,另则透过这理性意志的表出,引出了令自我和世界得获和解之所必要的社群生活。于此,就社群生活对自我和世界和解的必要性来说,其要点有二。首先,社群生活之所以必要,在格林的阐述下,系因人无法仅凭己力获悉那可让自身获得真正满足的善观的具体内容。就此而言,这是因为个人所知所能终归有限,故须仰赖前人和他人的经验来扩展自身的想象与识见。进而,若从人类的存在境况来看,社群生活之所以必要则是因为没有了这生活,人将会处在永恒的自我否定(self-negation)之间隙中。

上节提到,依格林之见,永恒意识概念在人类的认知活动里,指向的是一个对宇宙万物的知识皆了然于胸的理想心智状态。唯这个理想心智状态,对格林而言,除了是人类认知活动亟欲达致的目标外,也是人类认知活动之所以可能的必要条件。如此,永恒意识概念遂不仅蕴含了一个关乎人类心智活动的本有目的(telos),且这个本有目的亦是人类心智活动之为可能的条件。承此,经前述讨论可知,由意识的自我分化所指向的自我完善理想是人致力实现的最终善,唯这个理想状态亦是人类的道德行动之为可能的必要条件。诚如格林尝谓,"区辨善恶的陈述是任何伦理学体系的根本"①。这最终善的提出既涉及实践理性的运作,而实践理性的运作则涉及人对事物的好坏评价,那么,这便意味着在没有实践理性,没有评价事物好坏能力的状况下,道德生活和伦理学便将不复可能。由此,这最终善的提出遂关乎人类道德行动之为可能的必要条件。不过,若我们停留在"意识能力系属道德行动的必要条件"这一点上,我们便理当接受迪摩娃-库克森的观点,认为永恒意识概念在格林的道德哲学体系中诚属多余。因格林论说的永恒意识概念及其关涉的人类活动之本有目的,其实都可从意识的自我分化出发解释,而那所谓永恒意识勾勒的理想心智状态,也可以意识的自我分化指向的某种最终善来说明。换句话说,在格林的思想里,自我意识即是人类活动的形上预设,而无须另外提出一个和自我意识相似却为永恒的意识概念。

然而,若我们断然接受迪摩娃-库克森的观点,那我们便将易于忽略格林借"永恒意识"一词指涉的人类存在境况,此即:在追求自我完善的尽头,是人的道德行动能力之停歇。诚如前面提到,对格林来说,人所追求的理想生活是种自身欲求可以获得恒久、持续地满足之状态。而在这个状态里,人的欲求既获得了真正的满足,欲望、理智、意志和实践理性等人类心智能力便将停止运作。换句话说,一旦人获致了自身追求的最终善,其自我意识能力便将不再运作。只是,若按格林对于人之为人的根本定义来说,一旦人的意识能力不再运作,人也将不复为人。对格林而言,人之为人的首要特征正在于人同时具有动物性的欲求和自我意识的能力,从而"部分是动物性的、部分是理性的、自我实现的"道德行动者。② 所以,若人的自我意识能力因最终善的实现而休止,徒留动物性的欲求持续获得满足,那人便从此失去了

---

① Green, *Prolegomena to Ethics*, p. 175.
② Green, *Prolegomena to Ethics*, p. 102.

身而为人的一项必要条件。由此说来,永恒意识的"永恒"除可从"作为人类活动的先验必要条件"这一点来理解而涉及普世性(universality)的内涵外,若从"人之为人必然永远走在追求最终善的道路上"这一点来说,这"永恒"一语则也具有永在、不变的(permanent)意含。① 然而,若说人必然永远走在追求最终善的道路上,这即意味着人永远无法成就最终善,永远无法让自身的欲求获得真正满足。不过,正是在此,那有助人们探索最终善的具体内容之社群生活便至为重要。而在其中,共善(common good)则是人能否经由社群生活养成转念向善的能力,进而跃脱身而为人所居处的永恒自我否定之境况的关键。

五、 伦理社群与公义

于前面两节,我们谈过格林是如何以其意识哲学为本,述说人类活动的形上预设。在其中,我们看到,当格林透过永恒意识概念指陈人类活动之为可能的前提,正是人借其活动所欲达致的完善状态时,他便就人类的存在境况作了一番描绘。此即,当人们以获致关于世界的完备知识、成就自身的完善状态为目标行动时,他们所欲企及的其实是自我和世界的和解;唯这个和解的实现标志的是人将不复为人。换言之,格林在他的道德的形上学里提出的潜在人类存有课题,是人对自我的永恒否定。一方面,人因为拥有意识能力而会不断地分化自我,或是将自我和世界分离,从而在世上追寻自我安宅之同时,企求这分化与分离的统一;另一方面,这最终的统一既意味着人的意识能力之停歇,而使得人之为人的一项重要条件不复存在,那么这最终的统一招致的实是对人的存在之彻底否定。质言之,当人未能实现自我和

---

① 关于格林永恒意识概念涉及的时间问题,曼德曾从现象学的角度加以阐述。参见 W. J. Mander, "In Defence of the Eternal Consciousness," in *T. H. Green: Ethics, Metaphysics and Political Philosophy*, eds. Maria Dimova-Cookson and W. J. Mander, pp. 187 – 206 (Oxford: Clarendon, 2006), pp. 190 – 196。但较为可惜的是,曼德仅把时间看作是存有的一项条件,而未进一步阐明格林透过这有关时间性的意识概念所欲指陈之人类境况为何。

世界的和解时，便总会对当下的自我进行反思与批判，随而基于这否定既存自我的反思批判过程重新构思善观。但是，若人真正实现了自我和世界的和解，那么人便将不复为人而彻底地否定了自我。如此说来，人实则永远存在于这自我否定的间隙之中。

进而，若说人是否有可能脱离这永恒的自我否定之境况，依格林之见，那便是人必须从个体自我的有限视域脱离，进入社群生活之中来探寻自我升华的可能。至于格林提出的这有关个人应如何超脱自我、投身社群的观点，溯其渊源，即是未落入专断主义之前的基督教思想。格林尝言：

> 基督徒的良知所乞求的那种生活，之所以比起古希腊哲学家设想的更为崇高，不是因为这样的生活是以我们舍弃了多少快乐，来评断我们放弃了多少自我这样的方式进行，而是因为这样的生活，意味着我们能够更充分地实现人类灵魂本有的各种能力。换句话说，所谓的自我舍弃(self-denial)不是要人真的舍弃自我，而是关乎某种灵性状态的再现，某个借由将自我奉献给人类来获取生命价值的状态。唯独我们必须谨记，在这个状态之中再现的，不会只是那些愿意舍弃自我的人所表现出来的特殊欲望和利趣，而会同时涉及那使这些特殊欲望和利趣得以形成、发挥作用的社会经历。①

在此，以古希腊哲学和基督教思想为对比，格林所欲强调的是个人生活的道德价值当借由舍弃自我的主观利趣与欲望，并把自我奉献给社群整体来获取。依格林之见，古希腊哲人如亚里士多德所言的共善和德行伦理学之不足，就在于这套论述并未给予个人为社群福祉所做牺牲应有的重视。此即在古希腊哲学里，个人基于自身欲望渴求的特定目的与利趣，往往被视为无法与社群的福祉相比。由是之故，当个人为了社群福祉放弃这些专属自我的主观目的与利趣时，这种放弃便不会被视为一种牺牲，而是身为城邦

---

① Green, *Prolegomena to Ethics*, pp. 323–324.

公民的理所当为。然而,在基督教教义的原始内涵里,牺牲奉献之所以具有神圣意含,则正是因为人为了神所牺牲、奉献的事物,从主观的角度来说具有相当价值。换句话说,若个人愿意放弃对自身而言具有价值的事物以为社群福祉牺牲奉献,这般行为便是崇高的,而在道德上具有真正的"自我舍弃"之意含。

　　进一步地,当格林在此述说古希腊哲学和基督教思想之不同时,他另则如上揭引文显示地引入了"快乐"这个概念来讨论。至于他这么做的缘由,一方面当是为了突显基督教道德思想、古希腊伦理学和享乐主义道德哲学之差异,但另一方面则再次是为了强调个人在社群中追求自我升华时,必然会涉及一个自我舍弃的过程。就第一点来说,格林提到,当亚里士多德谈到节制(temperance)作为一种约束自我的德行之重要性时,他并不是以柏拉图区分的"灵魂的愉悦"和"肉体的愉悦"来解释节制的道德意义,而是将其道德意含与公共精神相连。① 由此,格林认为,亚里士多德采取如此做法显示的是,比起个人的主观意向,他更重视节制作为一种德行的群体价值。以这样的一种关于德行的理解方式来说,亚里士多德的道德见解遂与19世纪英国享乐主义道德哲学家不同。质言之,就享乐主义者的观点来说,德行的道德意含是依个人行为带来的结果,能给予其自身或社会上多数人多少的快乐来判别,而非诉诸社会群体认可的社群价值。尤有甚者,以"快乐"这个概念来界定道德,虽然从心理学及生理学的角度来说看似客观,但这个概念实如上节指出,乃是在个人欲求的特定善观获得实现时,才会伴随此实现产生的主观感受。换言之,享乐主义者和此处提到的亚里士多德的见解,其实分别是一种主观主义和客观主义的道德论述。

　　准此,与这两种观点相较,格林即认为,基督教道德思想带给人们的则正是有关如何调和道德上的主观判准和客观判准之提示。如上文提到,格林声称古希腊哲人轻估了人们为了社群整体的福祉愿意牺牲个人欲求的道德意义。而他认为,这是因为古希腊哲人多不重视快乐、欲望等个人主观感

---

① Green, *Prolegomena to Ethics*, pp. 318-319.

受的道德意义;相对于此,基督教思想则十分关切快乐、欲望的道德意含。诚如格林提到,对基督徒而言,"人的良知在我们跟前给予我们的最高理想,就是我们能够自我舍弃、拒斥那些愉悦,从而作出公正、质朴的判断"[1];在此,以愉悦、快乐等个人的主观感受为对比,基督教思想即特别重视个人决定拒斥肉欲的生活,转而拥抱良善道德生活之改变所具有的道德意含。简言之,若愉悦、快乐等个人主观意向不具重要性,那么人们决定拒斥肉欲、单纯追求享乐的生活之改变,便也将不甚重要。更进一步来说,对格林而言,这有关人如何拒斥肉欲、拥抱良善生活的变化之讨论,亦即是基督教思想就"人何以可能走出永恒的自我否定之间隙"这项课题所给出的提示。

(一) 社群、他者与共善

由上一节和上述的讨论可以见得,格林对于以快乐和愉悦为判准发展、形成的道德哲学主张其实相当重视。究其缘由,这是因为"享乐主义-效益主义"道德哲学对人们的日常实践生活极具影响力。依格林之见,由于"享乐主义-效益主义"道德哲学认为每个人都是依趋乐避苦的天性行动,故这套哲学其实有助推展人人平等的观念;甚且,人们的理性能力既然是用来计算苦乐、效益的多寡,而人们又是依此决定行动,那么,政治社会的秩序安排便可据此依照一套理性的程序运作。[2] 换句话说,"享乐主义-效益主义"道德哲学除有助鼓吹人人平等的观念外,亦有助人们设想一套稳定的政治社会秩序。此外,格林在《论政治义务诸原则讲演》中也提到,若人习于按趋乐避苦的天性行动,当国家和政府针对罪犯的罪行施予惩戒时,人们便可基于这种天性能力的影响,而因观看罪犯所受的苦痛,决定避免做出类似的罪行。换言之,按"享乐主义-效益主义"道德哲学的逻辑来说,国家和政府当可借施予惩戒,消极地达到吓阻人们做出反社会行为的效果。[3] 不过,纵然

---

[1] Green, *Prolegomena to Ethics*, p. 319.
[2] Green, *Prolegomena to Ethics*, p. 402.
[3] Green, *Lectures on the Principles of Political Obligation and Other Writings*, pp. 160-161.

"享乐主义-效益主义"道德哲学在实践上有其功效,但愉悦和快乐终归不是人的道德行动所欲企及的真正对象,而是伴随着这对象的实现而来的一种感受。为此,格林遂致力厘清愉悦和善观之间的关系,并希冀借此确立道德意义上的善所具有的真正内涵,从而更进一步地完备他对于实然通则和应然规范之区分的见解。

承上,个人为何及如何自其主观意向出发,接受或认可社群的客观道德规范之约束,便是格林开展其厘清工作的关键。经上节讨论可知,格林既界说了意志的内涵,并指陈人可借自我反思能力来脱离动物本能的掌控,人的言行举止遂不是全然可按某个关乎事实经验的实然通则解释。不过,若人透过自身的理智、欲望、意志及其实践理性所设想出来的最终善,仅是其出于主观意向产生的偏好对象,且追求这个偏好对象仅是为了满足一己私欲,那么,如此形成的最终善内涵当与一般意义下的道德善有所别。进而,如前提及,依格林之见,人的存在目的指向的是一个自我完善的状态,而在这个状态下,人将不会再感到匮乏;唯这个状态一旦实现,人之为人拥有的意识能力便将停歇,致使人失去了身而为人的特性。由此,若我们综观格林的见解,个人要是只从主观的角度来构思自我的完善状态,其形象最终便仅能是个依循动物本能而在恒久的自我满足中活着的造物。相较于此,格林针对人的自我否定之存在境况所构思的出路,即与个人如何超脱主观意向进入客观道德规范之过程相关。而在这部分的讨论里,格林的论说则杂糅了黑格尔的承认概念、亚里士多德的共善思想及圣保罗的道德思想。

首先,就个人如何跳脱出自身的主观视角来构思善观而言,与"他者"(the others)共同生活于一处当是一法。前述提及,格林认为人的实践理性之运作涉及社会经验的积累,换句话说,人所追求的最终善和理想自我的形象都必然是在一个社会场域之中才为可能。就此而言,其中所涉缘由在于:(1)个人无法独自生存于世,而必然需要和他人合作共处;(2)当个人依循动物本能求生时,寻找伴侣、传宗接代则是个人行动的自然倾向之一。由此,在这两项出于生存本能而来的自然需求驱使下,个人当会与他人共组家庭。唯如此一来,如何确保家庭的存续、子嗣的繁衍等课题,便是个人必须跳

脱主观,将他人的利益与福祉带入自身考虑之中的契机。对此,格林指出:

> 当人模模糊糊地开始反思,那时不时被用来满足自身欲望的愉悦感受所拥有的转瞬即逝性质时;当人开始自问,终究是什么事物能够一劳永逸地让自我获得满足时;那为他所认同、拥抱的家庭福祉和家庭的存续便将掠上他的心头。①

质言之,在以家庭为整体对象来思考何为众人的善之过程里,个人当可首次触及"最终善"的具体内容。此即,以家庭生活为开端,当个人开始把他人的福祉带入自身的思考之中,且愿把这福祉看作是自身牺牲奉献的理想目标时,这人所拥有的牺牲奉献精神,便将使他得以一种精神的形式随家庭血亲的存续而永存。②

进而,格林强调,社会生活和人出于动物本能自然而然享有的家庭生活之不同,在于前者的成形必然需要人有意识地承认彼此的对等存在。于家庭生活的初始阶段里,个人虽然早已开始为了他人的利益和福祉奋斗,但他未必清楚地意识到自身的言行举止是朝向努力实现整个家庭的良善目标前进。不过,随着家庭生活的开展,个人便可借此生活经历有意识地发现自身的良善福祉与他人的关联。顺此,格林指出,使社会生活之为可能的两项必要条件,乃是"参与其中的众人对等地相互承认(mutual recognition)"与"彼此共同享有一个关乎社群整体福祉的善观"。质言之,虽然在社会生活中和在家庭生活中一样,参与成员都必然分享着某个关于整体社群的良善目标,但在社会生活里,每个成员则须更进一步地直接或间接承认彼此拥有同等的能力,而可为"共善"的落实各尽一分心力。③ 格林尝言:"没有社会,便没有人……但如此的社会是以人与人的相互承认,是以人与人对于彼此身

---

① Green, *Prolegomena to Ethics*, p. 268.
② Green, *Prolegomena to Ethics*, p. 271.
③ Green, *Prolegomena to Ethics*, p. 232.

而为人、生而即是自为目的者感兴趣而相互承认为基础建立。"①因此,若是像在原初家庭中那般,所有生活事项皆是由家长主导运作,而参与成员未能对等地看待彼此的身份与能力,那在这群人之间便未有"社会"形成。在此,格林所谓"生而即是自为目的者"是指能够有意识地决定自身所欲追求的对象为何者,也就是说,这是指拥有理性意志能力的人。而这样的人,出于对他人的关切构思提出一个共善概念且这个概念受到众人认可之后,在这群人之间才会形成社会。② 进一步地,正是生活在这人我相互承认且彼此共享某个善观的社会处境下,格林认为,个人的自我完善才可望借致力追求社群共善的实现以企及。

论说至此,我们可以见得,以相互承认和共善概念为据,格林遂为善观从道德上的主观意向转入道德上的客观规范之变化,提出了解释。而在这套论述里,以共善形式呈现的善观,其之所以具有客观道德意含(亦即并非全然由个人主观视角决定何为良善),即是因为共善概念是经社会成员共同认可才为可能。换句话说,共善具有的客观道德意含系以社会成员经交互主观(inter-subjectively)形成的认可而来。对此,以相互性(mutuality)为核心来诠释格林思想的希洪尼,或是从观点主义(perspectivism)的视角来解读格林哲学的泰勒,皆十分重视这蕴藏于格林思想论述之中的交互性内涵。依希洪尼的诠释,格林的共善概念之所以为"共",涉及三个交杂的语意:其一,这里的"共"意指普遍的(universal),也就是这善对身处于同一社群之中的所有成员来说一体适用,无排他性;其二,这里的"共"意指这善的分配是以整体的、相互关联的方式进行,而非个别的、分立的;其三,这里的"共"又

---

① Green, *Prolegomena to Ethics*, p. 218
② 值得一提的是,希洪尼(Avital Simhony)在论说格林的共善概念与康德、黑格尔思想之关联时,主张格林是以黑格尔的相互承认概念赋予康德的权利社群思想坚实、具体的内容,从而发展出一种与共善社会密不可分的权利概念。如此,格林的权利概念便不是按一般的个体主义论证方式提出,而具有高度的社会性。参见 Avital Simhony, "T. H. Green's Complex Common Good," in *The New Liberalism: Reconciling Liberty and Community*, eds. Avital Simhony and David Weinstein, pp. 69 – 91 (Cambridge: Cambridge University Press, 2001), pp. 80 – 82。

指对所有成员来说这善的帮助是互惠的,亦即每个人都能从中获享益处。① 进而,在这三个交杂于格林共善概念之中的语意里,希洪尼则特别强调"互惠"之意。因她认为对格林来说,"没有人能够在与他人分处、自外于他人的处境下,落实自我实现"②。质言之,个人既然无法独力成就自我实现的理想而必须与他人合作共处,那么,对每一个人皆有益处的共善,作为维系社会生活之所必要的前提,便是众人所应致力维系、实现的首要对象。

就此而言,和希洪尼一样,泰勒也强调人我的交互关系在格林思想之中的重要性。泰勒指出,依格林之见,"让每个人都能获悉自身人格特质及其意义的社会实践是借由反复的、交互的参与行动维系",而"每个人若皆能积极地参与各类实践活动,他们对于自身的人格认同也将更为具体"。③ 据此,若个人不与他人互动、参与社会实践,便将难以获悉自身的人格特质,从而不易构思关于自我的理想状态,型构善观。不过,泰勒虽和希洪尼一样关注格林的交互性概念,但与希洪尼相较,泰勒则更重视格林思想之中有关规范的客观约束效力和个人的主观认可之间关联的论述。在此,依泰勒诠释,格林当是就着他观点主义的倾向主张,"每个人都必须由自己判断特定的社会价值、社会意义、社会实践或社会制度是否确实具有客观权威"④。这也就是说,若社会规范或社会要求未获个人认可,其规范效力便不具正当性,而仅是一种自外强加的威逼暴力。⑤ 准此,若按泰勒的诠释,共善作为社会生活的基础,其客观规范效力,即取决于社会成员是否依其主观意向表示认可。只是,若我们接受泰勒的诠释而认为,格林在谈论社群共善和个人自我的关系时,是视个人主观意向优先于共善的客观规范效力,那么我们的理解便不仅有落入个体主义诠

---

① Avital Simhony, "Beyond Dualistic Constructions of Citizenship: T. H. Green's Idea of Ethical Citizenship as Mutual Membership," in *Ethical Citizenship: British Idealism and the Politics of Recognition*, ed. Thom Brooks, pp. 35 – 56 (England: Palgrave Macmillan, 2014), pp. 37 – 38.
② Simhony, "Beyond Dualistic Constructions of Citizenship," p. 38.
③ Colin Tyler, *Civil Society, Capitalism and the State: Part 2 of The Liberal Socialism of Thomas Hill Green*, Exeter: Imprint Academic, 2012, pp. 34 – 35.
④ Tyler, *Civil Society, Capitalism and the State*, p. 38.
⑤ 在此,泰勒采用的观点主义诠释路径,乃是他延续以"自我介入"的个体主义视角,来解读格林思想中的永恒意识概念之接续产物。相关讨论参见本文第三节。

释陷阱的危险,也容易忽略格林谈论"善意志"概念的重要用意。

(二) 道德自由与善意志

承上,依格林之见,家庭、社会等群体生活乃是人得以在世上寻求安宅的途径。而当所有社群成员都承认彼此的道德能力,共同为实现社群的共善努力时,个人便可望在这群体生活中达致一种近似理想的自我完善状态。至于个人之所以只能在群体生活中达致一种"近似"理想的自我完善状态,格林认为,这是因为真正的理想状态只会在道德能力停歇之时显现,但在群体生活中,个人的道德能力则未曾停歇。此外,格林强调,尽管生活在同一社会里的每个成员都应致力实现群体的共善,但在这实现过程里,总有人实际上分配到的好处会比起他人来得少。① 对此,这一方面是因为虽然每个人都拥有意识能力而可形成自身的理性意志,但人们在群体生活中所能达成的实际成就,仍则相异。举例而言,木匠谋生的工具便和作家不同。木匠工作需要锯子、墨斗等,作家工作则需要笔墨纸砚,且两者的工作所得也因工作性质不同而不同。另一方面,除了这些因个人天赋和社会分工造成的差异外,每个人依其主观意向所欲达成的理想状态也会有所不同。如木匠毕生所欲成为的对象或许是莎士比亚,而作家所欲成为的对象或许是达·芬奇,但两者实际上在社会中所能成就的,却可能与其主观意向彻底相反。如木匠或许无法成为莎士比亚但却能造就精细的木雕,而作家虽无法成为达·芬奇却可能写出动人的文学作品。由此说来,在为了社群共善牺牲奉献的过程里,每个人不仅在客观上会因为天赋不同而取得不同类型和不同份额的财货或收益,在主观上,人们也可能因为现实和理想的落差而心生不满。如何平衡这些差异与不满,便是有关如何落实公义的课题。对此,有关格林思想中的公义课题,我们将于下节讨论。而就我们当前的讨论脉络来说,对格林而言,社会生活虽然是个人跳脱主观自我、观照他人的重要契机,但因前述缘由,个人既无法在社会中真正达成其理想状态,人我之间的种种

---

① Green, *Prolegomena to Ethics*, pp. 219 – 220, 288 – 289.

差异便依然可能导致冲突。唯格林为解决此社会冲突发展的论述,则与泰勒的观点主义诠释相距甚远。

若依泰勒的诠释来理解格林,个人的主观意向便是社群生活应如何运作的首要考虑起点,但格林自身则曾明言"只有当所有人不作他想,全心为服务彼此而奉献自我时",群体生活才能达到真正的和谐。① 换言之,相较于泰勒强调个人主观意向的重要性,格林其实更重视社群整体的福祉。而这点差异,在泰勒宣称"道德行为者的良知永远优先于社会判断"时,尤为明显。② 延续他的观点主义诠释立场,泰勒认为,对格林而言,所谓个人良知系指个人从其身处的特定社会处境上,经运用自身的理性意志能力所形成之独特判准。③ 然而,若我们顺着泰勒如此勾勒的个人形象来思考人我关系,对个人来说,社会与他人便都只是他为了透过自我反思以实现自身理想的"中介"(mediation)。然而,经前述讨论可知,对格林而言,社会生活得以成立的条件,除了人我共同接受的善观外,亦包含人们是否能够对等地视彼此为"生而即是自为目的者",而承认各自的道德人格。换句话说,若他人作为他者仅是个人谋求自我实现的中介,而未被看作是同为自为目的者,如此观点便与格林自身论说、强调的人我关系见解,有极大的差异。④ 甚且,若从格林论说的善意志概念来看,泰勒将个人的自我认知限定在主观意向上的观点主义诠释,实忽略了格林思想中的另一重要面向,即格林借圣保罗的皈依经验来批判康德那过于抽象的善意志定义之论述。

---

① Green, *Prolegomena to Ethics*, p. 288.
② Tyler, *Civil Society, Capitalism and the State*, p. 94.
③ Tyler, *Civil Society, Capitalism and the State*, pp. 87–90.
④ 事实上,泰勒对于他自身的诠释所隐含的那种人我疏离颇有自觉。然而,他认为这种人我疏离其实是一个人之所以会要求社会改革的首要动机。当自我对现存社会的各种习惯与制度感到陌生、疏离,这些习惯制度对其而言就成了一种外在束缚,而未具有规范的正当性。参见 Tyler, *Civil Society, Capitalism and the State*, pp. 79–86。换言之,再次地,对泰勒而言,格林笔下的任何规范,若未经个人主观的认可,便将不具正当性。不过,持平而论,泰勒并非不重视社会与他人对于自我而言的重要性,唯他认为这个重要性的判断基础,只能够是个人依其特殊的主体位置(subject position)所拥有的主观认知。然而,格林在他的道德哲学论述里,虽然重视个人的主观意向,但经交互主观产生的共善概念之客观性质与人我之间的共感能力实亦为他所重视,而这二者即跃脱了泰勒的观点主义。

1879年,当格林于牛津讲授《本分理论》("Theory of Duty")时,他特别针对自由的诸种内涵作出阐释,并以康德、圣保罗和黑格尔三人对于道德自由和法律之关系的理解为主要对象开展论述。首先,为溯本清源,在讨论康德等人的观点之前,格林先就意志自由概念之内涵简单作了一番陈述。他说:"虽说如下陈述值得重申:当一个人在意欲某物时,他其实是以自我为对象,并以这对象决定了他的行为,而意志因此是自由的……但在这里,自由就其本质来说之所以会延伸出不同的内涵,则正是受到一个人认为他所欲成就的对象,或说他所认同的对象之本质影响所致。"①换句话说,自由的内涵之所以会有所不同,其实是因为人们所欲成就的对象往往有所不同所致。进而,以这意志自由的内涵涉及主体与客体的区辨出发,格林遂指出,当我们要考察让自我能够获得满足的自由,或是让自我免受束缚的自由等不同的自由概念时,我们首先要考虑的,就是在这些自由概念的陈述里对主体而言的客体对象为何。就前者也就是让自我能够获得满足的自由来说,格林认为,若循康德的立场来看,其中涉及的客体便可能有二:一者为愉悦,也就是肉体的满足;另者为理念,也就是在理性指引下通达的人性价值。②不过,对康德来说,以愉悦为基础的自由概念,既是以人的肉欲为客体对象论述,这种看法就其本质实与人的内在本性有所差异。因以肉欲、愉悦为对象履践的自由,非是以人之为人的内在理性价值为依归开展,而是受到某类异于人的内在本质之他物支配。于此,相对于康德笔下所谓"意志的他律"(the heteronomy of the will)现象,以理性指向的人性价值为念开展之自由行动,即是所谓意志的自律(autonomy of the will)之真意;在其中,人的行动则是依理性创制的应然规范及由此形成的"对应然的纯粹意识"决定。③

然而,诚如第二节提及,格林对于康德如此提出的理性自由与善意志概

---

① Green, *Lectures on the Principles of Political Obligation and Other Writings*, p. 228.
② Green, *Lectures on the Principles of Political Obligation and Other Writings*, pp. 230 - 231.
③ Green, *Lectures on the Principles of Political Obligation and Other Writings*, p. 231. 姑不论格林的诠释是否偏颇,愉悦和理性、他律和自律等概念确是康德道德哲学中的核心要点。而若我们由此观看康德和格林思想的联结,后者在论说愉悦和理性意志的关系时,其论说框架其实仍未脱康德的论述架构。

念,多所批判。依格林之见,康德所谓的那种出于对应然的纯粹意识而行动的事例,诚然是一种理想的善意志之表征,但在现实生活里,能拥有这良善意志并依此行事的人几不可见;且就这所谓"对应然的纯粹意识"作为道德实践的指引来说,此一论述也太过于抽象。承此,黑格尔对于康德提出的这在现实上难以实质协助人们开展自由的学说即有所抨击,而主张作为客观理性表征并体现于良序国家(the well-ordered state)之中的社群共善,才是人们得以履践道德自由的最佳实践指引。① 不过,格林虽然认为黑格尔的见解比起康德确实更为具体,但他指出,在希腊城邦时期之后,经中世纪基督教王国而至现代国家出现的这段历程里,欧洲各国虽然确实渐以社群共善及其衍生法律为据,而让各国公民得以在国内享有自由,但这经国家法律保障所能享有的现存自由,仍然不是也未能协助人们真正企及理想的自我完善状态。就此而言,这是因为国家社会的法律体制和体现于其中的共善概念,都是由前人提出、认可而借各种伦理风俗流传于世的价值主张,但这些价值和法律体制则会因为时代变迁而不再堪用。尤其,以 19 世纪的英国处境来说,当一国之内尚有无数劳动者未能充分享有公民权利时,法律体制提供、保障的自由便难以称得上是完善的。② 质言之,虽然黑格尔强调体现社群共善的国家社会体制,对个人履践其道德自由而言的重要性,并且认为这套见解可资回应康德遗留下来的道德实践课题,但对格林而言,黑格尔的见解实则太过乐观,从而易于忽略现实处境中,人类依其本性所会产生的不完美状态。在此,值得注意的是,格林在指陈黑格尔所提见解潜藏的问题时,乃是借澄清人们对圣保罗的话语所抱有之常见误解来进行。

要言之,格林指出,当黑格尔宣称"只要遵循国家社会的法律风俗规范,人便能履践、获享具体的道德自由"时,他对法律和自由之间关系的理解,乃与人们对圣保罗话语的误解一样,未能察知法律体制的存续实预设了人类本性的不完美。依和合本《圣经》所载,在《罗马书》第 7 章第 23 节中,

---

① Green, *Lectures on the Principles of Political Obligation and Other Writings*, pp. 231 - 232.
② Green, *Lectures on the Principles of Political Obligation and Other Writings*, pp. 232 - 233.

圣保罗说道："……我觉得肢体中另有个律和我心中的律交战,把我掳去,叫我附从那肢体中犯罪的律。"若参照19世纪广为流传的英国詹姆士王钦定版《圣经》来看,圣保罗在这里所说的两个律,一个是"罪的律法"(the law of sin),另一个则是"属我心智的律法"(the law of my mind)。而依格林之见,这两个律法,或说法则,其象征意含彻底不同。就前者而言,在人的肢体中那叫人犯罪的律,乃是引人追求肉欲的满足,无视理性、无视精神、无视道德自由的动物本能;而就后者来说,在人的内心之中,关乎个人心智并与前一种律法交战的,则是引领人免受肉欲、动物本能支配的律法。进而,对格林而言,这后一种律法乃是属于理性的律法。他说:

> 对于那些领受记载着基督事迹的历史记录的人来说,内在生活是唯一被承认具有精神价值的生活模式;随而自圣保罗以降,这些和我们不同并不只从记录下来的文字来了解宗教的人,他们之所以接受此些关于基督的记载之关键,也正是这内在生活的模式。在此,于这些人的内心之中经历过了某种精神上的变化。如圣保罗在《罗马书》第7章描述的那般,在他的心智或说他理性的律法与他肢体之中的律法之间发生的冲突所促成的那将福音的话语看作是神圣启示的传递,从而领受福音的转变。唯这看似变换的人生,其实都是经领受福音之后所自然造就的结果。①

不过,虽然格林指出在圣保罗的话语文字里,有"理性律法"和"肉体律法"的差别,但依他之见,这两类相互冲突的律法都不是人理当追求的自由目标。诚如此处引文所示,当圣保罗领受了基督的福音,其内在心智中便有了转化,而这转化才是人具体彰显其自由的途径。再者,若我们单纯将理性和肉体视为是对立、冲突的事物,那么我们事实上便正犯下格林所批评的那二元谬误。

准此,格林遂认为,当人们认为圣保罗的话语强调的是"人当借出服从

---

① Green, *The Witness of God and Faith*, pp. 70 - 71. (强调部分为笔者所加。)

内心的律法来重获新生"时,这种理解是有误的。① 一如第二节指出,格林受到圣保罗影响而认为,善意志非如康德所论乃是空洞、普遍、形式的事物,而应当是个人依循具体的精神目标而向善行动的意念。顺此,格林另也批判康德提出的,那以理性为人自律、自我立法的根源,并主张人在肉身上感受的愉悦、快乐和满足皆不是自由之一环的看法。鉴于律法对人言行的规范、约束,只能造就人对于罪的意识,而无法真正助人脱离罪,国家法律因此无法助人真正自由,而仅是因肉体的律法所衍生出来的另一种约束个人的事物。是故,人无法透过"服从"他内心的律法来重获新生,因律法在此作为一种约束、规训个人行动的"分立"事物,其存在即预设了人的不完美。对此,格林在 1870 年《上帝的见证》("The Witness of God")中即曾明言:"服从法律也是一种诅咒;这是指人会因服从法律而产生私念,并由此产生新的罪。"②当人服从法律是为了免罪,那人的服从便只是为己的,为了免于受罚之私而做。但相对地,若人能够效法基督,舍弃肉欲转而追求全人类的良善福祉,那么人便不仅能够新生,更可望在实践良善的过程里获得救赎。③ 换句话说,人是在转念的过程,在透过追求良善的精神目的以使自身欲求得获满足的过程里,才得以具体彰显自由。就此说来,对格林而言,当黑格尔认为"只要依循国家社会的法律体制之指引,人就能具体实践自由"时,他所犯下的谬误就在于:国家法律的存在乃是以人的不完美为前提,而和康德论说的理性一样,无法单纯透过约束、规训个人的行动与欲望来助人具体实践其自由;甚且,人的自由当是在转念向善的意志中开显,而非透过服从任何分立自存的规范来落实。承此,依格林之见,黑格尔对于国家法律与个人自由之间关系的理解,便是有误。④

---

① Green, *Lectures on the Principles of Political Obligation and Other Writings*, p. 233.
② Green, *The Witness of God and Faith*, p. 11.
③ Green, *The Witness of God and Faith*, pp. 7 – 13.
④ 格林此处对于黑格尔的批判,有待商榷。如尼科尔森指出,黑格尔其实未将国家当作是自由的最终显现场域,因他认为在历史的流变过程中,国家也将逐渐步向消亡(Nicholson, "T. H. Green's Doubts About Hegel's Political Philosophy," pp. 67 – 70)。然而,即便格林对黑格尔有所误解,他引入圣保罗思想辨析法律与自由之关系的做法,仍为其思想论述尤具特色之处。

不过,格林虽然对黑格尔就法律与自由之关系提出的见解有所批判,但他也认为,国家法律和社会风俗确实在相当程度上有助个人履践道德自由。① 在《本分理论》里,格林即接续前述有关自由与法律之关系的讨论指出,生活在国家社会里的个人所能获享的自由,乃是个人经国家法律保障所享有的"法学自由"(juristic freedom)。要言之,所谓法学自由,是指个人在国家社会的法律保障下,所拥有的免于他人干涉自身行动之权利。而这种自由权利和意志自由的首要不同,则在于意志自由涉及的是个人内在心智的运作,而法学自由则关乎个人行动时是否免受外在干预。② 换句话说,个人经国家社会保障、享有的自由权利,即是借法律体制拥有的规约力量,来有效确保他人不会不正当干预的自由。在此,就此番关于法学自由的定义来说,其所能提供给个人的保障遂必然是自外而来。进而,若我们从个人全然主观的立场来看,这种自由则将是有条件的自由,而非真正的自我完善;因个人凭借国家法律保障而享有法学自由的同时,也被这法律体制要求不得干预、介入他人的行动。

顺此而言,依格林之见,若要超克这在法律与自由之间存在的主观与客观之分,而让人能够达致真正的自由,其唯一方法便是经由个人内在心智的转化,来调和其主观意志与客观规范之差距。格林表示,受到动物本能的影响,人常会因自然冲动的驱使而盲目追求愉悦的快感和欲望的满足。不过,当国家社会的法律体制与风俗伦理,透过其规约力量而为个人的自由行动提供保障时,个人的意识观念将可能会有两种变化:其一,个人或将意识到自身追求的客体对象,可分为"只关乎自我的"和"关乎自我与公众的"这两种类型;其二,个人或将经由这外在规范与法律体制发觉,生活在同一国家社会之中的其他人皆与自身一样,都是享有自由权利而为对等的公民。③ 准此,虽然国家社会的法律体制是借其规约力量自外规范个人的言行举止,但透过这类"规训"(discipline)过程,个人便可对自身追求的客体对象有所

---

① Green, *Lectures on the Principles of Political Obligation and Other Writings*, pp. 233–234.
② Green, *Lectures on the Principles of Political Obligation and Other Writings*, pp. 234–235.
③ Green, *Lectures on the Principles of Political Obligation and Other Writings*, pp. 246–247.

省思,或经此过程意识到对等的他人之存在。进一步地,格林指出,在规训之后,个人对于国家社会的法律体制与风俗伦理之反应,往往不脱二者:若非意欲反抗,便是坦然接受。唯格林强调,若细察这两种反应,其间亦可区分出两种个人面对外在规范时的心智状态。诚如前述,格林认为社会的构成涉及两项要件:一是参与构筑社会生活的众人彼此共享某个或某些特定的善观,二是这些人彼此承认、接受对方为与自身对等的自为目的者。据此,若个人经受规训而意识到他人与自我同为对等的公民,并也意识到公众福祉亦可为自身追求的客体对象,那么,当这个人接受了这种外在规范的约束,这便意味着他已对这些规范的存在理由有所认知,或察知"这些规范的存在是为了确保社群共善的实践与实现"这项观念。

就这点来说,当人们对这规范的存在理由有所认知而决定接受或反抗时,其决定便可能是出于认可或不认可这规范的存在理由而作成。① 而若个人是在对规范的存在理由有所认知之情况下而决定反抗或接受,那么他便可借此过程达致主观与客观的调和状态。依格林在《伦理学绪论》中所言,共善既是众人各自按其理性意志而经交互承认产生之善观,人的理性意志便是社会结成的基础。随而,在《论政治义务诸原则讲演》里,格林则又说:"所有特定的道德观念皆是自个人对自身的福祉所依赖的社会整体福祉之理解而来……而当这些道德观念体现于法律、制度及社会期待之中时,某种道德习俗便形成了。"②换句话说,众人各自基于其理性意志提出而经彼此认可的共善概念,经社会实践而沉淀为道德风俗之部分时,这类共善概念即可为他们或他们的后人透过对社会福祉之理解而获知的道德观念。简言之,对格林而言,若个人基于对规范的存在理由之觉察而决定接受或反抗规范时,于他的意识中自会浮现一个与自我和公众的福祉相关的共善概念。而若个人决定接受规范,这便意味着他认可了体现在这规范之中的共善,从而在他的主观意向和外在客观规范之间取得了平衡;而若个人决定反抗规

---

① Green, *Lectures on the Principles of Political Obligation and Other Writings*, pp. 247 - 248.
② Green, *Lectures on the Principles of Political Obligation and Other Writings*, pp. 15 - 16.

范,这或将意味着他拥有一个更好的或不同的共善概念,而寄望以此概念为基础推翻或改善既有规范。在此,就这后者来说,个人提出的不同共善概念虽然尚需经由他人的认可,才可望成为新的规范之基础,但个人若能提出新的、不同的共善概念并冀望以之改善既有规范,这便意味着他至少已在其内心中,调和了自身的主观意向和外在客观规范立基的社会福祉观念。① 就此而言,当格林受圣保罗的皈依经验影响而认为,基督复活所给予人的启示是"若人能舍弃自我,放弃肉欲的生活转而追求良善,那么人便不仅能重获新生,更可望在实践良善的过程中获得救赎"时,他在此所说的追求良善遂是指个人在法律体制和伦理风俗的规训下,转念朝向追求社群共善之实现的行动。② 而所谓的善意志,在格林的诠释下,便是指个人冀望实现社群共善的理性意志。③

(三) 公义与普世人性

经前述讨论可知,格林对于善意志和道德自由的省思与理解,乃是经由他对康德、黑格尔与圣保罗思想之检视、转化而来。进一步而言,这透过在社群之中舍弃自我、追求共善以落实自由的看法,究其根本,即如本节开头所述,乃是格林思想中就人何以能够脱离永恒的自我否定之境况所标志的出路。

在上一节,我们谈到格林述说人类心智的运作模式时指出,他所欲阐述的不仅是一种道德心理学,而亦涉及他对人类存在境况的理解。就此而言,人类的欲望、理智、意志及实践理性等心智能力既发端于人的自我意识,其终极指向便是人与世界和自我的和解与统一。顺此而言,格林的论说虽与

---

① Green, *Lectures on the Principles of Political Obligation and Other Writings*, p. 249.
② 关于这些对规范的存在理由有所认知而决定反抗或接受的人,格林在《伦理学绪论》里曾于讨论道德良知课题时,另以改革者和传道者称之。参见 Green, *Prolegomena to Ethics*, pp. 357–371, 376。
③ 关于圣保罗思想和耶稣事迹对格林的影响,亦可见 Andrew Vincent, "T. H. Green and the Religion of Citizenship," in *The Philosophy of T. H. Green*, ed. Andrew Vincent, pp. 48–61 (Aldershot: Gower, 1986), pp. 52–56; Vincent and Plant, *Philosophy, Politics and Citizenship*, pp. 13–17.

德国观念论哲学家如费希特、黑格尔的见解相似，①但在这些论说内容背后则涉及格林对于基督教原始教义的理解。简单来说，在格林开展其思想论述的过程里，他除了援用诸多哲学观点来批判性地转化基督教神学外，他亦特别重视如何透过《圣经》存留下来的文字，来还原、重探基督和他的使徒于布道之初所操持的人性关怀。而这种寄望透过哲学与历史的角度来重新诠释《圣经》的方法，一如文森特所指，是格林受德国杜宾根学派学者鲍尔（F. C. Baur, 1792—1860）和斯特劳斯（D. F. Strauss, 1808—1874）两人的《圣经》诠释学方法影响所致。② 受到18、19世纪广为欧洲知识界重视的历史哲学启发，鲍尔和斯特劳斯即希望透过还原一个"历史的耶稣"之形象来重思基督教思想的内涵及其演变。而在乔伊特的引介下，格林便在关注德国思想发展的过程里，获悉鲍尔和斯特劳斯的见解并受之影响。尔后，当格林研读《圣经》中的《罗马书》《加拉太书》和《约翰福音》等篇章时，他遂以融合历史与哲学二者的方法对之进行解析。至于格林实行此套方法的具体所得，诚如前述讨论所示，即是他透过重新界定善意志的内涵，以勾勒出超克主客二元观念的实践哲学。不过，若单以前述讨论内容来说，他的实践哲学既强调人是在追求社群共善的过程里和自己、和他人、和世界和解，那么，他所勾勒出来的这种种有关善意志、道德自由的说法，便似乎仅限于身处于"同一社群文化脉络之中的所有成员"，而隐约带有了一种文化相对主义的气味。甚而，正因社群共善的落实成为个人得以实践其自由，与世界达成和解的途径，格林如此发展的论述遂另也沾染了整体主义的色彩，而和传统上侧重个人价值的自由主义思想不同。

对此，泰勒的观点主义诠释即试图淡化格林思想中的整体主义色彩，而

---

① 关于意识、自我与世界的调和等概念在费希特与黑格尔思想中的内涵与重要性，参见 F. C. Beiser, *German Idealism: The Struggle Against Subjectivism, 1781 – 1801*, Cambridge, Massachusetts, and London, England: Harvard University Press, 2002; D. Henrich, *Between Kant and Hegel: Lectures on German Idealism*, ed. David S. Pacini, Cambridge, Massachusetts, and London, England: Harvard University Press, 2003; A. Seth, *The Development from Kant to Hegel*, London: Williams and Norgate, 1882.

② Vincent and Plant, *Philosophy, Politics and Citizenship*, pp. 7 – 13.

重新回到古典自由主义者持守的个体主义立场来诠释格林。诚如前文提到,泰勒基本上认为,在格林的思想论述中,任何道德规范都只有在经由个人主观认可之后才为正当。不过,若我们接受泰勒的观点主义诠释,我们除将易于误解格林论说的个人道德自由发展之重点,并忽略他省思善意志概念内涵之意义外,我们更可能有混淆认识论上的主观主义与道德上的主观主义之虞。就前者来说,社群共善虽是经由参与社会生活的众人各自依其主观意志之交互认可而成,但经此交互主观过程形成的善观,在社会制度建立、发展之后则会随着制度风俗的落实和演变,逐渐成为相对于个人之外的客观规范。甚而,对格林而言,这些体现共善概念的客观规范虽然约束了个人的主观言行,但正因这些规范的存在理由源自共善,故此些规范不仅不是不正当的,更是在个人无视共善,想要追求自我满足而阻碍他人自由时,得以用来提醒、管治甚至惩戒个人自私言行的凭据。[①] 顺此而言,另如前所述,这些关于个人言行的规训举措,不仅因此有助个人跃脱自身的主观意向,进入客观规范的理解视域,更可望在这过程中,协助个人转念追求包含自我和他人在内的社群整体共善之实现。质言之,在这跃脱、转念的过程里,个人的道德自由便经历了从主观、经客观,而向主客调和之状态发展的变化历程。

其次,就泰勒的诠释或有混淆认识论和道德上的主观主义之虞来说,格林思想中有关自我与他者之间的伦理关系的讨论,在泰勒的论说下,即成为仅能由个人所处的主体处境对非自我的一切进行主观认知与判断对象,而无涉客观。他说:"我们每一个人都是特殊的个人,我们是透过各自对于自身经验的批判反思所造就而成的,而这些经验之所以对我们来说是可理解的、具有意义的,则是源自我们内在的人类潜能和社会化经历的交互影响。"[②]据此,泰勒认为,对格林来说,人类的自然需求、价值观念和种种知识见解都是呈现于个人内在之中的人类本质(human essence)之一环,唯这些

[①] Green, *Lectures on the Principles of Political Obligation and Other Writings*, pp. 92–93.
[②] Tyler, *The Metaphysics of Self-realisation and Freedom*, p. 167.

构成个人人格之要素仅能在特定的社会环境中显现。① 换句话来说,泰勒所言意指凡人皆有其自然本性,唯这些本性作为人类潜在拥有的能力,必须经由社群生活的社会化过程才能实现。在此,泰勒的诠释明显带有亚里士多德"潜能-实现"说的色彩,只不过他援引之以论说的重点,在于强调人是何以经主观的理解、思考、判断,而将自身从外学习得来的种种经验与知识转变成为个人自我实现的素材。换句话说,虽然泰勒论及格林思想中社会化与个人自我实现之间的关联,但他乃聚焦在个人作为认知主体的主观能动性,而未说明格林重视人我关系的根本缘由。此即,对格林来说,人我的和解不仅是主客调和的一项关键,亦是个人于社群生活中达致自我完善,于世界中寻得安宅的表征。

总的来说,格林之所以重视主客调和,重视人我关系,重视社群共善和个人自由的关系,当是因为他认为唯有透过这些关系的调和,人才能在社群生活之中达致自我完善的理想状态。然而,若我们从泰勒的诠释来认识格林思想,我们或将认为格林借由提出这些论说所欲彰显的,仅是个人自由优先于社群共善的价值。对此,泰勒曾明确表示,他认为对格林来说,"个人良知的自我决定与由此而来的责任,是有德的自由生活所具备的一项关键且必要特征"②。而从这所谓个人良知(individual conscience)出发,泰勒针对格林思想提出的观点主义诠释,遂是基于某种关于个人之内与个人之外的内外之别而来。要言之,当泰勒在谈论个人与非个人(如他人、社会、国家)之关系时,他是以关乎个人的内在心智活动与关乎个人的外在行为之区分来理解。溯其本源,这种对于个人与非个人之关系的理解方式,诚如前述提及,乃是英国古典自由主义发展立论的础石。③ 然而,正因泰勒在诠释格林思想时是据守古典自由主义预设的个体主义立场进行,人的认识活动与道德行动便容易理所当然地都被看作是个人以其内在主观判断为据展

---

① Tyler, *The Metaphysics of Self-realisation and Freedom*, p. 168.
② Tyler, *The Metaphysics of Self-realisation and Freedom*, p. 4.
③ A. Arblaster, *The Rise and Decline of Western Liberalism*, Oxford: Basil Blackwell, 1984, pp. 15−25.

开。只是,从这种预设观点出发来看,在个人主观判断以外的其他事物便都成了个人进行判断时的思考素材而已。而若个人的认识活动与道德行动都必然是主观的,那么,国家社会的法律制度和道德规范便将难以具备客观有效的约束力。诚然,泰勒或许可以交互主观概念来主张如此产生的善观具有客观性,唯一旦个人的主观判断有所变化,原本经众人共同承认、接受的善观是否还可具备客观有效性,这即是泰勒的诠释所未能化解的问题。

不过,格林既强调个人的自我实现、人我的和解只能在社群生活之中达成,其论说主张遂明显带有一种侧重社群生活价值的色彩。进而,格林亦曾谈到,我们对于人与人、社群与社群、国家与国家之间关系及其间隐含的本分之认知,都必然是透过我们自身所处的社群教养而来。[1] 换句话说,他的见解确实可能带有某种文化相对主义的内涵。只不过,当他说到这人与人、社群与社群、国家与国家之间存在的本分关系时,他另则引入了正义(justice)和普世人性(universal humanity)这两项概念,从而淡化了他思想中这种侧重社群价值、文化相对主义的气味。而在他使用的这两项概念背后,则再次都与他从事的基督教思想转化工作有关。于其中,《圣经·罗马书》中写到的"神的公义"(righteousness of God)概念,即为格林此番论说个人如何经由人我的和解,以达致自我完善的道德实践,乃至全人类之间的友爱(fraternity)关系与生活的重要参考依据。

据牛津古典学者麦坎(R. W. Macan)的笔记载示,格林在他的课堂上讨论《罗马书》的内容时,曾就何谓"神的公义"作出界定。首先,以古希腊的正义观作为参照,格林指出:"就一人对他人来说,正义(Δικαιοσύνη)指的是一种关系;在这之间,一人与他人居处于公平且公正(fair and square)的位置上,亦即这人与他人是以完美的相互性互动交往;或说,这即是个人与社会法律完美应和的关系。"[2] 以此古希腊的正义观为据,格林在诠释《罗马书》时便将此处说到的"他人"和"社会法律"替换为"神",从而将"神的公

---

[1] Green, *Prolegomena to Ethics*, p. 238.
[2] Green, *Works of Thomas Hill Green*, Volume III, p. 190.

义"界定为人与神之间的完美关系。质言之,按格林的诠释,由于人的肉身承载着罪,而罪将人束缚于肉欲的追求上,因此人要与神和解,恢复与神之间的完美关系,便须凭借自我意识能力来脱离肉欲和动物本能的掌控,并以基督为典范行善;而这行善一语提到的"善",对格林而言,即是指对自我和公众而言皆为有益的共善。① 由此说来,若人能够为了公众的福祉努力并以履践共善为念,那么,人便有望经由此一良善的社群生活企及与神交往的完美关系。换个角度来说,在这履践善行的过程里,人的存在处境将会发生转变——从与神疏离的肉欲生活转向与神同在的良善生活;而在这之间,人透过自我意识能力展现出来的转念向善能力,其作为人的内在神性之展现,遂是人得以与神和解、重获公义的根本。

在此,当格林透过"神的公义"这个概念来解释人与神的和解关系时,他除了引入他提出的有关个人的自我实现、社群共善与转念向善能力之论述外,他亦就人与人之间应该处于何种互动关系这一点做了阐述,而更进一步地引出"公义"隐含的"正义"概念之内涵。依格林之见,古希腊的正义观虽然强调人人居处于公平且公正的位置上(亦即所有人都能平等地相互交往并各自居于应得的位置之上),但这类正义观从未及于希腊城邦中的所有人,而只适用于拥有公民身份的少数成年男性。格林指出,在古希腊城邦里,人们对于人与人之间的道德本分与社会责任之认识,都是经由自身所处的部落和家族教化而来。② 由此带来的好处,是人们能够较为清楚地了解同样身处城邦之中,且具有特定部落或家族背景的他人所背负的本分与责任,从而能够据此视彼此为对等的公民,并对社群共善的内涵可有较为具体的认知。不过,格林认为,这种正义观显然较为狭隘;相对地,在斯多葛哲学和罗马法学的影响下,基督教则不仅特别重视会众之间的情谊,亦更坚信人人平等的普世价值。③ 此即,对基督徒而言,凡人皆是神的造物,故每个人都是平等的;且这个"凡人皆是平等的"道德原则,又因神无所不在、无所不

---

① Green, *Works of Thomas Hill Green*, Volume III, pp. 191-206.
② Green, *Prolegomena to Ethics*, p. 238.
③ Green, *Prolegomena to Ethics*, pp. 238-243.

能,而为自创世以来,即对所有人类一体适用的普世原则。即因如此,格林认为,基督教信仰带给欧洲人的礼赞便是这"凡人皆是平等的"普世道德原则。质言之,在人为了与神和解、重获公义而致力于追求共善的过程里,还必须谨守"凡人皆是神的造物而为平等"的价值,从而在追求公义的实践路途中,同时落实了正义。

不过,依格林之见,虽然基督教透过宗教语言而传递着"凡人皆是平等的"这项普世价值,但在意识到这项价值的重要性后,众人仍必须回到自身的国家、社群与实际处境里来思考该如何具体落实之。就此来说,若我们妄想单以宗教语言来宣扬"凡人皆是平等的"这项价值之普世性,并借此要求所有国家都须一致遵循,那么各国不仅会因为这项价值宣称太过抽象而无所适从,更容易因为这漠视各国文化脉络与实际处境差异的宣称,而蒙受不义。即因如此,格林强调,能够具体落实"凡人皆是平等的"这项普世价值的最适切方式,当是透过各国人民依其共同接受、认可的善观所打造的良序权利体系与法律制度逐步推展。在此,透过众人共同认可、形成之善观而推行的权利实践,人们才可能更深刻地了解平等的内涵,从而体悟公平、公正地和他人相处之重要性。① 若以一国的社会处境来说,上文即提到木匠和作家乃是依其不同的社会身份,而拥有不同的生产工具和经济地位,但若作家未善用其生产工具写作,反而耗费心力在制作木板、木雕,那么显而易见地,这位作家便未善尽其依自身所处地位而来的社会责任。不过,若比起写作,这位作家其实更擅长于木工,那么执意将此作家限制于从事写作工作之职责上的社会,便是不义;反之,若作家的天赋仅及于写作却执意从事超出自身能力以外的工作,这种状态同样也是不义。就此而言,即如笔者下一篇文章《托马斯·格林的公民哲学(二):伦理政治论》所将指出,对格林来说,政治生活、权利体系与法律制度所具有的一项重要功用,便是去改善这些由个人或由社会造成的诸多不义。换言之,这有关如何落实正义的课题,诚乃连贯格林的道德思想与政治思想之关键。一如他在1867年讲授道德哲学

---

① Green, *Prolegomena to Ethics*, pp. 243 – 250.

与政治哲学时所言,亚里士多德的《政治学》"是经由分配正义概念而与其《伦理学》相联结"①,格林的公民哲学亦是以社会正义为中介,联结了他的道德哲学与政治哲学论述。

承此,借由述说基督教的神学观念和道德主张,如何影响、转化了欧洲人对于"正义"的理解,格林遂得以将他重新界定、诠释的"神的公义"和人我之间的伦理关系等概念,引入他对自由主义政治思想的批判之中。至于这将平等、正义与公义三者交织起来,并借以论说人何以在社群中获致自我完善,而与世界、他人和解之主张,则是格林提供给我们思考如何脱离永恒的自我否定境况之路标。要言之,若我们细察格林论说的主体、客体与主客关系等概念,在他借哲学语言转化"神的公义"之内涵背后,正是他试图借社群共善与人我关系等论述来阐释应然规范之涵义的用心。首先,若我们从格林述说的人类心智活动模式来看,善的初始界定是指人透过理智、欲望的运作,而在意志的展现下决定用来满足自我的对象。在此,善作为人所欲企及、实现的对象是个客体,而人形成此客体观念之背景则是人透过理智认识的外在世界,唯这个世界相对于正在认识的自我而言,也是个客体。进一步地,就此处所言的主客体与其二者之间关系来说,这些心智运作的状态与变化皆是发生在个人内心之中,唯当个人身处在家庭、社会或国家等社群之中时,作为和个人自身一样而为自为目的者的他人,其与个人的互动关系便将让这主客关系变得更为复杂。这是因为从认知的角度来说,对等的他人对个人而言诚为一个有待认识的客体,但从道德的角度来说,对等的他人并不是单纯的客体,而是与正在认识、欲求的特定个人一样,为具有自我意识能力的主体。是故,当个人在社群中生活而须设想、承认某个有待众人接受的共善概念时,经他心智运作而显现的客体对象遂有二:作为认识背景的他者和作为欲求对象的共善。唯这共善既须受众人共同承认、接受,当个人在思忖这共善概念的内涵时,他便无法单从如何满足自己的利益或愉悦出发思考,而必须把自己投射(project)在社群共有的未来前景上来构思共善。

---

① Green, *Collected Works of Thomas Hill Green*, Volume V, p. 144.

于此,诚如前述论及,透过这个将自我投射在社群之中,而使社群福祉和自我福祉相互关联的过程,个人遂可与他的同伴共享善观,从而在为了社群福祉牺牲奉献的过程里,使其精神随社群永存而永存。①

由此说来,若我们接受泰勒的诠释,而全然以主观个人的视角来解读格林的道德论述,那我们便将容易忽略格林相当关注的这"主客调和"或谓"主客合置"的思考面向。② 进而言之,应然规范的客观有效性诚与个人的主观意向相关,但这主观意向的表达并非规范得以具备有效性的充分要件。为使规范具备充分有效性,众人实须深究个人主观意向的实质内容,以及内藏在这意向之中的那人对于主观自我与客观他者之关系的理解。随而,正因为社会正义乃是这主客关系中的核心概念,其遂亦为格林的道德思想和政治思想之间的枢纽。在笔者下一篇文章中,我们便将看到格林是如何据其伦理主张,重新诠释了自由权利、主权国家及民主政治之内涵,从而一方面化解了古典自由主义者指称的个人与社群、自由与共善之间的冲突,另一方面为劳动阶级寄望的政治与社会改革行动提供了理据。

---

① Green, *Prolegomena to Ethics*, pp. 270 – 271.
② 相较于泰勒,迪摩娃-库克森则认为格林虽从道德心理学的角度阐述了个人作为道德主体的心智运作模式,但当格林论说人类的理想道德目的时,他其实又跳脱了个人内在心智的范畴,径从一个客观的、必然的、绝对的良善目标出发,论说个人为何应该以此良善目标为自身心智行动的最终指向。据此,迪摩娃-库克森声称格林犯下了所谓"现象学循环"(the phenomenological circle)的谬误,而未经解释便突然从道德思辨的主观视角转入客观视角(Dimova-Cookson, *T. H. Green's Moral and Political Philosophy*, pp. 67 – 78)。不过,对于迪摩娃-库克森的批判,我们或可回应如下:如同本文论说至此所不断强调的,格林十分关注主客如何调和的课题,而"交互主观"概念便是他借以回应此一课题的重要依据。此外,对格林来说,主观与客观并非位处极端的两个绝对对立之物,而是会因人我的互动交往不断变换其描述对象之语汇。因此,所谓主观和客观视角的转换,涉及的其实是主体与客体辩证互动、通往和解的过程,而非谬误。

经典文献与资料

自然法[*]

布赖斯 著
褚 蓥 王江涛 译

一、作为统治力量的自然观

如果不写一本厚厚的大书,我们就无法既对自然法这个概念所包含或蕴含的观念做一个哲学分析,又列出并解释这个概念事实上使用的各种含义,以及它的这些不同的含义对政治理论以及制定法所产生的影响。所以,我在这里想要做的事就没有那么雄心壮志,而且所研讨的问题要与对罗马法研究的联系更为紧密一些。这就是要概述自然观念作为法律的渊源成长和进入哲学的过程,以及从哲学进入法律思想的过程的梗概;展示这一观念是如何在罗马法学家的心目中获得一个相对确定的形态的;描述他们是如何在实践中使用它的,最后再(以最简洁的方式)说明由于罗马人赋予它的卓越地位,乃至于它对现代所产生的一些影响。已经有很多作者都讨论过这一主题了,其中一些人的名字还是人们耳熟能详的,而正因为人们很熟悉这一主题,所以很多内容我们就可以略过不提了。我的主要

---

[*] "The Law of Nature," in James Bryce, *Studies in History and Jurisprudence*, New York: Oxford University Press, 1901, Essay XI.

目标是想证明,这个概念并不像人们有时说的那样模糊和抽象;相反,对于罗马法学家而言,它有相对确定的含义;而且,他们是以全然实用的精神在使用它。

当人们在对自然掌握了一些控制力,开始用他自己的想法来解释或归类自然现象——他身处于这些现象之中,是这些现象的一部分——时,有两个一般性的观察结论就会浮现在他的脑海。第一个观察结论是,在各个具体生物的表面的不同之下,无论是动物还是植物,无论在世界的哪个地方,它们都存在一定明显的相同点,基于此可以将它们分成不同的种类。单个的动物之间彼此不同,但是一个种属或纲目下的所有动物之间总有一些共同点,而这也就成为它们这一个种属的特点。同样地,不同种属之间也有不少的共同点。所有的狗都有一些共同的属性;尽管狗与狼不属于统一种类,但狗和狼却具有很多相同点。现在,这些类似现象中最普遍的,也最引人注目的情况是生物的生长过程的相似性。它们都是以类似的方式出生的;它们一出生时都很小、很弱;它们慢慢变大、变壮;它们到一定时候就开始长牙;然后,再到一定时候,它们就开始长出毛发或羽毛;最后,它们开始变弱,然后死去。植物也是一样的,它们从种子里发芽,破土而出,然后快速上窜,长出枝叶,开出花朵,结成种子,然后枯萎,重归尘土。

通过观察这些现象,人们形成了四个看法。第一个看法是,虽然各种生物有各种不同的特点,但只有它们与相同种类的生物所共同具有的特点才是最根深蒂固的、永恒的。第二个看法是,这些特点来自生物的起源,是它们的天资。第三个看法是,在这些共同特点中,包含了生长和衰朽的现象,而且这是其中最重要的共同点。第四个看法是,在这些成长的现象中,我们可以发现证据证明有一些力量在作用并一直影响着这些生物,而且其中一些力量是完全不顾,也无法归因于它们的意愿,这些力量要比它们自身更为强大,决定了它们的整个生命进程的走向。

第二个观察结论是在人类身上同样具有占主导地位的相同性,以及个体无限的多样性,而且人类身上的这种多样性要比在低端生物身上所表现出来的更为明显。然而,人类与动物的不同之处在于,在所有人类身上,会出现同样的普遍的倾向,同样的欲望、激情、情感。正是这些激情和情感推动着人们的行动,使他们所依循的原则、所采取的方式经常在根本上是一致的,尽管人们之间存在着差异,尽管因为下述事实,即情感推动他走向一个方面,利益则推动他走向另一个方面,而恐惧则会阻止所有行动,人们之间可能出现矛盾与冲突。因此,这也就形成了一个大写的人的概念,这个概念超越于每一个个体的特殊性之上,这一普遍性不是他自己构建起来的,而是在他生命的起点就被赋予他的,并随着他身体与精神力量的不断壮大而发展。因此,这种人之为人的普遍性最值得注意的标志是,它是在人出生时就开始具有的,并在人生长过程中逐渐展露开来。所以,正是这种出生和成长的现象代表着所有人身上的这种统一性,而这种统一性覆盖了所有人,使得人成为人。

在这里,我在试图解释这些概念时所用的话语虽然不是专业术语,但依旧不可避免地会沾染上我们现代性思维的习惯。但是,我们还是有理由相信,基本上,这些概念会被提交给那些有反思能力的人们,这有助于他们想出更为精准的概念。他们的大脑都接受过一定程度的教育,他们在学会以形而上学把握事物之前,通常会偏爱诗人形象的语言。

当形而上学出现时,这也就是说,当人们开始发现宇宙之中的问题,并试图以思维,也即有意识的推理,寻找系统性的、全面的解决方案的时候,一个全新的时代就到来了。在环视这个富有生机的世界(同时也以更为清楚的眼睛看着那个无生命的世界)的时候,哲学家发现物理力量的运作存在一定的规律性,而生物则会按照既定的、统一的路线成长,他们感觉有必要查找这些规律性背后的原因。他们得出结论说,一定存在着一种力量,或者是一个神,或者是一群神,也可能是非人的神,他们掌握着天生的、不可抗拒的力量,可以将他们的意志和志趣施加在物质世界的运动和进程之上。他们发现这样一股力量在非生物世界的行动和在生物世界的行动之间,以及在对动物的行动和对人的行动之间,都存在某些相似性。因此,他们将这股力量奉为统治者,并且使自己遵奉类似的原则,向着某种相似的目标共同前进。他们给它取的名字来自人的出生。这就是"自然"(φύσις,

Natura, Nature）。

当他们将这种调查方法或思考现象的方式用在人身上,并且不只是把他当成一个动物,而且还把他看成是一个理性的主体时,他们发现,在他身上,存在着复杂的能力和冲动,推动他向着某些目标前进,这些目标尽管在细节上存在无限的差异性,但在本质上对全人类却都是一样的。他们注意到某些特点和趋势,他们称之为常态,并认为这种常态是由作为人的道德和身体构建的一般标准来作为其规定性的。由此,他们认为世界上的所有事都是处在这一区间之中,即要么是一种病态的偏差,要么是严格基于标准而出现的间接成果。而且,正如在更为广泛领域中的生物一样,人类认为在他们身上的构建也是这种力量的产物,这种力量将人类塑造成一种智慧生物,使他们的行动符合它的各种行动,以最终达到一个主要的、中心的目的。和动物的机体一样,人的身体上的所有力量和进程合在一起,完美地服务于助力它的发展的目的,因此,人作为一种智慧生物,他的所有能力、智慧和情感都与一种主导性的影响力量连在一起,被它牵引着,这股力量就是理性意志。人们遵从着这一意志,乃至他们身体的所有部分、所有冲动因此都获得了合理的作用形式。所以,那股中心的、至高的力量——在物质世界中,人们称之为自然——在人们身上被称为理性,相应地,自然也就被想象成具有必要的合理性了。因为,总的来说,关于在世界上,事物为何会具有普遍的趋势,以及关于事物和谐一致的根源,人们认为这不仅仅是一个既成事实,而且应该有某种原则或某种遍及各处的力量存在着;这不仅是现象的集合,而且应该有某种力量在统治这些现象。所以,当有某种相似的准则被以相似的方法用于人类时,人们就认为这种力量是理性的。而这一看法,即将在人身上促进和谐的原则认为是理性,则使得人们将自然这种给予所有事物以外形与属性的力量想象成一种理性的力量,它会按照通向确定目标的路线来造就现象。

因此,自然这个概念,当被确定用于人类社会时,就包含了两个元素。第一个元素是统一性或常态性元素,这种看法认为,各类客体、存在和进程的本质和主导原则体现为它们具备相同性,也即它们属于相同的类型。第二个元素是力量和控制力元素,这种观念认为,类型的形成,进程的推进,都是在一种智慧力量的牵引下实现的,这种力量在物质世界中可能会,也可能不会被认为是有意识的、属人的(因为哲学家们将这种力量区分了出来),而这种类似的力量在人身上则会被认为是有意识的、属人的。由此,自然和理性便被人们拉得非常近;或者至少,在自然身上存在着一种所谓合理的属性。

这种关于自然及其进程是一种统一行动的观点,以及这种关于统一性的产生主要是因为某些引导力量的观点,它们形成的时间是某个更为高级的思想阶段,即要比我们现在所认为的阶段更为高级,因为这些观点更多地表达了自然法则的意味。① 自然法则这个概念经常被人们用来形容物质世界现象秩序上的统一性,这为人们打开了一条思考的线索,虽然这条线索与我们这里要讨论的并不直接相关。之所以会这样,是因为在一个有序的人类共同体(它的成员都遵循统治机关为他们制定的法律规则)与有序的宇宙(它的肌体的每一部分都按照一定的规律性来运转)之间存在着某种人们想象出来的相似性,而这种相似性使得人们认为有一种不可抗拒的力量在指引着一个合理的方向。因为法律是一个国家的基本框架,所以,自然进程的秩序也就被视为外部世界的基本框架。我在这里讨论的物理或外部自然界的自然法当然与(道德的)自然法没有关系。在论及前者时,里面的那个"自然"如果表示的是一种自然现象的集合,那么它就是消极地遵循着为它设定好的法律;相反,"自然法"这个概念则表示它是一种力量,能够制定法律。"自然法"被视为由那种统治自然世界的力量加在自然世界之上的,或者,正如希腊人说的那样,它们是造物主(Demiurgos)加在宇宙(Kosmos)之上的法律;而我们的(道德的)"自然法"则(正如我们会在后文提到的)是自然(或"自然的创造者"上帝)为它的孩子——人类——设定的。然而,有时,在提及"自然法"(物理概念的)这个概念时,自然这个词不仅被用于表示消极地遵循法律的客体,还会被用于表示下命令的积极的统治者;这种双

---

① 这个概念被从物质现象拓展应用到其他科学领域,比如,经济学和语言学(如供需法则、"格林定律")。

重的用法会让人困惑。所以,这可能是这一说法出现的原因,即"违反了自然法",因为很明显,自然法是不可能被违反的。这个说法的意思可能是这样的,即人们在行动时有意或无意地没有顾及自然现象的秩序,于是不可避免地遭到了惩罚。① 一直到古代,这两个概念都还没有混淆在一起,事实上,现代意义上的那种"自然法"概念在古人中是很少用到的,人们可以说,我们所理解那个自然法概念的确来自他们,但他们自己却并不太能理解这个概念。② 不过,虽然古代与现代的概念之间存在明显的区别,但它们都带有这种含义,即理性作为一种力量,统治和命令所有的事情。而华兹华斯(Wordsworth)在一篇著名的诗作里谈及义务时,也曾大胆地将道德法比作一股力量。它指引着圣洁的行军,保持宏大方阵的整齐划一:

是你保护星辰不沾染乖谬,
最远古的天堂因为你而保持纯洁与强大。

现在,让我们将眼光转向政治社会的现象,看看这个概念是如何在这一领域中运作的。

二、 自然法概念的起源

当观察者投身于对社会想象的观察时,他便会再次察觉到,正如他在观察整个生物界时所看到的那样,有两个事实是同样明显而普遍的,即统一性

---

① 一个人违背或逾越了法律,他可能会,也可能不会被发现并遭到惩罚;而如果他将手指放在火里,他立刻就会感到疼痛,于是,他就遭受到了自然现象的常规秩序的处置。
② 在狄奥多西皇帝、阿卡迪乌斯皇帝和赫尼乌斯皇帝的一部法典中有一条规定(Cod. Theod. Bk. xvi, Tit. x. t2),里面用到了"自然法"这个概念。这个词的用法很接近现代的用法。根据这条规定,皇帝禁止任何人进行牺牲或询问"超自然的精神"(spirantia exta)。在警告违反者将受到惩罚后,他继续说道:"Sufllcit ad criminis molem naturae ipsius leges velle rescindere, iniicita perseturari, occults recludere, inter-dicta temptare."然而,这句话的意思可能不过是,违背"保守自然的秘密,不让人知道"这一原则是不虔诚的。但是,无论如何,这里的概念的含义与道德法的含义是不同的,因为古人认为道德法已经由自然做出了设定。

和多样性。在人类的习俗方面,包括世俗的和宗教的习俗,在人类的规则和准则,以及各个部落和国家的政体方面,有很多事情是各个人类共同体之间相互不同的。① 但是,也有很多事情是所有人都一致的。所有人都认为某些行为,一般而言,尽管有很多不同的变化,但相同类型的行为都是同样的好或坏,应该给予奖或惩。所有人都认为,人与人之间,家庭之间,或集体之间的某些相似的关系是不可或缺的,并试图根据相似的原则调整和规范这些关系。这些关系所采用的形式无疑会因不同人群所达到的人类文明阶段的高低不同而表现出差异来。一个原始部落的习俗,虽然与其他原始部落的习俗之间存在一些相似性,但却与更为先进的民族之间寡有相同之处。然而,哪怕是在原始部落与半开化、开化社会之间,也存在明显的相似点,而且,人们通常也可以觉察到,在前者的世俗中包含着成长为后者的完整形态的原始种子。

所以,部落或民族的习俗与规则明显是某些倾向与趋势的产物,而这些倾向与趋势是人之为人的应有之义。换句话说,它们是人类的某些永恒的、基本的、特性的内容的外在表达,因此,如果一个旅行者发现了一个至今不为人所知的原始部落的话,那么他应该会在那里看到很多我们已知的现象,这就像在每一个孩子身上都存在着属于整个人类种族的相同的品质和倾向一样。因此,这些习俗现象被人们视为是常规的,并因此是属于自然的,即它们都是源于那种力量,而正是这种力量才使得人成为人。因此,在人类习俗与制度领域中,我们可以看到,这些东西相互之间存在着一致性,虽然只要环境或外在条件,或者因为我们称之为机运的东西变化了,它们也会跟着变化,而且,哪怕不在所有地方,但至少在绝大多数案例中,我们都可以看到,因为当前的条件的影响,这些习俗与制度表现出了常态与统一的特点。而且,这种常态不仅可以在政治领域上看到,在道德和社会领域,在将人构

---

① 希罗多德曾引用了品达一句著名的格言:"习俗是所有生物与神灵的君王。"他引用这句话是为了说明,依据某种惯例所做的事情,在某一个民族看来是对的,但在另一个民族看来则不是。但后来,这句话经常被用来宣称习俗对于所有事情的至高无上的地位。Cf. Herod. iii. 38, and Chrysippul, *apud* Marcian in Justinian's Digest, i. 3. a.

建成为一种道德和智慧生物的领域上,我们也能同样看到。因此,从这种角度来看,自然是社会和政治现象,以及人的身体发展、道德进步方面的统治力量。

人类的习俗和惯例都是早期的形式,此后,它们有了新的名字,即法律——所有的法律都源于习俗,希腊人用同一个名字来称呼此二者。由此,那些将人类社会哲学化的人们也开始对法律的原理进行思考。

现在,法律,也就是人们遵守的人类社会赖以联结在一起的规则和约束性习俗,分成了两类。有些法律在全部或多数人类共同体中是相同的,虽然它们的具体规则或所使用的技术术语有些表面上的差异。它们都指向同样的目标,而且它们都采用基本相似的手段来追求这些目标。另一些法律则在每个社会各有不同。这可能是因为它们所服务的目标是专属于那个社会的;或者是因为它们源于历史上的某些偶然事件;也可能是因为它们来自某个统治者的恣意妄为。那些到处都一样的法律则来自对所有人都一样的精神和道德纲要。

它们是将所有作为社会生物的人联系到一起的原则的产物,它们是由自然——被人格化为指引力量——予以发展和规定的。因此,人这种自然生物称它们为自然的成果,而且,它们不仅在人类的世界中普遍存在,它们的起源也要比其他规则或习俗更为久远。它们比人的思想出现得更早,比每个共同体为自己制定法律的时间也要早,因为它们属于人类这个整体。因此,它们也被认为比法律拥有更高的道德权威,因为具体的法律规定是每个不同的共同体皆不相同的,可以今日制定,明日废止,而且效力也只限于当地。

习俗和法律是自然的、永恒的和普遍的,而它们的对立面则是人定的、短暂的和偏狭的,这些对立面既出现在纯法律领域,也出现在其他领域,而我们现在就准备讨论它们。具体而言,这些对立面共有三种不同的形式,即伦理、神学和政治。

伦理在很早之前就出现了,而且比任何正式的伦理科学的出现时间还要早。人们在推进文明发展过程中遇到的第一个困难是因为心灵中主宰道德义务的律令与公共机关制定的法律之间的不一致而引发冲突。索福克勒斯的《安提戈涅》就以这一冲突为主题。我们都很熟悉故事的女主角回复国王的那句著名的台词,当时国王指控她违反了城市的法律。她宣告这些法律并不是由宙斯或正义之神宣告的,而这些神是与下界神同住在一起的:

> οὐ γάρ τί μοι Ζυὲς ἦν ὁ κηρύξας τάδε
> οὐδ᾽ ἡ ξύνοικος τῶν κάτω θεῶν Δίκη.
> 因为向我宣布这法令的不是宙斯,
> 那和下界神同住的正义之神也没有为凡人制定这样的法令。

安提戈涅接着说,那些神的法律是不成文的,也是永恒不变的,并不是只在今日或昨日存在,而是永久存在,而且,也没有人知道它们是什么时候出现的:

> οὐ γάρ τι νῦν γε κἀχθές, ἀλλ᾽ ἀεί ποτε
> ζῇ ταῦτα, κοὐδεὶς οἶδεν ἐξ ὅτου ᾿φάνη.
> 它们的存在不限于今日和昨日,而是永恒的,
> 也没有人知道它们是什么时候出现的。

在另一部剧的一个伟大的片段中,有一首同样的诗也表达了相同的看法。在那篇诗中,道德法被形容为神的造物,而不是人类短暂的造物,人们哪怕是在梦中也不会忘记它。①

在此后的作品中,这种观念反复出现,但都不如《苏格拉底的申辩》(*Apologia of Socrates*)那样令人印象深刻。在那篇文章中,那位哲人声称他必须遵循神的旨意,而不是城邦的权力。他认为,这种神圣的旨意直接地,

---

① Soph. *Antig.* 1. 450; *Oed. Tyr.* 1. 865.

虽然也是内在地向他揭示了一个"神圣的信号",而他自己的良心认为这是至高无上的。

在早期,有关此事的神学看法是模糊不清的。比如,在荷马那里,某些义务,即对恳求者提供保护和善意等,是与宙斯的心情和意愿联系在一起的。目前,我们确知的是,自从圣保罗(他比较了自然法,这些自然法对人的行为的正确与否做出了规定,且由上帝直接灌注入人们的心智)开始,才出现了明确揭示的法律,上帝只将这些法律赐给了特定的民族。

"没有律法的外邦人,若顺着本性行律法上的事,他们虽然没有律法,自己就是自己的律法;这是显出律法的功用刻在他们心里,他们是非之心同作见证,并且他们的思念互相较量,或以为是,或以为非。"①

在相当大一批希腊哲学家那里,我们能够看到类似的但做出了必要修正的观点。赫拉克利特提到,有一部神圣法,所有的人定法都从那里汲取营养。据色诺芬说,苏格拉底比较了城邦的成文法与未成文法(在每一个城邦里,这些未成文法大体上都是一致的),并提出,后者是神为人类制定的,②且补充说,人们如果违反这些神定法的话,神就会降下惩罚。同样的话在柏拉图那里也可以看到,他将抽象的正义、正当的法与在政治共同体中普遍存在的现实法和习惯做了对比。在亚里士多德那里,这一反差变得更为明确。他的这些看法十分重要,因为这些看法深刻地影响了中世纪的经院哲学家们。他将城邦中的正义分为自然的正义和法律或习惯的正义,其中前者在各处都拥有相同的效力,而后者则包含一些在一开始无关紧要的事情,对这些事情,人们可以这样做出规定,也可以那样做出规定,但后来法律或习惯对此做出了明确的界定。他继续说道,有的人认为并没有这样的自然正义,因为"公正的事情"在各处是不一样的,然而自然现象在各处却

---

① 《罗马书》第 2 章,第 14、15 行。在这一句中,"心"这个单词应该用古意来理解,那时的人们认为,心,而不是大脑,才是智慧所在之处。同时,也参见《罗马书》第 1 章,第 20 行。"自从造天地以来,神的永能和神性是明明可知的,虽是眼不能见,但借着所造之物就可以晓得,叫人无可推诿。"

② Xen. Memor. iv. 4, 15 sqq. "θεοὺς οἶμαι τοὺς νόμους τούτους τοῖς ἀνθρώποις θεῖναι"这些话是由希琵阿斯说出来的,但却是苏格拉底所主张的看法。

是一样的。这是真的:尽管的确存在上述情况,但正如右手天然就比左手强壮一样,虽然也有左撇子,在自然规则和非自然规则之间也存在本质的差异。① 同样地,在一本更为知名的作品中,亚里士多德将法律分为如下两类:共同的法律,即根据自然制定的,得到所有人承认的法律;特殊的(ἴδιος)法律,即由每个人类共同体为它自己制定的法律。② 他将共同的法律视为一个常见的概念,因为一位辩护人在为一件事辩护时,如果发现制定法对自己这方不利,就会提出共同法来作为抗辩。他引用了我们前面已经引过的索福克勒斯的那段话,以及恩培多克勒(Empedocles)评述普遍规则的两句话。而德摩斯梯尼也曾引用"所有人共同的法律"来为一个人辩护,以捍卫他的财产不受强力的侵害。③

禁欲主义者们采纳了这种观点,并使之变得极为丰满与有力,特别是在伦理层面上。他们发展了亚里士多德的自然观念,将之作为世界内生的指引性原则。这个原则就是理性,也即神的理性;而自然或共同的(普遍的)法是它的外在表达。因此,因为人也是普遍的自然的一部分,所以,在他身上,理性也是占据支配地位的引导性的元素。理性以如此明智的方式指引着人的所有机能,乃至于如果这些机能在运作中得到合理发展的话,那么这也就代表着人在遵守他的真实的自然天性。因此,这句公理,即"按照天性生活",也就变成了对人履行义务和获得幸福的途径的简洁的概括。

不过,哲学家们对这一问题的看法并不一致。怀疑论者与新柏拉图主义者们共同反对有这样一种"自然正义"(φύσει δίκαιον),指出各个国家的

---

① *Eth. Nicom.* v. 7.
② *Reth.* i. 10 and 13:Λέγω δὲ νόμον τὸν μὲν ἴδιον δὲ κοινόν, ἴδιον μὲν τὸν ἑκάστοις ὡρισμένον πρὸς αὑτούς, καὶ τοῦτον τὸν μὲν ἄγραφον, τὸν δὲ γεγραμμένον, κοινὸν δὲ τὸν κατὰ φύσιν. ἔστι γάρ τι ὃ μαντεύονται πάντες, φύσει κοινὸν δίκαιον καὶ ἄδικον, κἂν μηδεμία κοινωνία πρὸς ἀλλήλους ᾖ μηδὲ συνθήκη. (法律分为特殊的法律与共同的法律,特殊的法律是指各个民族为自己制定的法律,又可以分为成文法与不成文法,共同的法律指依据自然本性的法律。存在着所有人都能猜出几分的共同律则,以此可以分为本性上公正或不公正的行为,即使在毫无共同之处、彼此不相熟悉的那些人之间。)
③ *Against Aristocrates*, 639.

制定法都存在差异,并指出那些做出这些推测的思想家之间也存在着不同的看法。但是,苏格拉底、亚里士多德或斯多葛的观点还是获得了胜利,因为其中有伦理或宗教的观念,而这对于那些人们,即迫切想要为生活找一个伦理基础,或者如果可能的话,从中创立一个宗教的人们来说,十分有吸引力。

我在这里所称的这个观念的政治形式可以在这一看法中找到,即最早自伊壁鸠鲁开始,在自然法和共同的善之间就存在一种紧密的联系,这种联系有时表现为自然正义规定了对所有人都有用的事物,有时则表现为实际的效用是对一部法律是否可以被视为有自然的权威作为其后台的判断标准。①这种观念一直从古代流传到现代,在几乎所有关于这一主题的作品中都包含了这一观念。没有人会否认自然法的高度形而上学或神学观念要比边沁的观点更为鲜活,虽然在他的以是否实用来判断制定法的方法与不少古代哲学家使用的方法之间存在着密切的联系。所以,当一位德国批评者提出,边沁和奥斯汀是"自然法理论的推动者"时,他说的是很对的。不过,有关这一观念的政治成果,在这里我们暂时不予讨论。在这里,我们只想说清楚自然法在各个不同的领域中是如何得以表达的就好了。②

我在这篇介绍性文字中想要说明的是,自然观念,作为一种统治社会的力量,和物理现象一样,是如何发展的,以及在罗马成为世界的霸主时,这种观念产生了怎样广泛的影响。现在,让我们转向罗马,来探索一下他们所谓的自然法指的是什么,他们是怎样建构自然法观念的,以及他们又是如何给予其实际作用的。

---

① 伊壁鸠鲁将自然正义形容为为共同利益而签订的一份协议。"Τὸ τῆς φύσεως δίκαιόν ἐστι σύμβολον τοῦ συμφέροντος εἰς τὸ μὴ βλάπτειν ἀλλήλους μηδὲ βλάπτεσθαι"(Diog. Laert. x. 150)。

② 在这篇文章付梓之时,我读到了这篇文章:Sir F. Pollock,"On the History of the Law of Nature,"*Journal of the Society of Comparative Legislation*, Dec. 1900,同时刊发于 *Columbia Law Review*, Jan. 1901。我很欣喜地发现自己非常同意该文作者关于这一话题的所有重要看法。其中一些重要的细节,特别是该观念在希腊和中世纪时期的历史演变,他写得要更为完善。他的这篇文章非常有趣。对于此文,相关的审慎的评论和有用的引述,请参见 Prof. D. G. Rithie,*Natural Rights*(Published in 1895), Part I;以及 Dr. Holland, *Elements of Jurisprudence*, pp. 30 – 38, ninth edition。

罗马的观念有两个来源,一个是历史性的,一个是理论性的。我将从历史性的来源开始,因为这个在时间上更久远,而且无疑也更为重要。①

三、罗马的"万国法"②

在台伯河上的那座城市成为意大利无可争议的霸主很久之前,罗马已经成为很多异乡人心向往之的地方,那些人甚至都没有任何所谓的公民身份(概述之,即婚姻身份和经商资格),其中包括结成婚姻家庭的资格,与从事任何符合罗马法规定的商业交易的资格。这些异乡人或外国人(peregrin)一开始并不具备公民权(公共的或私人的),但是他们无疑还是要跟罗马市民打交道,买卖、借贷、合伙、代管或承运、立遗嘱、给予或接受遗赠。同样地,其中有些人与罗马市民订下婚约,与各种家庭纽带联在一起。因此,罗马法院就有必要处理这些关系,当然,特别是要处理商业关系,因为法院就是为这事而设立的。不过,法院并没有将纯正的罗马法适用在这些事情上,因为有一个先决条件是,罗马法只适用于根据法律做出的某些正式的行为,维持的某些合法的关系,以及程序的合适形式的使用(在某些特殊案件中),而且涉案各方都必须是罗马公民。相应地,当罗马的法院不得不在这些陌生人之间,或在陌生人与罗马公民之间主持正义时,就务必要找到一些原则和规则,并据此作出判决,就像纯罗马法的原则和规则为它们处理罗马公民之间的案件提供依据一样。

古罗马的这种做法,即对外地人与本地公民适用不同的法律,在我们现代人看来是有些古怪的,因为在现代的文明国家里,常规私法的适用与当事人的国籍和效忠对象并无太多关联,国家的法律都是统一适用的,除

---

① 有一份关于自然法(Ius Naturae)与万国法(Ius Gentium)方面研究权威的非常详细和周全的文献集,见于下列作品:Dr Moriz Voigt, Die Lchrc Vom Jus Natutale, aequum et bonum und Jus Gentium der Romer。我并不是很赞同里面的观点,但是他们的确写得非常用心,而且其中的一些引文给我提供了很多帮助。
② 旧译为"万民法"(Law of the Nations),但此译法与本文之内容不相契合,故根据本文之内容,译为万国法。——译注

非有证据证明存在下列适用其他法律(即外国法)的情况,即一方当事人的住所地不在该国法律管辖范围的,合同是基于其他法律而非有管辖权法院所在地法律订立的,或者相关财产所在地非该国法律管辖范围内等。① 但是,在古代世界,各地的外国人处在与公民不同的地位上,这不仅涉及政治地位,也涉及私人的民事权利;这种公民身份的观念在一些规模较小的共同体中体现得更重,而在中世纪和现代世界,在此后形成的基督教会中,就不存在这样的成员身份观念。② 的确,是罗马帝国和教会一起首先创造了这一观念,即法律对所有臣民以及(之后)所有基督徒都普遍适用。这样的法律中包含了在所有开化的国家的法院都可以适用的权利的内容。

那么,罗马的法官们又是如何找到符合上述目的的法律内容的呢?因为这时他们无法适用他们自己的法律,他们也不能选用任何罗马周围国家的法律,因为这些当事人来自诸多国家和部落,而每一个国家和部落都有它们自己的法律。因此,法官们无法借用那里的法律,而只能自己创造法律。他们或许会——我说"或许",是因为我们关于这件事的情况了解不多——根据正义的一般原则、公平交易和常识来创造法律,因为他们认为这些是其他人与他们共有的,或者他们也会适用商业或其他类似的习惯,只要他们发现这些习惯是住在罗马的外地住户普遍适用的。由此,他们逐步地构建起了一套规则,以及一个法律程序体系,这些法律规则虽然在很多方面类似于罗马自己的法律制度,但却较少体现技术性,且更符合对人的一般理解和人们的实际便利。他们称之为万国法或人类法(ius gentium)③,但这并非说它

---

① 不过,在罗马帝国毁灭以后,在欧洲国家的欧洲以外的领土中,人们会将不同的法律适用于不同类型的人,比如将罗马法适用于教士和居民,将野蛮法适用于野蛮人等。而且,现在在那些欧洲人和穆斯林或半开化部落比邻而居的国家里,也存在同样的情况。
② 不过,在某些希腊城邦中,在它们被并入罗马之前,那里逐渐产生出了一种做法,即在友好的共同体之中,不同城邦之间互惠给予对方公民以某些民事权利。
③ gens 这个单词,虽然我们经常将之译为"国家",但它最初指代一个部落或家族(比如 Fabii, Julii),而且这个词在翻译成国家时,也保留了这一意思。那这个早期的含义与这一术语最早的法律含义有什么关联吗?人们尝试猜测,可能有一类属于万民(gentes)的通行法律,与专属于各个国家的法律相对应,但是,当我们看到西塞罗时期的这一术语时,它只有字面上的意思,而且我并不认为有任何事实支持这一猜测。如果人们回溯历史,就会发现,ius Quiritium 这个术语被用于指代整个城邦的法律。

是各个国家之间的法律(我们称之为国际法①),而是说它是共同的或普遍的法,就像 nusquam gentium 这个术语一样,意思是"没有固定的地方"②。这种法律是各个国家普遍适用的,也是它们可以理解的。其中的任何一个国家,或共同体,即托斯卡纳、乌姆布里亚、南意大利的希腊城邦、迦太基等,都有自己的法律,这些法律都有各自的特殊之处,对此,其他国家的人是不知道的,也不会感兴趣。但是,这些法律中都暗含了善意和公平的原则,并且这些法律也都承认这些原则,因此这部万国法便代表了所有这些国家都有的共同元素,而且所有国家的人也都会同意以这些元素为标准作出判决。因此,它也就接近了希腊人所谓的"人类共同的法"。但它并不完全等同于那样的法,因为这是一部实实在在的法,人们要遵守它,而且它也并不总是与抽象的正义相一致。

我们在这里无需讨论这些问题,而且凭我们现有的材料也无法回答这些问题,即罗马法院是基于什么样的现实方法或程序才制定出这样的万国法的;他们是否有调查过他们经常打交道的民族的习惯和规则,如果有的话,他们调查得又有多深入;或者,他们是否满足于根据正义和实用的一般原则来进行审判;或者他们主要是依从他们自己的法律,不过去掉其中的技术内容,而保留其实质内容。可能所有这三种方法他们都多少有用到过。但是,他们可能主要是受到了被各国来罗马定居的商人真正认可的习惯的影响。在法院介入主持异乡人之间的正义之前,商业实践无疑已经创造出了一个习惯体系,这些习惯为人们事实上所遵循,虽然它没有被明确地写出来,也不具备约束制裁力。要说明这一点,只需举出这一事实就行了,即我们自己很多的商法就是立足于商人的习惯之上的,英国的法院看到诚实的商人承认它们具有现实的约束力,合同也是根据它们制定的,并且人们认为

---

① 不过 ius gentium 这个术语经常被用于形容事实上对于所有人都通用的,且得到各国在处理相互关系时遵循的惯例;cf. Sallust, Jug. C, 35; Livy, i. 14; v. 36。明显这些规则得到了所有国家的认可,这些国家在彼此打交道时会加以适用。
② 参见 Professor H. Nettleship, "Ius Gentium," in *Contributions to Latin Lexicography*。他认为这个概念在西塞罗的时代以前就已经流行起来了。

它们在事实上是这些合同隐含的条款,于是便拿这些习惯来用,将它们作为合同本有的一部分。这一将习惯变成法律的过程,事实上出现得非常晚,一直到曼斯菲尔德勋爵时期,据说他以及他的陪审团在伦敦市的市政厅里创造出了英国商法的很大一块内容。因此,当英国的官员们开始在印度主持商人间的正义时,他们发现了得到人们切实遵守的大量习惯,并基于这些习惯规则,以及他们自己的关于正义与公平的观念,外加上他们所掌握的英国法的原则,建立起了一个法律体系。①

现在可以肯定的是,罗马人并没有正式地颁布这部全新的万国法的任何一部分。它完全是靠法院的实践、法官的审判建立起来的;它只通过执政官和市政官(Aedile)的政令才具有了有形的形态。② 到共和末期,它成长为一个庞大的体系,而早在那之前,它就已经对专属于罗马市民的法律,也就是被称为市民法(ius civile)的那些法律的发展产生了潜在的影响。我们现在了解的专业法学家的这些关于万国法(ius gentium)的法谚是之后才出现的,目前我们能找到的最早提到它的权威人士是西塞罗。他说:"我们的祖先区分了市民法与万国法,那些属于市民的法律并不在万国法之中,相反,那些属于万国法的内容则应该是市民法的内容。"③在其他几段文字中,他也比较了这两种法律,并在其中一处提到,万国法就像是市民法的不成文(即没有包含在成文法典中)的一部分一样。④ 他认为万国法是一个基于习惯和协议而建立起来的制定法体系,但很不幸的是,他没有告诉我们由罗马法院负责的那部分万国法是如何形成的。不过,我们依旧可以正确地得出这样的结论,即地方法官负责的某些案件的法庭辩论程序是这些法律形成

---

① See James Bryce, *Studies in History and Jurisprudence*, Essay II, pp. 97 – 101.
② See James Bryce, *Studies in History and Jurisprudence*, Essay XIV, p. 707. 因此,执政官制定的法律,ius honorarium,与 ius gentium 的领域有极大的重合,但是这两者并不是一致的。比如,actio Pbuliciana 属于前者,但不属于后者(除了自然正义也这么认为之外)。因此,在《法学汇编》第 16 章第 3 节第 31 段里,"merum ius gentium"是与"praecepta civlia et praetoria"相对存在的。
③ "Itaque maiores aliud ius gentium, aliud ius civile esse voluerunt. Quod civile, non idem continuo gentium, quod autem gentium, idem civile esse debet." (*De Off.* iii. 17. 69).
④ *Orat. Partit*, xxxvii, 130.

的主要渠道,在那里,它形成了自己固定的形式,而它的主要素材(正如我们已经提到过的那样)则来自定居在罗马的异乡人的习惯,即来自他们与罗马人或其他异乡人之间打交道的过程中,他们的讨价还价和交付物的过程中,与借贷、抵押、出售和出租有关的形式和条件之中(这些条件通常会写在具体的文件中,并有具体的法律效果)。一般来说,万国法所依循的原则的基础或来源,如果是关于商业事务的,便来自人们的善意和常识,如果是关于家庭和继承的,则来自人们的自然情感。

以上的概述,虽然很简略,却足以说明罗马人是如何以一种具体而实际的方式来处置那些我们正从抽象的角度来探讨的现象的,即区分如下二者:对于所有(开化了的)社群都基本一致的习惯和法律;只是一个或少数社群独有的习惯和法律。那些让公元前 5 或 4 世纪的研究地中海世界状况的希腊思想家们沉迷于其中的现象,即某些习俗与法律的现实的一致性和其他习俗与法律的无穷的多样性,也让每一个公元前 3 或 2 世纪在罗马城和行省主持案件审理的罗马法官感到痴迷。希腊人形成了一套哲学理论,而罗马人,作为统治者,则被迫形成了一套实践的制度体系。但是,希腊人并没有机会运用这套理论,而罗马人搞出来的体系则完全没有思考要基于什么理论。他的万国法快速成长,散布出去,结出果实,并且对罗马人本有的旧法律产生了影响,也对行省的罗马法庭的审判产生了影响,而且(据我们所知)要比任何人将万国法与自然法联系到一起的时间要早。

四、自然法与万国法之联系

这一联系源于罗马共和国末年,而且其出现主要是因为人们对哲学和伦理学的兴趣日渐提升。这种兴趣的提升在很大程度上要归功于西塞罗的作品,他不仅是一个政治家、演说家,也是一位富有热情的哲学研究者和著作等身的哲学家,特别是伦理学作家。现在的人们很流行贬低马库斯·图利厄斯·西塞罗。他或许在他的时代也并不受到人们的重视。据说,那些曾与西塞罗共同求学于占兆官 Q. 穆西斯(Q. Mucius the Augur)的博学的著名法学家们曾确定无疑地提到,正如萨格登在提到上议院大法官布鲁厄姆时所说的那样,要是他知道了关于法律的一点东西,他就会说自己知道了有关所有事情的某些东西。而希腊哲学家们,也就是他很喜欢与之交流的那群人,在他们的雄辩的赞助人不是罗马人时,也曾相互暗示说,毕竟,没有一个罗马人能成为思想家。我们可以承认这些批评有一定的真实性。但是,智慧对于她所有的孩子都是公正的,而西塞罗比他同时代的所有法学家和哲学家都要更为人们所铭记。他的热切与广博的智慧,围绕着政治和法律,以及形而上学和道德命题展开探寻,给他触及的问题都增添上了别样的华彩,并因此变得十分流行,引人瞩目。他的研究让希腊思想家们的观念变得时尚了起来,于是,他们相比从前对罗马人的思想产生了更为广泛的影响,并且,在他的下一代接班之后,即那些通过法庭、元老院和广场的辩论获得政治地位的机会却因为绝对君主制的出现而被堵塞的时候,情况就更是如此了。的确,西塞罗自己的哲学论文是在他的政治生涯结束后写作的,他的退出是因为朱利乌斯·恺撒的上台导致的;而他之所以要写这些论文,主要是为了(正如他告诉我们的那样)激励他的年轻的同胞们,使他们日渐衰落的公共精神重新焕发活力。

现在,在从亚里士多德开始到西塞罗结束的这几个世纪里,由赫拉克利特和苏格拉底提出的,并由芝诺和克律西波斯推广的自然法理论得到了广泛的讨论和传播。而它之所以得到人们的接受,并产生如此巨大的影响,主要是因为罗马经历的这些变化,包括:亚洲地区的希腊化,宗教和神话的融合,以及西方与东地中海国家之间的交往变得更为容易和频繁,从而使得不同地方的人们可以相互了解对方。自然法的教义,虽然并不针对斯多葛主义者们,但却在他们之中获得了特别的声望,并成为他们的伦理学学说的重要基础。他们认为道德义务事实上来自并等同于自然法。虽然西塞罗并不认为自己是一个禁欲主义者,但他却在这一点上大量采用了他们的话语,并非常强调自然是最高的法源和道德之源这一点。同时,他还在他的演讲中提到这一教义,在他的论文中也详细阐释了这一教义。① 在他看来,自然法

---

① 特别参见他的《国家篇》残卷,载于 Lactantius, *Div. Inst.* vi. 8, 7。

来自上帝,内植于人,比所有的时代都久远,在各处都一样,且任何人的理性都无法改变或撤销它。它是所有道德的基础。相比事实,它对制定法的内容有更为广泛的规定性,并且给予法律一个更为高尚的、更为纯正的道德品质。我们可能会希望西塞罗继续,如果不是将之等同于万国法的话(他曾将万国法与罗马自己专有的法做了对比),那么至少可以将之称为万国法的来源和根脉。不过,他并没有这么做,虽然有一次他非常接近于此。① 对他而言,万国法就是制定法的一部分,虽然在适用范围上要比市民法广,而自然法则是一件天上的事物,永恒存在,不可变更,不需要任何人类政府的支持,就是圣保罗所谓的"书写在人类心中的法律"。

尽管西塞罗是他同时代开展哲学研究的罗马人中最为多产且雄辩的一位,但他却绝没有踽踽独行。那时多数著名的政治家、演说家和作者都投身于伦理学思考;而且,在接下来的百年里,这始终是一股引领时尚的风气。奥古斯都和后奥古斯都时代的伟大的法学家们,比如,安提斯提乌斯·拉贝奥(Antistius Labeo)、马斯尤里乌斯·萨宾努斯(Massurius Sabinus)和卡修斯(Cassius)将自然法作为业已为人们所熟知的各项法律的来源。在这一点上,有两个因素起到了作用,推动着自然法在哲学领域中比之前拥有更高的地位。受教育阶层对于古代宗教的信仰的确在不断消退,现在正需要一些替代物,于是,那些更为纯粹、真挚的心灵便开始在哲学领域探寻。在这时,所有的实权都已经交到一个人手里,而且他之后被人们承认为法律上的主权者,故而,传统的政治生活,即那种自由的政治生活的形式已经被终结了,而人们也越来越需要到形而上学或伦理学中去寻求安慰、愉悦,或任何形式的消遣。法理学继续得到很多最有力、最有文化的心智的追求;而哲学

---

① 不过,有很多作者认为,西塞罗的确将万民法与自然法相等同。他们之所以这么认为,是基于这篇文章:*De Off.* iii. 17, 69,以及 iii. 5, 23。同时参见这几句话,"consensio omnium genutim lex naturae putanda est",载于 *De Harusp. Respons.* 15, 32,以及"consensio omnium gentium lex naturae putanda est",载于 *Tusc. Disp.* i. 13。沃伊特(Viogt, op. cit., vol. 1, pp. 65 – 75, 213 – 219,以及附件二)就这一问题做了详细的讨论。另外,西塞罗也未对他的自然法和制定法之间的关系做精确的界定。他更像是一个道德家而非法学家在写作。

不仅成为这些人所接受的教育的一个主要部分,而且还占有了他们很多的时间和思想的空间。无论是作家、法官,还是皇帝的顾问、法令的起草官,他们都被哲学包围了,他们的思维方法和原则也必然对他们处置法律事务的方式产生影响。自然法观念被人们作为道德的来源和所有市民法的真正基础,以及所有人共有的观念,正是靠着自然法公民才得以形成自然共同体,而且,在自然的眼中所有人都是平等的——这种观念弥漫在思想者的大脑里,无论他们是否公开声称自己是某个哲学流派的支持者。它被认为是得到普遍接受的真理,并因此被人们作为推论的前提,得到人们的引用,而不会因此引发什么争论,而不是所谓的世界的真相,指向什么完美的目标。

这一教义的出现与得到接受可以与这一进程形成对照,即某些现在在几乎所有文明国家普遍得到接受的观念,它们在最近两个世纪里才开拓出它们的进路。这些观念包含在美国《独立宣言》中,以及法国1789年大革命的纲领中。这也包含在个人良心自由的教义中,成为错误的宗教迫害的必然结果。这些观念在17世纪的时候开始得到人们的主张(特别是在英国)。它们慢慢地扩散开来,虽然不断地遭到权力的否认,但是,它们现在还是得到了所有思想者的支持,被视为基本原则。几乎没有人会为这些教义争吵;但是,它们还并没有真正发挥全部作用,因为在某些国家里,统治者拒绝适用它们,而且在几乎所有国家里,人们都认为存在一些例外情况,导致全面适用这些教义存在困难。所以,与其说它们是社会所指向的发展目标,不如说它们是现有社会得到构建的一个切实的基础。

不过,尽管在罗马帝国早期,人们认为他们的自然法概念尚不像之后那样,在世界上可以实现,但他们同时也发现,有一些变化降临了这个世界,使得这个概念变得真切而合理。罗马疆域的扩张完成了亚历山大大帝此前未尽之事业。东方的宗教遂侵入西方;希腊语和拉丁语变成世界语言;商业将地中海沿岸的所有人民都联系到一起;国家和民族混合在一起,并最终都变成罗马的臣民。随着老罗马城的沉沦,行省开始崛起,而平等便也日渐临近。过去的互惠举措不包含公民权和法律的体系,现在看起来变得过时了;

随之而来的是对专属于罗马公民的法律机构的传统的敬畏烟消云散,哪怕是在那些保守的法学家眼里也是如此。① 具体而言,这一全人类大共同体的观念,与此前的小市民共同体的观念相对,开始在这个大帝国中慢慢产生,因为这个大帝国将所有文明人都置于它的羽翼之下,给予他们安全、秩序、公正的法律体系,并且无论一个人的种族、语言或出生地是什么,允许他们在民事和军事机关中获得一份可以有尊严的上进的工作,这份工作的发展空间甚至包括成为皇帝本身。

这个属于所有人的社会(societas omnium hominum),也就是希腊哲学家和西塞罗的笔下曾经提到过的那个社会,现在已经在罗马帝国身上实实在在地成为现实了。而这种包含一切的共同体现在所需要的可能是一种习惯法,因为根据这一谚语,即 Quid est civitas nisi iuris societas(法律是团结市民联合体的纽带)②,法律与政府的概念是内在相通的③。现在正好有一种法律可以适用于全体罗马臣民,无论他是否为罗马市民,而且这种法律可能对所有人都是共通的,因为这种法律是所有国家都适用的。因此,罗马法院也曾将这种法律用于罗马法适用范围以外的人身上。正如罗马法的权威来自人民的意愿,无论这种权威来自法律颁布令的明确表达,还是基于对习惯的默认和人民静默的同意,这部来源于习惯的一般法同样也是基于所有人的理解和意愿,这表现为他们对这部法律的实践运用;而它的来源因此也就与这一观点相符,即整个共同体都是这部法律的法源。现在,这部属于全人类的习惯法便是万国法。虽然这部法的内容是由罗马法院采集和编纂的,但人们却认为它代表了通行于各个相邻地区的法律的本质,以及习惯的本质,而这些习惯是常识和商业需求促使人们(无论他们在哪里定居)普遍遵循

---

① 不过,这并不能证明这一观点,即罗马法学家曾轻视万国法,将之作为只适用于下等人的法律;相反,正如 H. 梅因勋爵所说的那样,他们将之视为"他们的民法的一个不容忽视的附件"。所以,将之作为他们曾有的感觉是一种彻头彻尾的臆断。这些法学权威从未表露出任何类似的看法。

② Cic. *De Rep.* i. 32. 49.

③ 当然,这不符合奥斯汀主义的看法,因为它认为只有国家明确制定的才能算是法律。而古代的法律经常是以习俗(Mores maiorum, comsuetude inveterate, consensus utentium)作为主要来源的。

的。它被认为是对所有人都共通的（ius commune omnium hominum①）（omni humano generi commune②），或者是存在于所有人之中的法律（ius quod apud omnes populos peraeque custoditur③）（ius quo gentes humanae utuntur④）。它适用于在任何城市（ἀπόλιδες）⑤的没有市民权的人。它与人类的历史一样悠久（cum ipso humano genere proditum⑥）。它在各个方面都与市民法形成对照，就像自然法（ius naturale）与市民法形成类似的对照一样。最终，这也就成了由自然理性创造的法律（ius quod naturalis ratio constituit⑦）。在人们达到这一点后，这部法律也就在事实上与自然法相等同了，关于这种同一性，西塞罗曾在他的这一评论中暗示过，即所有国家的一致意见应该被视为一种自然法⑧，而至少是在哈德良时期，就已经有法学家明确提出这一点了。查士丁尼的《法学阶梯》完成了这一同一性。

第三个概念，我们在前面尚未提及过，对于这一融合也起到了作用，即衡平的概念（aequum et bonum, aequitas）。衡平对于罗马人来说，就是公正、合理的感觉，其本质与正式的、技术性的正义相对照，而遵循衡平的行为也就是符合人们的荣誉感和良心的行为。这便为这一更高层级的法律的观念增加了第三个元素，或者说是增加了第三个来源，这种法律来源于人的内心，代表着人的自然正义观念，即对于同胞心念相通的好感。因此，我们或许可以说，从神学或形而上学的角度来看，这一普世法或自然法是由上帝或自然制定的。从历史或政治科学的角度看，他来自人们的意志，也即组成了国家的那些公民的意志，他们以习惯和实践创造了这一法律。从伦理学和

---

① Gaius, *Inst.* i. 1; *Dig.* i. 1, 9.
② 参见 *Inst. Inst*, i. 2, 2, 来自 Marcian。
③ Gaius, *Inst.* i. 1.
④ Ulpian in *Dig.* i. 1, 1, 4.
⑤ Marcian in *Dig.* xiviii, 19, 17.
⑥ Gaius in *Dig.* xii, 1, 1, pr.
⑦ Gaius, *Inst.* i. 1. 其正式的表达和明确的内涵只见于某些法学家的表述，在这其中，盖乌斯是表述最为清楚的一个。不过，这尚不足以成为这一观点（正如沃伊特曾主张的那样）的坚实基础，即在他们的观点之间有什么切实的分歧。他们关于这些问题的表示通常都是不太准确的。
⑧ See p. 577, note 2, supra.

心理学的角度来看,它代表着典型的好人的倾向和习惯,这样的好人想要按照自己希望被邻人对待的那种方式来对待邻人。这三股源流或思想线索的重合扩充了这一概念,界定了它,赋予它内涵,将之作为一个整体,一个和谐对称的实体。由此,它便在理论上和实践上得以构筑完成。

在鼎盛时代的罗马法学家身上,我们发现了三种在法学家身上不太常组合出现的品质:对理论完美的追求、对古代习惯的迷恋,以及实践良心观。第一种品质将他们从第二者的独裁统治下释放出来,第二者则缓和了他们对于第一者的追求,第三者介于另外两者之间,引导着他们依循事实原则。这一综合体,即由作为行为的道德标准与良好立法目标的自然法观念,和基于习惯而形成的,并获得所有国家的常识(即体现在实践的实用和便捷中)的同意的法律观念混合而成的东西,令法学家们的哲学和历史天性同时得到了满足。如果在 17 和 18 世纪的英国法学家身上,我们也能看到一个类似的观念和习惯的综合体的话,那么我们的法律发展进程应该会变得更快,而且,如果这一点能够成真的话,那么我们的法律也会变得更为井然有序。

五、自然法与一般习惯法的联系

不过,在认知和理解自然法的同一性,即人类习惯的共通程度时,我们需要避免一些误解。

首先,自然法并不具有完全的同一性。在自然法和各个国家的法律之间存在着一些不同之处,而且其中有一处差异还是非常重大的差异。这一点就是奴隶制。在古代世界里,奴隶制是非常普遍的,应该被视为万国法的一部分。但是,哲学家们已经指出(甚至是在西塞罗的时代以前),这与自然背道而驰。[①] 因此,在万国法中,有一大块规则,就像绝大多数市民法规则那样,不能声称具有自然法之许可。有一位法学家曾说过,奴隶制是各个

---

① Ulpian in *Dig*. 1. 17, 32.

国家法律的一个部分,而一个人归另一个人所有的这种做法是有违自然的。① 而如果我们发现奴隶制这种古老而残酷的法律制度被修改了,这才是遵循了自然和人性,而不是遵循所谓的万民法。而罗马法学家甚至还认为,这一点因为是符合自然的,所以对所有人都一样。② 而在另一方面,有一些制定法条款(比如,与继承有关的条款),虽然它们在原则上与自然法相一致,却被归于罗马法的范畴,属于市民法而不是万国法。

其次,罗马人在提到任何属于万国法的规定时,并不必然说这是普遍存在的。比如,抵押权(不可移动物上的抵押权)和书面债务承认(对债务的书面确认)都来自希腊的习惯,而不是普遍的。但这些法律制度,因为它们并不属于罗马法,因此也被认为是万国法的一部分。

最后,我们也没有理由认为,当罗马法学家说自然理性是万国法的来源时,他们改变了关于万国法来源与特性的历史观念,或真的认为曾经有这么一个时代,无论多么遥远,多么原始和简单,自然法的诫命曾以他们所知道或可以想象的实在的形式在人类中盛行过。一位知名的作者曾使用过这句话,即"自然失落的法典"③,而这就是一句讹误,因为它读起来有点像是在说,罗马人相信曾经有一种所谓的自然状态,万国法是当时的法律。总之,罗马人并没有将这些错误观念,即认为战争、俘虏、奴隶制,及这些事实的相关成果归属于万国法,相反,在黄金时代里,即诗人口中的农神的统治时代里,所有人都是自由的④,战争是从未听闻的:

---

① *Dig.* i. 5, 4, § 1; cf. *Inst.* i. 5; Gaius, *Inst.* 1. 52.
② 这一教义(即奴隶制是有违自然的)的历史要早于亚里士多德时期,虽然亚里士多德本人并不接受这一观点。演说家阿尔西达马斯(Alcidamas)(苏格拉底的同时代人)曾说过:"ἐλευθέρους ἀφῆκε πάντας θεός, οὐδένα δοῦλον ἡ φύσις πεποίκεν."参见 W. L. Newman, *Poilitics of Aristotle*, Introduction, p. 141。
③ Sir H. Maine in *Ancient Law*。正如我们将看到的那样,他对于万国法与自然法的看法在我看来,有很多点是与事实有出入的;但是,没有人比我更强烈地认为他的丰沃的思想、才华横溢的研究对于英国的相关主题的学术研究起到了巨大的作用,对于这一点,所有的后来的研究者们都应该表示感谢。
④ Cf. Macrob. *Saturn.* i. 7; and Justin. *Hist.* xiiii. 1。他曾说过,不仅奴隶制,就连私有财产在农神的统治下都是闻所未闻的,他的正义是多么伟大啊!

> Necdum etiam audierant inflari classica, necdum
> Impositos duris crepitare incudibus enses.①
>
> 没人听过号角嘶鸣,
> 没人见过刀光剑影。

他们关于自然法的看法,即他们认为这些教义的内容,以及万国法,虽然他们的法院实际加以运用了,作家们也至少阐释了两三个世纪了,但却对前者基本的被作为法律典范的特点,以及后者明显的实践特点影响甚少。相反,如果它真的产生了这些影响的话,那就糟了。尽管说它并没有明显地加快法律改革的进程,但它也没有导致人们的法律观念理论上的模糊,或者使人们的观念变得顽固,乃至于阻碍制定法的适用。法学家事实上同时适用这两个概念,虽然他们在想要强调一条规则的动机或基础时,通常会使用自然法或自然理性(naturalis ratio),而他们在想要表达自然法的实际适用时,则会使用万国法。借用逻辑的语言来说的话,就是这两个术语的内涵是不同的,而它们的外延(除了前述的,特别是奴隶制以外)则是一样的。

因此,这两个概念幸运地联合在一起,同时满足了罗马法学家的实践天赋与哲学口味。而沿着这条路,自然法和人类的共同法这两个概念一路狂奔向下。不过,在一段时间之后,出现了一个事件,夺取了后者古老的坚实的基础,使得它除了被用于历史研究目的,或者被用来表达一些规则的具体的历史来源以外,变成了完全被废弃的东西。这便是罗马公民权扩展到罗马帝国的所有臣民之上,这是安东尼努斯·卡拉卡拉大帝(Emperor Antoninus Caracalla)在公元212年到217年所做的事。他的这一行为抹去了万国法与市民法之间的差异,使得这两部法所管辖的人群重合了,因为从此以后就没有什么外邦人(非罗马公民的臣民)了,而市民法现在则成了罗

---

① Virg. *Georg.* ii. 539.

马世界的所有居民都可以适用的法律了。① 这也就解释了为什么在《狄奥多西二世法典》(公元前438年)和《查士丁尼法典》(公元前534年)中收录的皇帝的最高敕令(constitution)中(这类敕令最早从哈德良时代就开始有了),并没有出现万国法这个概念。在《查士丁尼法学阶梯》(公元前533年)中,这个词倒是反复出现,但这本书(基于盖乌斯的《法学阶梯》)虽然是一部法典,但却主要是一本给学习者们提供的手册,因为这本书从《学说汇纂》包含的过去的法学家的思想中抽取出了精髓,供学习者们使用,所以,它也无法忽略掉这个概念。而后面的皇帝想要为他们发布的某些法令提供一个基础时,他们都会提到自然、自然理性、人性或公平,并用这些单词几乎无差别地描述同一样事情。

六、罗马法学家给自然赋予的含义

现在,让我们来更为细致地看一下罗马的法学家和立法者在提到自然或自然法时,说的是什么,以及有哪些制定规则是源于这一来源的,或者是根据它的原则来制定的。

我们在下面列举出了他们在使用自然这个词时所包含的意思,虽然这些意思经常是互通的,无法截然分开。

1. 某一个对象,或一个生物,或一个法律行为或概念的特点和品质,比如毒药的本性(natura venenorum)、人的本性(natura hominum)、芹菜的本性(natura apium [era est])、契约的本性(natura contractus)、嫁资的本性(natura dotis)。

---

① 罗马还是有外邦人的,包括:(1) 被称为归降人(dediticii)的群体,是自由人中最低等的人,(2) 因为犯罪而被剥夺了公民权的人,(3) 外国人,即那些其他国家的臣民,临时住在罗马帝国的,或者之后根据法令,释放手续不完善的被释放奴隶,以及(可能)根据法令之后被并入罗马帝国的国土上的居民。参见 Murihead(*Historical Introduction to the Private Law of Rome*, 2nd edition, by Professor Goudy, p.319),以及,关于这一问题的详细的讨论,参见 Mitteis, *Reichsrecht und Volkstecht in den ostilichen Provinzen des Römischen Kaiserreichs*, chap. vi。

2. 世界的物理系统(rerum natura),以及它所具有的特点。因此,这也就是说自然使得某些对象(比如大海和空气)脱出于私人所有权的范畴。

3. 人之间的某种关系,比如血亲关系(cognationem natura constituit)的物质基础。因此,根据自然(liberi naturales),非婚生子女的身份要随母亲的身份而定;而同样地,未到青春期的人应该有一名监护人。

4. 理性,无论是从逻辑和哲学原则的意义上看,还是按照我们称之为"常识"的含义来看,都经常表示为"自然"。自然(据说)规定了没有人可以从伤害或损害他人中得利,以及谁承担了某样事物的不利之处,便应该获得这样事物的利益;自然允许人们通过转售某样事物获利。在表达前述意思时,人们经常会使用自然理性(naturalis ratio)这个表述,而保卢斯(Paulus)也的确说过,自然理性是一种静默的法律。在将理性这个概念作为常识和便利(convenience)的同义词来使用时,就非常接近这一教义了,即实用性是法律的基础,而罗马人是经常使用实用性(utilitas)这个词的。

5. 人类的好感和一般的道德感。比如,自然规定子女应该赡养父母,一个自由人应该向他的资助者表示尊重,并提供帮助。自然禁止盗窃行为,并将某些犯罪行为(比如私通)归于不名誉,而另一些犯罪行为则未必如此卑贱(turpia)。因此,这是有关罗马人的道德情感的一个有趣展示,人们反对自然探索自由人成为奴隶的可能性——尽管这种情况在有时的确会出现。可能有人会提出,要使这点或前面那条归于自然原则,其前提是受恩人要对此有信仰,哪怕他并不是正式地受此约束。Is Natura debet quem iure gentium dare oportetm cuius fidem scuti sumus.(若有人在自然上有义务,万民法必然将这义务给他,由此我们才会信赖万民法。)

只有一位法学家,即乌尔比安,对自然法这个概念给出了更进一步的阐释,而使得它涵盖了那些本能和物理关系,这是其他动物与人共有的,且应该被称为习惯法的原始材料。① 他的这一想象曾不时在古代的作者

---

① "自然法是自然教给所有动物的,因为这类法并不是人类独有的,而是所有动物共有的……比如,动物也有我们称之为婚姻的雄性和雌性的结合;也都会生殖和抚养幼崽。"

笔下出现①,而且得到了中世纪的人们巨大的关注,因为这段话出现在了查士丁尼的《法学阶梯》中,但这依旧缺乏实践的重要意义,哪怕是乌尔比安自己在对待法律问题时,也是如此。这一提法遭到了很多现代人的嘲笑,但最近却又得到来自意想不到的领域的人们的加强和阐释。达尔文先生提出,我们的道德观念可以从动物积累起来的经验中找到其根源,这经过岁月的磨砺而在某些高等生物身上变得有些成熟,然后在人身上彻底成熟,变成信仰和习惯,统治着原始人类的生活,且基于此,道德感在不知不觉之间,在相对晚近的时间里产生出来。基于此类假说,人与其他动物之间的空隙就变得没有那么宽了,而他们也共处于某种共同的群落之中,其中有被称为习惯法的原始形态的东西。

在实际运用中,自然或自然法观念,与公平观念混合在一起(因为这两个术语在某些领域,以及在很多法学家嘴里,是同义词,可以互换使用),覆盖了几乎整个法律领域。它填补或修改了父子关系,庇护人和自由人的关系,甚至是奴隶的关系,因为这些关系是由严厉的古罗马法建立起来的。根据市民法的规定,一个奴隶只是一个物,但是根据自然的界定,他应该在某些方面被视为一个人。在财产法、继承法、债法、程序法中,很多来自这一来源的原则都变成了具体的规定,在很多重要的点上限制或取代了严厉的古代法。我们只有十分细心地去品读这些规则,才能看得出罗马人在将他们的观念落地时所使用的技巧、策略与判断力之成熟老练。不过,要在这里把这些都阐释出来是不可能的;就像人们不可能尝试列举出到底衡平法在多少问题上影响和修正了普通法一样。

一般来说,自然法对于罗马人来说,就是对理性的遵循,是人性的最好一面,是抬升后的道德,是实践的理智,是普遍的良心。它是简单和理性的,与人造或武断相对。它是普遍的,与本地或国家相对。它比其他法都要高,

---

① 比如,老普林尼就将道德感赋予低等生物(*Hist. Nat.* viii. 5;viii. 16, 19;x. 52)。在迈克尔·德雷顿(Michael Drayton)的诗句中,春天的鸟儿成双对——"这是自然强制的法令/每一只同种的鸟儿都要有个伴儿"——这处于乌尔比安的"自然法"和现代科学的"自然规则"之间。

因为它属于全体人类,是神或人的最高理性的目的的表达。因此,它是自然的,而说它是自然的,并不代表它是人类在原始和未开化状态下就有的,而是说它对应的是人类社会最完美、最充分发展的状态,而且它还对那种状态做出了规定,而人们之所以能达到那种状态,是因为理性的教导使他们成熟。① 但是,如果有哪位边沁的门徒不去看这个概念中用于指称其来源的内涵,而只看到它的实践运用部分,说它是理智和良好感受的外在表达,是来自开明的功利主义视角的法律,那么他也并没有离题太远,因为的确,实践的便利性的观念是古罗马文本中提到自然和理性时经常提及的内涵。②

如果有哪位现代人较真的话,他可能会说罗马人不应该称之为"自然法",而应该称之为"自然提供的用于创设法律的素材",因为这是法律的基础,而不是法律本身。但是,在罗马人看来,这种批评意见应该是细枝末节的。如果真有人提出这种区分的话,他们应该会这样回复:他们知道这个批评意见是什么意思,而且他们早已注意到这一点了;但是,他们关注的是事情本身,而不是文字的表述,并且他们的目的是实践性的,并不太关注逻辑或语法上的细枝末节。

这个概念,或者任何将这个概念用于形成制定法的尝试,都会引发两个危险。第一是会浪费大量时间,且付出异常的辛劳,来搜寻在人类的早期阶段体现人类最主要特点的,或者在人类中普遍流行的法律制度。罗马法学家完全避免了这一危险。他们的自然法与所谓的自然状态毫无关系,他们也没有费任何力气在原始人身上,而是将那些原始人留给了诗人和哲学家。而且,尽管他们将万国法作为自然法的等价物,但我们并没有发现他们试图举出这样的例证来说明他们的这一看法是合理和自然的,即有人采用了这

---

① 一般来说,这是古典法学家的看法。但是偶然的,特别是在此后的时代,这个概念则被用来指称自然法统治下的原始社会。比如 Novell. Iust. lxxxix. c. 12, § 5。
② 所以,在古典法学家杜西修斯(Dositheus)遗存的文字残片中,我们可以看到他曾提到 "ius naturale vel gentium"—"omnes nationes similiter eo utuntur; quod enim bonnum et aequum est omnium utilitat convenit."

些自然规则,而这些自然规则也就是那些法学家制定的万国法的一部分。①他们同意将这些内容归于万国法,即那些明显是合理且便利的,乃至于得到了人类的普遍习惯认可的内容,比如海岸应该开放,用于公用的原则(然而,这一原则英格兰和苏格兰法从未给予完全的承认),或者一件无主物应归发现者所有的原则,债务人应该清偿债务的原则等。Redde quod debes aequissima vox est, et ius gentium prae se ferens. (遵守你认为最公平的法令,并据此建立万民法。)

另一个危险是,自然观念作为制定和解释法律的真正指引,可能会导致思考上的模糊地带,而将自然与道德相等同也可能会使得立法者或法官尝试通过法律义务来施行原本最好是留给道德制裁的内容。罗马人也规避了这一风险。他们依靠他们杰出的理智和实践训练规避了这一点。他们很喜欢颂扬高尚的道德诫命,并且有时还会宣称法律人应该教他人这些道德诫命,法官应该使用这些道德诫命,但毕竟这些对他们制定法律的方式的影响,还不如石柱上的沟槽或窗户上的雕刻对建筑的牢固性的影响来得大。这些装饰装点了正义的大殿,却从未试图对这座大殿的牢固性和人们使用它时的便利性产生影响。当然,实事求是地讲,罗马法的这些制度,一直到君士坦丁(其继任者因为缺少像此前那样的贤明的古文,所以做了一些愚蠢的尝试)时期,都为现代提供了一个典范方式,即道德原则应该如此地被适用于制定法之上。虽然罗马人并未从理论上在法律与道德的范畴之间划出一条清晰的界线,但他们却成功地在实践中将他们的道德热情保持在安全线的这一边,这条安全线划分了行为的边界,政府或许想要,但最好是不要试图穿越它;而他们向法律之中注入了荣誉、良好的信仰和公平的精神,这些是我们的现代体系从未超越的,在某些方面,甚至比我们英国法还要做

---

① 不过他们有时会详述这一事实,即某项制度是各个国家普遍适用的。所以,盖乌斯是这么评述监护制的:"Impuberes in tutela esse omnium civitatium iure contingit, quia id naturali rationi conveniens est ut is, qui perfectae aetatis non sit, alterius tutela regatur; nec fere ulla civitas est in qua non ncet parentibus liberis suis impuberibus testamento tutorem dare"(*Inst.* i. 189)。

得更好。

　　帝制时代前三个世纪的罗马法学家们是人类历史上的一个独特现象,他们拥有一个独一无二的机会。他们一出现就是法律的制定者、阐释者和适用者。他们为整个文明世界工作。他们不会受到任何爱管闲事的立法机关的干扰,因为那时根本就没有什么立法机关;也几乎不会受到反复无常的君王的干扰,因为那些好的皇帝都很鼓励他们这么做,而那些骄奢的皇帝,以及那些目不识丁的士兵们,则不会搭理他们。他们遇到的唯一的限制是一个有用且必要的限制,即他们要依从彼此的理智,并出于作为整体的专业观念而尊重拥有较高专业水准的领袖人物。他们并不是柏拉图所谓的道德哲学王,但他们却充满哲学精神,这种精神足以使原则变得有价值,使优越之理不遭埋没。相应地,他们所做的工作对于任何时代都拥有无可估量的价值,因为这些成果,就像闪米特人的宗教观念和希腊人的哲学观念一样,是人类共同的遗产的一部分。罗马是唯一一座被给予这套属于整个文明世界的规则的城市,一开始是代表着世俗的权力,然后变成了精神权力的代表。在这两个阶段,它将分歧与不和谐的元素融为一个统一体,这些元素哪怕之后又被分开了,但都还保留着此前联合在一起时的痕迹。而且,在两种情况下,主要是通过罗马制定的这套法律,在它的后期阶段,才在早期的市民法的基础上产生出教会法。

　　我们现在追溯到了古代的自然法观念的起源以及其成长历程,并看到它在希腊成型且沾染上伦理色彩后,是如何被罗马人用于实践目的的。对于罗马人而言,自然法这个概念并不像现在很多英国作家所认为的那样,是一个完全消极的、内涵贫瘠的概念,它也完全不是一个破坏性的,或者如果可以这么说的话,从根源上再造的概念。毫无疑问,它的工作的很大一部分在一开始的确是破坏性的,而在最后则又是代替了国内古老的、专有的,且经常是非常累赘的法律制度(市民法),这些法律通常是非常严厉的,而且有时还是专断的。而它的另一部分工作则是去解释传统的制度,以调整它们的适用方式。作为法律来源的自然概念也是一股矫正且扩张性的力量,不仅仅是清除那些变得过时的东西,也在建立某些新的、适合时代的东西。

它在人类的理性和需求方面为法律构建了一个坚实的基础,并且柔化了从旧到新的整个转化过程。这一开始是通过发展老的规则的内在含义而否定它们之前的表达形式,即从传统的硬核中抽取出了理性的内核;然后是通过诉诸蕴含在万国法中的人类的常识和一般习惯,来作为自然和实用是真实存在的证据——前者是作为人类理性的证据,而后者则为理性的运作提供了基础。因此,体现在他们经验中的自然观念,以及人类普遍遵守的习惯观念,变成了内涵丰富、富有创造力的观念,将属于一个国家的法律变成了属于整个世界的法律,并使之成为后来各个时代的典范。

七、 中世纪的自然法

当作为一个职业阶层的罗马法学家消失在历史上,而西欧整个地区的文化水平随着帝国权力在西部行省的崩溃也出现下滑之后,教士们因为还依旧掌握了一部分法律知识,所以自然而然地就将自然法等同于上帝法。关于这一点,塞维尔的伊西多尔(Isidore)在一段话里(他是在公元 7 世纪的时候写的这段话)谈得很清楚,这段话流传很广,影响巨大,乃至于被作为《格拉蒂安法令》(*Decretum of Gratian*)(公元 12 世纪)引言的一部分,而这部法令是教会法体系中最古老的一部分。伊西多尔说道①:"所有的法律要么是神的,要么是人的。神法奠基于自然之上,而人法则奠基于习惯之上;后者在不同的人群之中是不一样的,因为不同的法律让不同的民族感到满意。"在之前的一段话中,格拉蒂安本人说道:"人类接受两样事物的统治,自然法和习惯。自然法就是法律和福音里所包含的东西,根据这部法律的

---

① "Omnes leges aut divinae sunt aut humanae. Divinae natura, humanae moribus constant, ideoque hae discrepant, quoniam aliae aliis gentibus placent. Fas lex divina est: ins lex humana. Transire per agrum alienum fas est, ius non est." *Dist. Prima*, c. i. "Humanum genus duobus regitur, naturali videlicet lure et moribus. Ius naturale est quod in lege et evangelio continetur, quo quisque iubetur alii facere quod sibi vult fieri et prohibetur alii inferre, quod sibi nolit fieri. Unde Christus in Evangelio 'Omnia quaectmque vultis ut faciant vobis homines, et vos eadem facite illis. Haec est enim lex et prophetae.'"在这里,山上宝训被认为是对自然法的宣示。

规定,每个人都要推己及人。"曾经为斯多葛学派和某些罗马法学家①所提及的同一性,现在随着基督教的登台而变得不可避免了。正如我们所见,圣保罗认为自然法就是上帝写在人们心中的法律;圣奥古斯丁认为这是一部管辖着上帝之城的永恒法。自然(也即是统治所有事物的力量,位于所有事物之中的力量)在一个基督徒看来,就是上帝;正如圣克里索斯托姆(St. Chrysostom)所说的那样:"当我提及自然时,我的意思是上帝,因为正是他创造了这个世界。"②在但丁那里,这个观念获得了其最终成型的表述,因为但丁将神的爱与力量相等同,认为这遍布整个世界:

L'Amor che muove il sol e le altre stelle.
这爱推动着太阳和其他的群星。

相应地,经院哲学家们将自然法设定为上帝的产物。阿基诺的圣托马斯对两者做了一个有用的区分,这一区分的影响十分深远。统治着所有事物的永恒法是最高的立法者——上帝——的理性的表达。永恒法并没有向人们揭示,但其中有一部分被人的理性所知晓,这一部分内容被称为自然法,虽然自然法是人类理性的产物,但却是为上帝理性所创造和指引的。因此,永恒法的这块被理智的生物所分享的内容就是自然法。③ 因此,苏亚雷斯说,自然法在上帝那里就是永恒法,在人类那里是一束光,这束光带着永恒法进入人们的灵魂,由人的良心来加以运用。

我在这里无法深入讨论经院神学家和哲学家们,以及16世纪的天主教复兴派的继任者们对于这些概念的看法,因为这个主题太大了。我在这里也无法对13世纪、14世纪和15世纪的罗马研究者和教师进行探讨——对

---

① Cf. the citation by Marcian, in *Dig*. i. 3, 2, of the dictum of Demosthenes (*Adv. Aristog.* p.774) νόμος εὕρημα καὶ δῶρον θεοῦ; and Justinian's *Institutes*, i. a, § 11 "Naturalia iura, quae apud omnes gentes peraeque servantur, divina quadam providentia semper firma atqne immutabilia permanent."
② ὁτᾶν εἴπω τὴν φύσιν, θεὸν λέγω, ὁ γὰρ τὴν φύσιν δημιουργήσας αὐτὸς ἔστιν.
③ 阿奎那,《神学大全》IaIIae, q. 94, a. 2.

于这些人,人们或许会说在他们的文章里,相比古代的法学家们,自然法的内涵变得没有那么确定了,而且染上了更多的伦理的味道(他们受到了西塞罗和亚里士多德的分析的影响),以及神学的韵味(这是受到了格拉蒂安和圣托马斯等神学权威的影响)。在这几个世纪里,人们较少将之用于纯粹的法律领域,而是更多地用于思考和真正的政治辩论方面。其中,在后面这几个领域中,自然法扮演了一个重要的角色,它被倡导者们拿来作为支持皇帝和教皇的理由,即在一方面宣称它对于世俗统治者的支持,在另一方面宣称它对于精神统治者的支持。所有人都同意它站在这些权力之上,而有些人还认为如果有权力者超越在它之上,那么他就会遭到他的臣民的抵制。① 时不时地,君主都会拿它来作为立法的根据。法国的"公正王"腓力四世在宣布要释放农奴时,是这么说的(A. B. I3II):"每一个按照我们的主的形象被创造出来的人按照自然法都应该是自由的。"时不时地,法学家对事项作出界定,以限制立法者的权力,这正如鲍尔达斯(Baldus)所说,无论是皇帝,还是教皇,都无法再批准开展高利贷了。② 但是,我们并不认为这一观念在欧洲的教会法或东方的伊斯兰法的建构上扮演了一股独立的构造性力量,因为很明显的是,宗教体系并不需要它。基督教世界的《圣经》和伊斯兰世界的《古兰经》提供了全部的哲学基础,以及神圣意志的所有指示,这些指示是法律所需要的,赋予法律以合道德性。所以,尽管这个术语经常为中世纪的各类作者所使用,但它在被使用时经常带着神学或道德的气味。自然这个词,除了圣保罗笔下的含义,或者亚里士多德或其他法学家的文本中表达的意思以外,其他的含义都会被视为是怪异的,并且可能被划为异端。在歌德的《浮士德》第二部第一幕第二场里,宰相(Chancellor)这么说道:

---

① 关于这一主题,吉尔克(Gierke)博士、教授在他的作品中对主权者做了全面而明晰的解释,参见 *Johannes Althusius*, chap. vi.。
② Gierke, ut supra. 鲍尔达斯和其他法学家宣称,皇帝"tenetur ratione naturali, cum ius naturae sit potentius principatu",而且有人甚至还认为皇帝也要受到万国法之约束。参见 Arthur Duck, *De Usu et Authoritate Iuris Civilis*, bk. i. chap. iii. § 12.。

Natur und Geist—so spricht man nicht zu Christen.
Desshalb verbrennt man Atheisten.

天性和精神——不可对教徒胡言。

因此我们要烧死无神论者。

然而,在这整个时代里,这个概念所拥有的地位,以及它在思想世界(如果没有在实践领域发挥作用的话)所扮演的功能是十分重要的。它宣称道德的永恒原则拥有至高的地位,贵族们有义务遵循这些原则,市民们有权捍卫它们,如果必要的话,甚至还可以采取反叛或专制的手段。它宣布了要向至高的上帝承担的责任(无论是神圣的,还是尘世的)以及个体的坚不可摧的权利。它指出所有的法律的最终来源都是神的正义,而由此,它便给各种有权制定法律的权力者们套上了一个限制,并给法律的有效性也套上了一个限制。关于日耳曼族的个人主义精神是否对这一来自罗马法学家的观点所经历的巨大转变起到了作用,这个问题在这里我就不做讨论了。但很明显的是,因为受到基督教教义的影响,哪怕是在一个占支配地位的、压倒性的教会体系下,人们都以自然法原则的名义来作为自己的合理性依据,而这些原则又为市民和宗教自由提供了基础。

八、现代的自然法

当欧洲的观念因为受到希腊文献和 16 世纪的教会叛乱的刺激,以及受到一系列同时出现的外部缘由的影响,开始围绕这些思想主题做自由的发挥时,这个古老的概念便获得了一片更为宽广的空间。不过,这段历史见于哲学和政治科学领域,而不是法理学领域。虽然文艺复兴和光荣革命时期的人们主要通过古罗马的文本来获取他们关于自然和自然法的观念,①而

---

① 罗马人喜欢从人民的意志中提取出法律,无论这些法律是以立法的形式直接出现,还是以习惯的形式默然出现,而且,这一做法在查士丁尼统治时期继续被保留了下来,就像在共和时期一样。

且虽然万国法再次出现,被作为人类对自然法的详细解读,但是,这些观念所激发出的思考却将重点大幅度地转向了一般法律的来源这一问题,这一问题,正如我们在前面已经提到过的,并没有吸引罗马人的注意,而且(更进一步来说)也转向了权威与政治权力的来源的问题,以及任何建构出来的权威何以有权要求人们服从的问题。中世纪的体系——教皇的权力来自从基督到圣彼得的话语,皇帝的权力要么直接来自上帝,要么间接来自教皇,并通过教皇和皇帝的授权,产生出其他所有的世俗和精神方面的各种权力——现在已经消失了,而思想家们现在非常想要寻找到一个全新的、更为坚实的基础,来支撑起君权和国家。因此,自然便扮演起了一个全新的角色;此后不久,便出现了有关原始的自然状态的理论,这个概念现在并不与自然法有直接的联系,但在历史上它却是与自然法联系在一起的。这种新构想出来的自然状态并不是赫西俄德的黄金时代,也不是维吉尔的农神统治时代,更不是贺瑞斯的野蛮的蒙昧时代(mutum et turpe pecus)。自然状态下的人是非常理智的,同时他们也是自我意识非常强烈的。在霍布斯笔下,他与他的同类之间进行着永恒的战争[①];这位天才般的、坚定的哲学家在这一事实中发现了他的国家理论的基础,认为人类为了去除那令他们困扰的争斗,相互同意交出他们所有的自然权利,交到君主手中,以换取他们靠武力才能得到的东西,而这位君主因此也就得到了一个永恒的头衔,为所有人所遵从;这一协议,因为并不是与君主签订的,所以一旦君主本人出现了违法行为,那一切就都是无解的了。另一方面,洛克认为,自然法来自理性,要优先于所有政府,也正是因为这一优先性,才使得人们有权基于他们的自然权利去反对暴政。因此,在他看来,就像17世纪和18世纪的多数思想家一样(也包括更早以前的思想家们),自然法作为理性的产物、自然权利的基础,是自由价值的同盟者。1776年《独立宣言》的起草者们便以自然权利之名援引了这一观点,而这一观念随之便以征服者的身份进入了现代政治领域。在同一时期,卢梭通过他的自然状态和社会契约理论(首次发

---

① 霍布斯的看法与斯宾诺莎的看法相对应,参见 *Tractatus Theologico-Politicus*, cap. xvi。

表于 1762 年)将之散布到了整个旧世界,而它在此后不久便成了 1789 年法国制宪会议制定的《人权宣言》的基础。

这套古老的理论现在变成了一股毁灭性的政治力量。如今,任何人都可以看到这其中蕴含的革命性的品质;但奇怪的是,和绝大多数革命性观念不同的是,这里面的爆炸性元素在此前一直是蛰伏不动的。在将近两千年的时间里,它都不过是一条无害的准则,一条平凡的道德标准,而在 18 世纪末,它却变成了一个具有爆炸力的事物,摧毁了古老的君主国,震撼了整个欧洲大陆。早在古希腊时代,人们的自然法观念中就含有自由、平等、友爱等内涵,跟法国人的理解差不多。这些价值甚至也埋藏在罗马人的观念中,只是埋得比较深,上面覆盖着大量的制定法规则和君主的司法机构,乃至于将这些可怕的后果都掩藏起来了。

现在,让我们离开对于这一观念的政治史的回顾,转头来看一下,在现代,它在法律领域介入的三个方向吧。

这个理论作用的第一个方向是英国法。我们的衡平法体系是由大法官,以及更早之前还包括教士一起建立的。这个体系不仅用了自然法的名字,而且其中的指引性和构成性的原则,以及很多明确的规则,都取自罗马的公平原则(aequitas),故而在实质上与自然法和万国法相一致。出于明显的理由,大法官和案卷主事官(Masters of the Rolls)并没有太多谈及自然法,而关于万国法,他们就谈得更少了。他们提及的是上帝法或理性。但是,这些观念是罗马式的,要么来自教会法,要么直接取自《学说汇纂》和《国法大全》,而且他们在将这些观念适用于英国的事实时,其方式与罗马法学家并没有什么不同。至于法院的名字,即良心法院(Courts of Conscience)①,虽然这里的良心在第一眼看来,应该指的是国王的良心,但却也传达出为罗马人所强烈主张的那种道德元素;衡平法官所具有的宽泛的,有时有些太宽泛的自由裁量权,其原型也来自罗马文本,在这些文本中,罗马人将自然公平视为一种准则,指引着法官在某些特殊的案件中完善法律的严谨性。在一本

---

① 也即衡平法院。——译注

名为《博士和学生》(Doctor and Student)的小书中——这是克里斯托弗·圣德文(Christopher St. German)在 16 世纪的时候写的——有一段提到英国的普通法学家不太使用"自然法"这个概念,(作者注意到)他们一般都会使用理性法的概念,说这条或那条规则是立足于理性之上的,或者说理性指出了这个或那个结论。然而,作者认为,自然法或理性是永恒法或上帝意志的三个部分中的一个,人们已知这三个部分包括理性、神在《圣经》中的启示和君主或教会的命令(权威来自上帝)。(他后面接着提到)有人说,所有的英国法都是理性法的一部分;但是,圣德文表示审慎的怀疑,提出这一说法未必能得到证明。然而,我们在这里也有关于这个旧概念的影响的另一些证据,而且,甚至还涉及为非理性生物所分享的一般的自然法("因为所有的非理性生物都在自然给予它们的某些规则的统治之下生活,这些规则对于它们的生存而言是十分必要的"),也即为乌尔比安所赞同的那些老观念的重现:自然法从人类延伸到低等生物之上。英国的法官提及自然法的话也不少。在爱德华四世时期,耶尔弗顿(Yelverton)说,在没有法律可以依循的情况下,法官"应该诉诸自然法,因为这是所有法律的基础"。而同一时期的大法官斯蒂灵顿则将商人法,即为多个不同国家的商人所共同遵循的习惯,视为自然法的一部分。① 此前,我们已经明确了自然法与万国法之间的一致性,这一看法源于西塞罗时期。现在,当这一观念再次出现时,则变成了这一说法,即自然法是所有法律的基础,与自然法或共同权力和理性(同义的表达)不一致的所有制定法都应被视为无效。这一说法是由科克勋爵和霍巴特勋爵(Lord Hobart)提出的,并得到了霍尔特勋爵的赞同;尽管他们并没有太多(如果有的话)实践。相类似的说法,即这一"正义的永恒的原则"拥有推翻政府立法机关的法令的能力,也可以在美国法院的案件判决中不时地看到。布莱克斯通重复了西塞罗的说法,宣称"自然法约束着全世界的所有国家;没有一部与之相违背的人类的法律可以拥有效力"②;同

---

① 这些内容来自前述 F. 波洛克爵士的文章,载于《哥伦比亚法律评论》。
② *Commentaries*, Introd. § 2.

时,他还将这归功于"自然理性和自然法的公正构建",而他的同时代人,曼斯菲尔德勋爵,则将之归因于默示契约的强制执行力。① 所以,我们发现,印度的1882年《民事程序法典》规定,如果在处置该案的法院看来,一个外国判决"与自然正义相违背",则不可作为参考依据。但是,这一古老的概念在近来的主要实践运用,则见于欧洲的司法活动之中,即在处置欧洲人与外国半开化民族之间的事务时(这一做法非常合适),这是因为欧洲征服者的法律并不能全然适用于他们之上。因此,在英属印度,法院被指示适用"正义、衡平和良心原则②,如果制定法或习惯无法适用的话"。

　　它作用的第二个方向是自然法和万国法参与创立了国际法。这一法律部门有两个来源。它部分是来源于海商国家参与贸易过程中形成的习惯,以及在与其他国家开展外交活动时形成的管理和协议;部分是来源于由一系列法学家想出和提出的理念,在这其中,最著名的人包括雨果·格老秀斯(Hugo Grotius)、阿尔贝库斯·真提利斯(Albericus Gentilis)、莱布尼茨(Leibnitz)、普芬道夫(Puffendorf)。这些思想者发现国际关系的大块领域都没有既存的习惯,或者不同国家的既存习惯之间经常是有差异的,于是不得不出手寻找一些统一的、永恒的基础,然后在上面构建出一个成型的规则体系。这一基础无法在任何国家内找到,因为这些法律无法在国家范围内适用,而现在所需要的是为所有国家遵循的一套东西。它也没法从罗马帝国的法律中明确地抽离出来,因为神圣罗马帝国只是前者的一个壳,而老罗马法则是一部国内法(虽然这是一个世界帝国),并不包含所有必要的素材,更不用说任何与帝国沾边的东西在17世纪早期都会遭到新教徒的质疑。由此,格老秀斯和他的继承者只能根据古罗马法学家的理论,诉诸自然法,这是一部对所有人都有效的,立足于理性之上的法律。他们充分地运用它,其中有些人还称他们的作品是"关于自然法和万国法的论文",而他们在这

---

① *Commentaries*, bk. iii. chap. ix.
② 关于这一主题,参见 Sir C. P. Ilbert, *Government of India*, chap. vi。这里把"衡平和良心"连在一起的说法跟1683年的东印度公司特许状一样历史悠久;ibid. chap. i. p.21。

里使用万国法①这个词时,已经赋予了它新的含义。② 他们的确想用自然法来代表适用于所有国家的法律,即适用于国家间交往的法律。事实上,这两个概念之间存在一种紧密的联系。因为尽管帝制时代的罗马法学家在使用"万国法"这个词时,并不是用来指示用于不同国家之间的法律,而是指示适用于罗马疆域之中的法律的一部分,但他们还是认为,万国法是基于世界各个国家的习俗而制定出来的,并因此也普遍地约束所有国家,是自然理性给予所有人的法律的一个切实的外在体现(除了某些特殊点以外)。因此,"自然与万国法"这个名字就被确定了下来;而且,只有在我们的时代里,更为精准的描述性术语(但却不太令人满意)——"国际法"——才代替了这个老的改变,得到了普遍的接受。

第三,在相对晚近的时代里,在德国、法国和意大利,自然法这个概念获得了法哲学层面的含义,即作为法律概念和多数一般性法律教义的形而上

---

① 当格老秀斯使用"万国法"这个词时,他立足于这一事实,即它的力量来自使用它的各个国家的意志,而且他还认为,当它源于所有国家的意志时,它就是事实上的自然法,但事实上,它里面有很大一部分内容只是基于一部分国家,而不是全体国家的意志,因为他发现,有时,万国法的某些条款只是在世界的一部分地区存在着,而在世界其他地区却不存在。

② 格老秀斯(他与老派学者的差异不止一点点)将永恒的、不可变更的自然法界定为理性的正确命令,"dictatum rectae rationis, indicans actui alicui ex eius convenientia aut disconvenientia cum ipsa naturali ratione inesse morale turpitudinem aut necessitate morale, ac consequenter ab auctore naturae Deo talem actum aut vetari aut praecipi",从而将之与上帝的更为专断的法律(ius voluntarium)相区别,因为对那些法律,上帝是可以自行变更的,但他却不能变更他的自然法,就像他不能变更2加2等于4这一数学规则一样。在另一个地方,格老秀斯提到,人类的自然天性是自然法之母,而且是市民法(也即"制定法")的曾祖母(通过契约)。"Naturalis iuris mater est ipsa humana natura, quae nos etiamsi re nulla indigeremus, ad societatem mutuam appetendam ferret"(这里重复了亚里士多德的话),"civilis vero iuris mater est ipsa ex consensus obligation, quae cum ex naturali iure vim suam habeat, potest natura huius quoque iuris quasi proavia dici"(*Proleg.* 9. 16)。在此前,他还说过:"Cum iuris naturae sit stare pactis, necessarius enim erat inter homines aliquis se obligandi modus, neque vero alius modus naturalis fingi potest; ab hoc ipso fonte iura civilla fluxerunt. Nam qui se coetui alicui aggregaverent, aut homini hominibusque subiecerant, hi aut expresse promiserant, ant ex negotii natura tacite promisisse intelligi, secuturos se id quod aut coetus pars maior, aut hi, quibus delata potestas erat, coustituissent."他的专断的神法(ius divinum voluntarium)分为这样两个部分:一个部分是上帝在创世时、大洪水之后,以及基督降生时给予所有人的;另一部分是他单独给予以色列人的。因此,这是一部神启法,与自然法相差巨大。

学基础。有人会注意到,本书其他部分内容①就是立足于这种自然法观念(NaIurrecht or Droit Naturd)之上的,这也是很多欧洲大陆的作者投入了很多精力和思考的主题,虽然英国和美国的作者们并不太关注它。但无论这些作者的作品对于形而上学或伦理学而言有什么价值,它们对于法律的恰当含义的解释都影响不大。现如今,一般的法学研究要成为一项有用的研究,都主要关注实务方面,比如罗马人所谓的万民法,就是针对所有或多数国家的立法都需要应对的问题,采集文明国家所采用的规则制度,加以检查、考证和评估之后的产物。换句话说,相比对法律的基础做抽象的分析,比较法学能够产生出更为丰硕的成果。

九、结论

除了刚才提到过的欧洲大陆的理论家们会提到自然法以外,现在,我们已经很少听到这个词了。它看起来已经从政治领域,以及制定法领域消失了。在18世纪,这个术语还是激励某些人的强势力量之源,也是对另一些人的警报,而现在,谴责或试图推翻现有制度的两派思想家们都不再提到它了。社会民主主义者们不再诉诸自然法,这可能是因为他们发现不存在这样一种社会状态,在这种状态下,所有的财产都由高度组织化的共同体共同持有;也可能是因为他们感觉这个体系是如此复杂,乃至于将之描述为自然状态是不妥当的。无政府主义者也不再诉诸自然法,这是因为他们反对所有的法律,同时,其中那些饱学之士,如果他们要为自己的教义寻找一个哲学基础的话,他们就应该会感觉到,并且也会诚实地承认,在历史上,并不存在这样一个自然状态——毕竟我们现在,相比一个世纪以前,对于原始人的了解变得更多了。

尽管如此,这个概念有时还是会出现,特别是出现在一些意想不到的地方。1898年10月20日,英国枢密院在下达给南罗得西亚的命令中指示当

---

① See James Bryce, *Studies in History and Jurisprudence*, Essay XII.

地法院"在审理土著(即卡非尔人)之间的民事案件时,要依循土著法,但该法不得与自然正义或道德,以及女王陛下的任何命令相冲突"。

对于现代世界而言,这个由来已久的概念是否,以及未来会否具有实用价值,则是一个进一步的问题了,而且对于这个问题,我们更多的只能做猜想,而不是讨论。我们已经看到它是如何有效地帮助古代世界推倒种族偏见的,特别是为罗马法学家们树立了一个哲学典范,以使得他们能够扩张和改良他们的帝国法律。我们也不该忘记,在之后的时代里,它有时促进了人们反抗压迫,矫正了在法学家和统治阶层中经常弥散的趋势,即不适当地遵从传统,捍卫已经变得与理性不相契合,对公共利益有害的制度。在我们的时代里,我们可能不再需要这一古老的观念发挥这类作用了。无论是在欧洲,还是在北美,都已经不太会出现这样的风险,即传统会阻碍改革,或法律制度仅仅因为是已存的,就得到人们无原则的尊重和维护。但是,哪怕是在最为消极的物理学家看来,我们的星球还至少会存在数百万年。谁又能说清楚这么一个古老而简单,包含诸多层面,在历史上变化众多,影响巨大的概念,在人类漫长的未来会否再演绎出一段新的佳话呢?

中世纪政治哲学*

约翰·基尔卡伦 著

徐震宇** 译

中世纪哲学是指西欧在中世纪时期发展出的哲学。关于这个时期的起始点,哪怕在中世纪史家内部都没有一致意见;① 不过,传统上认为——可能既非完全正确,也非全然错误——从奥古斯丁(354—430)开始,请注意,中世纪哲学的影响甚至持续到笛卡尔(1596—1650)出生之后。中世纪政治哲学,是指关于政治事务的那部分中世纪哲学。中世纪政治著述的目的,(与近代早期一样)常常是试图对公共事件产生影响,因此,关于这个主题的历史就会涉及这类事件。它也会涉及中世纪文化的发展,例如9世纪和12世纪的文艺复兴,还有制度的发展,例如法律体系和大学。这一时期哲学与宗教的密切联系也令这个故事更加复杂。在中世纪,随着宗教和政治

---

* 本文为斯坦福哲学百科全书(Stanford Encyclopedia of Philosophy)之条目,首次发表于2006年7月14日,2017年5月16日作了重大修改,见 https://plato.stanford.edu/entries/medieval-political/。本文正文及注释中有引用或转介其他条目,未予保留。读者如有需要,请查阅英文版网页,由链接跳转参考。

** 徐震宇,现任教于华东政法大学政治学与公共管理学院。

① 关于中世纪哲学跨越的时间段,并没有真正的一致意见。在近来的阐述中,传统的中世纪人物,比方奥古斯丁和波埃修斯,都已经被算作古代晚期的作者。参见 Catapano, Magee 和 Gersh 在 Gerson 2010 中的文章。最近的一个解决方案是诉诸"长中世纪"的概念,强调不同历史分期的连续性,时间跨度从大约公元200年一直到1700年;关于这一点请参见 Marenbon 2012: 6-7 或者他的就职演说(2011)。本文仍然采用更传统的时间跨度;并且,奥古斯丁总归是中世纪政治思想的一个重要来源和检验手段。

思想受到文化发展和事件压力的极大影响,政治哲学出现了相当可观的发展,而上述那些"哲学以外"的关联是造成这种发展的原因之一。本文把重点放在拉丁中世纪的神学家和哲学家身上,总体上则按照时间顺序排列。①

1. 中世纪政治哲学的范围

"中世纪"一词主要用于欧洲(以类比的方式用于其他文化)。中世纪哲学包括"前经院时期""经院时期"和"经院晚期"几个阶段。

"经院主义"指的是中世纪学校的智识文化特征。12 世纪,开办学校在巴黎、博洛尼亚和其他许多地方成了一种流行产业。到 13 世纪早期,某些地方学校的校长们设立了通常被称为大学的法人团体。② 这些学校的工作语言是拉丁语,老师和学生都是教士。这些大学做了大量翻译工作,将希腊语和阿拉伯语的亚里士多德著作、对亚里士多德著作的评注作品,以及相关作品翻译为拉丁语。12 世纪的学校造就了一批对亚里士多德很有兴趣的公众,因此进一步产生译本,并加以传抄,其中,早先翻译的一些亚里士多德作品("旧逻辑"[logica vetus]中的一部分)之前即已成为被仔细研究的对象。在大学中,哲学研究归在艺文系,不过,神学系也发展和运用哲学。在中世纪大学,法学研究很重要,源自法学的观念对哲学思想很有影响。以政治哲学为主题的著者们运用一系列经院主义的文学体裁,诸如评注、论辩性

---

① 因此,本文不探讨中世纪伊斯兰和犹太政治思想的发展(这些传统的一些文本译本可见 Parens and Macfarland 2011)。另一个未予探讨的重要内容是中世纪的法学家,他们提出和讨论了许多无论当时还是今日都属根本性的观念。最近较有价值的考察是 Pennington 2007 以及 Ryan 2015。Lee 2016: ch. 1 – 3 着重探讨了中世纪罗马法对主权和宪政观念的贡献;另参见 Canning 2011: ch. 5。
② 大学是一个由某市镇上的师傅及学生组成的行会(即商业联合会)。大学本身不是教学机构,教学是在师傅们的学校里(或者后来在学院里)进行的。高等教育学校在希腊人、犹太人和穆斯林中早已存在,但一个由教师或学者组成的商业联合会却是一种新的观念。与古代的学校相似,中世纪的学校借助教科书来教学:艺文用亚里士多德,医学用阿威罗伊和阿维森纳,神学用《圣经》和彼得·隆巴德的《神学论集》(Sentences);罗马法学校用查士丁尼,教会法用格拉西安的《汇要》(Decretum)和其他汇编。这些教科书是由大学规定的,为下属的学校设定标准。

提问、对话以及论著。

"晚期经院主义",传统上认为从14世纪开始,与近代早期有重叠。被我们视为近代早期哲学家的那些人是在大学里接受的学术训练(或者,如笛卡尔,出身于耶稣会学校),但是,他们主要在大学之外写作,并且主要使用本国语言。整个17世纪,在大学,尤其是意大利、西班牙和荷兰的大学,在许多国家的耶稣会学校,还有一些新教学校,仍然在继续教导和撰述经院类型的哲学。

中世纪的"前经院时期"包括阿伯拉尔(1079—1142),以及安瑟伦(1033—1109),还有加洛林时期的著者,但很难说这个时段要向前追溯到多远。或许还要加上波埃修斯(c. 475/7—526)和奥古斯丁,这两位从自己所在的时代一直到中世纪结束(以及之后)都对欧洲有极深的影响,尽管他们也可以被认为属于古代晚期。波埃修斯撰写或者从希腊语翻译成拉丁语的一些逻辑学著作,在12世纪的学校中都有研习;奥古斯丁则对中世纪神学有极为重大的影响。波埃修斯没有撰写过直接与政治哲学相关的作品,而奥古斯丁当然写过,因此,在本文中,"中世纪"从奥古斯丁开始。

通过中世纪政治哲学,我们可以理解中世纪关于政治学的著作,这些著作与被我们列为政治哲学类的现代作品有明显的亲缘关系。这些中世纪著作的作者通常是学者,设想的读者是在大学接受教育的人;他们运用在学校中探索得来的各个观念,以学术性的方式写作。有些人撰写亚里士多德《政治学》的评注,以及与政治哲学相关的学术性"辩论问题"。不过,政治哲学并不属于大学的核心课程(Miethke 2000b)。政治学著作的作者们通常不是在履行教学任务的过程中撰写这些作品,而是为了回应某些政治事件。有些人的写作目的是指导某位国王或其他统治者,有些人是希望对教会与世俗统治者之间的冲突产生影响,有些人关心的是教会内部的冲突,包括涉及教会宪制以及教宗和大公会议的权力这类冲突。他们通常附从冲突中的某一方——许多教士在世俗统治者与教会发生冲突时支持前者。

本文旨在介绍中世纪政治观念最重要的一些来源,以及一些最令人感兴趣的作者。主要的来源包括《圣经》、教父、教会法和罗马法教科书,还有亚里士多德的著作，尤其是《政治学》。第2、3节概述中世纪政治思想如何从《圣经》和教父那里汲取资源。第4、5节的内容是前经院时期的政治思想家，包括奥古斯丁。第6、7节论述在12、13世纪开始发挥影响力的资源，即亚里士多德和法学教科书。第8节概述中世纪政治思想在13世纪以降的主要问题之一，即教宗的政治权力。第9节概述13世纪一位重要的作者，托马斯·阿奎那。第10—14节是关于14世纪和15世纪的政治哲学作者，包括帕多瓦的马西利乌斯和奥卡姆的威廉。

2. 《圣经》

中世纪基督徒使用的《圣经》，是我们所谓的"武加大本"（Vulgate），《旧约》（基督徒称之为《犹太经卷》）和《新约》的拉丁语译本。① 新教改教家说服了许多人，使大家相信《圣经》在中世纪遭到了忽视——按路德的说法，《圣经》"被遗忘在长椅下面的尘土之中"（参见 Luther［1539］1915：vol. 1，7；cf. 2 Kings 22：8）。可是，中世纪制作的许多《圣经》抄本，中世纪学者对《圣经》经卷所作的许多评注，以及他们在著作中常常引用《圣经》的做法，都表明当时他们非常熟悉《圣经》。

2.1 顺服天然的权柄

《圣经》表达的政治观念有以下一些：

（1）人类通常由国王或皇帝统治。在《圣经》中极少出现共和制的迹象。（有一个例外，《马加比一书》8：14‐16 的描述表达了对罗马共和制政

---

① 参见拉丁文武加大本。武加大本的标准英文译本是18世纪 Challoner 对 Douai-Rheims 本的修订本。关于这个译本的历史，可参维基百科关于杜埃本的条目。本文中的引用为武加大本，译本为杜埃本。（杜埃本的语言是老式英语，但这是最接近中世纪对武加大本理解的英文翻译。）中世纪《圣经》的分段和小标题与钦定本不完全一样。中世纪的圣经"正典"，即被认可为属于《圣经》的篇目，与新教徒认可的正典有些不同，特别是前者包括了《马加比书》。在本文中，我们引用的方式是《撒母耳记上下》，然后是《列王纪上下》，而不是《列王纪一到四》）。

府的倾慕。)

(2) 国王们经常是邪恶的暴君和上帝的敌人。人民常常与统治者一同作恶。

(3) 大卫王的王权是一个榜样(尽管大卫也常常犯罪)。

(4) 臣民必须顺服统治者,哪怕是邪恶的统治者。叛乱是错误的,尤其是攻击统治者的人身——参见《撒母耳记下》1:14-16。

(5) 但是,"顺服统治者"始终受到"顺服上帝"这一命令的限制。

《新约》作者教导,基督徒必须顺服统治者:

> 在上有权柄的,人人当顺服他;因为没有权柄不是出于上帝的,凡掌权的都是上帝所命的。所以抗拒掌权的,就是抗拒上帝的命;抗拒的必自取刑罚。……因为他是上帝的用人,是与你有益的。你若作恶,却当惧怕,因为他不是空空地佩剑。他是上帝的用人,是申冤的,刑罚那作恶的。所以你们必须顺服,不但是因为刑罚,也是因为良心。(《罗马书》13:1-5)
>
> 你们为主的缘故,要顺服人的一切制度,或是在上的君王,或是君王所派、罚恶赏善的臣宰。……因为那是上帝的旨意。(《彼得前书》2:13-15)

在 17 世纪,大多数新教徒和一些天主教徒从这些经文推论出臣民始终负有一种顺服统治者的宗教义务,并借助于"消极顺服"的教义,与"顺从上帝,不顺从人,是应当的"(《使徒行传》5:29)的经文调和。① 部分教父和加洛林时期的作者也持有类似的立场,但大多数经院作者,在部分来自亚里士

---

① "消极顺服"理论是指这样一种理论:若统治者发布了一项与上帝命令相悖的命令,则接受该命令者可以以消极而非积极的方式服从之,亦即,并不积极地执行该命令,也不抵制统治者可能施加的惩罚。此项理论发源于马丁·路德、慈运理(Huldriech Zwingli, 1484—1531)和加尔文(John Calvin,1509—1564)的教导,在 17 世纪为新教徒普遍接受,部分天主教徒也持此立场,例如波絮埃(Bossuet)。参见 Oakley 2015:107-27;另参见 Oakley and Somerville 在 Burns and Goldie 1991 中的文章。

多德、部分来自法律文本的观念影响下,认为在某些情况下不顺服和反叛可以构成正当的行动。

2.2 奴隶制

《新约》作者说,一个基督徒无论是奴隶还是自由人都无关紧要:

> 各人蒙召的时候是什么身份,仍要守住这身份。你是作奴隶蒙召的吗?不要因此忧虑。……因为作奴仆蒙召于主的,就是主所释放的人;作自由之人蒙召的,就是基督的奴仆。(《哥林多前书》7:20-22)
>
> 并不分犹太人、希腊人、自主的、为奴的,或男或女,因为你们在基督耶稣里都成为一了。(《加拉太书》3:28)

古代的犬儒派和斯多亚派也认为,一个奴隶也可以有美德和快乐,因为一个人内在的自由与外在的捆锁并非不可并存。

鉴于成为奴隶无关紧要,基督教并不谴责奴隶制。一些新约经文劝勉奴隶要顺服(武加大本使用的 servi 一词,是对"奴隶"通常和正确的翻译,但在杜埃本中却被译作"仆人"):

> 你们作仆人的,凡事要存敬畏的心顺服主人,不但顺服那善良温和的,就是那乖僻的也要顺服。(《彼得前书》2:18)
>
> 你们作仆人的,要惧怕战兢,用诚实的心听从你们肉身的主人,好像听从基督一般。(《以弗所书》6:5;参《歌罗西书》3:22)

保罗写了一封信给基督徒奴隶主腓利门,劝他善待一名"我现在打发他亲自回你那里去"的逃亡奴隶(《腓利门书》1:12)。

2.3　财产

十诫中有一条"不可偷盗"(《出埃及记》20：15)。中世纪作者认为,财产私有制是正常和正当的,财产应当受到尊重。不过,《新约》鼓励自愿贫穷：

> 耶稣说：你若愿意作完人,可去变卖你所有的,分给穷人……耶稣对门徒说：我实在告诉你们,财主进天国是难的。我又告诉你们：骆驼穿过针的眼,比财主进上帝的国还容易呢!(《马太福音》19：21-24；参《路加福音》18：22)

《新约》看起来还把自愿的共产主义当作一种理想状态。早期在耶路撒冷的基督徒团体,

> 都是一心一意的,没有一人说他的东西有一样是自己的,都是大家公用。……内中也没有一个缺乏的,因为人人将田产房屋都卖了,把所卖的价银拿来,放在使徒脚前,照各人所需用的,分给各人。(《使徒行传》4：32-35；参《使徒行传》2：44-45)

中世纪欧洲的主要制度,包括修道院和其他宗教生活形式,都建立在发愿守贫和团体生活的基础上。

2.4　和平主义

《新约》中有一些经文看起来禁止基督徒使用武力：

> 只是我告诉你们：不要与恶人作对。有人打你的右脸,连左脸也转过来由他打……要爱你们的仇敌,为那逼迫你们的祷告。(《马太福音》5：39-44)

2.5 基督的国

中世纪的基督徒认为,基督在某种意义上是一位君王。① 但是,耶稣说"我的国不属这世界"(《约翰福音》18:36),并且他看起来劝人顺服罗马皇帝:"恺撒的物当归给恺撒;上帝的物当归给上帝。"(《马太福音》22:21)。基督的门徒没有人拥有高于他人的权柄:

> 你们知道外邦人有君王为主治理他们,有大臣操权管束他们。只是在你们中间不可这样。(《马太福音》20:25-26)

> 但你们不要受拉比的称呼,因为只有一位是你们的夫子,你们都是弟兄;也不要称呼地上的人为父,因为只有一位是你们的父,就是在天上的父;也不要受师尊的称呼,因为只有一位是你们的师尊,就是基督。(《马太福音》23:8-10)

尽管有这些经文,神职人员还是接受荣誉头衔,并主张拥有权威和权力:教会自视为在地上的基督的国,并宣称分有基督的权柄。

保罗的经文,

> 审判教外的人与我何干?教内的人岂不是你们审判的吗?至于外人,有上帝审判他们。(《哥林多前书》5:12-13)

常被用来暗示教会对非基督徒没有管辖权("教外的人"即教会以外的人)。

---

① 教宗约翰二十二世与奥卡姆之间关于基督王权的争论,参见 William of Ockham, *Letter*:72ff。

3. 教父

古代晚期的基督教神学家被称为"教父"。① 其中,在中世纪欧洲最有影响力的是奥古斯丁,其他还包括居普良、安布罗斯和大格利高里。希腊教父(奥利金、屈梭多模等人)起初影响力较小,但在经院时期,他们的许多著作被翻译成了拉丁语。② 教父们发挥影响力部分是通过他们的"原本"(originalia,即他们作品的完整原始文本),但更多或许是通过收录在《圣经》"集注"(glosses)中的片段、选集以及后来作者的大量引用。许多教父受到柏拉图主义和斯多亚主义的影响,那是古代世界每一个受过教育的人都熟悉的思想。奥古斯丁受柏拉图主义的影响尤其大,他接受的是现代学者所谓的新柏拉图主义,尤其是普罗提诺的思想。

教父们传递给中世纪的观念是:某些关键性的社会制度,即强制性的政府、奴隶制和财产制度,并不在上帝为人规划的原初计划内。塞涅卡和古代斯多亚派其他学者的黄金时代观念,与基督教的观念有某种平行,即基督教认为在伊甸园中是一个无罪的时代,然后因为亚当和夏娃犯罪("堕落"),人类遭到了驱逐。③ 正如塞涅卡([c. 60 CE] 1917–25: vol. II, 397, *Letter* 90)认为的,起初世界并不需要强制,因为人类自愿接受智者的引导,也没有财产的需要,因为没有人寻求控制超过节制生活所需的更多资源,也没有奴隶制,因为奴隶是被当作财产的人,如此,按照教父们的说法,如果亚当没有

---

① 参见 New Advent 网站(天主教百科全书)文章"Fathers of the Church"(http://www.newadvent.org/cathen/06001a.htm)。英译见"The Fathers of the Church"(http://www.newadvent.org/fathers/)。另参见本百科关于 Augustine 和 Pseudo-Dionysius the Areopagite 的条目。
② 尽管个别作者和文本常有更好的版本,但就系列而言,最全面的是 J. P. Migne 的 *Patrologiae cursus completus*(拉丁系列 221 卷,http://patristica.net/latina/;希腊系列 161 卷,http://patristica.net/graeca/)。
③ 所谓"无罪咎时代"(The Age of Innocence)到亚当和夏娃有孩子为止,而所谓"黄金时代"(Golden Age)还持续了几代人。在中世纪作者那里,这两个观念有时交织在一起:堕落以后,人类还有一段时间生活在社会的但非政治的状态中(尽管那已经几乎不是黄金时代),但逐渐地发展起了各种与堕落状态相适应的制度。

犯罪，这些制度都不会存在。但是，由于罪，这些东西就存在了，一方面是犯罪的后果（贪婪和恋权的人建立起了强制性权力和财产制度），一方面是对罪必要和正当的补救——理想状态下，政府应当使用强制以纠正不法行为，奴隶制仅作为相比死刑较轻的不法行为惩罚措施使用，财产制度也应限定在适度的范围内，其目的是保护必需品免遭贪婪者的剥夺，否则后者会试图控制一切东西。

奥古斯丁阐述了关于强制性政府和奴隶制的通说。

> （上帝）的意思并不是……（人）可以对其他受造物享有主人的权力，除了那些没有理性的受造物；不是要人统治人，而是人统治动物。因此，那第一个义人乃是被设立为羊群的牧人，而非众人的君王。（《上帝之城》XIX.15；Dyson［1998］译本942页）

他继续说，奴隶制是对罪的正当惩罚，并且，奴隶（servi）得名乃是因为"那些依照战争法则可以（正当地）被杀的人有时会被赦免"（servabantur）。

关于财产，格拉西安的《教会法汇要》（约1140年）收录了一段安布罗斯的话：

> 但他说："如果我勤勉地照看自己的东西，只要不劫夺别人的东西，这有什么不正当的呢？"哦，这放肆的言辞！……人不可以说那共有的东西是"我自己的"；如果你取了超过自己需用的物，就是用暴力占有。凡人多取食物（alimenta），不是出于自己所需，而是为了富足和奢侈，岂不是不公正和贪婪吗？你所拿着的饼，本属于那有需要的人。（D. 47 c. 8；Tierney 1959：34）

因此，即便现在有财产存在，各种物在某种意义上仍是"共有"的，私人可以合法拥有、供自己使用的财产数量是有限制的。

4. 奥古斯丁

4.1 上帝之城

学习政治思想的现代学生所知道的奥古斯丁作品,基本上首先是《上帝之城》。尽管该书在中世纪常常是转抄的对象(现存有382个抄本),[1]但在大学的课程设置中,从来没有要求阅读全书。从该书摘出的片段被收录在不少很有影响力的选集中,比如格拉西安的《教会法汇要》以及彼得·隆巴德的《神学论集》(约1150年)。[2]

两座城,上帝之城和地上之城,其区分在于两种爱:对上帝的爱和(错误指向的)对自己的爱;以及,两种命运:天堂和地狱。奥古斯丁在神学上最著名的贡献是预定论的教义,他到晚年才宣布了这一立场。上帝在永恒中定旨,向一些人赐予永远得救所必需的恩典(特别的帮助),而其余的人类(大部分)将走向永远的定罪——被定罪的众人(massa damnata)(《上帝之城》XXI. 12, p.1070)。得救要求有"最终的坚忍"之恩典,即,使人在离世那一刻处于与上帝和好状态的恩典。一些在一生中大部分时间生活得不错的人,可能在最后时刻坠落。这样,我们就不能确定地知道,谁预定了要获得拯救。鉴于上帝之城由那些预定得救的人构成,我们就无法确知其成员是谁。上帝之城并不等同于教会,因为并不是所有教会成员都得救。地上之城并不等同于任何一个特定的国家,因为一个国家的某些成员可能被预定了得救。一个特定的国家可以包括两个城的公民。

尽管两座城的成员有不同的终极价值,他们还是可能有一些共同的目的——例如,他们都渴望地上的和平。就任何特定国家服务于这类共同目

---

[1] Augustine [413-26] 1955: v, n. 2. 有一些注释书(参见 Smalley 1960: 58, 61f., 88-101, 121-32),但不太多,因为《上帝之城》从来没有完全确定的文本。
[2] 要略微了解《上帝之城》,请读第19卷。参见 Markus 1970,尤其是第三章;以及本百科全书关于奥古斯丁的条目。

的而言,上帝之城的成员将会与国家合作(《上帝之城》XIX. 17, p. 945 - 7)。作为一名柏拉图主义者,奥古斯丁通过一种对实在的等级区分来思考,较低的等级模仿或反映了较高的等级。奥古斯丁的观点不是一种"黑白两分"的哲学,不是光明的力量与黑暗的力量彼此对立的哲学——那是摩尼教的哲学,奥古斯丁一度信奉摩尼教,但在读了某些柏拉图主义者的著作后改变了立场。根据奥古斯丁的说法,并不存在绝对的恶(《上帝之城》XI. 22, XII. 2, 3, 7;《忏悔录》VII. xii. 18 - xiii. 19; Enchiridion 11 - 12)。任何邪恶的东西,必定在某种程度上是善的,否则就根本不会存在。它的恶在于失序或错误指向,在于未能达致与之相关的全部的善。

> 万事万物的平安在于秩序的安宁,秩序则在于将同等和不同等的事物安置在各自适当的位置上。(《上帝之城》XIX. 13, p. 938)

世界有许多秩序安排和下级秩序安排,因而就有不同种类或层级的平安,以及(因为人能做道德选择)不同种类或层级的美德、正义和快乐。①

真美德以对真上帝的顺服为前提。但是,有些近似于真美德的东西,比如对荣誉的爱,可以导向类似正义和平安的东西,正如在罗马共和国发生的那样(《上帝之城》V. 12)。早先,奥古斯丁曾经尝试论证,按照西塞罗的定义,罗马人从未享有一个共和国(republic):"我要尝试表明,从未有如此的国家(commonwealth)存在,因为它从未展现出真正的正义。"(《上帝之城》II. 21, p. 80)因为罗马人并不顺服真上帝(参较 XIX. 21)。不过,这只是一种带有个人情感色彩的说法。因为奥古斯丁说:"当然,按照一种更实际的

---

① 读者须注意,当提及不同水平的美德、和平等时,并不必然代表通行观点。通常当奥古斯丁说某物并非"真的"某物时,他的意思是那根本就不是。不过,这样的立场也暗示了奥古斯丁的思想充满了不协调之处。例如,Carlyle and Carlyle (1903: vol. 1, 166 - 7)认为,奥古斯丁对国家的定义使得正义与国家的存在无关,并评论说(169)在教父之中,奥古斯丁的观点是独特的。不过(正如 Carlyle and Carlyle 1903, vol. 1, 167 所承认的),奥古斯丁说,离开了正义,一个王国就不过是大尺度的强盗集团。按照这个解释,正义并非无关:任何可以称作国家的东西,都必须展现出某种程度的正义。参见《上帝之城》II. 21。

定义,存在某种国家。"(II. 21, p. 80)仅在一种过分狭窄的定义上,才可以说,非基督徒不能建立一个国家。罗马人以对荣誉的爱为动力,能够共同生活在一种近似的和平、正义和快乐状态中,尽管并非"真正的"和平、正义和快乐。在某种程度上,正义对于国家而言是必不可少的。

> 如果没有了正义,王国与大型强盗团伙又有何区别?……一名被捕的海盗还真的就是这样回答亚历山大大帝的。当国王问他,他所说的劫掠大海是什么意思,海盗轻蔑地回答说:"跟你劫掠世界是一个意思;只不过,我是驾一条小船这样做,被称为强盗,你领着一支庞大的舰队这么做,你就是皇帝。"(《上帝之城》XIX. 13, p. 938)

一些中世纪作者,被某些现代历史学家称为"政治上的奥古斯丁派"①,他们从奥古斯丁关于西塞罗共和国定义的讨论出发,认为在非基督徒中不存在共同体(community)。根据其中一位罗马的吉列(d. 1316)的说法,非基督徒没有财产权利,也没有政治权利,因为这些东西以共同体的成员身份为前提,而只有基督徒能够构成一个真正的共同体。不过,这些所谓"政治上的奥古斯丁派"人士的观点,遭到了其他中世纪政治思想家的普遍否定。

我们不应该得出奥古斯丁认为只有好基督徒才能成为统治者的观点。不过,奥古斯丁相信,如果人持守基督徒美德,可以塑造更好的政府(《上帝之城》V. 24, p. 232)。

在中世纪基督徒中,关于政府的好坏有三种观点:

(1) 政府可以也应当由理想的基督徒统治者掌握,就是后来新教徒所说的"敬虔的君主";这样一位统治者能够带领他的人民顺服上帝。

(2) 政府也可能只是邪恶的暴政,一种对"地上之城"的表达。正如教宗格利高里七世(1081年)曾经写道:

---

① Arquillière 1955. 这个概念遭到了严厉的批评,参见 de Lubac 1984: 255 - 308。较晚近的有 Saak 2006: 262 - 3,认为这个词最好用于奥古斯丁隐修会(the Order of Hermits of St. Augustine)的成员。

> 有谁不知道,国王们和公爵们的统治权乃是来自于这样一些人:他们不认识上帝,受盲目的贪婪和无法忍受的傲慢的驱使,以骄傲、掠夺、背信、谋杀和各种犯罪统治那与他们同等者——人类,被这世界的统治者——魔鬼不断推动着。(Gregory Ⅶ 1081:552;另参见 Poole 1920:201,fn. 5)

(3)政府存在的目的是组织"善意之人"(man of good will)(用一个现代词汇)的合作,即,两座城的公民通过一种利益联合起来,这种利益就是地上的和平和其他地上的益处,这是基督徒和其他人都认为有价值的。这样一种有限的政府目的观,可见于马西利乌斯和奥卡姆(McGrade 1974:109-33)。

而所有三种观点都可以在《上帝之城》中找到支持。

4.2 战争

奥古斯丁反驳摩尼教,坚持认为《旧约》中的上帝与《新约》中的上帝是同一位上帝。《新约》和《旧约》最显著的差异之一,就体现在对战争的表述上。在《旧约》中,上帝许可,事实上要求,以色列人实施屠杀。在上帝赐给以色列人的土地上,一座城若是投降,其居民就变作奴隶,但如果抵抗,"一个不可存留"(《申命记》20:11,16)。"你要把他们灭绝净尽,不可与他们立约,也不可怜恤他们"(《申命记》7:2)。如果在以色列的城中,有居民拜偶像,"你必要用刀杀那城里的居民,把城里所有的,连牲畜都用刀杀尽"(《申命记》13:15)。摩西本人执行过一次针对拜偶像的以色列人的屠杀(《出埃及记》32:25-9)。当以色列人放过妇女和儿童时,摩西非常愤怒,命令他们杀死所有俘虏,除了处女,他们可以据为己有(《民数记》31:13-18)。当扫罗的军队没有杀死一些牲畜时,撒母耳对扫罗发怒;因为这罪,上帝剥夺了扫罗的王国(《撒母耳记上》15)。撒母耳自己手刃了一名俘虏(《列王纪上》15:32-3)。相反,在《新约》中,基督说"有人打你的右脸,连左脸也转过来由他打"(《马太福音》5:39)。《新约》与《旧约》能够调和吗?在奥古斯丁看来,《新约》和《旧约》必须可以调和,因为《圣经》中所说的一切都是真实的。

按照奥古斯丁的说法,上帝可以按自己的喜悦对待他的创造物,因而以色列人执行上帝的命令也就并不为过。(按中世纪作者常用的说法,上帝乃是"生与死的主"。)另一方面,《新约》中貌似和平主义的禁令,乃是与内心的态度有关,而不在于外在的行为。

> 这些命令更多是关于内心的性情,而不是做给人看的外在行为,这些命令要求我们,在内心深处,要看重忍耐和爱心,但在外在行为上,则是去做看起来最有可能为那些我们应当为其寻求好处之人带来利益的事。([412] *Letter* 138. 2. 13)①

那些"我们应当为其寻求好处的人"包括我们自己,也包括我们的敌人,而强制和惩罚可能对他们有益,因此,我们可以为了别人的好处,也为了我们的好处,对他们发动战争。私人不可以发动战争,但是统治者,包括基督徒,可以发动战争,而基督徒战士可以在这类战争中服役,顺服一位统治者,甚至是异教统治者。奥古斯丁强调,无论是统治者,还是顺服统治者承担军役的人,都必须避免仇恨、贪婪和其他与爱心不相符的性情。尽管散见于不同的文本,但通过《教会法汇要》收录的内容,奥古斯丁向后来的著者们提供了一个基督教版本的罗马正义战争理论。②

---

① 以下引用的许多奥古斯丁书信,由 Atkins 和 Dodaro 翻译,收入 *Augustine*: *Political Writings* (2001)。
② 关于战争,参见 *Contra Faustum* XXII. 74 – 80 (http://www. newadvent. org/fathers/140622. htm),letters to Boniface (417: *Letter* 189.4 [http://www. newadvent. org/fathers/1102189. htm]),Marcellinus (c. 411/2: *Letter* 138. 2 [http://www. newadvent. org/fathers/1102138. htm]);这些书信和其他文本均由 Atkins 和 Dodaro 翻译 (*Augustine*: *Political Writings*: 30 – 31, 214 – 26)。格拉西安《汇要》案例 23 (Friedberg 1879: vol. 1, col. 889ff.)收录了许多奥古斯丁的片段,是中世纪许多战争思想的来源。Russell 1975: 16ff. 是经典的论述;另参见他在 Russell 2010 中更新的总体观点。Greenwood 2014 讨论了在罗马法与教会法关于战争问题论述的相互关系背景下看待奥古斯丁。

4.3 惩治异端

与奥古斯丁的战争观相一致,基督徒们就有权向罗马当权者,包括其中身为基督徒的,请求军事保护,以免遭异端和反基督教势力的暴力伤害。但是,请求当权者强制异端归回正统基督教,则是更进一步的事了。① 奥古斯丁一开始并不赞成这种强制:"除非一个人自己愿意,否则就不能信仰。"(*Tractates on the Gospel of John*, XXVI. 2)但是不久之后,他就被说服,转而支持使用武力"强迫他们加入"(《路加福音》14:16-24)。② 他被一些回转的多纳图派说服,这些人对那些强迫他们回转的人表示感激(*Letter* 93 V. 17-19)。

奥古斯丁认为,异端派别的财产可以正当地予以没收(*Tractates on the Gospel of John*, VI. 25),在他的论述中,奥古斯丁认可政府没收多纳图派财产的做法。他没有说,只有正统基督徒可以正当地拥有财产。相反,他的观点是,凡拥有财产者,都是依照国王和皇帝制定的人法而拥有之。因此,如果统治者决定没收异端的财产,他就有权如此。格拉西安在《汇要》中引用(D. 8 c. 1)的这一段,在中世纪常被用于支持财产仅在人法之下存在的理论。格拉西安在《汇要》中对奥古斯丁的广泛使用,显然极大地提升了奥古斯丁在战争、财产以及惩治异端等问题上的影响力(关于奥古斯丁对财产的观点,参见 MacQueen 1972)。

---

① 奥古斯丁和其他教父关于宽容和强制的论述,参见 Lecler 1960:32-64。特别关于奥古斯丁,参见 Brown 1964 and Markus 1970:ch. 6。
② Bayle [1686] 2005, part III,引用奥古斯丁对强制异端的正当性论证,并强烈批评他的推理。关于对异端的强制,另参见 the letters to Boniface (c. 417: *Letter* 185 [http://www.newadvent.org/fathers/1102185.htm]; *Augustine: Political Writings*: 173-203)以及(*Letter* 93 [http://www.newadvent.org/fathers/1102093.htm]),以及 Donatus (c. 411/4: *Letter* 173 [http://www.newadvent.org/fathers/1102173.htm]; *Augustine: Political Writings*: 152-8)。另参见 Brown 1964。

5. 加洛林时期的政治思想

拉丁欧洲历史在"教父时期"之后的时期,传统上被称为"黑暗时期",因为这段时间产生的著作数量十分稀少。在此之后,是有时被称为"加洛林文艺复兴"的时期,这次复兴与查理曼的宫廷相关联,持续到 8 世纪末。9 世纪的政治论著者——例如,兰斯的辛克马尔(Hincmar of Rheims, c. 805/6—881)、拉巴努斯·马乌鲁斯(Rabanus Maurus,780—856)、奥尔良的约纳斯(Jonas of Orléans,c. 780—842/3)——并不是家喻户晓的名字,但是,他们发展出了在此后的中世纪时期很重要的观念,尤其是关于国王角色以及国王与暴君区别的观念。①

根据这些论著者,国王在某种意义上是一位宗教人物(Oakley 2010: 143ff.)。这意味着,国王可以大量参与宗教事务,远高于后来中世纪教会能够接受的程度,但这也意味着,国王在履职过程中要接受教士的指导。这一时期的一些论著属于现代学者所说的"君主之鉴"文体。一个早期的例子是奥尔良的约纳斯(1983)在 831 年前后所写的,同时也是个好例子,论到这种文体并不限于只讨论世俗权力。② 论著者们教导国王说,他有义务施行正义。这一点常常被解释为,国王有义务执行法律,同时也有义务遵守法律,而法律则被认为部分是习惯,部分是国王的命令,但同时也多少基于人民的同意。③ 论著者们暗示——很明显地,例如,兰斯的辛克马尔——如果国王不遵守法律,丧失了人民的同意,就可以废黜他。(Carlyle and Carlyle 1903: vol. 1, 242 - 52)。

---

① 关于这一时期的政治思想,参见 Carlyle and Carlyle 1903, vol. 1, 195ff。另外可参见 Burns 1988 的相关章节,Nelson 1986,以及 Canning 1996: 47ff. ,Oakley 2010: 143ff。
② Jonas 的 *De institutione regia* 现代版本由 Alain Dubreucq 于 1995 年编定出版。这一时期其他"君王宝鉴"的列表,见 Noble 2015: 298。
③ Nelson 1988: 228 - 9;另参见 Nelson 1986: 59 - 60, 107 - 111。关于同意观念后来的发展,参见 Tierney 1982: 39 - 42。在后面几卷,Oakley 2012: 138ff. 以及 2015: 172ff. ,继续追溯了以同意为基础的政治思想的发展线索,一直到中世纪晚期。

6. 罗马法与教会法

历史学家指出在12世纪有另一次的"文艺复兴"（即，重新发现古典文化的又一时期）。这个"十二世纪文艺复兴"包括了罗马法研究的复兴，指的是查士丁尼及其官员编纂和法典化的罗马法（《民法大全》，533/4），①这刺激和影响了以格拉西安《汇要》为滥觞的教会法研究。②

中世纪政治思想家——以不同方式和不同程度——从法律文本中采纳的观念包括以下这些：

（1）区分不同种类的法：自然法（ius naturale）、万民法（ius gentium）以及民法（即某一特定共同体的法律）。法律教科书可能是自然法观念的主要来源，自然法对于中世纪晚期的政治思想极为重要。这个观念可以追溯到西塞罗、斯多亚派以及亚里士多德，不过绝大多数中世纪政治哲学家是在格拉西安的《教会法汇要》中遭遇这个观念的。（一般而言，中世纪神学家和哲学家表现出对教会法汇编的熟悉程度远超过《国法大全》。）

（2）一种权利的观念，包括可以归诸个人的各种自然权利（按我们的说

---

① 查士丁尼国法大全的译本见后文参考书目。请注意，《法典》（Codex）最新的译文（2016）是在 Fred Blume 注释译本的基础上做成的（现已在 University of Wyoming's College of Law George William Hopper Law Library 网站提供 [http://www.uwyo.edu/lawlib/blume-justinian/]）。Blume 的《新律》（Novels）注释译本也有（http://www.uwyo.edu/lawlib/justinian-novels）。一般而言，这些译本应当用以补充参照 S. P. Scott 的译本（https://droitromain.univ-grenoble-alpes.fr/Anglica/codjust_Scott.htm），但是，需要注意，Scott 使用的《罗马法大全》（Corpus iuris civilis）底本，其组织方式近似于中世纪的"通俗"本。这带来的一个重要后果是，Scott 的法典译本中包含了 authenticae（亦即，从后来的《新律》[novellae constitutiones, or Novels] 中摘录的相关段落，抄工把它们插入到 Code 的章与章之间，以此提供"修改后的"法律）。关于 authenticae 重要性的一些讨论，参见 Pennington 2011。

② 近年来对格拉西安和《汇要》的研究大有进展（参见 Pennington 2014），而众所周知的是，格拉西安对后来的法律家和神学家产生了重大的影响。不过，对格拉西安的政治思想所做的专门研究很少，Chodorow 1972 是一次尝试，描绘了《汇要》的政治思想，但不完全成功。目前，只有部分《汇要》有英译：Gratian [c. 1140] 1993（distinctions 1–20）以及 2016（所谓的 Treatise on Penance；C. 33 q. 3）。《汇要》全本带集注（Ordinary Gloss）的译本将（希望不久）由 Pontifical Institute of Mediaeval Studies 出版。

法就是"人权")。值得注意的是,如今许多人非借此就不知如何谈论政治的权利话语,此时还没有完全进入政治哲学,要到 14 世纪才从法律中借用过来。①

(3) 一种"所有人同享一体自由"的信念,即相信人类在根本上平等,奴隶制有悖自然法,尽管符合万民法。②

(4) 对财产起源的一种甚或两种描述:根据一些罗马法文本,财产起源于自然法;根据另一些文本,财产起源于万民法。③ 根据教会法,财产因人法(包括万民法和民法)而存在;与奥古斯丁认为财产依皇帝的法律而存在的说法(上文§4.3)相对。④

(5) 一种教会法原理,认为人法不能完全废止物在自然法下的原初共有性(original commonness)。财产所有者必须帮助穷人(参见安布罗斯,上文§3 末尾),以及,在必要情况下,一个人可以主张使用一切维持生命所需之物的自然权利。⑤

(6) 政治权威来自人民的理论,不过,人民又将其权力委托给了皇帝或

---

① 主观自然权利"起源"的历史仍然尚未厘定。历史学家们往往倾向于把它放在自己最熟悉的时期。古典起源说,见 Miller 1995;近代早期起源的支持者众多,不能一一列出,但 Strauss 1953 仍是其中的经典。不过,中世纪史家通常倾向于接受 Tierney 1997,认为 12 世纪的教会法学家(例如,Rufinus)是某种形式自然权利的早期支持者。在中世纪政治哲学家(与法学家相对)中,最出名的是奥卡姆的威廉,但史学家们也提出了其他人选,包括托马斯·阿奎那,以及帕多瓦的马西利乌斯。不出名但值得更大注意的有:Henry of Ghent、Peter Olivi、Godfrey of Fontaines。
② "根据自然法,所有人生而自由……奴隶制并不为人所知;但后来万民法承认了奴隶制……"(《学说汇纂》1. 1. 4)。Gratian, D. 1, c. 7 (trans. Thompson and Gordley 1993: 6)收录 Isidore 的说法,认为自然法包括了"所有人一体享有的自由"(the one liberty of all)。
③ 按照 Institutes 2.1.11 – 12,财产来源于自然法,自然法等同于万民法:"对于某些物,我们依据自然法获得了 dominium [lordship],而自然法,我们已经说过,被称为万民法……因为无论何物,此前不属于任何人的,由自然的理由,被授予那取得占有的人。"但是,根据其他文本,主权(lordship)的区分是由不同于自然法的万民法所设立(例如 Digest 1.1.5)。
④ Lambertini 2014b 表明了中世纪作者如何在强制性权力的起源方面存在不同意见:一些人认为它已经(至少)潜藏在自然状态中,而另一些人认为只是在堕落之后才有。
⑤ 自然法包括"所有人的共同财产"(D. 1, c. 7, Friedberg 1879: vol. 1, col. 2)。"剩余的"财产必须出于正义的原因提供给穷人,尤其在有需要时。参见 Tierney 1959: 28 – 39;Roumy 2006 追溯了"必需之物没有法律规定"原理的发展。

其他统治者。①

（7）教宗或者皇帝（或二者同时）享有一种"权力之完满"（fullness of power）的理论。（见下文§8）。

（8）自然法允许个人以武力抗拒武力的理论（Digest 1.1.3；D. 1 c.7, trans. in Gratian ［c. 1140］1993：7）。这项理论为洛克后来提出反抗暴政权利的论证提供了前提。

（9）教会与国家的区分——更确切地说，是教士与皇帝权力的区分，双方在各自领域内独立，尽管教士具有更高级的功能。此项理论的经典出处是"二权"（Duo Sunt）教规。② 另一项教规，"当真理"（Cum ad verum），则提出了二者分离的理由：双方共同限制其权力，可以节制教士和皇帝的骄傲，而服侍上帝的人（教士）应当远离世俗的牵绊（D. 96 c. 6；translated in Tierney 1980：14 - 15）。教规"至于"（Sicut enim）和"我们实在"（Te quidem）也有同样的效力。③

---

① *Digest* 1.4.1：统治者所喜悦的就具有法律的效力，因为按照涉及皇帝统治事务的《君王法》（*lex regia*），人民把所有统治权都授予了他。这使得统治者的意志具有决定性，但是请注意，他的权力建立在一个民众决定的基础之上。（关于人民可否收回权力，法学家们有争议。参见 Gierke 1900：43 - 6, 150 - 3；Carlyle and Carlyle 1909：vol. 2, 60 - 7；1928：vol. 5, 49；1936：vol. 6, 13 - 19。）根据 *Digest* 1.3.31，"统治者不受法律的约束"。（这段文本就是"绝对主义"一词的来源）。另一处中世纪常引用的文本，以"Digna vox"开头，表明皇帝应遵守自己的法律（*Codex* 1. 14. 4）：有句话配得上统治者的尊荣，就是他应该说，他受法律的约束，因为我们的权威都取决于法律的权威。对帝国而言，统治权顺服法律，实在是更好的。关于法学家们思想的发展，参见 Pennington 1993a：78，以及 Lee 2016：chapters 1 and 2。
② "尊贵的皇帝，有两样权力，乃是统治这个世界主要依仗的，即教士神圣的权力和国王的权力。在这两者之中，教士的责任更大，因为他们要为人间国王自己接受上帝的审判而负责……按照宗教的秩序……您应当顺服（教士）而非统治……主教们自己……则在涉及公共秩序的范围内遵守您的法律。"（D. 96 c. 10；translated Tierney 1980：13 - 14）
③ C. 11 q.1, c. 29 and c. 30（Friedberg 1879：vol. 1, col. 634）。这些文本取自伪伊西多尔的汇编，真实性有疑问。这位"伊西多尔"不要与塞维利亚的伊西多尔混淆，格拉西安常引用后者。格拉西安借用伪伊西多尔的内容，在 Friedberg 版中标记出来了，引用 Hinschius 的伪伊西多尔版本（例如，参见 Friedberg 1879：vol. 1, col. 342, note 221）。伪伊西多尔教令集，制作于9世纪中叶，包括了许多真的材料，但混入了伪造品。其目的显然是加强法国主教的地位，方法则部分借助于加强教宗的权力（远在罗马！）——通过将某些权力保留在教宗手中，伊西多尔希望保护主教们免遭身边之人的压制。伪伊西多尔教令集中收入的伪造品，有些是先前制作的，例如"君士坦丁的赠礼"以及"克莱芒的确认"。

（10）各种与法人①和代表有关的法律观念（包括区分一个首脑作为首脑的职能与他的私人职能），关于需要集会处理共同关心的事务（"涉及每个人的事务必须由每个人讨论和同意"），②以及不能达成全体一致时按多数意见（或以某种有限定的多数决方式）作出决定（由"更大更响那部分"决定）。③

在这些问题中，对中世纪政治哲学而言最重要的，恐怕是自然法的观念。

6.1 自然法与自然权利

塞维利亚的伊西多尔有一段论述引发了关于自然法的复杂思考（D. 1 c. 7；Gratian 1993：6-7 转引）。按照伊西多尔的说法，自然法包括：

> 对一切物的共同占有，所有人享有同样的自由，以及从空中、土地和海洋取得物的权利；还有，要求归还脱离保管之物或金钱的权利。

对一切物的共同占有看起来与财产的取得和归还相冲突。

格拉西安著作的一位早期评注者鲁菲努斯（Rufinus）对自然法作了区分，一部分自然法是命令或禁止，是没有例外的；另一部分自然法则是"指示"（说明），指出什么更好，但并非总是义务性质。这样，自然法不仅设定规则，也就理想状态提出建议。"所有人享有同样的自由"和"对一切物的共同占有"属于"指示"范畴。鉴于指示并不规定严格的义务，出于良善的理由，人法可以不予执行。在某些情况下，这样做甚至可能有益于所设想的

---

① 关于法人思想，参见 Michaud-Quantin 1970 以及 Quillet 1988；一般评论见 Tierney 1982：80ff。
② 经典的文章是 Post 1946 以及 Congar 1958。关于该格言在中世纪宪政主义思想中的角色，现在可参见 Oakley 2012：ch. 6，其中提到了其他重要文献。Condorelli 2013 考察了中世纪法学家和哲学家，如奥卡姆对该格言的使用。
③ 参见 Moulin 1958。关于奥卡姆对该观念的讨论，见 William of Ockham, *Letter*：175-6。关于一次有趣的修道院选举的描述，以及提到不同的决策模式，参见 Jocelin of Brakelond's *Chronicle of the Abbey of St. Edmund*。

理想状态。

> 例如……获得承认的是,如果有人一再反叛对他们具有权柄的人,那么这些人在战争中被打败、俘虏后就应当永远变作奴隶……(他们)……今后就会变得温顺……

——这是自然法主张的一个目标(trans. Lewis 1954:vol. 1, 38;参见 Tierney 2014:23-8)。

方济各会神学的创始人之一哈勒斯的亚历山大(Alexander of Hales)记载了鲁菲努斯的区分,以及圣维克多的休(Hugh of St. Victor)所作的一个类似区分(Alexander of Hales [c. 1240] 1948:vol. 4, 348, 351-2)。同时,他也提出了另一种解决伊西多尔清单中不协调因素的方法,是一种基于奥古斯丁对上帝如何可以同时是《新约》和《旧约》作者的解释:同样的原则可能对于不同的情况要求有不同的特定规则。① 按照亚历山大的说法,伊西多尔的清单根本没有矛盾,因为自然法为无罪的状态规定了共有制,而为堕落的状态的缘故尊重私有财产。② 下一代的主要方济各神学家波纳文图拉(Bonaventure)也采纳了一种类似的立场。③

在这些观念的基础上,奥卡姆区分了三类自然法,第一类自然法原则无

---

① "就像一个病人不应该指责医疗措施,因为今天医嘱如此,明天那般,早先要求的,后来又禁止,因为治疗方法取决于病情变化;人类也是一样,从亚当开始到世界末了,一直处在病痛之中,只要人败坏的身体还在令心智沮丧昏蒙,就不应该挑剔上帝给的药方,如果有时上帝使用了同样的规定,有时又改变了旧的规定,用另一种,人也无法抱怨。" *Contra Faustum*, XXXII. 14(http://www.newadvent.org/fathers/140632.htm);另参见他的 *De vera religione*, XVII. 34。
② "我们必须这样说,自然法规定了凡物共有,只存在一种全体享有的权利。这是在人犯罪之前;人犯罪之后,就是某些人享有某些物;这两者都是自然法规定的。"(Alexander of Hales [c. 1240] 1948:vol. 4, 348. Cf. 352)
③ 按照波纳文图拉的说法,有些事物是单纯的自然的规定,适用于人类的每一种生存状态(例如,人应当尊荣上帝),另一些则是因首先设立而有的自然的规定,适用于无罪的状态(例如,凡物均应共有),还有一些则属于人堕落状态下自然的规定(例如,财产权应当受尊重)。Bonaventure [d. 1274]: 2 *Sent.*, dist. 44, a. 2, q. 2, ad 4. See Quinn 1973。

论何时何地均适用,第二类仅适用于人类未堕落的状态,第三类则仅"依推定"适用,即,以推定某种自愿行为(例如,一项协议或一部立法)为前提,除非所涉及的人另行协定。因此,"对所有物的共同占有,所有人一律享有权利"属于未堕落状态下的自然法,而"从空中、土地和海洋取得物;以及,归还处于保管之下的物或金钱"则属于"依推定"的自然法——推定人类犯罪堕落,并推定自此以后人法规定分割财产,因此自然法要求尊重他人的财产权(William of Ockham, Letter: 286 - 93; commentary in Kilcullen 2001a, Tierney 2014: 103 - 16)。万民法中的许多内容也属于第三类的自然法。

除了自然法之外,经院思想家还从教会法学家那里借用权利观念,发展出了一种自然权利的观念。一项自然权利可能就是自然法要求或准许的东西。不过,按照一些学者的说法,对于某些自由的自然权利乃是"积极地"从属于自然法,意思是存在一种支持该等权利的推定,因此它们就不得废除,至少不是在所有情况下都可以废除,或者说,除非有好的理由,否则不得废除。中世纪的自然权利预示了现代的"人权"(Tierney 1997; Mäkinen and Korkman 2006; Mäkinen 2010; Kilcullen 2010c, d; and Robinson 2014a)。

7. 亚里士多德的政治学

"十二世纪文艺复兴"的另一个方面是有许多希腊和阿拉伯语的哲学和科学著作被翻译成了拉丁语。这些译本的读者包括城市学校的教师、学生和校友,这类学校在 13 世纪早期开始演变为大学。各大学规定了市镇学校使用的课程设置。鉴于亚里士多德的大名,不同市镇学校学生之间的竞争很快导致亚里士多德的作品成为艺文系课程的主要内容(尽管神学家们对此表示忧虑,因为他们注意到亚里士多德的哲学与基督教信仰之间存在冲突)。

对于亚里士多德的自然哲学、形而上学及其总体哲学思想的解释,中世纪学校受到穆斯林和犹太思想家很大影响。不过,在政治哲学领域却并非如此。由于某些文献传播过程中的意外,伊斯兰世界貌似不知道亚里士多德的《政治学》,穆斯林倒是熟悉柏拉图的《理想国》,但是在中世纪并没有翻译成拉丁语。在阿拉伯世界,政治哲学中的许多内容显示受到了柏拉图的影响,①

13世纪60年代中期,亚里士多德的《政治学》由莫尔贝克的威廉(William of Moerbeke)首次译成拉丁文(Schütrumpf 2014)(之前几年有过一个节译本,可能也是莫尔贝克做的,而与《政治学》有关的《尼各马可伦理学》则由罗伯特·格罗塞特斯蒂(Robert Grosseteste)在稍早时候译出。)尽管政治学不属于核心课程,但经院时期的许多重要哲学家都有过详细的研究(Flüeler 1993)。《政治学》的重要注释包括阿奎那和奥维涅的彼得(Peter of Auvergne)所作的注释。② 奥卡姆在他们的注释基础上对亚里士多德的政治理论作了一个清楚扼要的总结(William of Ockham [c. 1334] Letter:133-143;Lambertini 2000:269ff.)。

中世纪政治学者采自亚里士多德(或经亚里士多德深化)的观念包括以下这些:

(1) 人类构成城邦是自然的。"政治的"(即城邦)生活对人类而言是自然的。③ 表面看来,这与奥古斯丁的观点冲突(参见上文§4)。

---

① 另参见 Syros 2008。
② 托马斯·阿奎那的注释不完整(止于III.6)。奥维涅的彼得完成了这项工作。关于奥维涅的彼得,现在可参见 Lambertini and Toste 收录于 Flüeler, Lanza, and Toste 2015 中的文章。同书还有一篇 Lanza and Toste 所作的对彼得作品的统计(关于他的作品与《政治学》的关系,见 459ff.),尽管后来他们开设了关于彼得的网站(http://www.paleography.unifr.ch/petrus_de_alvernia/),其中的参考资料部分比前书收录的更好。Lanza 2015:256n2,宣布会有一个彼得的 Scriptum super III – VIII libros Politicorum 评注版,应可取代 Grech 1967。彼得还写了一部问答形式的注释。这两部注释的译文见 McGrade, Kilcullen and Kempshall 2001:216ff.,以及 Parens and Macfarland 2011:289ff.。
③ "政治的动物"是指一种按本性要住在城邦之中,而非独自一人或小群体中生活的动物。文明(Civilisation)是自然的状态,不仅在其为原初状态的意义上,而且也在城市生活乃是人类发展之自然目标的意义上:如果说早先的社会形式是自然的,那么城邦也是,因为它乃是它们的目的,而事物的自然本性就是其目的。因为,凡物处于完全长成状态的,我们就称之为其自然本性……因此,很明显,城邦乃是自然的造物,而人按其自然本性乃是一种政治的动物。(Politics I. 2, 1252 b30 – 1253 a3)在该译本(Jowett 译)中"state"等同于希腊文 polis,拉丁译文是 civitas,英文即"city"。关于词汇,参见 Luscombe 1992。最近,Toste 2014 已经表明了中世纪的哲学家在评注亚里士多德《尼各马可伦理学》和《政治学》时,如何质疑了认为这种驱动力属于自然性质的讲法。

(2) 城邦或国家存在的目的,不只是安全和贸易,而是培养"善的生活",即依照美德而过的生活(Politics III. 9, 1280 a32 - b35)。

(3) 一些人"依本性"为奴隶,即,存在或可能存在依本性被区分出来从属于他人利益的人。自然为奴者就是天然地缺乏智慧、缺乏达成美德或幸福能力的人。① 这与《新约》(参见 2.2)、法学家(§6)和斯多亚派以及教会教父的思想有冲突(§3)。

(4) 大体上,女人应该受男人的统治(Politics I. 5, 1254 b13)。女性地位较低早已是普遍观点,但亚里士多德作了加强,不仅通过他在《政治学》中所说的,而且还通过其生物学理论。

(5) 政制有许多种,其中一些是好的,另一些则是变态的。良好的政制寻求"共同的善",即统治者和被统治者二者的善。最好的是君主制,最差的是僭主制。② "共同的善"在中世纪政治哲学中成为一个基本概念(Kempshall 1999; McGrade, Kilcullen, and Kempshall 2001)。

(6) 能够最好地培养共同善的政制,就是"最好的"政制。在了解亚里士多德之前,中世纪思想中并无"理想政体"这个主题,此后则成为普遍的主题(例如,William of Ockham, Letter: 311 - 23;参见 Blythe 1992)。

(7) "法治"优于"人治",③即,公平地适用规则优于让统治者以不受约束的裁量权做一切决定。这与先前的中世纪观念相合,即认为国王与暴君之间的差别就是国王遵守法律(参见 §6)。

---

① Politics I. 5 and 6 可以被认为是关于奴隶制是否符合正义的一个论辩探索,但从《政治学》其他地方的论述来看,很明显亚里士多德本人相信某些人类按自然本性被标记为应当成为奴隶:"奴隶和野兽……不能(组成一个城邦),因为它们并不与人共享幸福,也没有自由选择的生活。"(III. 9, 1280 a32 - 4)按照邓斯·司各特(卒于 1308 年)的说法,严格服从另外一个人意义上的奴隶制,仅仅在作为惩罚的情况下才可以证成。"自然的"奴隶制,司各特将其描述为"民事和政治的顺服",应当有益于奴隶;这样的奴隶确实拥有自由意志和美德的可能性。参见 Flüeler 1993: 75 - 81。
② Politics III. 7。这个分类来自柏拉图(Statesman, 302c - 303b),亚里士多德加以发展,以许多方式削弱了这个分类,或者加上限制条件。
③ Politics III. 16, Rhetoric I. 1 1354 a30 - b15。柏拉图这样说,如果统治者拥有真知识,那么他不受法律约束地统治是最好的情况,但如果统治者没有真知识,那么他就应该按照拥有真知识的立法者所制定的法律来统治;Plato, Statesman 294 - 301。

（8）但是,鉴于立法者无法预见到实践中可能发生的所有情况,法治必须通过"公道"(epieikeia)加以柔和,发生例外情况时,对普遍原则作出例外处理(*Nicomachean Ethics* V. 10,以及 *Politics* III. 16, 1287 a23 – 28, 1287 b15 – 27)。

（9）一种优良的政制必须是稳定的,没有革命的倾向(*Politics* V 及 VI. 5)。中世纪的亚里士多德派就防止君主制退化为僭主制提出了一些想法。① 马西利乌斯撰写《和平保卫者》就是对亚里士多德论革命原因的补充。

（10）尽管亚里士多德认为君主制是理想中最好的(中世纪作者们同意这一点),但他也为民主制作了辩护——或者更确切地说,他论证了普通民众在良好政制中有一席之地。如果普通民众作为一个群体审慎商议,他们就可以作出合宜的决定(*Politics* III. 11)。马西利乌斯(和其他人)利用亚里士多德的评论支持民众是最终政治权威的命题,这个观念在罗马法中也有迹可循。

（11）亚里士多德的全部著作支撑起了中世纪大学生活的核心体制之一:辩论。在辩论中,老师陈述反对意见,用强有力的论证加以支持,然后评估批评一方的论证。就重要问题(包括有关政治的问题)展开辩论的做法,在中世纪文化中根深蒂固。②

8. 教宗权力的完满性

以上是中世纪政治哲学的各种渊源及其早期发展状况。现在让我们转

---

① Thomas Aquinas, *De regno* 1.7。阿奎那的这部未完成作品,曾经有过许多英译本。James Blythe 的译本最佳,并且还有一个很有价值的导言(*On the Government of Rulers*, 1997)。关于 *De regno* 复杂的历史遗迹 Tolomeo Fiadoni(以 Ptolemy of Lucca 闻名)的续作,参见 Blythe 2009a: 157ff。

② Aristotle, *Metaphysics*, III. 1, 995 a23 – b5:"对于那些想要搞清楚疑难问题的人,最好仔细讨论那些疑难;因为……除非了解一个结是如何打的,就无法解开它……因此,我们应当预先考察所有的疑难问题……还有,那些听过了所有不同论证的人,就好像自己是某个案件的当事人,一定更能作出判断。"

向经院和晚期经院作者的贡献,他们经常与世俗统治者和教宗发生冲突。

争议的焦点之一是教宗宣称拥有"权力的完满"。起初,这项宣称是指,无论教会内任何其他权威享有怎样的权力,教宗均享有更高的权力,如此他就有完全的权利介入一切教会事务(Rivière 1925)。教宗英诺森三世(1198—1216)在教令中反复地"高举教宗的政治权力"(Pennington 2007:165),这就为后来法学家发展出教宗权力完满性的概念提供了弹药。① 13世纪时,教宗在甚至没有教区主教同意的情况下授权医院骑士团的修士们在教区布道和执行宗教事务,也是这个概念在起作用。这类干涉遭到许多在俗教士的反对,他们认为主教的权威是神法赋予的,主教并不只是教宗的代理人。②

在13和14世纪,教宗还宣称有权干涉通常属于世俗统治者管理的事务。这项主张尤其针对罗马帝国。800年,查理曼由教宗利奥三世加冕为罗马皇帝,962年,教宗约翰十二世授予日耳曼君主奥托一世"罗马皇帝"的头衔。自此以后,直到1806年,日耳曼君主都宣称享有此头衔。教宗们采用了这样一种观点:在查理曼身上,他们将帝国从希腊人转给了法兰克人,在奥托一世身上,又将帝国从法兰克人转给了日耳曼人,这就表明罗马帝国服从于教宗,特别是,教宗有权批准或拒绝被选为皇帝的候选人。(皇帝由构成选举团体的日耳曼诸侯选举产生——就好像教宗,皇帝乃是一位由一个选举团体选择、终身任职的君主。)帝国"移转"的主题常常引起剧烈的争议。③ 西班牙、法兰西、英格兰和其他一些地方否认"罗马帝国"的权威,但

---

① 在此不能追溯这一罗马法法学家对于中世纪政治思想的贡献,尽管应当注意,它们扮演的角色绝不亚于神学家和哲学家。参见 Pennington 2007:165ff,关于英诺森三世以降的发展;以及 Black 2009:ch. 1,提供了一个简单的概述,关于中世纪一直到15世纪的权力完满性观念。
② Congar 1961 依然是基本文献。William of Saint-Amour(卒于1272年)是最主要的批评者,批评教宗可以授权修士超越并不顾教区主教的反对进行布道;参见他的 *De periculis novissimorum temporum* (*On the Dangers of the Last Days*) [1256], ch. 2.
③ 许多作者不可避免地涉及这些问题。英文可见的完整论述,参见 Marsilius of Padua [c. 1324-6] 1993 以及 Tolomeo Fiadoni (Ptolemy of Lucca), *A Treatise on the Origin, Translation, and State of the Roman Empire*, http://individual.utoronto.ca/jwrobinson/#Translations. 在这场辩论中的另一份关键文献是伪造的"君士坦丁的赠礼"。

是,各王国历史中有许多事例支持教宗享有高于国王之权柄的主张。

除了历史论证外,还有神学以及哲学的论证。如果"一切权柄都是从上帝来的"(《罗马书》13:1,上文§2.1),而教宗又是上帝在地上的代表,那么,看起来基督教国王的权力就都是通过教宗而来。中世纪的作者们不太熟悉柏拉图的"哲学王"概念(*Republic*, 473d),因为柏拉图的作品几乎没有被翻译成拉丁文,①但是,支持教宗的神学家却争辩说,教宗乃是"神学王",是关于生命之意义的专家,其意见在一切事上都有权威。

教宗事实上并不想负担全世界的日常统治工作。他们的主张是,尽管统治通常是世俗统治者的事,但教宗可以依仗完满的权利介入政府事务,只要他认为有理由如此行。教会法学家制作了教宗可以介入的情况清单(例如,参见 Tierney 1980:153-4),但是,清单上的有些项目极为宽泛,以至于并没有留下什么领域是教宗不能介入的。例如,"因罪之故"(ratione peccati)介入,意思是如果有世俗君主做了有悖正义的事(是一项罪),教宗就可以介入。

教宗的主张遭到了许多人的反对,包括世俗统治者,希望通过为统治者辩护牟利的教士作者,还有未被支持教宗的论证说服、担心教宗越权的神学家。13 和 14 世纪绝大多数的政治学作者都涉足了关于教宗权威之范围和限制(或没有限制)的争议。(Miethke 2000a;Oakley 2012:173ff. 以及 2015:14ff.)。

9. 托马斯·阿奎那

托马斯·阿奎那以"君主之鉴"文体写了一部著作,即《论王权》,献给塞浦路斯国王,但是,政治作品在他的学术工作中无足轻重,并且,与大多数中世纪政治著者一样,也没有想要影响当时的实务。《神学大全》中有论无

---

① 不过,中世纪作者可能通过 Calcidius 的 *Timaeus* 译本(延伸到53c)间接了解《理想国》。参见 Calcidius, *On Plato's Timaeus*。

罪状态、自然法和其他法、财产、最优政制、顺服的义务、战争、对异端和异教徒的压制以及其他政治事务。这些讨论并不是组织起来构成一部独立的政治学著作,而是按照一部神学全书的计划散见于各处。①

奥古斯丁认为,在无罪状态下,没有人统治人,但是托马斯说在无罪状态下有统治权(dominium [lordship], Summa, 1, q.96, a.4)。有人认为这表明托马斯否定奥古斯丁,而支持亚里士多德所说政治是自然的学说。但是,托马斯说的是,在无罪状态下,不会有强制,而是不那么智慧的人自愿接受智慧领导这种意义上的统治。这不是亚里士多德的观点,而是早期拉丁作者的观点,比方塞涅卡(参见§3),而与奥古斯丁的冲突只是字面上的——因为奥古斯丁的"统治权"(dominium)暗含了强制,而在托马斯那里这个字的含义更宽泛。

论到自然法和其他种类的法,托马斯又一次并未遵循亚里士多德,而是采纳了可回溯到罗马斯多亚派的罗马法和教会法传统。② 他区分了神法(永恒法和神法)与人法,在人法之下,进一步区分了自然法与万民法和市民法(参见 Summa, 1-2, q.95, a.4)。法律关乎对共同善的引导,共同善则属于全体民众(Summa, 1-2, q.90, a.3)。一切实定的人法必须符合自然法,尽管其具体规定取决于选择和环境(例如,自然法规定我们不可杀人,而实定的人法则制定更多的规则以防止杀人,这些规则可能依赖任意的选择——例如,可能有一条规则规定机动车靠左而非靠右行驶,或者反过来

---

① 阿奎那的政治类作品,一个方便使用的汇编可见 Thomas Aquinas: Political Writings;只要可能,我们引用该版本。阿奎那的许多著作(拉丁文)现在可以找到网络资源(http://www.corpusthomisticum.org/)。许多作品也有英译(http://dhspriory.org/thomas/)。Alfred Freddoso 正在重译全本的《神学大全》,他定期在自己的网站(http://www3.nd.edu/~afreddos/summa-translation/TOC.htm)更新内容;不过,由于他更新的方式是一系列特定的 PDF 文件,出于稳定性的考虑,我们还是依靠 New Advent 网站(http://www.newadvent.org/summa/)上的旧版本。
② 《罗马书》2:14-15 提到了自然法:"没有律法的外邦人若顺着本性行律法上的事,他们虽然没有律法,自己就是自己的律法。这是显出律法的功用刻在他们心里,他们是非之心同作见证,并且他们的思念互相较量,或以为是,或以为非。"这个在自然与习俗之间的对立可以回溯到智术师那里。中世纪的读者也可能从亚里士多德 Politics, I. 6, 1255 a5 了解到这一点。

(参见 Summa, 1-2, q.95, a.2)。自然法实际上就是道德感,按照托马斯的说法,人的头脑对此加以思索,分析人类经验,就能看到各种基本道德原则的真理,因此这些原则乃是"自明的",无须证明,并且因其过于基本而无法证明(Summa, 1-2, q.91, a.3, and q.94, a.2)。①

论到财产,托马斯遵循斯多亚派和教父的说法,认为财产存在的依据是实定的人法。自然法允许我们使用物(Summa, 2-2, q.66, a.1),但是,财产超出了使用权(power to use)的范畴:它包含了一种排斥他人使用的权力,并且这种权力是由实定人法赋予的(Summa, 2-2, q.66, a.2)。财产权要让位于例外的需要(见上文),因此在有极端需要的情况下未经许可使用他人财产并不是盗窃(Summa, 2-2, q.66, a.7)。

托马斯认为,最好的政制是一种综合了民主制、贵族制和君主制的混合政制(Summa, 1-2, q.105, a.1)。这令人想起亚里士多德喜好混合政府胜过民主制和寡头制,但是,事实上许多古代作家,包括西塞罗,都支持混合政府,而在这个主题上,托马斯靠近波利比乌斯——那是他确实知道的——要多于亚里士多德(Blythe 1992: 57-8)。

论到服从政府的义务,托马斯并没有采纳许多其他人在《新约》中发现的立场,即不顺服永远不正确。托马斯·阿奎那认为,尽管人有遵守法律和政府的一般义务,但一项不正义的法并不是法(Summa, 1-2, q.96, a.4;另参见2-2, q.104, a.5)。②

论到战争,托马斯支持奥古斯丁采自古罗马人的"正义战争"理论。正义战争的条件包括:必须由有权者命令发动,有正义的原因,以及在实施过程中不可以有过度的暴力。不可以向敌人撒谎,因为这会摧毁将来重建和平所需要的信任(参见 Summa, 2-2, q.40, a.1, a.3)。

关于压制异端和非信徒,托马斯支持中世纪教会的做法。一个异端

---

① 这种理论就是西奇威克称为"直觉主义"的一种(Sidgwick 1907: Book 1, chapter 8, esp. 101)。
② 参较 Augustine, *On the Free Choice of the Will* 1.5.11:"不正义的法律,在我看来就不是法律。"参见 Finnis 1998: 266ff。

(即,曾受洗为大公教会信徒,但后来拒绝正统的大公教会教义)可以被强迫回到教会,但一个从未认信大公信仰的犹太人或非信徒则不应通过强力使其改信(*Summa*, 2-2, q.10, a.8)。不应向无知的人散布非信徒的观点(*Summa*, 2-2, q.10, a.7, 9)。不应将犹太人的儿女从父母身边带走,按照公教信徒抚养,因为这违背了自然正义,自然正义将对未成年儿女的管控赋予了父母(*Summa*, 2-2, q.10, a.12)。犹太人的宗教礼仪可以容忍,但其他非信徒的则不可,除非为了避免冲突,或者是盼望他们逐渐归信(*Summa*, 2-2, q.10, a.11)。

9.1 世俗与属灵权力

在一部早期著作《论隆巴德神学汇编》(*Scripta super libros sententiarum*)的结尾处,托马斯简要讨论了世俗与属灵权力之间的关系(参见2, dist. 44, *Expositio textus*)。他问道,如果这两个权威发生冲突,我们应当如何决定服从谁?他回答说,如果一个权威完全出自另一个(例如,他说,主教的权威出自教宗),应当在一切事上更顺服那作为来源的权威。但是,如果两个权柄出自同一个更高的权威,则由那个更高的权威决定在何种情况下哪一个优先。他说,属灵权力和世俗权力都出自上帝,所以我们应当在上帝指定的事情上,也就是在关乎灵魂得救的事情上顺服属灵权力超过世俗权力,而在民政事务中我们应当顺服世俗权力,但是——

> 除非属灵和世俗权力集于一人,正如教宗,按照上帝的安排,他同时握有最高的属灵和世俗权柄。

换句话说,教宗同时在世俗和属灵事务上拥有最高的权威。

在《论王国》(*De regno*)中,托马斯构建了一种得到同样结论的亚里士多德主义神学论证。政治体有其目的和目标,可以通过各种方式寻求,有些方式有效,有些无效,并且,它乃是一个由许多各自怀着私人目标的个人集合而成的复合实体。为了两方面的原因,都需要有某种指挥机构来引导可能发生冲突的个人有效地服务于共同的目的。每一个存在物在某种意义上都是整体；一个复合实体具有秩序上的合一，亦即，在引向单一目的方面的合一。因此，为了保护自身的存在，指挥机构必须通过将其引向一个共同的目的，从而保护政治体处于和平与合一的状态。这样，就存在一个目标的层级结构，即，存在处于中间层级的目的，同时也指向更高的目的。政治体的存在是要保护其公民的生命，但在"生活"的目的之上还有"美好生活"，亦即，有道德的生活，而在此之上还有一种获得对上帝"真福直观"的生活（基督教的天堂）。如果所有这些有等级次序的目的都可以简单地通过人的努力达成，最高的指挥机构就可以处理所有这些事务；然而，获得真福直观需要"恩典"，亦即，上帝的特别帮助，那是自然的人类活动无法挣得的。因此，除了国家之外，人类还需要教会，即上帝设立的人的机构，由它通过圣礼授予恩典。这样，就有了世俗政府与教会政府的区分，世俗政府以自然的方式，使用可行的工具引导公民走向最终的目的，教会则使用超自然的工具，即圣礼，执行引导工作。世俗统治者必须服从教宗，"因为那些负责中间层级目的的人应当服从他，他负责终极目的"。

10. 罗马的吉列

法国国王腓力四世(1285—1314)是中世纪最无情的统治者之一。他与中世纪最傲慢的教宗之一卜尼法斯八世(1294—1303)以及最懦弱的教宗之一克莱芒五世(1305—1314)都发生了冲突。克莱芒为了逃避腓力要他将前任卜尼法斯定为异端的压力，对国王攻击圣殿骑士团和其他的暴行都保持沉默。这些冲突导致产生了一批在政治思想史上令人极有兴趣的作品。① 其中最重要

---

① 参见 Rivière 1926 和 Dupuy 1655。这一时期的许多文本现在已经有现代版本或晚近的译本；除了更有名的 Giles of Rome 和 John of Paris 以外，参见 Dyson 1999a, 1999b; James of Viterbo［1302］2009; Augustine of Ancona（片段收入 McGrade, Kilcullen, 以及 Kempshall 2001: 418ff.）。关于 Henry of Cremona，参见 Scholz 1903: 459-71。

的是罗马的吉列撰写的《论教会的权力》(De ecclesiastica potestate)①,以及巴黎的约翰所著的《论国王和教宗的权力》(De potestate regia et papali),两部作品都作于1302年前后,②前者论证教宗权力至高无上,后者则试图重建二元论(参见§6)。

吉列论证说,教宗权力的完满性延伸到政治事务,因此教宗是世界的最高统治者、上帝在地上的代理人,他将权力委派给各政府并监督他们的活动。吉列用于描述政府权力的词汇是"统治权/所有权"(dominium),这个词也用于财产;吉列将这两种dominium混同,由此认为教宗同时也是最高的所有权人。他提出了许多论证来支持自己的立场,其中有两点可能是最重要的。(1)他诉诸这样一种观念:宇宙是一个有等级次序的单一统合体,教宗是人类的最高首领,有两柄剑,但世俗之剑必须服从属灵之剑,即,世俗统治者必须服从教宗。③ (2)他运用奥古斯丁关于罗马人是否拥有一个真正的共和国的讨论(参见§4.1),主张:人若不顺服基督的统治权,进一步,若不服从作为基督代理人的教宗的统治权,就无法享有任何正当的统治权/财产权(dominium)。按奥古斯丁所说,财产是依据皇帝和国王的法律而占有(§4.3),这些法律则预设了一个共同体的权威。所以,吉列论证说,因为不尊荣真上帝的人不能归属于一个共同体,因此只有忠信之人构成的共同体成员才有权享有任何政治权力或财产。④ 约翰·威克里夫(约1330—

---

① 本文聚焦于他的《论教会的权力》。关于吉列的哲学和政治哲学,包括他论君主教育的很有影响的著作,请参见"罗马的吉列"条目(§6)。该文本的节译可见Lewis 1954: vol. 1, 65ff.;McGrade, Kilcullen and Kempshall 2001: 200ff.;以及Nederman and Forhan 1993: 150ff。尽管 De ecclesiastica potestate 引起了更多学者的兴趣,但 De regimine principum 可能在当时是更具影响力的作品。其更流行的一个例证就是 Bartolus of Saxoferrato 在其 De regimine civitatis (On the Government of a City) (译本见 http://individual.utoronto.ca/jwrobinson/#Translations)中把亚里士多德的政治思想"翻译"成罗马法语言时,极为倚重这本书。
② 根据 Ubl 2003: 54-6,巴黎的约翰所针对的并非罗马的吉列,而是 James of Viterbo 和 Henry of Ghent 之间关于大学的争论。
③ Giles of Rome, De ecclesiastica potestate 1.7-9, 2.13-15, 3.7 ([d. 1316] 2004: 38-60, 210-66, 348-50)。关于这部作品,参见 Krueger 2007。关于圣统制理论,参见 Luscombe 1988b, 1998, 2003 以及 Pascoe 1973: 17ff。
④ Giles of Rome, De ecclesiastica potestate 2.7-8 ([d. 1316] 2004: 130-52)。

1384)后来进一步推演这些论证,得出结论认为,只有那些被预定得救的人,而不是罪人,可以享有正当的统治权/财产权。他的这项学说被康斯坦斯会议定罪。这种认为只有基督徒享有统治权的观点与神学传统不合,并遭到了普遍的否定。①

罗马的吉列可能参与起草了卜尼法斯的《一圣》教谕,这份文件被普遍认为是对教宗权威最极端的表达。无论他是否真的起草了这份文件,《一圣》教谕的观念和语言都反映了吉列著作中的精神(参见 Ubl 2004)。

11. 巴黎的约翰

巴黎的约翰(卒于 1306 年)重申了传统的所有权和统治权的区别。②统治者裁判财产纠纷的事实并不使他成为最高的所有权人。共同体(国家,或教会,或者特定的社群)从个人那里取得财产,共同体的首领是共同体财产的管理者,而非所有者。这一点在教宗那里也是如此,他并不享有对教会财产无限制的权力,而且对平信徒财产的权力更少(96 - 105)。③ 约翰的推论认为,财产的原始取得在于个人。他评论说,个人乃是凭借"劳动和辛苦"取得财产(86, 103),这个说法使人认为他是洛克财产权理论的先声。但是,约翰表示,个人是依据人法取得财产(148, 154, 225 - 6),④这是中世纪神学家的传统观点,追随奥古斯丁的说法(参见 §4.3)。财产依据人法取得,但乃是由个人取得,而非直接由统治者取得。

至于统治权,约翰认为,教宗不能成为最高的世俗统治者,因为属灵和

---

① See Oakley 2012: 199ff. 其他关于统治权/财产权的正当性的讨论,参见 McGrade, Kilcullen and Kempshall 2001: 587ff. (on Wyclif); William of Ockham [1341/2], *Short Discourse*: 84 - 7; Lewis 1954: vol. 1, 120ff. (on Richard FitzRalph)。
② 巴黎的约翰的生平和著作最近成为一部论文集的主题,参见 Jones 2015。
③ 文中引注的页码是 John Watt 的 *On Royal and Papal Power* 译本(1971)。按照教会法学家的说法,教宗和其他教士是教会财产的管理者,而非所有者。参见 Tierney 1959: 39 - 43。
④ 另参见 Ubl and Vinx 2000: 321,引用了巴黎的约翰未发表的 *Commentary on the Sentences* 大意相同的说法:"appropriatio est de iure humano." Coleman 1983 认为约翰提出了后来洛克的观点。

世俗权力应当由不同的人掌握。约翰给出了传统的理由(§6),强调教士应当专注于属灵事务(117-8)。世俗权力不是由属灵权力设立,也不是以任何方式由属灵权力导致的。二者都来自上帝,任何一方都不是从另一方而来。属灵权力在某种意义上更高,但并不构成世俗权力的来源(93,192)。区分两种权力的基础不是对象或目的,而是方式。每一种权力都受限于与自身相称的行动方式;世俗权力使用自然的方式,教会使用超自然的方式(142-61)。这很像托马斯·阿奎那所描绘的图景:两种权力在有次序的等级制中引导人类走向人生的目的,一个使用自然的方式,另一个则使用超自然的方式。托马斯从教会与最高的目的有关这一事实得出结论,认为教宗应当指导世俗统治者(见上文§9.1)。约翰明确拒绝这个论证。教导是一项属灵职能,但在一个家庭中,教师并不指导医生。医生施行一种高于药剂师的技艺,但是,尽管医生指导药剂师,他还是不能对药剂师发出权威的指令或者干脆取消药剂师。这些职员在一个大家庭中并不彼此指导,但是他们所有人都受一家之主的指导。类似地,教宗和君主都从上帝那里领受权威,上帝设定他们权力的限制,并且上帝并不使其中一方受制于另一方(182,184-93)。

12. 帕多瓦的马西利乌斯

另一波政治性著述的高潮是由教宗约翰二十二世(1316—1334在位)推动的。约翰的对手包括帕多瓦的马西利乌斯和奥卡姆的威廉。约翰教宗拒绝方济各会的学说,后者认为,那些实行最严格宗教贫穷的人,比如基督和使徒,不拥有任何财产,无论是作为个人还是作为团体。约翰采用从罗马法得出的论证,认为人必定先拥有诸如食物之类的消费品,然后才能正当地使用之。由于人活着必定要使用物,至少是食物,因此没有人可以像方济各会修士所说的那样不拥有财产而生活(Robinson 2012,29ff.;Miethke 2012)。约翰还与巴伐利亚的路德维希发生了冲突。约翰以当选皇帝需要经过教宗批准为由,拒绝了选侯们选择路德维希为罗马皇帝的决定(参见

§8；Lambertini 2012）。

帕多瓦的马西利乌斯撰写《和平保卫者》(1324)，①意在驳斥教宗权力完满性的理论，尤其是要证明教宗并非政府权力的来源。他论辩说，一切强制的权力都来自人民(44-9,61-3/65-72,88-90)，而人民不可以有超过一位的最高统治者，后者是该共同体一切强制权力的来源(80-6/114-22)。（马西利乌斯是论述主权学说的第一人，后来霍布斯和其他许多人都有论述，主权学说认为在一个国家之内最终只有一个强制的权力。）最高统治者不可以是神职人员，因为基督禁止神职人员涉足世俗事务(113-40/159-92)。如此，最高统治者就不能执行神法，因为上帝的旨意是只有到了来世才执行神法，为的是在人死之前给足悔改的机会(164,175-9/221,235-9)。因此，这位最高统治者就不是宗教的执行者，并且他的统治并不服从于神职人员的指导。在教会内部，教宗从基督那里得来的权威并不高于任何其他教士。基督没有任命彼得为教会的元首，彼得从未去罗马，罗马主教不是彼得的继承人，也不是教会的元首(44-9/61-3)。至于敬虔的贫困，马西利乌斯与方济各会站在一边，并进一步发展了他们的学说：对敬虔的人而言，过一种没有任何财产的生活不仅是合法的（他们可以经所有人许可使用），而且这正是基督要求所有神职人员去过的生活(183-4,196-215/244-6,262-86)。如此，在他看来，教宗和教士们不应当享有任何统治权，无论是在强制性管辖权的意义上，还是在财产所有权的意义上。他的立场正与罗马的吉列截然相反。

马西利乌斯倒是认同教会对其成员拥有某种权威，但是，这仅仅是一种关于教义的权威，不是由教宗行使，而是由大公会议行使。马西利乌斯认为《圣经》和大公会议是无谬误的，而非教宗(274-9/360-66)。既然欧洲是基督教的，若无基督教世俗君主，就无法召集大公会议，也无法执行其决议(287-98/376-90)。教会圣统制的建立，将教会划分为主教区，还有教会

---

① 译本见 Marsilius of Padua [1324] 1951/1980, 2005。页码引注的格式"44-9,61-3/65-72,88-90"是各自的译本。

的其他治理活动,也都是凭借世俗统治者的权威来实行。与世俗政府服从教会正相反,教会应当服从世俗政府的一切强制权力。①

13. 奥卡姆的威廉

被人发现是《和平保卫者》的作者后,马西利乌斯迅速离开巴黎,逃往慕尼黑,在巴伐利亚的路德维希的宫廷避难。不久,一些异议派的方济各会修士也来到慕尼黑避难,其中就有奥卡姆的威廉。自1332年前后起,一直到他去世的1347年,奥卡姆撰写了一系列书和小册子(如今通常被称为他的政治著作),论证应当罢黜教宗约翰二十二世及其继任者本笃十二世。

13.1 财产

在这些作品的第一部《九十日之作》中,奥卡姆驳斥教宗约翰二十二世,支持方济各会的主张,认为敬虔贫穷的最高形式就是在生活中不享有任何财产或任何可由人的法庭执行的其他权利。约翰曾论辩说,若不先拥有,就不能正当地消费任何物。马西利乌斯和其他人回应:我们可以正当地消费并不拥有的物,只要所有人准许。这个说法遭到的反对是,准许即授予权利,而准许消费即转移所有权。奥卡姆通过区分自然权利和法定权利的方法来回应这种论点。② 在无罪的状态下,所有权违背自然法,因为每个人都

---

① 胡克为伊丽莎白一世对教会统治权的辩护(Hooker [1594—1597] 1989)看起来至少间接地受到了 Marsilius (see Piaia 1977: 213 - 8)的影响。胡克认为,当人民都是基督徒时,教会与国家就没有"人身的区分",于是,世俗统治者(在某种意义上)就是教会的头,有独立的权力召集教会会议,有权否决其立法,有权任命主教和其他职员,豁免绝罚。

② *Opus nonaginta dierum* 65.35ff (*Work of Ninety Days*: 436, 438)。(注:奥卡姆的著作有英译时,引注后会附加括号引用标记。)*Work of Ninety Days*, *Dialogus* 以及奥卡姆的其他政治性著作属于"叙述性",亦即,仅仅报告各种观点,并不表明作者的立场;其他作品,包括 *Breviloquium*,是"论断性"著作,在其中奥卡姆明确阐述了他的观点。依靠论断性著作的引导,加上其他线索,通常可以判断叙述性著作中有哪些是作者的观点。参见 Knysh 1997。关于奥卡姆的 *Work of Ninety Days* 与当时方济各修会关于财产的著作之间的关系,参见 Robinson 2011, 2012, 2014b; Miethke 2010, 2012。

有自然权利使用任何物(27.80-3,313),但是,在堕落后,自然法授予(或上帝授予)人类共同体制定人法分配财产的权利,①亦即,向个人或群体分配排除他人使用特定物的权利。② 此项法律具有道德约束力,因为我们必须尊重协议。由此,财产制度在道德上"捆绑"或阻却了使用物的自然权利,所以,在通常情况下,我们不能正当地使用他人的物。但是,原初的自然权利并没有完全废止;在某些情况下,我们仍然可以行使该权利。例如,如果某物未被占有,则我们可以在不主张财产权利的情况下使用之。在极端需要的情况下,我们可以使用他人的财产以保存生命。即便不是在必须的情况下,我们也可以经所有人许可使用他人的财产,不仅用于保存生命,也可用于任何其他合法目的。有时许可会授予一项法定权利,但是,对于任何在人的法庭可以执行的权利,有时作出许可的人并没有想要授予,获得许可的人也没有想要取得;在这种情况下,如果许可被撤回,无论是否有正当理由,则先前获得许可的人并无法律上的救济。这种使用财产的许可并不授予所有权或任何其他法定权利,或者任何类型的新权利,而只是"释放"使用的自然权利。自然权利足以支持使用的正当性,即便是消费。这样,依据由所有人许可而释放使用的自然权利,方济各会修士就可以在无任何法定权利的情况下正当地消费他人的物。③

财产权争议的回声绵延了数世纪,部分要拜教宗约翰二十二世的若干教令被收入《教会法大全》所赐。在此方面的著名人物包括理查德·菲茨拉尔夫(Richard FitzRalph)、约翰·威克里夫(John Wyclif)、康拉德·苏门

---

① 根据 *Opus nonaginta dierum* 92.16-45 (*Work of Ninety Days*:573-4),确立财产的权利似乎来自于第三类自然法,即设定为堕落状态之下。在 *Breviloquium* 3.7.35ff. (*Short Discourse*:89-90)中提到,这是由上帝积极命令授予的。
② 财产权暗示了排除他人的使用,*Opus nonaginta dierum* 26.38-41 (*Work of Ninety Days*:308)。
③ 关于全部的论证,特别参见 *Opus nonaginta dierum*, chapters 64 and 65, 87-90。使用的自然权利(natural right of using)不应与"权利的使用"(use of right)和"使用的权利"(right of using)混淆,后者都是法定权利。参见 *Opus nonaginta dierum* 2.127ff, 2.155ff, and 6.268-70 (*Work of Ninety Days*:60-3, 145)。关于奥卡姆论证效果的反对观点,参见 Brett 1997:50ff. 以及 Kilcullen 2001c:45f. 关于奥卡姆的财产权理论,另参见 *Breviloquium* 3.7 (*Short Discourse*:57-90)。

哈特（Conrad Summenhart）（Varkemaa 2012）、费尔南多·巴斯克·德·曼查加（Fernando Vázquez de Menchaca 1572［post.］）、弗朗切斯科·苏亚雷兹（Francisco Suárez,1548—1617）、雨果·格老秀斯（Hugo Grotius）、萨缪尔·普芬道夫（Samuel Pufendorf），以及洛克。（另参见 Kilcullen 2001b）

13.2 有限的教宗权力

很快，奥卡姆开始就约翰与罗马帝国之间的冲突撰写作品，并且，与马西利乌斯一样，他也认为教宗宣称的权力完满性是许多罪恶的根源。[①] 不过，与马西利乌斯不同的是，他并没有否定一切意义上的教宗权力完满。与马西利乌斯不同（虽然他在此议题上经常引用马西利乌斯），[②]奥卡姆为基督任命彼得为教会元首的传统信念辩护。他认为，教宗作为彼得的继任者，在教会中享有最高的权力。奥卡姆说，教宗和其他神职人员不可以经常涉足世俗事务，但是在例外情况下，如果没有人有能力或愿意在某些与基督教共同体密切相关的事务上承担领导责任，那么教宗可以介入世俗事务。这是对亚里士多德公道观念的一种应用（参见 §7）。教宗在宗教事务上的常规权力，加上偶尔干涉世俗事务的权力，就证成了传统归给教宗的权力完满性。不过，这种权力的完满性并非无限全能。教宗不仅要尊重道德律和教会的教导，还必须尊重基于人法和协约的权利，也必须尊重基督徒因福音而

[①] 下文列出的全部奥卡姆著作译本，除了 *Work of Ninety Days* 都谈到这个问题。*Dialogus* 正在编辑过程中。目前为止，已经出了一卷（他的 *Opera politica* 第 8 卷；德文版和 Miethke 译本，包括大量极有价值的注释）。校订版（和英译本）的工作也正在进行之中，蒙不列颠研究院（British Academy）允准在网上公布（http://www.britac.ac.uk/pubs/dialogus/ockdial.html）。他的 *Octo quaestiones de potestate papae*（*Eight Questions on the Power of the Pope*；截至 2017 年 1 月，不包括第 3 和第 8 问）译稿也在网上公布（http://individual.utoronto.ca/jwrobinson/#Translations）,尽管第 3 问在 Ockham, *Letter*: 303-33 已经有了。

[②] 关于奥卡姆反对马西利乌斯，参见编辑尾注 4（*Opera politica*, vol. 8：360ff；或网址 http://www.britac.ac.uk/pubs/dialogus/31dEndnotes.pdf）；另参见 *Die Amtsvollmacht von Papst und Klerus*：38ff，Miethke 为 3.1 *Dialogus* 所作的导言。奥卡姆直接了解马西利乌斯的最佳证据（不是唯一证据）就是 3.1 *Dialogus*, books 3 and 4。

拥有的自由。① 越过这些界限的教宗可以被罢黜；如果他的行为涉及异端，则依此事实自动被罢黜（deposed ipso facto）——按照奥卡姆的说法，教宗约翰二十二世和本笃十二世就是异端。②

13.3　同样有限的世俗权力

除了不同意马西利乌斯关于彼得的身份以及教宗权力范围的观点，奥卡姆还反对他所认为的，一个共同体若非将全部强制权力集中于一个主权权威手中就无法治理得好的论点（Octo quaestiones 3.3, in Letter：309ff.）。奥卡姆说，正相反，这样的集权是危险的，与自由不能相容。正如他之前论证的，极端版本的教宗权力完满理论会使基督徒成为教宗的奴隶，违背福音下的自由，他也同样认为，与此相对的皇帝权力完满的理论与最佳政制也不相容，在最佳政制下的臣民是自由人而非奴隶。相应地，奥卡姆认为，世俗统治者的权力也要有限制。他对罗马法中著名的绝对主义段落（见上文§6）作了注疏。皇帝"不受法律约束"（legibus solutus）是不对的，因为他不仅受自然法和神法约束，还受万民法（实定人法的一个分支）的约束，按照万民法，有些民族不是奴隶，而是自由的。③"令君主喜悦的乃是法律得到执行"，但条件是这个法律对共同善而言是合理和公正的，并且是明确公布了的（3.2 Dialogus 2.26 - 28）。

---

① 关于"常规/偶尔"的对立，参见 Bayley 1949 以及 Robinson 2014a：187ff。关于奥卡姆尝试明确教宗的权力及其限制，参见 Breviloquium 2.16 - 18（Short Discourse：51 - 8）；3.1 Dialogus 1.16 - 17（vol. 8：190ff.）；Octo quaestiones, q. 1（vol. 1：16 - 68）；De imperatorum et pontificum potestate cc. 8 - 13（On the Power of Emperors and Popes：98ff.）。
② 堕入异端的教宗因此事实即丧失职位，但仍需排除其对教宗权力的实际行使；并非异端，但被指控有严重犯罪（例如，不正当地干涉平信徒的权利）的教宗，需要经审判，若被裁定罪名成立，则罢黜之。在奥卡姆早先的一个论述中（Robinson 2012：297f.），他继续发展了这个论证。参见，例如 Octo questiones 3.12.120ff.（Letter：327ff.）。关于奥卡姆认为要如何实际操作，参见 McGrade 1974：chapter 2，以及奥卡姆的 Contra Benedictum 7（Opera politica：vol. 3：303ff.）。
③ 参见 Contra Benedictum 6.6（Opera politica, vol. 3：286）。"不受法律约束"仅指罗马法。法学家对该词理解方式的概述，以及充分的参考书目，参见 Black 2009：ch. 1。

13.4 共同体的权利

根据"市民法"教规(D. 1 c. 8),"市民法乃是各人民群体或城市,为神和人的理由所设立,适合其自身的法律"。奥卡姆认为这条教规表明了每个"自由的",即尚未建立政制的共同体,都拥有设立自身法律和政府的自然权利。① 此项权利以第三种意义上的自然法的形式存在(上文§6.1),即"依推定",也就是推定共同体需要法律和政府。在人类堕落之后,每一个共同体都是如此。在人类堕落以后,自然法(或上帝)授予人类设立财产和政府的权力;上帝不仅将这些权力授予信徒,也授予了非信徒。一个特定的共同体,通过选择统治者和政府形式行使此项建立政府的权力;因此,统治者的权力是从上帝而来,但同时也是"从人民而来",以及,从共同体而来。但是,尽管统治者的权力从共同体的同意而来,不同意并不足以解除其权力:只要统治者正确地行使权力,他就享有共同体所赋予的对该等权力的权利,通常情况下他不接受纠正,也不能被解职。但是,在例外情况下,如果统治者成了暴君,或者如果出现了其他出于共同善的紧急原因,共同体可以罢黜统治者或者改变其政府形式(*Breviloquium* 6.2; trans. *Short Discourse*:158 – 63; *Octo questiones* 3.3, in *Letter*, 310 – 11; Miethke 2004)。教会也是如此。尽管基督将领导权授予了彼得及其继任者,但每一个基督徒共同体还是有权依自然法选择自己的领袖。基督徒共同体可以罢黜一个邪恶的教宗,甚至或许可以改变教会的根本制度,至少暂时地,从基督建立的教宗君主制改变为其他形式(3.2 *Dialogus* 3.6; 3.1 *Dialogus* 2.20 – 28; in *Letter*:290 – 3, 171 – 203)。

按照保罗的说法,"没有权柄不是出于上帝的"(《罗马书》13:1),而按照《教会法汇要》中一则教规注疏,皇帝的权力"单单从上帝而来"(D. 96 c. 11, s. v. "divinitus")。奥卡姆引用了这些文本,并表示尽管世俗统治者

---

① *Breviloquium* 4.10 (*Short Discourse*:124); 3.2 *Dialogus* 3.6 (*Letter*:291 – 3). 参见 Kilcullen, "The right to live under government"。

的权力"来自人民",但也是"单单来自上帝",并且不仅是间接地(亦即,以上帝为终极原因),也是直接地,"没有任何中介"。他的这些命题并不是明显和谐的。在一部显然未在中世纪广泛流传的著作 *Breviloquium* 中,奥卡姆尝试进行协调:政治权力从上帝而来,但上帝将之授予共同体选择的统治者;一旦统治权授予完成,统治者单单服从上帝——通常情况下,尽管偶尔共同体可以纠正或罢黜其统治者(*Breviloquium* 4.2–8; *Short Discourse*: 110–21; Potestà 1986)。

13.5 教会内部的讨论自由

在他的《对话录》第一部分第 3 卷和第 4 卷(c. 1334)中,奥卡姆探讨了异端和异端分子问题,认为一个人相信异端邪说并不足以使他成为异端分子,他还必须"固执地"相信,而要确定此人固执地相信,通常需要进行谈话,以确定向此人表明其错误后,他是否打算放弃错误。例如,一个相信事实上构成异端的非正统教义的平信徒,在以一种适合此人理解能力的方式向他表明这是异端之前,哪怕他"一千次地"坚持这个观点,即便面对主教或教宗提出的相反说法,他也还不构成异端分子(1 *Dialogus* 4.23)。另一方面,如果教宗试图向他人灌输错误教义,这种尝试向他人灌输错误教义的行为本身就构成顽固不化,而一个成为异端分子的教宗自动丧失教宗职位。因此,普通基督徒(或是以神学家身份参加论辩,不打算行使教宗权威的教宗)可以为某种异端辩论,只要他们愿意查验证据,且不试图将其相信的内容灌输给他人,但一位试图传播异端的教宗立即丧失教宗职位并失去一切权力。基督徒必须保护异议者,他们所坚持的立场有可能是真理,有可能是在对抗一个可能是异端的教宗,直到通过讨论解决不确定的问题。这是一种为教会内部讨论自由提出的辩护,尽管还不是普遍的宽容(McGrade 1974: 47–77; McGrade, Kilcullen, and Kempshall 2001: 484–95; Kilcullen 2010a)。

14. 公会议运动

1378年,一群早先选举了教宗乌尔班六世的枢机主教再次开会,选举了另一位教宗,声称他们之前的选举遭到了强迫。这是西方大裂教的起头。人们为各种可能的解决方案大起争论。其中一个建议是召集一次大公会议来结束裂教。反对意见认为,只有教宗可以召集大公会议,并且会议的决议需要教宗认可。著名的法国教士和学者琼·格尔森(Jean Gerson, 1363—1429)认为,这些要求属于人定教会法的范畴,如果妨碍教会改革就应当弃之不顾。格尔森和其他人的意见占了上风,最后大公会议结束了裂教。1414—1418年的康斯坦斯会议罢黜了两名敌对的教宗(当时有三位教宗,其中一位主动辞职了),并选举了一位新教宗。这次大公会议还通过了"至圣"教令(Sacrosancta,有时称为 Haec Sancta),规定大公会议在一切有关信仰和教会改革的事务,尤其是当前的裂教问题上,拥有高于教宗的权力,[①]另一份 Frequens 教令则要求每十年召集一次大公会议。

公会议主义者是指那些认为至少在特殊情况下,如有必要无须教宗许可就可以召集大公会议处理裂教问题,并享有高于甚至合法教宗权威的人。他们包括皮埃尔·戴利(Pierre d'Ailly)、琼·格尔森(Jean Gerson)、兰根斯坦的亨利(Henry of Langenstein)、约翰·马约尔(John Maior)、雅克·奥尔芒(Jaques Almain)、库萨的尼古拉斯(Nicholas of Cusa)以及其他人。他们认为,每一个合众体(corporation),在领袖的失败危及团体本身存亡时,都有权力采取必要的措施。教会必须要能够处理教宗职位空缺、不确定或发生腐败的情况;否则其存在就可能比一个世俗政治体的存在更危险,因为后者还可以在必要情况下更换领袖。将教会与世俗政治体作类比在公会议主义思想中非常常见。

[①] Tierney 1969;更一般性的论述,参见 Tierney 1955 和 Oakley 2003。Fasolt 1991: 318 – 9 提醒不能简单地谈论"公会议理论"。

随着公会议运动的发展,有些人提出了更激进的观点,认为即便在通常情况下,公会议的裁定也高于教宗的裁定。后来的教宗(尽管他们依靠康斯坦斯会议获得任职)反对公会议主义,至少反对其更激进的形式,并向世俗统治者提出警告,表示公会议思想同样威胁君主的权力——他们意识到公会议主义者关于教会治理的观点与反君主制的世俗政治观点之间的类同。在 17 世纪英格兰议会与国王的争执中,有些著者也注意到了这个类比(1962:3-11)。尽管可能存在反君主的暗示,教宗低于大公会议的观念对法国君主还是很有吸引力,并且在法国,公会议主义是高卢主义的来源之一。

公会议主义思想有若干源流。一个重要的影响是教会法传统。教会法承认,如果教宗成为异端分子或臭名昭著的罪人,就可以被审判并罢黜(Tierney 1955)。奥卡姆也有类似的说法,认为"有时"任何可以如此行的人都能够正当地采取一切必要措施,以保护教会,例如罢黜一个成为异端分子或臭名昭著的罪人的教宗。另一个未获公认的影响是马西利乌斯,他认为教会最终的权柄属于基督徒人民,大公会议应当由世俗统治者召集,并且大公会议在信仰事务上不会错谬。① 许多公会议主义者认为基督的大使命(《马可福音》16:15,"你们往普天下去,传福音给万民听")首先是给作为整体的教会,并认为要么整个教会的权威授予教宗,在教宗权力发生疑问或者遭到滥用时公会议有权,要么整个教会的权威在正常情况下就赋予公会议(当公会议集议时)。无论哪一种观点,大公会议都可以罢黜一名令人不满的教宗,只是在第二种观点中,公会议甚至在通常情况下都是教会的主要机关。奥卡姆的观点是,教会的正常体制是君主制(按他所说,基督指定彼得为教会唯一的领袖),公会议或者其他人只有在例外情况下才能取得超

---

① 奥卡姆的观点是,教会的任一部分,无论是教宗还是公会议,都不是无谬误的(参见 Tierney 1972:chapter 6;以及 Kilcullen 1991)。可能对奥卡姆的一个回应,参见 Marsilius *Defensor minor* 12.5 (trans. Nederman:42)。

越教宗或取代教宗的权力。①

15. 中世纪的政治哲学传统

尽管政治哲学不是大学的核心课程,尽管上文梳理的各种著作撰写目的基本上并不是要建立一个哲学的分支科目,但是,到了中世纪末,政治哲学(或政治神学)这个学科已经确立了自我意识和某种构建传统的意识。不同作者的政治学作品抄本常常被装订在一起构成书卷(Ouy 1979)。这类作品已经有一个意向的读者群体(Miethke 1980, 2000b)。苏亚雷兹和其他晚期经院作者会给出关于某一问题的历史纲要,并考察其他人对这个问题怎么说。16、17 世纪有一系列政治著作的合集出版,例如 Dupuy(1655)以及 Goldast(1611—1614)。② 像胡克、格老秀斯、霍布斯和洛克这些近代早期著者,可以方便地找到关于某些中世纪作者论政治问题的作品,或者至少通过传闻了解他们的观点。③

如果要给这段历史找一个主题,可能是政治自由主义的发展,尽管,在不同的中世纪作者那里也当然可以找到宪政主义(参见,Tierney 1982, Pennington 1993a, Lee 2016)、公民人文主义以及共和主义(关于后两个领域,参见 Skinner 1978; Hankins 2000)这类观念。④ 通过伴随着中世纪生活的其他潮流与宗教密切的交织,自由主义传统从中(或许有些吊诡地)获得了帮助。这意味着,不仅宗教影响了生活的所有方面,而且,反过来生活的

---

① 参见 Burns and Izbicki 1997,有 Cajetan、Almain 和 Maior 关于公会议主义争论的英译本。与奥卡姆类似,Cajetan 认为,教会的宪制是君主制,由神法规定,但是,与奥卡姆不同,他没有设想存在对神法作出例外规定的可能。
② 这些合集可以通过 Bavarian State Library 在网络获取,参见参考书目中的列表。
③ 中世纪政治思想是否存在明显"断裂"的问题仍然有争议。中世纪史家通常强调连续性(例如,Oakley, Pennington, Tierney;另参见 Skinner),而把重点放在中世纪以后的学者则倾向于强调突变或断裂(Pocock 1975 是一个很有影响的例子)。在中世纪政治思想史学的语境中,请参见 Cary Nederman (1990 and 1996)与 Francis Oakley (1995 and, less directly, 1996)的探讨。另参见 Nederman 2009: chapters 1－4。
④ 其中一些趋势,在中世纪法学家以及工作生活于意大利城市国家的所谓人文主义者的作品中更加显著。

其他部门也影响了宗教思想。罗马法和亚里士多德的影响，教父们所熟悉的古代晚期文化的影响，也意味着来源于基督教架构之外的观念对宗教思想产生了影响。王权与教权的二元对立（或许起初只是因为基督徒不享有政治权力），以及因这种二元对立而发生的冲突，意味着宗教思想必须适应并非宗教机构职员的有权者的关注。

自君士坦丁时代起，在西方，尤其自奥古斯丁以降，基督徒对异端分子进行镇压，并压制非信徒。但是，他们从未被完全消灭。在中世纪政治哲学-神学家中，始终在一定程度上承认非信徒的权利（例如，犹太父母的权利、教会对"教外人"没有司法管辖权、非信徒的财产权）。那时有一种对诉诸理性和说服之责任的承认（"人不能相信，除非他愿意"）。在社会关系中，有一种对根本的自由和平等的信念，以及一种起初不存在政府和奴隶制的信念，一种政府、法律和财产由"协约"或习惯设立的观念，以及一种统治权起初属于"人民"而后经过人民同意委托给统治者的观念。这些信念与现代自由主义支持个人自由的推论存在亲缘关系。那时有一种对"法治"的信念，相信好的统治与暴政有区别，相信"自然权利"。那时有一种对有限政府的信念（参见§13.3中奥卡姆的部分），以及相信教会和国家有区别（但不是分离）。关于教会的体制，几位教宗及其支持者强烈主张教宗享有不受约束的权力，但这一点遭到许多著作的强烈抵制，后者认为一名异端或有罪的教宗，包括侵犯平信徒和非信徒权利的教宗，可以被罢黜。在辩论的实践中，隐含了某种类似言论自由的东西。奥卡姆明确主张基督徒应当自由地讨论不同意见。到这里，政治自由主义所缺少的是为所有宗教平等的自由而提出的辩护。洛克、贝尔（Bayle）和其他人在17世纪主张宽容，尽管不包括天主教徒，因为天主教徒自己拒绝宗教平等自由，并对他人构成危险。

中世纪政治哲学家的论证，在现代政治哲学中只有部分有效。非信徒无法使用大部分带有神学前提的论证。但是，即便对我们而言，或许记得这一点也还是有几分价值，即：在某些环境下，一种宗教传统能够——不仅为了回应外部压力，甚至也出自自身的资源——朝着两座城不同成员间和平与合作的方向发展。

参考书目

一般研究和概论

Burns, J. H. (ed.), 1988, *The Cambridge History of Medieval Political Thought c. 350 – c. 1450*, Cambridge: Cambridge University Press.

Canning, Joseph, 1996, *A History of Medieval Political Thought 300 – 1450*, London: Routledge.

Carlyle, R. W. and A. J. Carlyle, 1903 – 1936, *A History of Medieval Political Theory in the West*, 6 vols., Edinburgh: Blackwood.

volume 1, 1903, *The Second Century to the Ninth*

volume 2, 1909, *The Political Theories of the Roman Lawyers and the Canonists: From the Tenth Century to the Thirteenth*

volume 3, 1915, *Political Theory from the Tenth Century to the Thirteenth*

volume 4, 1922, *The Theories of the Relation of the Empire and the Papacy from the Tenth Century to the Twelfth*

volume 5, 1928, *The Political Theory of the Thirteenth Century*

volume 6, 1936, *Political Theory from 1300 to 1600*

Coleman, Janet, 2000, *A History of Political Thought: From the Middle Ages to the Renaissance*, Oxford: Blackwell.

Gierke, Otto Friedrich von, 1900, *Political Theories of the Middle Age*, Frederic William Maitland (trans.), Cambridge: Cambridge University Press. (Often reprinted.)

Lagarde, Georges de, 1956 – 70, *La Naissance de l'esprit laïque au déclin du Moyen Âge*, 3rd edition, 5 vols., Louvain: E. Nauwelaerts.

McIlwain, Charles Howard, 1932, *The Growth of Political Thought in the West*, New York: Macmillan.

Miethke, Jürgen, 2000a, *De potestate papae: Die päpstliche Amtskompetenz im Widerstreit der politischen Theorie von Thomas von Aquin bis Wilhelm von Ockham*, Tübingen: Mohr Siebeck.

Morrall, John B., 1962, *Political Thought in Medieval Times*, New York: Harper

Torchbooks. (Reprinted Toronto: University of Toronto Press, 1980.)

Oakley, Francis, 2010, *Empty Bottles of Gentilism: Kingship and the Divine in Late Antiquity and the Early Middle Ages* (to 1050), New Haven: Yale University Press.

——, 2012, *The Mortgage of the Past: Reshaping the Ancient Political Inheritance* (1050 – 1300), New Haven: Yale University Press.

——, 2015, *The Watershed of Modern Politics: Law, Virtue, Kingship, and Consent* (1300 – 1650), New Haven: Yale University Press.

Ryan, Alan, 2012, *On Politics: A History of Political Thought from Herodotus to the Present*, 2 vols., New York: Liveright Publishing.

Skinner, Quentin, 1978, *Foundations of Modern Political Thought*, 2 vols., Cambridge: Cambridge University Press.

Ullmann, Walter, 1965, *A History of Political Thought: The Middle Ages*, Baltimore: Penguin Books.

合编译本

Lewis, Ewart (ed. and trans.), 1954, *Medieval Political Ideas*, 2 vols., London: Routledge. (Selections of varying lengths from the eleventh century until the end of the fifteenth)

McGrade, Arthur Stephen, John Kilcullen, and Matthew Kempshall (eds.), 2001, *The Cambridge Translations of Medieval Philosophical Texts, vol. 2: Ethics and Political Philosophy*, Cambridge: Cambridge University Press. (Fairly extensive selections from figures ranging from Albert the Great to John Wyclif.)

Nederman, Cary J. (trans.), 2002, *Political Thought in Early Fourteenth-Century England: Treatises by Walter of Milemete, William of Pagula, and William of Ockham*, Tempe, AZ: Arizona Center for Medieval and Renaissance Studies.

Nederman Cary J. and Kate Langdon Forhan (eds.), 1993, *Readings in Medieval Political Theory, 1100 – 1400*, London: Routledge. (Reprinted: Indianapolis: Hackett, 2000.) (Briefer selections.)

O'Donovan, Oliver and Joan Lockwood O'Donovan, 1999, *From Irenaeus to Grotius: A Sourcebook in Christian Political Thought, 100 – 1625*, Grand Rapids, MI: William B. Eerdmans Publishing Company. (Especially useful its selection of materials from before 1100.)

Parens, Joshua and Joseph C. Macfarland (eds.), 2011, *Medieval Political Philosophy: A*

Sourcebook, 2nd edition. Ithaca, NY: Cornell University Press. (Selections from authors writing in the medieval Islamic, Judaic, Christian traditions spanning the tenth through fourteenth centuries.)

Tierney, Brian, 1980, *The Crisis of Church and State 1050 – 1300*, Englewood Cliffs: Prentice-Hall. (Often reprinted.)

单独作者译本

Augustine, [c. 413 – 26], *The City of God against the Pagans*, R. W. Dyson (trans.), Cambridge: Cambridge University Press, 1998.

——, [c. 386/8], *On Free Choice of the Will*, Thomas Williams (trans.), Indianapolis: Hackett, 1993.

——, *The Pilgrim City: Social and Political Ideas in the Writings of St. Augustine of Hippo*, edited and translated with introduction by R. W. Dyson, Rochester: Boydell Press, 2001.

——, *Augustine: Political Writings*, E. M. Atkins and R. J. Dodaro (ed. and trans.), Cambridge: Cambridge University Press, 2001.

Burns, J. H., and Thomas M. Izbicki (eds.), 1997, *Conciliarism and Papalism*, Cambridge: Cambridge University Press.

Calcidius, [c. 321], *On Plato's Timaeus*, John Magee (ed. and trans.), Cambridge, MA: Harvard University Press, 2016.

Dante Alighieri, [c. 1312/3], *Monarchia*, Richard Kay (ed., trans., and comm.), Toronto: Pontifical Institute of Mediaeval Studies, 1998.

Duns Scotus, John, [c. 1300], *Political and Economic Philosophy*, Allan B. Wolter (ed. and trans.), St. Bonaventure, NY: The Franciscan Institute, 2001.

Dyson, Robert W. (ed. and trans.), 1999a, *Three Royalist Tracts, 1296 – 1302: Antequam essent clerici; Disputatio inter Clericum et Militem; Quaestio in utramque partem*, Bristol: Thoemmes Press.

——(ed. and trans.), 1999b, *Quaestio de potestate papae (Rex pacificus): An Enquiry Into The Power Of The Pope*, Lewiston: Edwin Mellen Press.

Giles of Rome [d. 1316], 2004, *Giles of Rome's "On Ecclesiastical Power": A Medieval Theory of World Government*, R. W. Dyson (ed. and trans.), New York: Columbia University Press.

Gratian, [c. 1140], *The Treatise on Laws: [Decretum DD. 1 – 20] with the Ordinary*

Gloss, A. Thompson and J. Gordley (trans.), Washington: Catholic University of America Press, 1993.

——, *Gratian's "Tractatus de penitentia": A New Latin Edition with English Translation*, Atria A. Larson (ed. and trans.), Washington, DC: The Catholic University of America Press, 2016.

Izbicki, Thomas M. and Cary J. Nederman (eds. and trans.), 2000, *Three Tracts on Empire*, Bristol: Thoemmes Press. (Engelbert of Admont; Aeneas Silvius Piccolomini; Juan de Torquemada.)

James of Viterbo, [c. 1302], *De regimine Christiano: A Critical Edition and Translation*, R. W. Dyson (ed. and trans.), Leiden: Brill, 2009.

John of Paris [d. 1306], *On Royal and Papal Power*, John Watt (trans.), Toronto: Pontifical Institute of Mediaeval Studies, 1971.

Jonas of Orleans, [c. 831], *A Ninth-Century Political Tract: The "De institutione regia"*, R. W. Dyson (trans.), Smithtown: Exposition Press, 1983.

Justinian, [533], *Justinian's "Institutes"*, Peter Birks and Grant McLeod (trans.), Ithaca: Cornell University Press, 1987. (Latin-English edition.)

——, [533], *The Digest of Justinian*, (revised English-language edition), 2 vols., A. Watson (ed.), Philadelphia: University of Pennsylvania Press, 1998.

——, [534], *The Codex of Justianian: A New Annotated Translation, with Parallel Latin and Greek Text Based on a Translation by Justice Fred H. Blume*, Bruce W. Frier (ed.), 3 vols., Cambridge: Cambridge University Press, 2016.

Marsilius [Marsiglio] of Padua, [1324], *The Defensor Pacis*, Alan Gewirth (trans.), 2 vols., New York: Columbia University of Press, 1951 – 6. (The translation in volume 2 was reprinted independently: Toronto: University of Toronto Press, 1980).

——, [1324], *The Defender of the Peace*, Annabel Brett (trans.), Cambridge: Cambridge University Press, 2005.

——, [c. 1339 – 41; 1324 – 6], *Defensor Minor and De Translatione Imperii*, Cary J. Nederman (ed.), Cambridge: Cambridge University Press, 1993.

Ptolemy of Lucca, [c. 1301/2], *On the Government of Rulers*, James M. Blythe (trans.), Philadelphia: University of Pennsylvania Press, 1997.

Suárez, Francisco (1548 – 1617), *Selections from Three Works*, Gwladys L. Williams, Ammi Brown, and John Waldron (trans.), Oxford: Clarendon Press, 1944.

——, *De legibus*, Luciano Pereña et al. (eds.), 8 vols., (Corpus Hispanorum de

Pace), Madrid: Consejo Superior de Investigaciones Cientificas, Institut Francisco de Vitoria, 1971 – 1981.

Thomas Aquinas [d. 1274], *On Kingship: To the King of Cyprus (De regno ad regem Cypri)*, Gerald Phelan (trans.), revised with introduction and notes by I. Th. Eschmann, Toronto: Pontifical Institute of Mediaeval Studies, 1949. Reprinted 1978.

——, *Treatise on Law*, Richard J. Regan (trans.), Indianapolis: Hackett, 2000.

——, *Thomas Aquinas: Political Writings*, R. W. Dyson (trans.), Cambridge: Cambridge University Press, 2002.

——, *Commentary on Aristotle's "Politics"*, Richard J. Regan (trans.), Indianapolis: Hackett, 2007.

Vitoria, Francisco de [1492 – 1546], *Political Writings*, Anthony Pagden and Jeremy Lawrance (eds.), Cambridge: Cambridge University Press, 1991.

William of Ockham, [c. 1341/2], *A Short Discourse on the Tyrannical Government Usurped by Some Who Are Called Highest Pontiffs*, Arthur Stephen McGrade (ed.), John Kilcullen (trans.), Cambridge: Cambridge University Press, 1992.

——, [c. 1334], *A Letter to the Friars Minor and Other Writings*, Arthur Stephen McGrade and John Kilcullen (eds.), Cambridge: Cambridge University Press, 1995.

——, [c. 1334 – 46], *Dialogus*, J. Ballweg, J. Kilcullen, G. Knysh, K. Ubl and J. Scott (ed. and trans.), 1995. (注:目前只出版了一卷,收入 *Opera politica*。)

——, [1346/7], *On the Power of Emperors and Popes*, Annabel Brett (trans.), Bristol: Thoemmes Press, 1998.

——, [c. 1332/3], *A Translation of William of Ockham's "Work of Ninety Days"*, 2 vols., J. Kilcullen and J. Scott (trans.), Lewiston: Edwin Mellen Press, 2001.

——, [c. 1338 – 46], *De potestate papae et cleri / Die Amtsvollmacht von Papst und Klerus (III.1 Dialogus)*, Jürgen Miethke (trans., intro. and notes), Freibrug im Breisgau: Verlag Herder GmbH, 2015.

William of Saint-Amour, [c. 1256], *De periculis novissimorum temporum: Edition, Translation, and Introduction*, Guy Geltner (ed. and trans.), Louvain: Peeters, 2008.

重要作品拉丁语文本

(注：一些文本有拉-英双语版,已列入上文类别中。)

Alexander of Hales, [c. 1240], *Summa theologiae*, Quaracchi: Collegium S. Bonaventurae, 1948.

Augustine, [c. 389/91], *De vera religione, in Sancti Aurelii Augustini de doctrina christiana [et] de vera religione*, Joseph Martin (ed.), (Corpus christianorum series latina 32), Turnhout: Brepols, 1982.

——, [413 - 26], *De civitate Dei*, Bernard Dombart and Alphons Kalb (eds.), Turnholt: Brepols, 1955.

Bonaventure, [d. 1274], *Opera omnia edita studio et cura PP. Collegii a S. Bonaventura*, Quaracchi: Collegium S. Bonaventurae, 1882.

Friedberg, Aemilius (ed.), 1879, *Corpus iuris canonici*, Leipzig: Tauchnitz.

Gerson, Jean, [1706 (post.)], *Opera omnia*, M. L. Ellies Du Pin (ed.), Antwerp. Reprinted Hildesheim: Olms, 1987, 5 volumes. (Also contains works by other conciliarists.)

Giles of Rome [Aegidius Romanus], [d. 1316], *De regimine principum libri III*, Frankfurt: Minerva, 1968.

Goldast, Melchior, 1611 - 14, *Monarchia sacri Romani imperii, sive tractatus de jurisdictione imperiali seu regia et pontificia seu sacerdotali*, 3 vols., Frankfurt/Main, Hanau.

Grech, Gundisalvus, 1967, *The Commentary of Peter of Auvergne on Aristotle's "Politics": The Inedited Part, Book III, less. I - VI. Introduction and Critical Text*, Rome: Desclée.

Gregory VII, 1081, "Letter to Bishop Hermann of Metz, March 15, 1081", in Erich Caspar (ed.), 1923, *Das Register Gregors VII*, vol. 2, Berlin: Weidmann, pages 544-563 (liber VIII, n. 21).

Gregory of Rimini, [d. 1358], *Lectura super primum et secundum sententiarum*, A. Damasus Trapp et al. (eds.), Berlin: De Gruyter, 1980.

Guillaume de Pierre Godin, [1318], *The Theory of Papal Monarchy in the Fourteenth Century: Guillaume de Pierre Godin, Tractatus de causa immediata ecclesiastice potestate*, William D. McCready (ed.), Toronto: Pontifical Institute of Mediaeval Studies, 1982.

John of Paris, [c. 1302], *Johannes Quidort von Paris über königliche und päpstliche*

Gewalt (*De regia potestate et papali*): *Textkritische Edition mit deutscher Übersetzung*, Fritz Bleienstein (ed. and trans.), Stuttgart: Ernst Klett Verlag, 1969.

Jonas of Orléans, [c. 831], *Le métier de roi* (*De institutione regia*), Alain Dubreucq (ed.), Paris: Les Éditions du Cerf, 1995.

Marsilius of Padua, [1324], *Defensor pacis*, C. W. Previte-Orton (ed.), Cambridge: Cambridge University Press, 1928.

——, *Defensor pacis*, Richard Scholz (ed.), Hannover: Hahnsche Buchhandlung, 1932-33.

——, *Œuvres mineures: Defensor minor*, *De translatione Imperii*, edited and translated with notes by Colette Jeudy and Jeannine Quillet, Paris: Éditions du Centre national de la recherche scientifique, 1979.

Scholz, Richard(ed.), 1903, *Die Publizistik zur Zeit Philipps des Schönen und Bonifaz' VIII.: Ein Beitrag zur Geschichte der politischen Anschauungen des Mittelalters*, Stuttgart: Verlag von Ferdinand Enke.

Vázquez de Menchaca, Fernando, 1572 [post.], *Controversiarum illustrium aliarumque usu frequentium libri tres*, Frankfurt.

William of Ockham, 1956-, *Opera politica*, H. S. Offler et al. (eds.), 5 vols. (to date), Manchester: Manchester University Press (vols. 1-3) /Oxford: Oxford University Press for the British Academy (vols. 4 and 8).

一般参考书目

Aristotle, [c. 350 BCE], *The Politics*, Benjamin Jowett (trans.), Oxford: Clarendon Press, 1931.

——, [c. 350 BCE], *The Nicomachean Ethics*, W. D. Ross (trans.), Oxford: Clarendon Press, 1954.

Arquillière, Henri-Xavier, 1955, *L'Augustinisme politique: essai sur la formation des théories politiques du Moyen Âge*, 2nd edition, revised and augmented, Paris: Vrin.

Bayle, Pierre, [1686], *A Philosophical Commentary on These Words of the Gospel, Luke 14:23, "Compel Them to Come In, That My House May Be Full"*, John Kilcullen and Chandran Kukathas (eds.), Indianapolis: Liberty Fund, 2005.

Bayley, Charles C., 1949, "Pivotal Concepts in the Political Philosophy of William of Ockham", *Journal of the History of Ideas*, 10(2): 199-218. doi: 10.2307/2707415

Berman, Harold J., 1983, *Law and Revolution. The Formation of the Western Legal Tradition*, Cambridge: Harvard University Press.

Black, Anthony, 1970, *Monarchy and Community. Political Ideas in the Later Conciliar Controversy 1430 – 1450*, Cambridge: Cambridge University Press.

——, 1979, *Council and Commune: The Conciliar Movement and the Fifteenth Century*, London: Burns and Oates.

——, 1988, "The Conciliar Movement" in Burns 1988: 573 – 587.

Black, Jane, 2009, *Absolutism in Renaissance Milan: Plenitude of Power under the Visconti and the Sforza 1329 – 1535*, Oxford: Oxford University Press.

Blythe, James, 1992, *Ideal Government and the Mixed Constitution in the Middle Ages*, Princeton: Princeton University Press.

——, 2009a, *The Life and Works of Tolomeo Fiadoni (Ptolemy of Lucca)*, Turnhout: Brepols.

——, 2009b, *The Worldview and Thought of Tolomeo Fiadoni (Ptolemy of Lucca)*, Turnhout: Brepols.

Brett, Annabel, 1997, *Liberty, Right and Nature: Individual Rights in Later Scholastic Thought*, Cambridge: Cambridge University Press.

——, 2003, "Political Philosophy", in McGrade 2003: 276 – 299.

Brown, Peter R. L., 1964, "Saint Augustine's Attitude to Religious Coercion", *Journal of Roman Studies*, 54 (1/2): 107 – 116. doi:10.2307/298656

Burns, J. H., 1991, "Conciliarism, Papalism, and Power, 1511 – 1518", in Wood 1991: 409 – 428. doi:10.1017/S0143045900002076

Burns, J. H. and Mark Goldie (eds.), 1991, *The Cambridge History of Political Thought 1450 – 1700*, Cambridge: Cambridge University Press.

Canning, Joseph P., 2011, *Ideas of Power in the Late Middle Ages, 1296 – 1417*, Cambridge: Cambridge University Press.

Catapano, Giovanni, 2010, "Augustine", in Gerson 2010: 552 – 581.

Chodorow, Stanley, 1972, *Christian Political Theory and Church Politics in the Mid-Twelfth Century: The Ecclesiology of Gratian's Decretum*, Berkeley: University of California Press.

Coleman, Janet, 1983, "Medieval Discussions of Property: Ratio and Dominium according to John of Paris and Marsilius of Padua", *History of Political Thought*, 4 (2): 209 – 228.

——, 1991, "The Dominican Political Theory of John of Paris in its Context", in Wood 1991: 187 - 223. doi:10.1017/S0143045900001940

——, 2011, "Medieval Political Theory c. 1000 -1500", in George Klosko (ed.), The Oxford Handbook of the History of Political Philosophy, Oxford: Oxford University Press. doi:10.1093/oxfordhb/9780199238804.003.0012

Condorelli, Orazio, 2013, "《Quod omnes tangit, debet ab omnibus approbari》. Note sull' origine e sull' utilizzazione del principio tra medioevo e prima età moderna", *Ius Canonicum*, 53 (105): 101 - 127.

Congar, Yves M. - J., 1958, "Quod omnes tangit ab omnibus tractari et approbari debet", *Revue historique de droit français et étranger*, 36: 210 - 259. (Facsimile reprint in Congar 1982: essay no. III.)

——, 1961, "Aspects ecclésiologiques de la querelle entre mendiants et séculiers dans la seconde moitié du XIIIe siècle et le début du XIVe", *Archives d'histoire doctrinale et littéraire du moyen âge*, 28: 35 - 151.

——, 1982, *Droit ancien et structures ecclésiales*, (Variorum Collected Studies Series CS159), London: Variorum Reprints.

Dondaine, F., 1979, "Introductio" to *De regno ad regem Cypri*, in Thomas Aquinas, *Opera Omnia*, 42: 421 - 444. Rome: Editori di San Tommaso.

Dupuy, Pierre (ed.), 1655, *Histoire du différend d'entre le Pape Boniface VIII et Philippe le Bel Roy de France*, Paris.

Dyson, Robert W., 2003, *Normative Theories of Society and Government in Five Medieval Political Thinkers: St. Augustine, John of Salisbury, Giles of Rome, St. Thomas Aquinas, and Marsilius of Padua*, Lewiston: The Edwin Mellen Press.

Eschmann, Ignatius Th., 1958, "St Thomas Aquinas on the Two Powers", *Mediaeval Studies*, 20: 177 - 205. doi:10.1484/J.MS.2.306636

Fasolt, Constantine, 1991, *Council and Hierarchy. The Political Thought of William Durant the Younger*, Cambridge: Cambridge University Press.

Finnis, John, 1998, *Aquinas: Moral, Political, and Legal Theory*, Oxford: Oxford University Press.

Flüeler, Christoph, 1993, *Rezeption und Interpretation der Aristotelischen Politica im späten Mittelalter*, 2 vols., Amsterdam: Benjamins.

Flüeler, Christoph, Lidia Lanza, and Marco Toste (eds.), 2015, *Peter of Auvergne: University Master of the 13th Century*, Berlin: Walter de Gruyter.

Garnett, George, 2006, *Marsilius of Padua and "The Truth of History"*, Oxford: Oxford University Press.

Gersh, Stphen, 2010, "Ancient Philosophy Becomes Medieval Philosophy", in Gerson 2010: 894 – 914.

Gerson, Lloyd P. (ed.), 2010, *The Cambridge History of Philosophy in Late Antiquity*, 2 vols., Cambridge: Cambridge University Press.

Greenwood, Ryan, 2014, "War and Sovereignty in Medieval Roman Law", *Law and History Review*, 32 (1): 31 – 63. doi:10.1017/S0738248013000631

Griesbach, Marc F., 1959, "John of Paris as a Representative of Thomistic Political Philosophy", in Charles O'Neil (ed.), *An Étienne Gilson Tribute*, Milwaukee: Marquette University Press, pp. 33 – 50.

Hagerlund, Hendrik (ed.), 2010, *Encyclopedia of Medieval Philosophy*, New York: Springer.

Hankins, James(ed.), 2000, *Renaissance Civic Humanism: Reappraisals and Reflections*, Cambridge: Cambridge University Press.

Hooker, Richard, [1594 – 1597], *Of the Laws of Ecclesiastical Polity*, A. S. McGrade (ed.), Cambridge: Cambridge University Press, 1989.

Jones, Chris(ed.), 2015, *John of Paris: Beyond Royal and Papal Power*, Turnhout: Brepols.

Kempshall, Matthew, 1999, *The Common Good in Late Medieval Political Thought*, Oxford: Oxford University Press.

Kilcullen, John, 1991, "Ockham and Infallibility", *The Journal of Religious History*, 16 (4): 387 – 409.

——, 1999, "Ockham's Political Writings", in Paul Vincent Spade (ed.), *The Cambridge Companion to Ockham*, Cambridge: Cambridge University Press.

——, 2001a, "Natural Law and Will in Ockham", in Kilcullen and Scott 2001: 851 – 882.

——, 2001c, "Introduction to William of Ockham, The Work of Ninety Days", in Kilcullen and Scott 2001: 1 – 46.

——, 2004, "Medieval Political Theory" in *Handbook of Political Theory*, G. F. Gauss and C. Kukathas (eds.), London: Sage, pp. 338 – 352.

——, 2010a, "Heresy" in Hagerlund 2010: 466 – 470.

——, 2010b, "Natural Law" in Hagerlund 2010: 831 – 839.

——, 2010c, "Natural Rights" in Hagerlund 2010: 867-873.

——, 2010d, "Medieval and Modern Concepts of Rights: How Do They Differ" in Mäkinen 2010: 31-62.

Knysh, George, 1996, *Political Ockhamism*, Winnipeg: WCU Council of Learned Societies.

——, 1997, *Fragments of Ockham Hermeneutics*, Winnipeg: WCU Council of Learned Societies.

Krueger, Elmar, 2007, *Der Traktat "de ecclesiastica potestate" des Aegidius Romanus: Eine spätmittelalterliche Herrschaftskonzeption des päpstlichen Universalismus*, Cologne: Böhlau.

Lambertini, Roberto, 2000, *La povertà pensata: Evoluzione storica della definizione dell'identità minoritica da Bonaventura ad Ockham*, Modena: Mucchi Editore.

——, 2006, "Political Quodlibeta", in Chris Schabel (ed.), *Theological Quodlibeta in the Middle Ages: The Thirteenth Century*, Leiden: Brill, pp. 439-474.

——, 2012, "Political Theory in the Making: Theology, Philosophy and Politics at the Court of Lewis the Bavarian", in *Philosophy and Theology in the 'Studia' of the Religious Orders and at Papal and Royal Courts Kent Emery*, Jr., W. J. Courtenay, S. M. Metger (eds.), Leiden: Brill, pp. 701-724. doi:10.1484/M.RPM-EB.1.100995

——, 2013, "Burley's Commentary on the Politics: Exegetic Techniques and Political Language", in Alessandro D. Conti (ed.), *A Companion to Walter Burley: Late Medieval Logician and Metaphysician*, Leiden: Brill, pp. 347-373.

——, 2014a, "The Debate About Natural Rights in the Middle Ages: The Issue of Franciscan Poverty", in Miira Tuominen, Sara Heinämaa, and Virpi Mäkinen (eds.), *New Perspectives on Aristotelianism and Its Critics*, Leiden: Brill, pp. 111-126.

——, 2014b, "Nature and the Origins of Power: An Examination of Selected Commentaries on the Sentences (Thirteenth and Fourteenth Centuries)", in Van der Lugt 2014: 95-111.

——, 2015, "Peter of Auvergne, Giles of Rome and Aristotle's 'Politica'", in Flüeler, Lanza, and Toste 2015: 51-69.

Lanza, Lidia, 2015, "The 'Scriptum super III-VIII libros Politicorum': Some Episodes of its Fortune until the Early Renaissance", in Flüeler, Lanza, and Toste 2015:

255 – 319.

Lecler, Joseph, [1955] 1960, *Toleration and the Reformation* (*Histoire de la tolérance au siècle de la Réforme*), 2 volumes, T. L. Westow (trans.), London: Longmans.

Leclercq, Jean, 1942, *Jean de Paris et l'ecclésiologie du XIIIe siècle*, Paris: Vrin.

Lee, Daniel, 2016, *Popular Sovereignty in Early Modern Constitutional Thought*, Oxford: Oxford University Press.

Lockwood, Shelley, 1991, "Marsilius of Padua and the Case for the Royal Ecclesiastical Supremacy", *Transactions of the Royal Historical Society*, (6th series) 1: 89 – 119. doi:10.2307/3679031

Lubac, Henri de, 1984, *Théologies d'occasion*, Paris, Desclée de Brouwer.

Luscombe, D. E., 1988, "Introduction: The Formation of Political Thought in the West", in Burns 1988: 157 – 73.

——, 1988b, "Thomas Aquinas and Conceptions of Hierarchy in the Thirteenth Century", in Albert Zimmerman (ed.), *Thomas von Aquin: Werk un Wirkung im Licht Neuerer Forschungen: Miscellanea Mediaevalia 19*, pp. 261 – 277. Berlin and New York: Walter de Gruyter.

——, 1992, "City and Politics Before the Coming of the Politics: Some Illustrations", in David Abulafia, Michael J. Franklin and Miri Rubin (eds.), *Church and City 1000 – 1500: Essays in Honour of Christopher Brooke*, Cambridge: Cambridge University Press.

——, 1998, "Hierarchy in the Later Middle Ages: Criticism and Change", in O. G. Oexle and J. Canning (eds.), *Political Thought and the Realities of Power in the Middle Ages*, pp. 113 – 26. Gottingen: Vandenhoeck and Ruprecht.

——, 2003, "Hierarchy", in McGrade 2003: 60 – 72.

Luscombe, D. E. and Evans, G. R., 1988, "The Twelfth-Century Renaissance", in Burns 1988: 306 – 40.

Luther, Martin, [1539] 1915, "Preface to the First Part of his German Works", in *Works of Martin Luther*, Henry Eyster Jacobs and Adolph Spaeth (trans.), Philadelphia: Holman.

MacQueen, D. J., 1972, "St. Augustine's Concept of Property", *Recherches augustiniennes*, 8: 187 – 229.

Magee, John, 2010, "Boethius", in Gerson 2010: 788 – 812.

Mäkinen, Virpi, 2001, *Property Rights in the Late Medieval Discussion on Franciscan*

Poverty, Leuven: Peeters.

——, 2006, "The Influence of the Commentaries on Aristotle's Nichomachean Ethics and Politics on the Discussion on Property Rights", *Documenti e studi sulla tradizione filosofica medievale*, 17: 283 – 298.

—— (ed.), 2010, *The Nature of Rights: Moral and Political Aspects of Rights in Late Medieval and Early Modern Philosophy* (Acta philosophica fennica 87), Helsinki: Societas philosophica fennica.

——, 2012, "Moral Psychological Aspects in William of Ockham's Theory of Natural Rights", *American Catholic Philosophical Quarterly*, 86. 3: 507 – 525.

Mäkinen, Virpi and Petter Korkman (eds.), 2006, *Transformations in Medieval and Early-Modern Rights Discourse*, Dordrecht: Springer.

Marenbon, John, 2011, "When Was Medieval Philosophy?", inaugural Lecture as Honorary Professor of Medieval Philosophy in the University of Cambridge, delivered November 30, 2011.

—— (ed.), 2012, *The Oxford Handbook of Medieval Philosophy*, New York: Oxford University Press.

Markus, R. A., 1970, *Saeculum: History and Society in the Theology of St. Augustine*, Cambridge: Cambridge University Press.

——, 1988, "The Latin Fathers", in Burns 1988: 92 – 122.

McGrade, Arthur Stephen, 1974, *The Political Thought of William of Ockham*, Cambridge: Cambridge University Press.

——(ed.), 2003, *The Cambridge Companion to Medieval Philosophy*, Cambridge: Cambridge University Press.

Michaud-Quantin, Pierre, 1970, *Universitas: Expressions du mouvement communautaire dans le moyen-âge*, Paris: J. Vrin.

Miethke, Jürgen, 1980, "Marsilius und Ockham: Publikum und Leser ihrer politischen Schriften im späteren Mittelalter", *Medioevo*, 6: 534 – 58.

——, 2000b, "Practical Intentions of Scholasticism: The Example of Political Theory", in William J. Courtenay and Jürgen Miethke (eds.), *Universities and Schooling in Medieval Society*, Leiden: Brill, pp. 211 – 228.

——, 2004, "The Power of Rulers and Violent Resistance Against an Unlawful Rule in the Political Theory of William of Ockham", *Revista de ciencia política*, 24. 1: 209 – 226.

——, 2010, "Dominium, ius und lex in der politischen Theorie Wilhelms von Ockham", in Alexander Fidora, Matthias Lutz-Bachmann, and Andreas Wagner (eds.), *Lex und Ius. Beiträge zur Grundlegung des Rechts in der Philosophie des Mittelalters und der Frühen Neuzeit*, Stuttgart-Bad Cannstatt: Frommann-Holzboog.

——, 2012, "Der 'theoretische Armutsstreit' im 14. Jahrhundert: Papst und Franziskanerorden im Konflikt um die Armut", in Heinz-Dieter Heimann et al. (eds.), *Gelobte Armut: Armutskonzepte der franziskanischen Ordensfamilie vom Mittelalter bis in die Gegenwart*, Paderborn: Ferdinand Schöningh, pp. 243 – 283.

Miller, Fred D., Jr., 1995, *Nature, Justice, and Rights in Aristotle's Politics*, Oxford: Oxford University Press.

Moreno-Riaño, Gerson (ed.), 2007, *The World of Marsilius of Padua*, Turnhout: Brepols. doi:10.1484/M.DISPUT-EB.6.09070802050003050105010501

Moulin, Léon, 1958, "Sanior et maior pars: Etude sur l'évolution des techniques électorales et délibératoires dans les Ordres religieux du VI au XIII siècle", *Revue historique du droit français et étranger*, (4e série) 36: 368 – 97, 491 – 529.

Muldoon, James, 1966, "Extra ecclesiam non est imperium: The Canonists and the Legitmacy of Secular Power", *Studia Gratiana*, 9: 533 – 80. (Facsimile reprint in Muldoon 1998: essay no. 1.)

——, 1971, "Boniface VIII's Forty Years of Experience in the Law", *The Jurist*, 31: 449 – 77.

——, 1980, "John Wyclif and the Rights of the Infidels: The Requerimiento Re-examined", *The Americas*, 36: 301 – 16. (Facsimile reprint in Muldoon 1998: essay no. 5).

——, 1998, *Canon Law, the Expansion of Europe, and World Order*, (Variorum Collected Studies Series CS612), Aldershot: Ashgate.

——, 2006, "Francisco de Vitoria and Humanitarian Intervention", *Journal of Military Ethics*, 5: 128 – 143.

Nederman, Cary J., 1990, "Conciliarism and Constitutionalism: Jean Gerson and Medieval Political Thought", *History of European Ideas*, 12: 189 – 209.

——, 1995, *Community and Consent: the Secular Political Theory of Marsiglio of Padua's Defensor pacis*. Lanham: Rowman & Littlefield.

——, 1996, "Constitutionalism—Medieval and Modern: Against Neo-Figgisite Orthodoxy (Again)", *History of Political Thought*, 17 (2): 179 – 94.

——, 2008, "Reading Aristotle through Rome: Republicanism and History in Ptolmey of Lucca's De regimine principium", *European Journal of Political Theory*, 7: 223 – 240.

——, 2009, *Lineages of European Political Thought: Explorations along the Medieval/ Modern Divide from John of Salisbury to Hegel*, Washington, DC: The Catholic University of America Press.

Nelson, Janet L., 1986, *Politics and Ritual in Early Medieval Europe*, London: The Hambledon Press.

——, 1988, "Kingship and Empire", in Burns 1988: 211 – 251.

Noble, Thomas F. X., 2015, "Carolingian Religion", *Church History*, 84. 2: 287 – 307.

Oakley, Francis, 1962, "On the Road from Constance to 1688", *Journal of British Studies*, 1: 1 – 32. (Repr.: in Oakley 1984.)

——, 1964, *The Political Thought of Pierre d'Ailly: The Voluntarist Tradition*, New Haven: Yale University Press.

——, 1965, "Almain and Major: Conciliar Theory on the Eve of the Reformation", *American Historical Review*, 70: 673 – 90.

——, 1969, "Figgis, Constance and the Divines of Paris", *American Historical Review*, 75: 368 – 86. (Facsimile reprint in Oakley 1984.)

——, 1984, *Natural Law, Conciliarism and Consent in the Late Middle Ages* (Variorum Collected Studies Series CS189), London: Variorum Reprints.

——, 1991, "Christian Obedience and Authority, 1520 – 1550", in Burns and Goldie 1991: 159 – 192.

——, 1995, "Nederman, Gerson, Conciliar Theory and Constitutionalism: Sed Contra", *History of Political Thought*, 16 (1): 1 – 19.

——, 1996, "'Anxieties of Influence': Skinner, Figgis, Conciliarism and Early Modern Constitutionalism", *Past and Present*, 151: 60 – 110 (Repr: in Oakley 1999.)

——, 1999, *Politics and Eternity: Studies in the History of Medieval and Early-Modern Political Thought*, Leiden: Brill.

——, 2003, *The Conciliarist Tradition: Constitutionalism in the Catholic Church 1300 – 1870*, Oxford: Oxford University Press.

Ouy, Gilbert, 1979, "Simon de Plumetot [1371 – 1443] et sa bibliothèque", in P. Crockshaw et al. (ed.), *Miscellanea codicologica F. Masai dicata MCMLXXIX*,

(Les publications de Scriptorium; v. 8), Gand: E. Story-Scientia S. P. R. L., vol. 2, pp. 353 – 81.

Quillet, Jeannine, 1988, "Community I. Community, Counsel and Representation" in Burns 1988: 520 – 572.

Pascoe, Louis B. , 1973, *Jean Gerson: Principles of Church Reform*, Leiden: Brill.

Pasnau, Robert (ed.), 2010, *The Cambridge History of Medieval Philosophy*, 2 vols., Cambridge: Cambridge University Press.

Pennington, Kenneth, 1970, "Bartholomé de Las Casas and the Tradition of Medieval Law", *Church History*, 39: 149 – 161.

——, 1993a, *The Prince and the Law 1200 – 1600*, Berkeley: University of California Press.

——, 1993b, *Popes, Canonists and Texts 1150 – 1550* (Variorum Collected Series Studies CS412), London: Variorum.

——, 2007, "Politics in Western Jurisprudence", in Andrea Padovani and Peter G. Stein (eds.), *A Treatise of Legal Philosophy and General Jurisprudence*, vol. 7: *The Jurists' Philosophy of Law from Rome to the Seventeenth Century*, Dordrecht: Springer, pp. 157 – 211.

——, 2011, "The Beginning of Roman Law Jurisprudence and Teaching in the Twelfth Century: The Authenticae", *Rivista internazionale di diritto comune*, 22: 35 – 53.

——, 2014, "The Biography of Gratian, the Father of Canon Law", *University of Villanova Law Review*, 59: 679 – 706.

Piaia, Gregorio, 1977, *Marsilio di Padova nella riforma e nella controriforma: Fortuna ed interpretazione*, Padua: Editrice Antenore.

Pocock, John G. A. , 1975, *The Machiavellian Moment: Florentine Political Thought and the Atlantic Republican Tradition*, Princeton: Princeton University Press.

Poole, Reginald Lane, 1920, *Illustrations of the History of Medieval Thought and Learning*, (2nd edition). London: Society for Promoting Christian Knowledge.

Post, Gaines, 1946, "A Romano-Canonical Maxim, Quod omnes tangit, in Bracton", *Traditio*, 4: 197 – 251. (Reprinted with the title "A Romano-Canonical Maxim, Quod omnes tangit, in Bracton and Early Parliaments" in Post 1964: 163 – 238).

——, 1964, *Studies in Medieval Thought: Public Law and the State 1100 – 1322*, Princeton: Princeton University Press.

Potestà, Gian Luca, 1986, "Rm 13, 1 in Ockham: Origine e legittimità del potere *civile*", *Cristianesimo nella storia*, 7: 465 – 492.

Quinn, John F., 1973, "St Bonaventure's Fundamental Conception of Natural Law", in Jacques Guy Bougerol (ed.), *S. Bonaventura, 1274 – 1974*, vol. 3: *Philosophica*, Grottaferrata: College of St Bonaventure, pp. 571 – 598.

Rivière, Jean, 1925, "In partem sollicitudinis: évolution d'une formule pontificale", *Revue des sciences religieuses*, 5: 210 – 31.

——, 1926, *Le problème de l'église et de l'état au temps de Philippe le Bel*, Louvain: "Spicilegium sacrum Lovaniense".

Robinson, Jonathan, 2009, "William of Ockham on the Right to (Ab-) Use Goods", *Franciscan Studies*, 67: 347 – 374. doi:10.1353/frc.0.0036

——, 2011, "Property Rights in the Shift from 'Community' to 'Michaelist'", *Rivista internazionale di diritto comune*, 22: 141 – 181.

——, 2012, *William of Ockham's Early Theory of Property Rights in Context*, Leiden: Brill.

——, 2014a, "Ockham, the Sanctity of Rights, and the Canonists", *Bulletin of Medieval Canon Law*, new series 31: 147 – 204. doi:10.1353/bmc.2014.0009

——, 2014b, "Walter Chatton on Dominium", *History of Political Thought*, 35 (4): 656 – 682.

Roumy, Franck, 2006, "L'origine et la diffusion de l'adage canonique Necessitas non habet legem (VIIIe – XIIIe s.)", in Wolfgang P. Müller and Mary E. Sommar (eds.), *Medieval Church Law and the Origins of the Western Legal Tradition: Atribute to Kenneth Pennington*, Washington, DC: The Catholic University of America Press, pp. 301 – 319.

Russell, Frederick H., 1975, *The Just War in the Middle Ages*, Cambridge: Cambridge University Press.

——, 2010, "Just War", in Pasnau 2010: 593 – 606.

Ryan, Magnus, 2015, "Political Thought", in David Johnston (ed.), *The Cambridge Companion to Roman Law*, Cambridge: Cambridge University Press, pp. 423 – 451.

Saak, Eric L., 2006, "The Episcopacy of Christ Augustinus of Ancona, OESA, and Political Augustinianism in the Later Middle Ages", *Quaestio*, 6: 259 – 275.

Saenger, Paul, 1981, "John of Paris, Principal Author of the Quaestio de potestate papae [Rexpacificus]", *Speculum*, 56: 41 – 55.

Schütrumpf, Eckart, 2014, *The Earliest Translations of Aristotle's "Politics" and the*

Creation of Political Terminology, Paderborn: Wilhelm Fink.

Schwartz, Daniel, 2008, "Francisco Suárez on Consent and Political Obligation", *Vivarium*, 46: 59 – 81. doi:10.1163/156853408X252768

Seneca, [c. 60 CE], *Ad Lucilium epistulae morales*, Richard M. Gummere (ed. and trans.), 3 vols., London: William Heinemann, 1917 – 25.

Shogimen, Takashi, 2007, *Ockham and Political Discourse in the Late Middle Ages*, Cambridge: Cambridge University Press.

Sidgwick, Henry, 1907, *The Methods of Ethics*, London: Macmillan.

Smalley, Beryl, 1960, *English Friars and Antiquity in the Early Fourteenth Century*, Oxford: Basil Blackwell.

Somerville, J. P., 1991, "Absolutism and Royalism", in Burns and Goldie 1991: 347 – 373.

St. Leger, James, 1962, *The "Etiamsi Daremus" of Hugo Grotius: A Study in the Origins of International Law*, Rome: Pontificium Athenaeum Internationale.

Strauss, Leo, 1953, *Natural Right and History*, Chicago: University of Chicago Press.

Syros, Vasileios, 2008, "A Note on the Transmission of Aristotle's Political Ideas in Medieval Persia and Early-Modern India. Was There Any Arabic or Persian Translation of the Politics?", *Bulletin de Philosophie Médiévale*, 50: 303 – 309. doi: 10.1484/J.BPM.3.597

Tierney, Brian, 1955, *Foundations of the Conciliar Theory: The Contributions of the Medieval Canonists from Gratian to the Great Schism*, Cambridge: Cambridge University Press. Enlarged new edition 1998 (Leiden: Brill).

——, 1959, *Medieval Poor Law: A Sketch of Canonical Theory and Its Application in England*, Berkeley: University of California Press.

——, 1969, "Hermeneutics and History: The Problem of Haec Sancta" in *Essays in Medieval History Presented to Bertie Wilkinson*, ed. T. A. Sandquist and M. R. Powicke, Toronto: University of Toronto Press.

——, 1972, *Origins of Papal Infallibility, 1150 – 1350: A Study on the Concept of Infallibility, Sovereignty and Tradition in the Middle Ages*, Leiden: Brill.

——, 1982, *Religion, Law and the Growth of Constitutional Thought, 1150 – 1650*, Cambridge: Cambridge University Press.

——, 1997, *The Idea of Natural Rights: Studies on Natural Rights, Natural Law and Church Law 1150 – 1625*, Atlanta: Scholars Press.

——, 2014, *Liberty and Law: The Idea of Permissive Natural Law, 1100 – 1800*, Washington, DC: The Catholic University of America Press.

Toste, Marco, 2014, "The Naturalness of Human Association in Medieval Political Thought Revisited", in Van der Lugt 2014: 113 – 188.

——, 2015, "An Original Way of Commenting on the Fifth Book of Aristotle's 'Politics': The 'Questiones super I – VII libros Politicorum' of Peter of Auvergne", in Flüeler, Lanza, and Toste 2015: 321 – 353.

Ubl, Karl, 2003, "Johannes Quidorts Weg zur Sozialphilosophie", *Francia*, 30 (1): 43 – 73.

——, 2004, "Die Genese der Bulle Unam sanctam: Anlass, Vorlagen, Intention", in Martin Kaufhold (ed.), *Politische Reflexion in der Welt des späten Mittelalters. Political Thought in the Age of Scholasticism: Essays in Honour of Jürgen Miethke*, Leiden: Brill, pp. 129 – 49.

Ubl, Karl, and Lars Vinx, 2000, "Kirche, Arbeit und Eigentum bei Johannes Quidort von Paris, OP († 1306)", in Christoph Egger and Herwig Weigl (eds.), *Text-Schrift-Codex: Quellenkundliche Arbeiten aus dem Institut für Österreichische Geschichtsforschung*, Wien/München: Oldenbourg Wissenschaftsverlag, pp. 304 – 344.

——, 2002, "Zur Transformation der Monarchie von Aristoteles bis Ockham", *Vivarium*, 40: 41 – 74. doi:10.1163/15685340260223940

Ullmann, Walter, 1974, *A Short History of the Papacy in the Middle Ages*, London: Methuen.

van der Lugt, Maaike (ed.), 2014, *La nature comme source de la morale au Moyen Âge*, Florence: SISMEL-Edizioni del Galluzzo.

Varkemaa, Jussi, 2012, *Conrad Summenhart's Theory of Individual Rights*, Leiden: Brill.

Watt, John, 1965, *The Theory of Papal Monarchy in the Thirteenth Century: The Contribution of the Canonists*, London: Burns and Oates.

——, 1988, "Spiritual and Temporal Powers", in Burns 1988: 367 – 423.

Wood, Diana (ed.), 1991, *The Church and Sovereignty c. 590 – 1918: Essays in Honour of Michael Wilks*, (Studies in Church History, Subsidia 9), Oxford: Basil Blackwel.

笔谈:经典进路的法哲学与政治哲学

古典法学之倡导

黄 涛*

在过去十年间,着眼于经典作品的法哲学与政治哲学研究一直是我心仪的方向。为此,我做了大量的翻译练习,也撰写了数量可观的读书笔记。甚至我的博士论文,严格来说,也是在古典法学的范畴中。我研究德意志观念论,按照通常的说法,它是德国古典哲学的一个重要的部分。但直到2012年开始进入中国人民大学古典文明研究中心进行博士后研究,我还没有想到用一个关键词来概括自己的法学研究路向。2010年左右,我和吴彦、杨天江起意编"德意志古典法学丛编"译丛时,一开始也并没有想到古典法学这个名词,我甚至也想不起当初为什么提出古典法学这个名称来。

现在想来,当初之所以选择这个名称,也许是为了呼应当代中国在近十余年兴起的古典学运动,而我有幸亲近这场运动的中心。因此,使用古典法学看起来就显得是刻意为之。这是一种解释,我甚至不拒绝这种解释,但关键的是如何理解当代中国的古典学,这是另一个问题。实际上,在法学研究领域,很少有人使用这个概念,充其量使用"古典自然法学"。在标题中使用"古典法学"这个名称的,我查了一下文献,仅仅有一篇,这就是近代法学家孙晓楼写作的《中国古典法学的一些现实意义》。孙先生1902年出生,是

---

* 黄涛,华东政法大学政治学与公共管理学院副教授。

无锡市人,原东吴大学法学院教授,我国著名的国际法学家和法律教育学家,1958年去世。他的《中国古典法学的一些现实意义》这篇文章,与我目前的工作单位华东政法大学有些关联,因为它是发表在《法学》1957年第1期。这篇文章谈论中国古典时代的法律智慧的现实意义。和他相比,我去掉了"中国"二字。我们不仅可以期待有华夏古典法学,也可以期待有德意志古典法学、不列颠古典法学、法兰西古典法学、俄罗斯古典法学……

发现"古典法学"这个概念之后,我着实有些兴奋,除了和吴彦编辑"德意志古典法学丛编"之外,我还和王涛编辑了"不列颠古典法学丛编",并在上海外国语大学法学院张海滨院长的支持下,开了两次比较高规格的全国性会议,甚至正在出版一部题为《法哲学与共同生活——走向古典法学》的书。但即便如此,"古典法学"还是一个内涵不明的概念,许多参会的朋友不知道这个概念究竟是指什么,而我也一直没有机会公开详细讲述这个概念。

于我而言,古典法学不仅是对于近十多年来中国古典学的呼应,更重要的是它自身所具有的品质。一个最直接的原因是,这个概念不仅可以囊括法哲学,也可以将政治哲学包含在内。因此,古典法学的第一个特征就是,它是跨学科的。在这里有一种不同于专业时代的法学和政治学智慧。在古典法学中,政治、法律、社会、文化诸形态并没有完全被分离出来。这是在现代学科划分之前出现的一种学问。因此,有关法的现象的思考并不专属于现代世界。在古典世界,在现代世界形成之前或者形成之初,那些有关法的现象的思考要比今日所流行的专业化的、技术性的思考更丰满,更值得我们琢磨和注意。尤其是对于那些迄今尚在法学和政治学的专业化道路上徘徊的民族来说,这种探究有助于我们看清楚究竟要拥抱何种法学与政治学。这就是古典法学的第二个特征,它保持了同现代法学和政治学的距离。我最早是从古典学所揭示的古今之争的视角下感受到这一点的。这两个特征,因此就使古典法学变得有意义,它并非一种在怀旧心态下拥抱的知识,而是想要将我们考察法律的眼光从现代的局限性中摆脱出来。

从这个意义上,我想要对于古典法学提出稍微清晰一点的界定,这就是,古典法学首先是相对于20世纪流行的分析向度的法哲学研究而言的。"古典法学"中的古典或者是在现代早期,或者是在更久远的年代。古典法学有一个共同特征,就是它们并非以规范和规范性为导向,而着眼于为我们的共同生活寻找根基,因此它在写作方式和视野上都极其不同于眼下已经专业技术化的法学研究。在我的以"古典法学"为题的书中,就是从公民宗教、自然权利与欲望、世界公民与友爱、信任与法治、个体与共同体关系等不同角度展示思想家们对于共同体生活的思考的,很显然,这些在现代法学中并不是常见话题。

　　古典法学不同于现代法学的流行形式,不意味着提出古典法学,就是要排斥专业技术化的法学。古典法学排斥的是专业技术化的法学主导法学教育和法学理论研究的全部内容,排斥全部法学研究应该围绕具体案件如何审判而旋转,这就意味着,它排斥的正是当代法学研究中流行的内容。专业性的法学概念及其种种分析模式的出现,当然是人类智力成果的一部分,也是现实法律实践需要的基础训练。但法学教育不能仅着眼于现实的法律实践,作为一门学问的法学当然不能仅仅盯住所谓的时代问题,而应该具有更宽宏的视野。任何一门学问,不能够仅仅成为现实生活的工具,理论生活应该有自身的魅力,它也应该对于普遍的人类经验,对于人类的文化成果做出反馈,换言之,法哲学应该具有一种超越技术的一面,超越民族生活,超越现时代的一面。

　　在某种意义上,以规范为核心的法学思考的也只是人类共同体生活的一个层面。法律规范及其效果当然是法哲学的一部分,但并非法哲学的全部,我甚至在这个意义上,将法哲学同关心法律规范及其效果的法理学与法社会学等学科区分开来。凯尔森式的金字塔式的规范等级体系,规范的各种逻辑属性当然都可以成为法律体系的内在价值,但这种价值不过是对规范及其属性的揭示。韦伯式的法律社会学、波斯纳式的对于法律的具体运作成本和效果的关注也当然是法律人关注的内容,甚至,从现实政治生活的需要出发对于法律生活提供的分析,也可以是法律人关注的内容。但是,在所有的法律理论中,如下问题仍然需要探讨,这就是,为何是规范性,而不是其他属性成为现代共同体生活的关注？在规范之外，还存在着何种形式的规范性？最后，也许也是最重要的一个问题是，最好的规范性应该建立在什么基础之上？

对这些问题，现在的法学理论的框架太狭隘了，我们如今的法学研究应该走出技术时代的法律人的狭隘关注，去审查一下现代法学成立的依据，去看一看今天的法律人所赖以为生的法律生活究竟可以给我们个体的生活带来什么，尤其是对于我们的精神生活有何意义。在我看来，特别是在当今技术性的法律生活与法律分析变得纷繁复杂的时代，变得越来越专业化的时代，"古典法学"的思考应成为当代法学理论中不可或缺的部分。而原本这样的思考是存在的，对于整全性的关注乃是哲学生活的本质。我正是在这个意义上谈论古典法学的，使之同一切关注规范本身及其效果的法学理论分析保持距离。我甚至觉得，古典法学是一个较之法哲学更清楚的概念，因为法哲学并不一定是古典法学，我们今天也将分析实证主义的法学探究称之为法哲学。

只有不加质疑地将规范及其效果作为法学理论研究的核心论题的研究者，才会洋洋自得地认为规范及其属性的分析是法学理论研究的全部，甚至认为法哲学的功能就是提供这种分析。这样的研究者断然不承认有所谓古典法学。在一个技术化的时代，整全性的思维方式越来越受到冲击，以至于无法清晰地区分法哲学同其他的理论性法学。但也正是在这个技术化的时代，法哲学的面目要更加清晰，这种对于整全性的追求，关注的是整体的法律生活的意义，关注的是整体的法律生活的内在目的，它不是想要去描述整体的法律生活，因为这个整体尚未出现，因此，法哲学应该去规定和探究，而不是描述整体的法律生活。一句话，法哲学研究者应该与应然的东西打交道，尽管这并不意味着他藐视那些实然的东西，但法哲学的确乐意指出实然东西的不充分性，并且，它不是站在实然的基础上来指出实然东西的不充分性，而是站在应然的角度来指出实然东西的不充分性。因此，在法哲学看来，真正的批判并不单纯是指出一种实然的制度的缺陷，它不是站在对于规范及其效果的分析的角度来指出这种缺陷。它真正批判的东西是，一切规范及其效果所预设的东西的不足,也就是对于整个法律秩序的价值的反思和批判,它要对于整个现代法学所预设的基本价值和伦理进行反思和批判。

在我看来,这样的使命,是一般意义上的法哲学,尤其是分析实证的法哲学所不能担负的,相反,古典法学可以担负这样的使命,因为它的任务正是要对现代法学预设的价值前提和使用的基本思维方式进行反思和批判,也唯有它才能保持同现代法学的距离。对古典法学来说,没有什么不加质疑地被接受的前提预设。法哲学的特别之处,在于它在前提预设的层面进行思考,追问这个前提预设究竟如何可能,探究为何是这种前提预设而不是那种前提预设。在这个问题上,我们唯有借助古典法学,因为唯有这门存在于技术性时代之前的学问才能让我们看清楚现代法学的价值预设究竟是什么。规范及其属性固然是法律人的原则,但古典法学思考的不是如何认识这些原则,如何描述这些原则,而是要探究这些原则如何成为现代法学的关注对象,甚至在面对规范作为现代法学的核心关注时,要反思和批判这种现象,揭示它的不充分性,展示一种新的可能性。这是古典法学的时代使命。在古典法学的研究者看来,合格的法哲学家不需要思考自己的学说如何能在实践中发挥效力,相反,他应该对于在现实中发挥效力的全部现象和工具进行反思,反思它们的内在目的。这样做,也并不意味着反对现实的法律生活,而是让那些长期身处这种生活中的人,看一看自身的不足,尤其是当我们在某一方面陷入狂妄的时候,提醒自己其实原本还有更多的可能性。这样做尽管没有直接的现实效果,但这种理论方面的追求,至少可以使我们的现实不走向一个极端的方向,或者当我们走向极端的时候,可以看到新的道路的可能性。而如果我们离开现实的效果来认识这种理论探究的意义,那么,它的确极大地开放了我们的理论生活的视角,这也就是在法学研究中,为何我一直强调和重视经典阅读的意义。因为经典阅读和从经典中发掘出来的东西,会打破我们的现代偏见,从而可以使我们有可能追随一种开放的理论生活。

对于古典法学的思考,尽管对我来说,已经有了一个开端,但迄今为止,这个开端还并不十分清晰,它更多呈现为一种思维或写作方式。古典法学是一种面向共同生活的法哲学,这种意义上的法哲学同其他类型的法哲学的最大差异是,它思考共同生活的可能性,思考人与人之间的结合方式。在这种思考的视阈中,规范当然不是全部。这就意味着,将人与人之间沟通起来,结合成为一种关系的,并不仅仅是法律,如果法律规范想要成功地将人与人之间沟通起来,它甚至需要得到其他要素的支持。法律规范本身究竟在何种意义上能够将人与人之间联系起来,成为一种紧密的结合纽带,是一个令人困惑的问题,法学家们始终强调法律规范的这种结合力量,但是,我们同时也看到,他们也在不断地强调,法律规范需要强制,仿佛离开了强制,这种结合就不稳定,因此,对于当代的法律人来说,有一个十分核心的问题,这就是,离开了强制,人们如何根据法律来生活?

今天的规范论者十分相信逻辑的力量,对人类的知性和人工智能有一种乐观的期待,因此罔顾了康德在《纯粹理性批判》中对于人类知性的局限性作出的考察。期望借助于理性,设计出一种可以解决一切纠纷的法律程序,也希望使法律生活成为一个独立于人的其他生活的系统,于是,一个法学家的最高的梦想就是建构一个逻辑严密的规范的大厦,或者是通过种种法律技术来使法律和现实生活之间形成沟通。这是当代中国法律人内心中潜藏的一种野心。我很早的时候,就感觉到了自身无法分享这种野心。我逐步地意识到,法哲学面对的是人的全部生活,法律生活是由一个个活生生的人塑造的,人不仅仅从知性上来塑造法律生活,他的情感、意志都融入了法律生活之中,因此,单纯的理性设计出来的法律生活必然要面对人的情感和意志。

我们在很长一段时间都共享了这样一个判断,这就是,要在法律生活中祛除人的情感和意志。人的情感和意志一律都是主观的,是对于规范化的法律生活的威胁,我们没有看到,其实在人的情感和意志生活的内在结构中,有着稳定和客观的一面,它们同样可以成为人的共同体生活的纽带。这些无法直接地外化为规范的东西,一旦为法律人所使用,甚至可以为法律规范的遵守提供内在的精神支撑。尤其是在这个转型的时代,我们有必要在法律规范的变革方面仔细谨慎。想要仅仅从法律规范的角度把握时代的转型,无视时代的转型在人的内在情感和精神中造成的种种巨变,会带来一个在规范及其效果方面繁荣的假象。我正是基于这一点,对单纯从规则角度出发理解规范性保持清醒,或者说,这就是我要同目前流行的几乎所有规范性的讨论保持一定距离的原因。在我看来,这些讨论都将规范性作为一种实定性的东西把握,而忽视了对于一种无法体现为直接的实定性东西的规范性的讨论,而这种智慧,正是我从古典法学的研究中获得的,具体来说,就是从对柏拉图和亚里士多德,乃至于康德与黑格尔等人的著作的阅读和研究中得来的。

在一种面向共同生活的法哲学中,规范性意味着一切将人与人联系在一起的东西。建立在规范性基础上的共同体,并不只是一个知性上发达的人构成的共同体,不只是法律规范的共同体,而应该也是一种情感的共同体和意志的共同体。从事法哲学研究的人不能过于紧密地将自己同法律实践中运用的规则联系在一起。法哲学的研究对象不能仅仅停留在实定的规则上面,而应该从这些规则中走出去,走向使人与人之间相互联系起来的共同生活的要素。面向共同体生活的古典法学必须要面对这些要素,这是新的法律创造或法律改良与革命的源泉,也是一种稳定的法律生活所不可忽视的支撑性力量。

法哲学要认真思考的正是这些源泉,古典法学的目的因此在于展示这些被规范生活遮蔽的纯粹源泉。因此,在以规范及其实效为关切核心的法学研究中,以共同体生活的要素为关切的古典法学如同一泓清泉,它带给我们的当然不是法律技术方面的改良的启示,而是新的或者更完善的法律生活原则和要素的启迪。受到共同体生活原则和诸要素滋养的法律生活与我们的共同体生活中的个体更切近,而不是与技术性的法律专家更切近。在技术性的法律生活无法适应,甚至违背共同体生活的地方,面向共同体的古典法学能弥补技术性法律生活的不足,在技术性法律生活造成混乱的地方,当技术性法律生活使我们的共同体感觉削弱的时候,面向共同体的古典法哲学可以通过展示共同体生活中的那些美好的部分而成为一种塑造秩序的力量。

面向共同体的古典法学从来不认为，个体只是共同体的工具，而是试图在个体基础上谋求共同生活的可能性。面向共同体的法哲学反对一切仅仅建立在个体基础上的法律观，它倡导合作、共赢，但也不停留在经济上的利益互惠。它或者建立在对于个体的尊重的基础上，谋求的是个体之间的相互尊重和承认，并希望现实的法律能为这种相互承认提供更广阔的空间；或者建立在一种共同的情感基础上，这种共同的情感通过历史、艺术与审美产生出来，在共同体的法律规则制定得尚不充分的地方，它们也可以成为联系个体与个体之间相互关系的纽带。

面向共同体的古典法学重视各民族生活深处的共同的情感要素，重视通过法学教育乃至于一切形式的公民教育形成的相互承认的自我意识，唯独对于单纯的理智设计出来的规则作为人与人之间相互合作的纽带感到怀疑，不相信单纯的经济利益能将人们结合在一起，形成一个稳固的共同体。这就是我一直想要探究不同民族的古典法学的原因。因为古典法学更多呈现的是一种共同的生活方式。这是以权利为核心的现代法学所不熟悉的视角。我们做"欧诺弥亚译丛"，实际上也想要表达这个意思。"欧诺弥亚"这个词表达的不是个体权利，而是良好的政治秩序。这是我和吴彦编辑《法哲学与政治哲学评论》的主旨，因此，我们的第一辑就叫做《良好的政治秩序》。我在题为《法哲学与共同生活——走向古典法学》的那本书中，也试图在韩非子、司马迁、马基雅维里、孟德斯鸠、康德的思想中发现这种面向共同体的法哲学，甚至我自己也在当代中国权利观念史的考察中看到了一种对共同体的期待。

我在对于德意志古典法学的研究中看到，康德哲学传达给我的是一种主体性时代深刻的自我反思，这种反思并不停留在孤立的个体上面。在康德的体系中，至高的主体绝不只是个体，从康德那里，我们可以看到相互承认的最初根源。以康德为代表的德国古典哲学家笔下已经呈现出了同个体主义现代性的距离，而这恰好也是在柏拉图和亚里士多德、韩非子、司马迁这样的古典政治哲学那里呈现出来的。尽管人们一般认为，康德笔下的自由的个体似乎只是一个形式意义上的自律个体，显得抽象且贫乏，但这与思想家本人所呈现给我们的印象相去甚远。相反,我们总是可以设想一种可能性:这个自律的个体可以选择过任何值得过的生活,他要从一个受到欲望和本能支配的"低级自我"转变成为一个"高级自我",这个高级自我需要接受共同体生活的训练。在现代的共同体生活中,人不仅仅是一个消极的主体,这个主体仍然可以有道德方面的担当,并且这个主体的自我完善恰恰需要有这方面的担当。因此,尽管看起来我们面临的是不同的传统,但如果我们既对亚里士多德描述的古典的政治世界充满向往,也服膺于自康德以来主体时代突破自我、承认他者做出的努力,那么,我们就可以期待这个突破自我的主体能理解和领会亚里士多德、司马迁和韩非的世界,可以在他们之间寻求调和,从而呈现给我们一种全新的知识格局,这就是我想要通过古典法学概念所表达的真实的含义。

我们目前需要什么样的自然法理论

杨天江[*]

我们目前究竟需要什么样的自然法理论？对于这个问题没有唯一正确的答案，甚至有人会质疑我们究竟是否需要一种自然法理论。这里提出这个问题无疑以我们需要自然法理论研究作为前提。这当然不仅仅因为自然法是我们把握西方观念史的一个核心概念。单就法学领域而论，研究自然法的学者往往会以自然法观念在西方法律思想当中的地位推论它在中国法律思想当中所应发挥的作用。这不是一种好的论证，至少对于那些敌视异域理论的人士来说如此。他们会认为一切研究必须本着实用，而译介只是为了照搬。当然，认真回答这个问题并不是为了说服这些人，让他们觉得自然法研究大有可为，而是为了赋予自然法研究一个更加清晰的目标，使研究者不致在自然法学说史的泥淖停留太久。

目前我们的自然法理论研究呈现出一个有趣的现象，一方面它在理论研究的权力榜上垫底，似乎沦落到了鲜有人问津的地步；另一方面又好像每个人都能说出它的某些要点，只要有需要，人人都能以自然法理论家的身份自居。至于这份权力榜，马克思主义法学理论的地位稳如磐石，它不仅有着一套成熟的解释范式，而且其话语体系也容易让更多的人士参与进来；社科

---

[*] 杨天江，西南政法大学行政法学院副教授。

法学和法教义学无疑隶属第二梯队,即使它们不相互论战,也理应处于这个位置;第三梯队应归诸各式各样的可以被置于"其他"名目之下的理论,其中包括分析法学、社会学法学等理论形态。最后的,往往也被认为最不重要的就是自然法理论。这是一幅名副其实的权力榜。这无疑与西方自然法理论家曾拥有的显赫地位形成了强烈的反差。《学说汇纂》当中有三分之一的篇幅记载着乌尔比安的观点,托马斯·阿奎那既是知识权威,也是能够接近基督教王国权力中枢的人,萨拉曼卡学派的那些主要人物则从世俗的大学之中影响着当时的国际局势。虽然格老秀斯会被视为自然法传统的一个转折点,但"自然法理论之父"在任何时代都是一个美誉。17世纪下半叶,萨缪尔·普芬道夫的《自然法与万民法》作为自然法传统的延续仍被广泛提及,尽管托马斯·霍布斯的《利维坦》(1651)和约翰·洛克的《政府论》(1689)可以被证明处于这个传统之外,或者至少处于它的边缘地带,但他们都提到"自然状态",并且间或使用自然法的词汇,这却是不争的事实。我们没有这样连贯的传统,不过这也未必是什么坏事。

自然法理论研究在目前的卑微地位并非它的劣势,可能恰恰是它的优势,高峰过早到来的理论最容易很快跌至谷底。西方自然法传统有那么悠久的传统,有如此伟大的理论家,最终仍然难以抵挡其他哲学思潮的冲击,何况在一个根本不存在这种传统的国度?这种卑微的地位应当促使我们反思:除了"自然""法"这些人人皆可置喙的术语,我们能否再挖掘出一批有理论深度的概念以表述自然法的准则?我们在过往的自然法学说史研究中是否因为过于强调其理论的连贯性而忽视了它们特别具有实践性的一面?换言之,我们可能没有错过那些历史上最为伟大的自然法理论家,但我们或许错过了他们的理论当中对我们当下来说最为重要的部分。因此,我们目前需要的自然法理论至少需要具备以下四个特征:

第一,能够解释实践原则的真理性条件有哪些。自然法理论的价值不在于其思辨性,而在于它作为一套实践理性原则能够指引实践。尽管实践理性无法企及思辨理性那样的确定性,但至少应明确其真理性的条件。

第二,能够阐明各个法律体系的是非成败之处。历史上存在过各色法律体系,当下也有着不尽相同的法律体系,每个法律体系都有自己的基础价值,无法对这些法律体系的成功与否作出判断的自然法理论是失败的。

第三,能够回应这个时代最为棘手的那些争议。这些争议既包括政治的,也包括道德的,当然更包括法律的。当代自然法学者越来越多地把目光聚焦于生命伦理和性伦理问题,因为这些已经成为困扰人类行为的难题。

第四,能够与当前那些最重要的理论进行对话。每个时代都有主导性的理论形态,每种理论形态都有自己的生命周期,我们需要一种具备对话能力并且能够吸引对话的自然法理论,这样才有助于自然法的理论化。

当前我们的自然法理论研究已经在文本译介和概念澄清上取得了一些进步,接下来应当在重要原则的阐发和应用上花费更多的精力。自然法理论研究的宗旨不应是固守它的传统,而应是激发它的活力。

当前法哲学领域知识引进运动之我见

姚 远[*]

当代中国法哲学知识体系的基本格局,可以说是在20世纪末确立的。那时,法哲学研究就其问题意识和话语体系而论,渐渐脱离苏联官方马克思主义法学所预设的僵化轨迹(有学者将其命名为"阶级斗争范式"),思想成分得到大范围重塑。与中国特色社会主义道路探索紧密呼应的这一重塑过程,主要从20世纪中后期英语世界的法哲学那里汲取灵感,来自庞德、哈特、德沃金、昂格尔、波斯纳、麦考密克、诺内特、塞尔兹尼克、弗里德曼、梅利曼、埃尔曼以及犹太裔流亡学者凯尔森、博登海默等人的智识元素不断融入我们的法哲学讨论。之所以选取英语作品作为首要引进对象,有多方面的原因,比如英语在全球语言家族中占据至尊地位,境内英语教育更为普及因而英语译者数量较多,英语世界主流法哲学的理论基础、关注角度和方法论意识也是我们一直缺位的。可是,引进的这些东西与马克思主义经典作者的政治谱系和核心关切差异较大,而知识整合工作的开展并不十分令人满意,法学界陷入各说各话的尴尬局面,至今未能以合理方式共同致力于本土法哲学的创建。由此,引进知识本身的合法性也就容易面临或隐或显的

---

[*] 姚远,南京师范大学法学院暨中国法治现代化研究院副教授,四海法学编译馆馆长。本文的初稿曾在2019年11月17日"第一届法哲学与政治哲学论坛暨第四届自然法青年论坛"的圆桌会议上宣读。

质疑。

如今，蔚为大观的牛津学派渐有支配我国法哲学研究的趋势。于是，我们的教学和科研基本上沿着他们的认识谋篇布局，把哈特及其先驱、对手和门徒摆在显赫位置。坊间经常出现"西方法哲学 N 大论战""20 世纪最重要的法哲学家""20 世纪最重要的法哲学著作"之类的提法，评定结果大致都是牛津学派占优。我们自觉或不自觉地轻视看起来不够"现代"或者说过于"古典"的自然法学、哲理法学和历史法学。我们较少涉猎中世纪晚期到近代早期的普通法和衡平法的成长、罗马法复兴运动的情况，以及 19 世纪中叶到 20 世纪中叶的百年法哲学发展史。我们还理所当然地接受一些有待商榷的标签分类，例如将凯尔森从施塔姆勒开辟的新康德主义法学脉络中抽出，使之脱离作为其同路人的拉斯克、德尔韦基奥、康特洛维茨、拉德布鲁赫，以及作为其主要对手的埃利希、帕舒卡尼斯、施米特、黑勒、斯堪的纳维亚法律现实主义者，而将其归入带有浓厚英美色彩的分析实证主义法学派或新分析法学派。不难察觉，"吃偏食"的现象和残缺的知识版图正在带来负面效应。

一般法哲学（包括西方法律思想史）的研究在我国日益边缘化，[①]有个常被忽视的缘由，即难以渗入"教科书—考研—法考"三位一体的核心资源体系，也就是说，难以成为（散布于六百多个开设法学专业的高校中的）广大法科学子的必修知识。[②] 当前的法哲学进路显然要为此承担部分责任，即我们把思想和制度分开讨论，这里一个重要表现就是法制史和法律思想史两大科目长期分离。须知，缺失思想的制度是盲目的，而缺失制度的思想是空洞的。原本为反思和回应法律生活而构建的法哲学，遂演变为形而上的抽象思索。法哲学没有积极容纳当代部门法理论成果和鲜活的法治诉

[①] 与此同时，法学方法论研究、司法哲学研究在 21 世纪成长为显学。这跟法律体系确立之后的具体法治实现过程直接相关。
[②] 一批年轻学者近来已经意识到这个问题，努力译介那些有望跻身法理法史课程对应参考书的著作。比如雷磊主持的"法哲学与法理论口袋书系列"（中国政法大学出版社），以及《读懂法理学》（瓦克斯著，杨天江译）、《法哲学导论》（庞德著，于柏华译）之类的单行本。

求,也没有认真对待非体系性的法律资料,不难想象,这样的法哲学既难以向法教义学渗透,又会把本可挥洒驰骋的领域拱手交出,而后者正在社科法学的发掘和耕耘之下绽放异彩。

综合上述判断,为打破眼下这种困难局面,我提议推动三方面的工作:(1)深化马克思主义经典作家思想及其渊源的研究,澄清诞生过程中的马克思主义与既有域外思想传统的真正关系,译介近百年间各语种的马克思主义法哲学经典,①强化马克思主义的自我更新能力和学术参与能力,为缓和我国法哲学话语内部的多元隔阂状态提供线索;(2)借着"一带一路"的东风,通过各种渠道了解非英语世界的法哲学脉络,系统梳理中世纪以降的自然法学(和理性法学)及其观念语境,分步引进19世纪中叶到20世纪上半叶的历史法学、概念法学、功利主义法学、新黑格尔主义法学、新康德主义法学、分析法学、现实主义法学、新托马斯主义法学等方面的资源,②与此同时,回顾总结我国在整个20世纪的法哲学知识引进成就,确保现存知识不休眠、不沉默,尽快完善法哲学地图的绘制;(3)借鉴法社会学和法史学的成果,拓展法哲学的研究视野,不仅注意同立法、司法、行政、守法、法律教育、法律职业等实践环节,或同宪法、行政法、民商法、刑法、诉讼法、经济法、国际法等法律部门的有机结合,而且努力引入和审视久已埋没的法律碎片素材,从中重构更加立体、更加灵动的法哲学。

---

① 比如苏联的帕舒卡尼斯、斯图契卡、维辛斯基,德国的奥托·基希海默、弗兰茨·诺伊曼,日本的渡边洋三,匈牙利的乔鲍·沃尔高等人的代表作。在这方面,李其瑞教授和邱昭继教授策划的"西方马克思主义法学经典译丛"(法律出版社)做出了重要贡献。

② 吴彦、黄涛等人组织的"自然法名著译丛""政治哲学名著译丛""法哲学名著译丛"(商务印书馆),以及"欧诺弥亚译丛"(华东师范大学出版社),值得期待。

思想史之于法哲学研究：必要；不那么重要

钱一栋*

本文将论证两个观点。首先，即便法哲学的问题与方法具有普遍性，也不能忽视语境性、阐释性研究的重要性，而了解思想史能增强研究者的语境敏感性，因此，法哲学家——至少是中国的法哲学研究者——需要一定的思想史修养；其次，从事思想史研究容易导致某些不良倾向，比如以历史研究勾销法哲学问题的意义，或者永远停留在通往哲学途中，因此研究者需要恰当平衡法哲学与思想史研究的关系。

文章第一节将简要勾勒法哲学研究中的"文本与问题"之争，以澄清本文立论的基本语境；第二节将论证法哲学家需要具备思想史修养的理由；第三节讨论思想史研究可能会对法哲学研究产生的负面影响；最后是简短的结论。

一、重文本 vs 重问题

围绕"哲学教研应侧重经典文本解读还是一阶问题处理"而展开的争论常被总结为哲学与思想史之争。粗略来说，哲学致力于回答问题本身，而非梳理他人如何回答问题，后者属于思想史研究。根据这种界定，我们无须

---

* 钱一栋，现任教于上海师范大学哲学与法政学院。

预设哲学问题本身是永恒普遍的,哲学研究与思想史研究的关键差异不是永恒与流变,而是处理一阶哲学问题和研究他人对一阶哲学问题的处理;更通俗地说,两者的区别在于,哲学研究专注于追求客观哲学真理,思想史研究侧重于阐释他人的哲学观点。也因此,本文所谓的思想史研究主要指经典文本解读和人物研究,而非对社会思潮、主流观念体系的历史梳理。

不难看出,本文试图介入的这场争论并非发生在哲学与思想史这两个学科之间,它是哲学学科内部的两种教研方法之争。本文的讨论将缩小到法哲学这一哲学分支内部,但相关论点大多也适用于其他哲学领域。

偏分析进路的法哲学研究者认为,相比阅读最新文献和论证训练,详细了解先哲对相关问题的处理并不那么重要。他们认为,一些经典的哲学问题亘古不变,解决这些问题的方法客观存在,哲学研究可以且应该像自然科学一样带有积累性、进步性特征。阅读经典可以使我们了解在特定问题上,已经存在哪些论证方案,但也仅此而已,并且在这一点上我们还有更好的选择:看教材等梳理性文献。时时更新的教材、二手研究以及最新研究中的文献综述部分对特定学术脉络作了梳理,否定了其中的错误,总结了既有的成果,因此我们无须花太大力气去研读经典,只要看点教材,翻下各类导读、研究手册,了解下某一领域的基本文献脉络和当前进展就可以直接研究问题本身了,而直接针对问题本身提出自己的论证才是真正的哲学研究。如果仅仅关心前人说了什么,那只是在做思想史工作。

简言之,"问题派"认为:(1) 哲学研究的对象是一些普遍永恒的问题;(2) 存在客观的研究方法和判断问题是否得到正确处理的普遍永恒的标准。[1] "问题派"进一步认为,至少在 20 世纪以后特别是 20 世纪 70 年代[2]

---

[1] 方法和标准比问题更为深刻,方法和标准是一系列根本观点的结晶,具体的问题则出现在由这一系列根本观点搭建的舞台之上。

[2] 这个时间点的选择依据是,在 20 世纪,分析哲学逐渐在英美学界获得统治地位,哲学的专业化、体制化进程不断加速,20 世纪 70 年代之后,哲学分支数量众多,且每个分支都变得极为复杂,专业壁垒不断加深。专业化、体制化带来的结果是,学术共同体、研究范式变得确定和稳固,论文取代著作,小专业内部的最新文献取代受众更为广泛的经典文本成为研究者阅读、回应的主要对象,对创新、进步的评估考核也因此成为可能。

以后,哲学已经成为一个进步性学科,在哲学教研上应当重基础教材和最新文献,轻原始文献。①

"文本派"往往更敏感于普遍性和语境性之间的张力。他们认为,"问题派"缺乏基本的思想史修养,对自己预设的但别人特别是古人未必接受的一系列前提缺乏敏感,因此常常不加反思地在当代哲学的分析框架中粗暴地肢解经典文本,没能对其作恰切解读。但需要立即强调的是,"文本派"多半不会否认前述两点普遍性主张,他们仅仅是想强调,通往永恒普遍的哲学真理的道路未必就在我们脚下,必须经过艰苦的跨语境劳作,在阅读伟大经典的过程中获得可靠的哲学品味后,我们才能找到这条道路。② 更为根本的区别在于,"文本派"并不认为哲学研究今胜于昔,他们强调个体哲学家的深刻性和独特性,轻视体制化哲学研究积累的成果。③

因此,虽然"文本派"侧重经典解读,但只是在策略意义上强调经典解读的重要性:他们认为先哲已经对普遍永恒的问题作了高明且艰深的处理,甚至认为历史上某些思想家所作的回答超越了历史,因此解读先贤文本恰恰是最好的哲学研究策略,可以使我们高效地处理问题本身;考虑到当下中国学界缺乏成熟的学术训练体制,经典阅读更显得重要。

简言之,"文本派"认为,思想史研究是通往哲学研究的通途大道,是最好的梯子,虽然梯子最终要被扔掉。

---

① 毋庸赘言,此节对"文本派"和"问题派"的勾勒都带有一定的漫画色彩。
② 我们可以用一个很贴切的比喻来说明这一观点:学哲学就像练书法,虽然有一些入门功夫可以规范化教学,但学哲学的主要途径是读经典,读经典就像临帖,它不是一个规范化、体系化、程式化的教学过程,而是非常个殊化、非常微妙的一个过程。
③ "文本派"最常用的一个论证是,经典是久经历史考验的那么几本书,当代文献则尚未经历这种考验,从概率上来说,大部分当代文献必定都是过不了几年就会被淘汰的平庸之作。这一论证虽然粗糙朴素,但却极具说服力。当然,"问题派"并非全无还手之力,他们多半会强调,"文本派"的上述论证忽视了专业化学术训练和学术生产机制对学术研究水准的巨大提升。这一争论涉及的问题非常复杂,需要另文处理。此处笔者想强调的是,无论是"文本派"还是"问题派",他们对这些问题似乎都缺乏周密系统的考虑,而多半是在自己的圈子内部随波逐流,在遭遇不同观点时随便给自己找个还过得去的说法作为回应。

二、语境敏感性和思想史研究的意义

但至少在法哲学领域,上述两点共识性主张很难成立。首先,不同时代、不同文化是否面临着普遍永恒的法哲学问题,这一点很可疑。所谓普遍问题往往是翻译、解读带来的假象,越是深入了解,越能看出差异。其次,即便承认问题单拿出来看差不多,它们在不同文化体系中也扮演着不同的角色。相比伦理学、政治哲学,法哲学具有很强的地方性色彩。即便在伦理学、政治哲学领域,相对主义也是极具竞争力的主张。此外,法哲学研究方法以及判断问题是否得到成功处理的标准也需要面对这类地方性疑难。

因此,即便古今中外的法哲学研究确实围绕着一些大致确定的根本问题展开,确实存在处理法哲学问题的客观方法和判断问题是否得到有效解决的客观标准,这也应该是在与竞争性主张辩论后得出的结论,而非研究者抱定的前见。

在对各种相对主义主张作出回应后,法哲学家依然可能坚守普遍性立场,但即便如此,我们依然可以为语境性研究辩护,换言之,这一辩护无须依赖相对主义,虽然相对主义和语境性研究有着显而易见的亲和性。① 下面我们通过例子来具体说明这一论点。

假设罗尔斯的正义观普遍适用,我们可以用罗尔斯的正义观来批评中国的某项立法。② 但我们不能径直拿罗尔斯的两条正义原则来批评这项立法,这种批评必须是一种拥有语境敏感性的内在批评,因为每一项立法背后都有具体的理据,这些理据又深嵌于我国的主流意识形态、文化传统、社会环境之中。罗尔斯的挑战是一种非常抽象、非常根本的挑战,这种挑战得通过细碎绵长的思想线索才能扎扎实实地传递给某一具体立法背后的理据。

---

① 相对主义强调,任何人文研究都必须在特定文化内部,按其内在标准进行,因此,任何人文研究归根到底都受制于语境,哲学研究——如果"哲学"这个标签还值得保留的话——只是一种破解特定文化根本预设的阐释性研究。
② 这只是一个方便的例子,例子中的实质内容——罗尔斯的正义观是普遍适用的——是否正确,并不影响本段论证的有效性。

在批评某种行为、制度、信念等不合理时,我们其实是在批评当事人的相应理据不成立,因此我们可以把这种批评还原为批评者与当事人之间的对话。当事人和批判者的观念体系很可能大面积冲突,他们的分歧发生在非常深刻的层面,比如批判者的整套社会观念、政治观念都是从个人本位这一前提出发,批评对象则坚信个人只是家庭、国族的一分子,是要为后者奉献的。此时,凭空拿罗尔斯的两条正义原则来批评对方的具体行为毫无意义:罗尔斯的正义观是批判者抱持的评价标准,但不是——至少尚未成为——对方的标准;双方的分歧不是那种观念大面积重合,仅在某一具体问题上意见不同的简单分歧,而发生在更深层面。必须找到、找准分歧的层次,在这一层次进行切实的讨论,取得真正的共识,然后循着越来越具体的思想线索继续对话,逐渐汇聚到引发分歧的那个非常具体的事件,看看能不能改变对方在这一事件上的既有判断。

因此,我们可以既做一个法哲学层面的普遍主义者,同时也从那些注重地方性、敏感于时空语境的思想史、人类学、社会学、史学著作中获得教诲,这一点都不矛盾。理解对方意味着把他的具体行为放到他个人的成长脉络、文化背景之中进行解读,但理解无法打消、无法取代批评。我们完全可以理解一个人,同时却还是想批评他。这种批评是入乎其内、出乎其外的。入乎其内,是因为你了解他的相应理据,出乎其外,是因为你的批评立足点超出了他的思想范围。

此外,如果在对某人缺乏理解的情况下进行批评,则批判者不仅无法体贴入微地点出对方究竟问题何在,而且很有可能他据以批评的标准本就不可靠,他的批评最终也将沦为低水平的自说自话。毕竟,理解对方也为我们提供了一个反观自身的机会,分析对方的理据是否可靠,也就是在反思自己的理据是否有效。这种反思即便不能使我们根本上改变看法,也至少可以让自己注意到之前可能没考虑到的一些要点,特别是事实层面的复杂性。因此,语境性研究并非只是消极地有助于更好地表达自己的观点,它也可能带来哲学启迪。

不少紧跟国际潮流但以中文写作的法哲学研究都给人以自说自话、格格不入感,停留于抽象的层面,无法妥帖地言说具体事务。之所以如此,主要原因便是研究者缺乏语境敏感性,没能勾连理论原生语境和自己的言说语境,在朴素的普遍性幻想下凭空立论。偏分析进路的法哲学研究者大概会反驳说,这是因为他们不屑于做或基于学术分工没必要做这种层面的工作,但基于前面提到的理由,这类工作既是必要的,也远没有乍看之下那么容易。①

---

① 我们应该都有这种体会:相比直面问题,梳理某本书说了什么是一项远为轻松惬意的工作。与之类似,相比从日常困惑出发回答问题,在既有研究脉络已经架构好的问题域中"接着讲"是一项远为简单的工作。我们需要将专业化学术思考与日常困惑勾连起来,使容易变得浮泛的理论思考扎实地植根于自身的生存处境之中,可惜这项工作的必要性和难度往往为人所低估。一种常见的情形是,研究者在专业问题上习惯作字斟句酌的细致分析,回到现实生活中却只有一腔情绪,与常人无异,唯一的进步大概表现在能够为自己的朴素偏见找许多高大上的理论说辞了。

正文中所说的偏分析进路的哲学家多半很早便接受了专业化训练,没有在好读书不求甚解的博雅青年学子状态中停留太久,甚至根本没有过这样一个阶段。专业化训练有相对厚实的理论预设和比较明确的问题域,文献脉络也很清楚,行内人一般没有横贯中西、纵论古今的大师做派。这一特点有助于进入特定领域的初学者快速走上正道,获得比较系统的训练,而不至于在以理论研究之名行"国际进口博览会""土特产展销会"之实的"软学术"状态中停留太久,更不会关起门来"土法炼钢"。但在阅读储备和人生经历相对匮乏的情况下进入一个特别狭窄的文科理论领域,通过系统严格的训练,一下子进入国际前沿,这种做法也有不小问题,甚至容易带来幻觉。

专业化意味着学术领域、学科细分,领域细分意味着体制化思考,即个体学者的研究预设了学术体制的存在,这一体制确立了个体学者的一系列研究预设,包括研究边界、对话者、思想资源等等。但文科研究,特别是靠近哲学而非实证那一端的研究,具有强烈的个体化特征,即便是专业研究,也依托于研究者对世界的整全理解。既有的学术体制体现的无非是某种含糊的主流理解。专业化思考自觉不自觉地认可了既有学术体制的合理性,当这一体制是来自所谓的先进国家的时候,这种合理性尤其容易在研究者心目中确立起来。

对部分的理解总是联系着对整体的理解,并且这种联系不是单向的,而是循环式的,亦即对整体的理解和对部分的理解是相互支持、彼此修正的。因此我们很难简单地说,专业化训练会促进我们对特定领域的深入理解,博雅研究则必定浮光掠影。至少在理想状态下,它们是缺一不可且相互促进的。我们也不该抱有这种幻想:把问题逐个解决掉,然后拼装出整体画面。对特定问题的处理总是会影响研究者对其他问题的理解,对解决问题的方法与评价标准的理解,会改变研究者心目中的思想版图。因为特定部分并非"就在那里",它是在与其他部分的关系中成为这一部分的;在处理这一部分的时候,整体、其他部分也或多或少发生了变化。

不必说专业化的学术训练与研究了,就是将学术生活从整全生活中割裂出来也会对学术研究本身——至少是与纷繁的人事联系特别密切的那些学术研究——造成一定的负面影响。柏拉图说,人在30岁之前不适合看太多哲学,这一观点至少在实践哲学领域很有道理。和自然科学、数学、逻辑学等不同,我们很难想象一个人情世故一点都看不懂猜不透的人能够成为优秀的实践哲学家;如果可以,那大概证明这些学科出问题了。

总之,将专业化学术研究与更大的历史语境、与自己的生存体验勾连起来是非常重要的,不仅在其他层面重要,在哲学层面同样非常重要。在这个意义上,我们需要一点思想史、知识社会学的敏感性,能够对体制化学术研究保持反思。

总之，任何写作本质上都是在特定社会、思想环境中，以特定方式，面向特定读者的言说。即便法哲学终究围绕着为数不多的几个根本问题展开，下面这些问题依然取决于写作语境：关注哪些问题，乃至关心问题的哪些侧面；需要回应哪些困惑或质疑；以何种方式言说问题……写作归根到底是一种对话，而对话总是双向的，即便作为对话者之一的读者事实上是沉默的。语境敏感性可以帮助我们找到真正切身的问题，用自己心目中的读者听得懂的话讲解自己的观点，提前回应他们可能提出的困惑和质疑。而在回应困惑与质疑的过程中，我们可能会发现自己想得还不够周全，乃至根本上陷入了错误。因此，语境敏感性不仅可以提升我们的写作技艺，还能带来哲学启迪。

综上，笔者主要从提升语境敏感性这一角度来为思想史研究辩护，认为如果我们不是把自己的法哲学研究当成西方学界的一部分，而是自我定位为一个在中国语境下写作的学者，那么我们必须敏感于法哲学的原生语境和自我写作语境之间的差异，而思想史研究有助于提升语境敏感性，在此意义上，中国的法哲学研究者需要一定的思想史修养。

本文没有诉诸那个更具雄心的主张：思想史研究是通向哲学研究的通途大道。对于这一主张，笔者有所保留，认为无法一概而论。我们需要结合受训者、研究者的具体智识状况，以及特定研究脉络的智识品质和历史纵深等因素，具体分析是该重文本还是重问题。在法哲学领域，多数情况下，较为合理的方案是以教科书、研究手册入门，以少量经典精读为核心，同时配合二手文献泛读，到一定阶段开始以问题为导向的专题阅读、写作。

毋庸讳言，之所以作出这一判断，是因为笔者相信在既存的各类法哲学研究范式中，由哈特开启的当代英美法哲学最为扎实可靠。这一脉络中的文献都是当代作品，我们可以直面这些文献，进行哲学而非思想史性质的阅读。古典的、中国的法哲学思考可以作为必要的知识背景，间接而非直接地参与进来。"间接参与"的意思是，如果这些思想资源确实想要提出异质的法哲学思考，就必须先进入当代英美法哲学的思想场域，将自己翻译为能够被这一场域接受的话语，而非泛泛作些宏阔之论。

三、内在解释与外在说明

上一节论述了思想史修养对法哲学研究的意义,本节将简要分析思想史研究对法哲学研究的可能误导。

思想史研究大致要依次处理三类问题:某位思想家说了什么;他为什么这么说;他说得有没有道理。此外还有一系列前提性工作,即重构对作者来说不言自明乃至无意识的语境性知识,特别是作者使用的概念的历史源流,如此,我们才能克服陌生感,使作者写下的那些文字变得可理解,进而明白他到底说了什么。①

至于"为什么这么说",则可细分为两类问题。

第一类是理论问题,即作者之所以这么说,是基于哪些未明述或未述明的理由,比如"洛克为什么认为人民有革命的权利?因为洛克认为政府的权力来自人民的委托,政府违背委托,人民就有权革命"。回答这种意义上的"为什么这么说"就是在重构作者的论证,包括补充缺失的论证环节,理顺散乱的论证线索等。这是一种内在解释。

第二类问题外在于理论本身,关注的是作者到底是因为何种历史/阶级局限性、独特性情乃至写作时精神恍惚等无意识层面的缘由,或者因为某种未言明的真实意图而写下了某些话。比如,我们常常用病痛来解释作者的写作情绪,用精神疾病来说明作者为什么会提出某些似乎不太合理的说法——想想卢梭和尼采。这些都属于外在说明。

相比外在说明,内在解释具有优先性。一般情况下,我们可以把作者视为具备良好智力和良善交流意图的人,他真诚且有意识地写下了相关内容,

---

① 可以认为,这是一种初步的外在说明。许多并非侧重文本解读、人物研究的思想史研究主要从事这一层面的工作。

因此研究者可以直接分析他的论证本身。① 只有碰到与常理不合的特殊情况时,我们才会诉诸外在说明,用某些外在于作者思想的因素来解释道理上讲不通的文本内容。②

在回答"为什么这么说"的基础上,我们可以进一步分析作者说得有没有道理;是否可以改进他的理论;这一理论的最佳形态是否可以得到充分辩护;何种理论才能真正回应作者试图回应的问题;这一问题是否有学术价值⋯⋯此时我们关心的不再是作者眼中的理由,而是理由本身。③ 破解作者眼中的理由是一种思想史研究,但作者的理由未必是有效的理由,"什么是有效的理由"最终离不开研究者本人的判断。在进行这种判断时,研究者直面问题,他的研究于是变成了哲学性研究。

内在解释和外在说明的合理性是相互决定的。常常只有当内在解释走不通时,我们才会诉诸外在说明。反过来,任何认为某一理论值得被认真对待(亦即可以对其作内在解释)的研究者都预设了某种外在立场,无论他自觉或不自觉。粗略来说,他必须相信,作者并没有被历史局限性、阶级局限性、精神疾病等控制,并且是真诚的,因此可以作为一个对自己的观点有理智掌控力且诚实的理论家,和读者探讨问题。只有相信这一点,研究者才有可能认真对待作者提出的具体论点和论证。

理想情况下,内在解释和外在说明是相互配合、彼此促进的。敏锐的外

---

① 因此,这种解释也以对作者的特定心理学判断为前提,只是因为这种判断是潜在的、预设的、无意识的,所以和明确的"诛心之论"产生了区别。在特定意义上,任何解释都得诉诸"诛心之论"。此外需要强调的是,写作者的真诚和理论品质的关系极为复杂,这里不作具体讨论。
② 并非必然如此。面对一个很正常的文本,我们也可以分析作者的心理层面,这种研究在政治史、心态史等领域也许还是重心所在,只是在思想史特别是带有哲学旨趣的人物研究中意思不大。
③ "文本派"基本都会认同从思想史研究上升到哲学研究的必要性,乃至会强调自己从事思想史研究只是在为哲学研究做准备。但有趣的是,现实中的情况往往是,做哲学的一开始就在做哲学,做思想史的永远在做思想史。理想状态下,博雅与专精、思想史与哲学自然是相互促进、彼此补充的,但要真正实现这种理想状态,研究者必须对自身的研究规划、知识结构等作明确且严格的把控,而不是说几句"相互结合、彼此促进"之类的廉价漂亮话,然后放任自己停留在舒适的研究状态,等着哪一天突然开窍成为得道圣哲。

在说明可以防止研究者陷入牵强的内在解释,深入的内在解释可以避免研究者轻易地以文本外部的经验因素取代文本内部的理由,将作品不恰当地矮化。但在实际操作中,习惯思想史研究的人常常会以外在说明勾销内在解释、哲学研究的价值。①

最糟糕的外在说明是粗暴地将作者放入某种标签之下,比如"地主阶级辩护人"等。稍微精致一点的研究会关注文本内部的具体内容,而任何值得一提的经典文本都是复杂的,无法被轻易纳入某种标签,此时,一些解释策略被发明了出来,从最粗鄙的"作者有意隐瞒了自己的观点",到所谓的隐微教诲、精神分析,解释效果都是一样的:作者笔下那些难以被标签化的观点据说都不是他的真正观点。于是,借助这些解释策略,结论完美地印证了预设。结果是,研究者永远无法认真对待文本,无法真正做哲学。

粗略来说,我们可以区分两类勾销哲学问题的外在说明。一类是以社会环境因素对作品作外在说明,诸种经济决定论、技术决定论等皆属此列;一类是以思想脉络因素对作品作外在说明,"施米特陷于现代性视域,无法洞察到自由主义的问题"之类的说法属于此列。当然,任何精致的外在说明都会兼顾社会与思想语境。

受施特劳斯学派影响的研究者往往了解许多词源、哲人生平特别是师承方面的琐碎知识,但或者认为哲人深不可测,或者认为伪哲人不值一提,于是永远无法进入问题本身,无法进入对文本的内在解释,而一直停留于博雅松散的外在说明和空泛点评。和以历史说明勾销哲学问题的倾向不同,施派学者并非以历史研究勾销哲学问题,而是太过卑下地面对他们眼中真正的经典文本,于是永远停留在通往哲学途中,并认为敢于直接和经典对话乃至批评经典的做法是轻浮无知的表现。而面对自己眼中的伪经典,他们又显得过分傲慢,轻易诉诸外在说明,认为逆我者皆心性败坏、血气泛滥。

---

① 导致这类倾向的具体原因需要另文讨论,这里提两种可能:研究者习惯了思想史的研究模式,面对任何问题都习惯从思想史视角着眼;许多思想史流派的理论基础往往是某种化约论、决定论,从事思想史研究的学人进一步接受了这些理论预设。号称做政治哲学但主要从事思想史研究的施特劳斯学派有自己的一套理由,详见下文。

总之,虽然他们停留于思想史研究,但依然对自己心目中的经典和伪经典的哲学品质下了判断,甚至可以说格外热衷于下此类判断。而由于这些判断并非经由一阶思考得出,他们最终就难免陷入诉诸权威而非一阶论证的思维陷阱。所谓的文本细读,所谓的笺注、义疏、札记,由于缺乏明确有力的一阶分析,往往沦为流水账式的读书笔记,配上几句从祖师爷及其在中国的独家代理人那儿学来的高深感慨就能给自己营造出一种深不可测的错觉。① 深不可测的当然只是错觉本身。

事实上,许多语词、论述,从日常理解出发,根据所在文本的相关内容来确定其具体意义即可,无须诉诸复杂的社会史、思想史、概念史考察。即便确有需要,历史考察也不过提供了一个类似于字典式日常语义的起点,具体作者怎么理解,还是得回到文本内部继续推敲。而归根到底,这些都还只是预备性工作,真正重要的、带有哲学色彩的工作是分析作者的论证本身,亦即进行内在解释,进而对经过合理重构的作者观点进行批评发展。

容易给人以良好的自我感觉实则智识门槛、思考强度很低的历史考据癖往往预设了一套完全站不住脚的思想史观念,即作者无意识地被某些历史脉络决定了思考形态。② 但历史脉络有许多,到底哪一条脉络在何种程度上决定了作者的思想呢?如果不认真面对这类问题,那么考据癖患者甚至都没有进入严肃的历史研究,而多半满足于以粗浅的历史知识对付哲学家,以同样粗浅的哲学知识对付历史学家。

需要说明的是,什么时候纠缠于内在解释显得牵强,什么时候诉诸外在说明太过轻易,这永远是非常具体的问题,需要具体而论。本文仅仅是在提示一种可能,即思想史研究容易导致某些不良倾向:轻易诉诸外在说明,沉迷于用历史研究来勾销哲学问题的意义,或者永远停留于通往哲学的途中。

---

① 由于学界确实存在不少不看书就写文章的现象,这种读书笔记体可能给人以严谨认真的观感。但这不过是略好于最糟的。这类读书笔记体写作是严肃研究的起点,对个人学术训练极有价值,但毫无发表价值。
② 这类问题施特劳斯学派也容易犯,特别是在面对他们眼中的二流学者时。

四、初步的结论

在当代中国这一特殊语境中,法哲学研究确实需要思想史的辅助。如果我们的学术追求是妥帖地研究切身的法哲学问题,那就必须具备语境敏感性,明白西方理论的来龙去脉,自身历史处境的独特之处,从而确定该利用何种思想资源,以何种方式切入何种问题,回应何种困惑或质疑。在这一方面,包括思想史在内的诸多经验研究都可以发挥重要作用。而在语境性、阐释性思考过程中,我们还有可能获得哲学层面的启迪。

同时,我们的法哲学研究离不开既有的学术资源,特别是大哲学家的经典文本。为了充分汲取这些文本的思想养分,我们需要恰当运用外在说明和内在解释,不能粗暴地以外在说明勾销内在解释、哲学研究的价值,或者过分谨慎地永远停留在通往哲学的途中。

从政治哲学看现代世界的生成

徐震宇

我本来是外法史专业,后来博士是世界史,现在慢慢变成做一点政治思想史了。本来觉得让我谈论政治哲学好像不是太合适,只能勉为其难说一点粗浅的想法。

近来常听见呼吁要做"中国问题",或者要"确立中国的主体意识"之类的说法。我觉得这个意识有一点很好,就是做学术工作追求从问题出发,而不是从现成的、被规定的学科体系出发。从问题出发,才有更强烈的现实感,我自己也是如此追求。好的问题,通常会从生活中的痛苦里找到。所以我想,要谈论中国问题,最好还是先尝试体会一下中国的痛苦。从许多角度观察,或许都可以发现,21世纪快过完20年,我们其实还在为了"现代化"或者"现代世界"的种种问题而痛苦。或许会有不同的说法,比方东西方或者资本主义与社会主义这样的区分,二者之间的对立,但往深处探究,还是要进入这同一个问题域。

我觉得有一点还是要先承认,就是我们如今身处的现代世界是西方缔造的。这些年西方学术界在各个领域都出现不少反思、反对或者消解"西方中心论"的产品。我们当然不能先去揣测人家的动机,但是,自己还是要有所分辨。如果我们慢慢地"遗忘"了现代世界生成过程中西方国家的主导地位,忽视了努力去澄清和理解这个过程,对我们而言未必是好事,并不利于反思自己。

事实上,更艰难的问题在于,我们的痛苦可能是双重的。一方面,我们有自己的困境。近代以来,学这个、学那个,或主动、或被动,有意识、无意识,到如今,尽管国家的建设取得了很大的成就,可是还是有许多困难的问题要去解决,甚或只能在一个相当长的时期内忍受着。另一方面,我们还可能叠加了西方国家的问题。西方当然不是天然正确,他们也有自身的矛盾和问题。但由于西方对现代世界过去的奠定作用和今日的巨大影响,他们的问题可能也会传到我们这边。这样我们就更困难一些。

我原来做英国法史,最早是辉格史观的做法,认为英格兰就是顶好的,古老自由,从自由到自由。慢慢地开始意识到,背后其实有现代世界的生成问题。这个问题很大,但是很重要,也相当复杂,不是用一个简单的叙事框架就能覆盖的。所以,今天我们要建立自己的问题,必须首先对西方有充分和深入的了解。缺乏理解,就开始比较甚至批判,这并不是建立自身的好方法。由此,我也就慢慢开始做近代早期的政治、法律史,以及政治思想史,当然也就必须接触一点政治哲学。如果我们有意识要把真正重要的问题当作重要的问题来研究,这个方向和领域是不可忽视的。

以我目前有限的学术积累,我相信要深入理解现代世界,包括其生成的方式、内在逻辑、建立秩序的方式,尤其是其中包含的弱点,政治哲学是绕不开的一个领域。其中有一些问题,显得特别重要。

第一,宗教改革的影响。这一点我们不是太重视,就是基督教对现代世界的影响。从中世纪晚期到近代早期发生了一个巨大的转变。事实上,教会的神学、体制、文化,包括宗教改革过程中发生的种种变动,无不与现代世界的基础相关。由于种种原因,我们对于神学是比较陌生的,这个缺乏有可能会限制我们开展研究时的眼界。康托洛维茨的《国王的两个身体》,副标题是"中世纪政治神学研究"。但是,在他的书里面,关于"政治神学"的系统论述几乎没有(我甚至觉得他有点故意),但通过大量的史料,他展现了一幅很大的画面:现代世界深刻地扎根于中世纪到近代早期的教会,我们今日认为与教会无关的事物,很可能在深处暗藏着神学的根系。宗教改革不只是教会内部的神学运动,而是整个现代世界生成的出口。对此我们需要理解和研究。

第二,作为"西方正典"的政治哲学。"正典"这个词是教会用语,指教会认可的《圣经》文本,扩展到其他"正统"文献,比如教父著作、大公会议决议、教宗训谕,而整个教会传统、体制、实践、神学都建立在正典之上。进入现代世界,圣经正典被一套世俗正典替换。正是在这套世俗正典的基础上,现代世界才确立起来。以正典为中心的知识生产和再生产活动,为西方国家的现代化进程提供了充沛的动能。而西方正典中很重要的文献,除了文学以外,就是政治哲学的作品。我们不能轻易地以为像《利维坦》《政府论》这样的作品老旧过时,要理解西方,理解现代世界,理解我们面临的困境,就不能不深入研究。而我们今日的许多困难,也多少来自"正典失落"。要重塑正典,有自我意识是需要的,但不先对别人的文献作充分了解,就可能会出问题。

第三,作为文化的政治哲学。"民主""自由""共和"这些政治概念为什么成了饱含正当性的口号而被大众接受,并且塑造了现代人的文化和意识,是需要研究的。西方的政治哲学不只是学者的学术作品,还进入人群,塑造了大众文化,顺带建立了一套宣传机制,不只是国家主导,同时也是社会进程。从这个角度,我们也需要深入研究。今日哪怕我们不同意西方的立场,也还是不得不说"反对虚伪的民主""另一种真正的民主"这样的措辞。这些从西方生成的观念,已经刻在我们国家的名称里了,绕不开。如果是这样的话,就需要注意在这些观念背后的文化问题。

第四,在国家治理技术背后的原理(基本假设和信念)。从西方生成的现代国家形态,是独特的现象,到如今已笼罩全球。每个国家至少在形式上都要宣布自己是独立的、主权的、大概是民族的国家。现代民族国家有一套治理技术,背后也是政治哲学。这套论证,并不只是技术性的,同样需要更深厚的学理支持(比方,"人"的定义,貌似与治理技术相去甚远,却在深层影响了许多东西)。西方学术的进展,在许多地方呈现出技术性的积累和增长,但并非只有这些,我们同样需要看到这一点。

所以，从许多角度看，我们没有理由不研究政治哲学。尤其是，我前面说了，先要深入地理解西方传统，理解现代世界，然后才有可能建立自己。而我们的困境中很重要的一点是，自近代以来就常常处在一种紧迫感之中，好像没有余地慢慢沉淀、思考，然后再出发去做事。可是，总是要有人做一些基础性的工作，包括翻译，还有基础的历史和理论问题的梳理，再进一步做深入的研究，而不是仅仅询问技术性解决方案。我想，这也是我慢慢做政治思想史的原因。我们需要各种各样的研究，技术问题、眼前的问题当然很重要，但是总归也要有人做基础研究，做那些表面看来比较冷的东西。

简谈法哲学与政治哲学研究的关系

宋京逵

学科的细分实际上是现代学术的产物,是人类的科学专业不断提高、知识存量不断增大的结果。在历史上,就不存在法哲学与政治哲学的区分问题。在亚里士多德生活的古希腊时代,现代意义上的法哲学和政治哲学都隶属于伦理学:追问人如何在城邦生活中实现幸福的一种学问。在中世纪,法哲学和政治哲学则都是神学的一部分,在阿奎那的自然法传统中,法的内涵远远大于当今所谓的法律或政治的涵盖范围,神法、永恒法都是古代"法哲学"研究的对象,人类的秩序需要在宇宙秩序中获得定位和寻找自身存在的意义。

此外,对于当代法哲学的研究范围、研究任务,很多学者也持有不同的观点,因而每一个学者可能会因为其具体理论主张的不同,在对法哲学和政治哲学的区分、界定上也有所差异。比如说分析实证主义法学与自然法学就对法哲学的任务和研究方法有着深刻的不一致。

分析实证主义法学家会认为建立一种对法律纯粹的、价值中立的概念分析的理论是可能的、有意义的,法律应当是什么的问题并不会也不应当影响到法律实际上是什么的问题,如此一来,法哲学和政治哲学的区分在实证主义法学家那里就是很清楚明了的。因为政治哲学必须要探讨诸如正义是什么、公正是什么、一个政府的合法性来源是什么这些实质的规范性问题,而这些都不是实证主义法学家眼中法哲学所应该探讨的领域。

相反,在自然法学者那里,法哲学和政治哲学的研究范围就会有很大的重合。自然法理论所认为的法之为法所必须具备的最低限度的道德特征,往往就是那些需要由政治哲学家确认的有合法性基础的国家应当具备的基本政治正义原则和人权保障原则。

不过,即便实证主义法学和自然法学在研究范围上存在分歧,从而很难一言以概之地界定法哲学与政治哲学各自的任务,但在一些具体的问题上,还是能够明显突出二者的不同。比如说,部门法哲学上的一些问题,显然政治哲学并不会处理;而关于诸如分配正义的问题也单属于政治哲学研究的范畴。

最后还需要注意的一点是,很多当代公认的著名法哲学家,他们的研究领域并不仅仅限于法哲学领域,还包括了道德哲学、政治哲学的问题,并在这些领域上有突出的贡献,如德沃金、拉兹都是同样出色的政治哲学家和道德哲学家。所以,虽然可以抽象地划分出法哲学与政治哲学的不同,但是在实践上二者有紧密的联系。

以上只是对法哲学和政治哲学研究范围的外延的简要界定,而一个更有意义的问题则是法哲学如何能够以其特殊的研究重心和旨趣来为政治哲学上一些问题的解决做出一定的启发和贡献。恰恰是法哲学理论所研究的一个核心问题,即法律的规范性来源,对政治哲学的影响最直接和深刻。法的规范性来源要探讨的是:为什么基于人类某种特定事实行为而产生的法律,可以宣称人民有义务服从和遵守其要求。法律的规范性来源问题与政治哲学上的政治合法性根源问题既有联系又有差异。

所谓的联系是,二者都试图寻找一个政治共同体行使权力、施加义务的正当性基础。一个政府如果是有合法性的,那么这个政府所制定的法律自然就应当有规范性效力。相反,这个政府所依赖和制定的法律具有规范性效力,也是其可以正当、合法地运用公共权力的前提条件。

而所谓的差异是,法律规范性的来源相比于政治合法性的根源,是一个更为基础的问题,它探讨的是为何法律规范的要求、政治权力的运用能有表面上的效力,而不是解决其终极道德上的证成。也就是说,法哲学并不必然试图以某种道德基础来证成法律的规范性来源,而是用一种结合了经验社会学和概念分析的方式尝试着描述和解释通过人类特定行动所产生的法律现象。这就使得法哲学可以在一种更为抽象和一般的层面上开展其研究,而不必直接借助于诸如公平游戏论、社会契约论、默示同意论这些具体的道德理论来解释政治的合法性和法律的规范性。一个表面上有规范性效力的法律体系,完全有可能在道德上是不能得到证成的、不具备合法性和正当性的。

不过,对于法律规范性来源问题的回答,确实能够影响到政治合法性根源的理论建构。比较典型的是卡尔·施米特的法哲学和政治哲学学说。施米特的整个法哲学和政治哲学理论的问题意识都是在探讨法律的规范性、政治权威的最终来源。在理论上,最终来源问题涉及一种无穷倒推的两难选择:对于一个政治共同体的人们来说,一个具体的法律规则有效力是因为它是根据某个人或人的集合的意志所制定的;而这个人或人的集合的意志之所以能够制定法律规则,往往又是因为有更高一层的法律规则授权他们制定法律;当然,更高一层的法律规则本身又需要根据另外一些享有相应权力的人或人的集合的意志制定出来;如此一来似乎就可以在规则与规则制定者的意志之间无限地倒推下去,这就很难解释政治权威最终究竟是源于某种规则,还是源于某个具体人或人的集合的意志。当代的美国法哲学家夏皮罗把这一两难形象地称为是鸡生蛋还是蛋生鸡的问题。

有不少法理学家认为必须要在二者(规则和意志)中间选择其中一个,凯尔森给出最经典的答案就是必须预设一种基础性规则,以基础性规则为出发点,就能建立起整个法律体系规则的完美大厦。卡尔·施米特是凯尔森最积极的批评者,他以辛辣的言辞对凯尔森的规则主义法律模式进行了猛烈的抨击,他说凯尔森的规则主义理论是一种粗陋的同义反复,即"如果某个规范有效,并且因为它有效,它就是有效的"。[1]

---

[1] 参见卡尔·施米特:《宪法学说》,刘锋译,上海人民出版社2005年版,第12页。

施米特在两难选择中选择了另一端,他认为所有政治权力的最终来源都只能是某种具体的人或人的集合的意志,这种具体的人或集团拥有事实性的力量(或事实性权威),他们的这种事实性力量必然是要超越于或高于任何规则的限制的。由此,施米特自然就会就得出结论,指出政治权威最终只能源于掌握了政治权力的主权者的意志。施米特著名的关于例外状态和主权者决断、大民主的论述,都是其法哲学立场上的自然引申。

而凯尔森、施米特之后的法哲学家,一般都不会在意志和规范中独选一者。通过借鉴奥斯汀的言语行为理论,以哈特为代表的法哲学家认识到,在实践活动中,人类的很多意志或意向性行动都是以规则为背景,或者是通过规则才得以可能的,比如说一个人想要结婚,那么这个人就等于接受了社会中有关于婚姻的规则:想要结婚就必须去教堂,交换钻戒,在牧师的见证下宣誓等等。认为人类社会中只存在着"无规则的纯粹意志"以及"无意志的纯粹规则",而不认同"意志和规则的交融",是不正确的观点。哈特认为决定法律规范性最终根源的就是特定的人们(法律官员)在接受(以内在观点)某种规则前提下的行动,不论是与凯尔森还是与施米特相比较,哈特的这种解释无疑有着更强的说服力。

在哈特的法哲学理论基础上,当代的法哲学家们一般都会重视事实性权威在确立法律规范性、法律效力中的作用。比如说,拉兹和菲尼斯都会认为为了解决共同体合作所必需的协调性问题,服从某种事实上已经被承认的权威的要求,是非常必要的。由于事实性权威的存在本身就是一种宝贵的社会资源,因而关键性的问题就不再是研究这种事实性权威的历史性根源或道德基础,而是要保证这种事实性权威今后能够继续良好地发挥作用。相比于政治哲学,法哲学对于从事实中产生规范的难度更为敏感,因而很多法哲学家们似乎已经不太指望能够对政治权威的合法性作出一种完全的道德证成。因为任何一种对于政治权威的道德证成理论,都必须预设一种人们所接受的基本社会事实,而质疑、反对这种基本社会事实的规范性理由总是能够找出来的。于是,法哲学家们就会自然地认识到道德证成对政治秩序的形成和运行所能起到作用的限度。

近年来对这一问题有新的贡献,并且代表了法哲学与政治哲学交叉研究的典范著作就是瓦尔德龙的《法律与分歧》。在这本书中,瓦尔德龙试图在当今西方真实的政治环境中建立一种法哲学理论。

一方面,他拓展了拉兹的法律权威理论,指出法律的作者不是独立的理性思考的单一立法者,而是代表了不同立场和利益并相互辩论、碰撞意见的众多立法者。因而,法律的权威并不来自立法者的专业知识和精密的理性设计,而是为了解决政治合作和协调性问题所必需的制度妥协——听取大多数人意见的民主决策原则。另一方面,瓦尔德龙也在罗尔斯的政治自由主义理论上更进一步,指出在当今多元的社会中,人们不仅仅会对那些关于善的形而上学问题产生理性的不一致,对于基本政治原则、权利保障清单也会持有理性的不一致。因而,不可能指望着一种先于民主决策的政治哲学理论来确定政治权力的界限和运用方式。但问题是民主决策的过程本来就需要规则来指导,而对这种规则本身人们又可能持有理性不一致的观点。所以,这就又迫使我们意识到了既存的事实性权威的重要性,对于民主政治的历史性形成,也只能以立宪时刻这种带有神秘化的说法来解释。

以上就是从法哲学的角度分析政治现象,所能带来的一些启发和帮助。基于自身的研究路径和思考逻辑,法哲学相较于政治哲学可能会采取一种更倾向于接受现实政治权力关系的保守姿态。一个政治哲学家完全可以声称自己是一个无政府主义者,而一个法哲学家主张无政府主义理论则多多少少是有些奇怪的。

综上所述,法哲学和政治哲学的理论工作可能对一个现实的政治共同体之基础的解释、证成工作所能起到的效果是有限度的。这在当今中国更是如此,对中国的法学和政治学学者们来说,重要的是看到中国社会中的事实性权威已经不容置疑地存在而且将继续存在下去,因此学者们的首要任务是协助其能够良好地运行,发挥有价值的政治功能,而不仅仅是抽象地解释、证成、反思其规范性的来源和道德基础。

"国家的法理论"：
探寻现代国家建构中的法理

董 政*

张文显教授在2017年撰文高屋建瓴地指出，"法理"应当成为法理学的中心主题和中国法学的共同关注。① "法理"概念的凝练与提出对于统合当代中国法理学庞杂无序的研究现状来说意义重大，毕竟如果我们对法理学最根本的研究主题缺乏最起码的共识的话，那么法理学界不仅无法"合力"攻克当代中国面临的理论与思想难题，而且也无法开展活跃、有益的学术争鸣。因此，使法理学研究重新回到对"法理"的共同关注上，是当代中国法理学界走向成熟与繁荣的标志。"国家的法理论"作为一种"以国家为中心"的法学理论同样要遵循这一学术研究准则，所以"国家的法理论"的研究宗旨就是探寻现代国家建构中的法理（the legal principles in the building of the modern state）。

本人将"国家的法理论"之特征概括为以下五个方面：

第一，"国家的法理论"是专门以"国家"与"法"之关系为基本研究范畴的法学理论。如果权利义务关系构成了整个法理学的基本范畴，那么"国家的法理论"作为法理学的一种，其基本范畴也包含在权利义务关系之中，

---

* 董政，浙江温州人，东北师范大学人文学院讲师，法学博士。
① 参见张文显：《法理：法理学的中心主题和法学的共同关注》，《清华法学》2017年第4期。

但是为了强化法理学研究的针对性,提升研究效果,"国家的法理论"又必须要找到自己更为专门的研究基本范畴,即它是一种专门研究"国家"与"法"之关系的法学理论。更准确地说,本人所主张的"国家的法理论"与其他同样以"国家为中心"的法理论的主要区别在于,本人力图以"国家理性"或"国家理由"(Reason of State)这一重要的国家理论作为理解国家与法的理论基础,并且将"国家理性"与"法律理性"(Reason of Law)的对勘关系作为考察"国家"与"法"之关系的分析模型。换言之,"国家的法理论"研究"国家"与"法"之关系,本质上就是探究现代国家建构中"国家理性"与"法律理性"之间的互动互勾关系。这种分析范畴或分析模型的建构有助于开拓我们现在对我国法治实践的视野,因为原有的分析框架仅仅关注"法律理性",比如"法制现代化"理论借助马克斯·韦伯的类型学研究方法和理性观,主要从法律的"价值理性"与"工具理性"的角度理解和把握中国的法制(治)现代化,并且认为法制现代化本质就是一个从人治社会向现代法治社会的转型过程,是人治型的价值-规范体系向法治型的价值-规范体系的变革过程。但是,由于它属于一种"弱"国家的法理论,所以其虽然也强调国家与政府推动法制(治)建设的作用,但是"法制现代化"理论又全然忽视了国家也有自身"理性"这一现实,"国家理性"也由"价值理性"与"工具理性"构成,"国家理性"与"法律理性"这一基本范畴包含着四组"理性"的交织与互动(如下图),忽视任何一组"理性"的运动关系,就难以准确、全面地描绘出当代中国的法治实践图景,最终也无法深刻地领悟建设"法治中国"这一同时涵括"国家理性"与"法律理性"范畴的重大政治使命与法学议题。

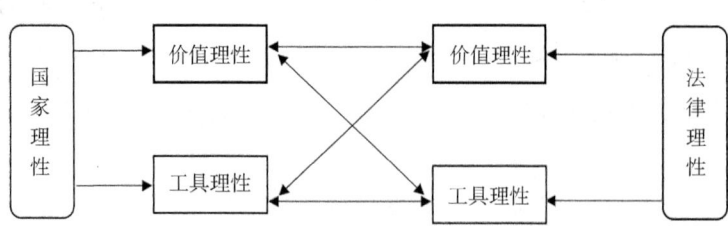

第二,"国家的法理论"是以国家的法律实践(the legal practice of state)为研究对象的法学理论。法理学的研究对象是人的行为,而"国家的法理论"研究的是国家行为(action of state),准确地说,是国家的法律行为或者国家的法律实践。这一研究对象需要在几个层面上进行理解:(1)能够产生现行法律体系内规范效果的国家行为。这也是我们通常熟知的国家及其机构依照宪法和法律所开展的立法、执法、司法等活动。(2)创建国家"宪制"(Constitution)的行为。这一行为就是政治哲学上所谓的"立国"或"立宪"行为。在一国新的政治建制创立之前的非常时期,也就是在一国历史之肇端主权者(代表)奠基国之国体与政体的行为。由于这一行为是现行法律体系的逻辑前提,所以它不受现行法之约束,当然更不可能引起现行法的规范效果。(3)执政党的重大政治决策行为。中国共产党是中国唯一合法的执政党,虽然中国共产党的重大政治决策行为不会立刻、也不会全部转变为正式法律,但是这些指导方针、政策理念、战略布局将深刻地影响中国整个社会,也自然会产生深远的法律意义。(4)国家的对外法律实践。现代国家内政外交的一体性必然要求国家协调处理国内法治与国外法治,因此,"国家的法理论"同样应当将中国参与国际事务中发生的纠纷纳入考察视野,尤其随着中国崛起,虽然我们一直坚持和平发展,但是在当前纷乱并不平静的国际局势中,需要一套"以国家为中心"的法理论妥善地处理这些国际纷争,并且中国作为国际社会中的"大国"(the great power)也应当对整个国际秩序的稳定与发展贡献智慧与力量。

第三,"国家的法理论"是以"国家中心"为研究视阈的法学理论。"国家的法理论"之基本范畴是"国家"与"法"之关系,研究对象是国家的法律实践,那么"国家"自然而然地将成为这一法学理论的研究主题和中心,我们所考察的一切法律现象均要以"国家"或"国家建构"为中心,"国家"构成这一法学理论的研究始点,换言之,作为法理学的一种专门研究,我们并非需要研究一切法律现象,而是透过"国家"的视角考察现代国家建构的法律维度。这里必须要强调的是,以"国家"为中心的指涉仅仅是研究视角,而非研究的价值立场。"国家的法理论"绝非要重返流淌苏联法学血液的"国家和法的理论",绝非将国家利益无条件地置于个人和社会利益之上,绝非主张国家理论必须统领与压制法学理论。另外,以"国家"为中心的研究视阈属于一种宏观研究,即将现代国家的建构置于"大历史"(macro-history)(黄仁宇)或"长时段"(long duration)(法国年鉴史学派)的时间轴之中,注重法理学研究的综合与归纳,而非分析与演绎,力求在当代中国法理学研究短视化和碎片化的现状中有所建树,换言之,本人并不反对法理学研究从具体着手的路径,但是"国家的法理论"最终都需要回归现代中国国家建构的大视野、大方向和大格局。

第四,"国家的法理论"是以探寻现代国家建构中的法理为研究旨趣的法学理论。"法理学"顾名思义研究的就是一切法律现象背后的原理(principles)和规律(law)。因而,"国家的法理论"就以探究现代国家建构中的法理作为根本研究旨趣。这也表明"国家的法理论"属于法学研究的理论研究而非工程研究,提供现代中国国家建构的具体蓝图和设计方案不是本理论之任务,而"国家的法理论"是要在一种"大历史"或"长时段"中考察现代国家建构基于其国家理性如何进行建国与治国之历程,在综合这一历史白描的基础上,将这些国家实践投射在"国家(理性)"与"法律(理性)"之关系的范畴上进行学术原理的归纳与历史规律的提炼。简言之,"国家的法理论"不侧重阐释现代国家建构之法理"应当如是",而是聚焦于指明这一法理"何以如何"。

第五,"国家的法理论"是一种法律政治学的交叉研究。从"国家的法理论"研究属性上看,这一法理论属于一种法律政治学的交叉研究。近年来法学界的法教义学与社科法学之争其实也是法学自身独有研究进路与法学交叉研究之间的对垒,虽然社科法学突破了法学固有的学科界分,主张在其他学科中汲取营养,但是当前所谓的"社科"法学并非囊括一切社会科学,它只是法社会学、法经济学、法心理学、法律与脑科学的统称,其倡导的研究方法主要是实证研究,其所重点关注的对象多是微观或中观法律现象,缺乏宏观视野并且也尚未深入当代中国的政治内核之中。然而,即使在社科法学这一交叉研究在学界引起了广泛关注,并且也享有一定的学术影响力之后,同样作为一种交叉研究的法律政治学却仍然未得到充分的发展,一直停留在"政治"与"法律"的漫谈层面,尚未提出解释当代中国政治法律发展的理论模型,缺乏在法理学层面上进行法学与政治学交叉研究独有的方法论和特定的研究对象,因而当今法理学界依旧缺失专门探究"政治"与"法律"之原理和规律的法理论。故而,作为一种法律政治学的交叉研究,"国家的法理论"需要同时深入政治学与法学的哲学层面与科学层面,尽其所能地在两个学科的研究对象、研究方法、研究立场、研究资源等方面寻找可衔接与可融合之处,探索出当代中国法律政治学研究的一条崭新路径。当然,从法学尤其是法理学的角度出发进行法律政治学的研究与从政治学出发研究政治法律学有一个根本性的区别,即二者的研究重心或研究旨趣迥然有别。"国家的法理论"这一法律政治学研究固然是一种基于国家理论的法理研究,换言之,透过国家理论观察国家法律实践之后最终必须要回归对"国家"与"法"之关系的法理反思,归根结底,"国家的法理论"探求的还是法之原理和规律。

后思想时代的来临[*]

马华灵[**]

十多年前,我跟友人乘坐一辆出租车前往一所著名大学去聆听一位著名学者的演讲。一路上,我们激辩什么是自由,什么是民主,什么是知识分子的责任。为此,我们争得面红耳赤,不可开交。在那个年纪,我们稚嫩的心灵装满着家国天下的情怀。我们思索国家的未来,我们追问人生的意义。尽管我们没有悉心钻研过高深的学理与艰涩的著作,但是,我们所反思的问题却是一百多年来困扰着中国人的大问题。此情此景,历历在目。那时,我们心潮澎湃,豪气万丈,仿佛我们已经掌握了通往真理的道路。如果我们毫不犹豫地沿着这条道路坚定跋涉,我以为我们有朝一日定然都会成为一个个著书立说的大学教授。倏然间,一波冷水浇灭了我们心中的火焰:"年轻人,不要讨论什么自由民主,想想毕业以后的吃饭问题吧!"这个声音来自前面的中年油腻大叔——出租车司机!原本硝烟弥漫的小车一瞬间鸦雀无声,我们集体陷入了深深的沉默。是的,我们无言以对!尔后,这位大叔开始滔滔不绝地分享他大半辈子累积的警世喻言,而我一个字也没有听进

---

[*] 本文是笔者即将出版的第二本书《后思想时代》(上海文艺出版社 2020 年版)的自序。
[**] 马华灵,复旦大学政治学博士,现任教于华东师范大学历史学系,曾任哈佛大学费正清中心访问学者、哥伦比亚大学历史系访问学者,主要学术兴趣是西方政治思想史,出版专著有《反自由的自由:伯林与施特劳斯的思想纷争》(联经出版公司 2019 年版)。

去……

然而,他那句话却从此刻在了我的心头,凝练成一个挥之不去的问题:自由问题和吃饭问题到底是什么关系?后来,我从罗素的《西方哲学史》中读到赫拉克利特的一句话:"驴子宁愿要草料而不要黄金。"①我似乎从中窥见了问题的要津,因为这句话也可以改写成:人们宁愿要一顿白花花的米饭,而不要抽象空洞的自由民主。为什么呢?我的回答是:"为什么驴子不要黄金而选择草料?因为驴子并不清楚黄金可以换购草料这一价值转换关系,在驴子的世界里,黄金一文不值而草料价值连城,没有草料明天就可能饿死,但是即使千担黄金也不能换来一餐温饱,在驴子的眼里,这是最简单不过的道理;同样,在民众的眼里,自由民主这些抽象观念也不能换购米饭,或者说,至少在短期内无法从自由民主直视利益的影子,这就是症结所在。所以,尽管知识分子声嘶力竭地鼓吹自由民主而民众毫不动心,关键的问题是如何建立一种自由民主直通米饭的心理认同机制。"②

自由就像空气,它在的时候,你感觉不到它的存在;但是它不在的时候,你立刻就会窒息而死。这个时候,你才会意识到它的重要性。你之所以能够安稳地考虑吃饭问题,是因为你一直呼吸着自由的空气,感觉不到自由的紧迫性。但是,一旦你的自由被剥夺了,你立刻会发现你根本就无法吃饭。这个时候,你才意识到自由多么可贵啊,可是为时已晚了。因此,我们应该在享有自由的时候就捍卫自由,而不是在丧失自由的时候才争取自由。

一只小鸟生活在主人精心布置的笼子里。笼子的空间足够大,食物也足够丰富,笼子简直就是美丽新世界。只要小鸟不去触碰笼子的边界,不去挣脱笼子的束缚,小鸟的生活真是自由自在,岁月静好啊。然而,一旦小鸟去触碰笼子的边界,小鸟立刻就会感受到了阻碍;一旦小鸟去挣脱笼子的束缚,小鸟马上就会遭到主人的鞭笞。

笼中鸟可能一辈子都感到自由自在,是因为它们的生活范围始终都在

---

① 罗素:《西方哲学史》(上卷),何兆武、李约瑟译,商务印书馆1982年版,第70页。
② 马华灵:《让靴子高于头脑,让黄金抵达草料》,《东方早报》2005年4月19日。

笼子内部，从来没有触碰到过笼子的边界，所以它们完全没有意识到笼子的存在。就算它们意识到笼子的存在，它们也不觉得笼子是一种束缚。此时，外面的自由鸟告诉笼中鸟"你在笼子里"，并劝说笼中鸟离开笼子。笼中鸟就会立即反驳："笼子是为了保护我们，不是为了奴役我们。没有笼子，老鹰就会来欺负我们。没有笼子，我们的食物就会被抢走。笼子里的生活这么美好，吃得好，住得好，不怕刮风下雨，不用风餐露宿。我们何必要过那种有上顿没下顿的生活呢？"笼中鸟边说边邀请自由鸟共同体验美好生活。自由鸟怒斥道："你被你的主人洗脑了，赶紧从笼子里出来吧。"而笼中鸟却驳斥道："你被自由的空气洗脑了，赶紧到笼子里来吧。我的生活多么美好，我为什么要去破坏主人的笼子呢？"

笼中鸟也可能想到外面的自由世界看看。可是，每次请求主人的努力都是徒劳，每次挣脱笼子的尝试都换回主人的毒打。为此，主人还缩小了笼子的空间，也减少了美食的供应。而隔壁的笼中鸟却非常机灵，每次主人出现，它都会大喊："主人英明！主人威武！"客人来访时，这只小鸟不但不闹脾气，而且还唱歌跳舞，引得客人连声称赞。重大节日来临时，这只小鸟还会主动献上表演节目，讨主人欢心。因此，主人格外疼惜这只小鸟，每天都精心为它梳洗羽毛，喂上最美味的食物。那只想要飞出去看看的笼中鸟看在眼里，终于开窍了。它付出了惨痛的代价才渐渐明白这个道理：没有笼子就没有自由。于是，主人现身时，它也大献殷勤："没有主人就没有我。主人大恩大德，没齿难忘。"从此，它再也不想念外面的世界了。

但是，为什么笼中鸟离开笼子后依旧为笼子辩护呢？它非但憎恶外面的自由空气，反而怀念笼子，感恩笼子，喜欢笼子。笼子是幸福和安全的标签，而自由是堕落和危险的代名词。笼中鸟的寓言让我想起了"背井离乡"的现代含义。据说现在的井底之蛙跟从前的井底之蛙不同。从前的井底之蛙只待在井底，拒绝去外面的大千世界，所以它的视野就被这口水井给局限住了。它以为水井就是全世界，却不知道外面的世界是水井的千万倍。而现在的井底之蛙并不只待在井底，它也去外面的大千世界。然而，尽管它到了外面的大千世界，它的心中依旧背负着那口沉重的水井。因此，它的思维方式、话语系统和行为习惯跟它在井底的时候并没什么两样。它的身体已经不受限于水井了，但是它的心灵依然被水井束缚住了，就好像它们身在曹营心在汉似的。井底之蛙戴着水井的眼镜观察井外的世界，它以为全世界就是水井，一个放大版的水井罢了。如果有蛙胆敢对这口水井说三道四，它就会义愤填膺地反击："蛙奸！卖井贼！别有用心，居心不良！你们肯定受了井外一小撮敌对势力的蛊惑，企图破坏水井。"井底之蛙背着水井到外面大千世界的故事，就是所谓的"背(bēi)井离乡"！正是因为背井离乡，所以井底之蛙非但不责备水井，反而为水井辩护："没有水井就没有井水，没有井水就没有青蛙。爱井是蛙的光荣传统，护井是蛙的神圣使命。"

我自以为找到了答案，可是我错了。如果答案这么简单，我的那些聪明过人的朋友就不会掉头而去了。

十多年后，我的朋友们为了吃饭问题，再也不谈自由民主了。他们在物质生活方面已经攀上了人生巅峰，恐怕早已遗忘曾经的精神生活了。当我们再度聚首，那一个个年少轻狂的身影渐渐消失在历史的角落，徒留一层层灰尘日夜吞噬着记忆的碎片。一个朋友已经资产千万，但却在众人面前对我说："其实我最羡慕的是你，只有你在做你自己喜欢做的事情。"我不知道这是真心，还是假意。我对他说："那要不你把资产捐出来，读个博士，做做研究，如何？"他默不作声，嘴角一丝坏笑。一个朋友已经是一个新锐公司的骨干，他说："幸亏当年考研没有成功，要不然哪有今天！"他就等着什么时候公司上市，手里的股票瞬间升值，然后实现财务自由，提前安享盛年了。一个朋友已经是中国顶尖公司的高管了，他说："我再也不碰那些话题了。我现在有空就去度度假，要出国旅游就出国旅游，爱干吗就干吗，没有丝毫负担，多么美好啊！"是的，不问世事，岁月静好，这恐怕是聪明人最老到的人生经验。老舍《茶馆》里的四个大字"莫谈国事"，俨然已经是国人心领神会的护身符了。只要你对1984视而不见，那么你就生活在美丽新世界。然而，奴隶就是奴隶，锦衣玉食的奴隶终归也是奴隶。无论如何，我们曾经向往的精神家园仿佛一夜之间就烟消云散了，我的心中一片怅然。今时今日，我茫然若失地在一片思想废墟前彷徨，追寻我们共同失落的精神角落。

我的这段经历让我想起朱学勤的名文《思想史上的失踪者》。他在书中感叹当年启蒙他的那些青年思想者最终都消失了,没有在中国思想史领域中留下任何思想痕迹。要知道,他口中的那些青年思想者,早在高中生的年纪,就以非知识分子的身份思考知识分子在思考的思想学术问题了。倘若假以时日,这些人的思想前途真是不可限量。然而,这些人却统统不见了。他哀叹道:"早在获得知识分子身份以前,你们已经在思考通常是知识分子思考的问题。即使在获得这一身份之后,你们选择的课题也应与早年的问题相距不远。你们是问题中人,不是学术中人。这是你们的命运,注定你们不可能雷同上下两代人。前十年你们有问题,却苦无学理;后十年你们学会摆弄学理,却可能遗忘了问题,更遗忘了勇气。你们有了身份,不能失去自己。学院里的学理,不应该是用来换取学位的,那是同辈牺牲近百人才换来你一个人的思考机会与发言权力。"①

我的那些朋友又何尝不是,他们也是思想史上的失踪者。他们早在大学的年纪就已经在思考困扰中国百年的大问题了。他们的知识水平和思维能力或许尚不足以让他们对这些问题作出深入的解答,但是,他们已经抓住了我们时代的根本问题。他们的思考曾经深刻地影响了我的思想倾向与问题意识,如今也依旧是我进行学理反思的精神资源。而其中的某些人甚至早在高中时代就已经阅读了鲁迅、胡适等著名思想家的作品,因此具有了一般大学生不具备的知识视野与思想格局。那个时候,我时常感叹自己入门太晚,基础太差,也常常自我怀疑:我在这个年纪开始从事思想史研究是不是为时已晚了?在我看来,他们才是未来中国思想史研究领域的学术中坚,而我只是心血来潮的业余者罢了。我是不是应该识趣地知难而退呢?当我还在琢磨如何行文的时候,他们已经写得一手好文,文笔之精妙,思维之老练,经常让我拍案叫绝而自愧不如。然而,资历最差的我竟然是唯一坚持下来的一个。我不知道这是因为他们太聪明了,还是因为我太愚蠢了。我时常悲叹,我们时代最精致的头脑停止了思想!而资质平庸的我却执着于蚍

---

① 朱学勤:《思想史上的失踪者》,花城出版社1999年版,第187页。

蜉撼大树，真是令人哭笑不得。

每一代人都有思想史上的失踪者故事，这是我的故事！

每个人都是思想者。然而，我们时代最精致的头脑停止了思想。不问世事，岁月静好，是后思想时代的生存法则。后思想时代的标志是，人们只关心私人领域的花花世界，却不关心公共领域的腐败堕落；人们尽情享受精美的物质生活，却对病入膏肓的社会痼疾不屑一顾；人们在城市的咖啡馆里品尝着小资情调，却遗忘了盛世蝼蚁的卑微命运。我们集体停止了思想！我们以为闭上眼睛就可以视而不见，我们以为堵上耳朵就可以听而不闻。然而，人是思想动物。一个人放弃了思想，就等于放弃了做人的资格，就等于把自己当成只会吃喝拉撒的动物，就等于堕落为没有灵魂的行尸走肉。后思想时代是没有思想的时代，是非人的时代，是一个时代畸形的标志。要知道，没有思想(thoughtlessness)是阿伦特所谓的"平庸之恶"(the banality of evil)的肥沃土壤！我们固然不想做痛苦的苏格拉底，但是我们甘心只做一头快乐的猪吗？

遗憾的是，在岁月的洪流中，我也渐渐迷失自己了。我心中时常想着这个多年来一直困惑着我的大问题，但是我从来没有对这个大问题进行过任何深入的研究。问题一日不敢忘，但是一日未曾有回答。

我的第一本书《反自由的自由：伯林与施特劳斯的思想纷争》（联经出版公司2019年版）背后承载着一个大问题，但是我只能从两位思想家细琐的学术争论入手。这本书源自我的博士论文。如果我直接从这个大问题入手进行研究，毫无疑问，我是不可能写出来的。一方面，我无法通过博士论文的开题，因为这样的大问题研究是博士论文的大忌。表面上看来，这样的问题意识承载着作者的大视野与大格局。然而，这样的大视野与大格局实际上大而无当，往而不返，是作者眼高手低的表现。因此，导师通常建议博士生要从小问题入手。另一方面，这样的大问题研究也不是短短三四年时间所能完成的。大问题背后蕴含着无数小问题，而每个小问题背后都是一堆需要反复悉心阅读的文本材料。因此，如果博士生贸然以这样的选题作为博士论文的研究对象，那么，这将是一本无法完成的天书。据说欧美的大学书店里就隐藏着某些等待完成天书的神人。他们具有远大的学术抱负，期待完成一本惊天地泣鬼神的大作，因此，他们不甘于写作一本琐碎无聊的博士论文。然而，这样一本天书始终没有完成，他们也始终没有拿到博士学位，所以，他们就寄身于大学书店里，成为大学书店的老板或店员。

因此，一个可靠的博士论文选题应该是，从小问题入手，去回应大问题。我就是这么做的，我尝试从伯林与施特劳斯的小争论入手，去回应我心中所思所想的那个大问题。但是，令我哭笑不得的是，当我把我的博士论文框架拿给哥伦比亚大学的马克·里拉教授看时，他的第一反应是，我要研究的问题太大了；而当我回国把我的框架说给我在复旦大学的导师听时，他的第一反应却是，我要研究的问题太小了。无论如何，我是在一小步一小步地撤退。我从那个大问题一步步撤退到一个毫不起眼的小问题，那个让我容易完成，又具有一定学术含金量的问题。只有这样，我才能够顺利拿到我的博士学位，获得进入学术界的第一块敲门砖。

然而，一步撤退的结果是步步撤退，以至于我再也没有去直面那个大问题。一晃眼，十多年光阴已经匆匆而逝。而我也从一个稚嫩的毛头小伙，即将步入人生的中年了。我的大问题哪里去了？我的大视野什么时候丢失了？我正在从事着思想境界越来越低的学术工作。在中国的学术评价体制中生存，我必须持续不断地生产学术论文。而为了尽快发表学术论文，我不得不继续撤退到越来越小的问题里面去。小问题，既容易上手，也容易出成果，这显然是学术论文生产机制的诀窍。如果我们把心思花在那些数年毫无进展的大问题上，我们简直就是在学术界自寻死路，等待我们的下场就是淘汰出局。大问题不仅困扰着你我，也困扰着无数前辈，日后也必将困扰着志向远大的后来者。在某种意义上，大问题是没有明确答案的问题，是无法轻易解答的问题。即便数年耕耘，也可能徒劳无功，因此这是一种让人望而却步的知识冒险。也正是如此，大问题才是我们时代的根本问题。我正是在这种步步撤退中丧失了探索大问题的勇气和信心。我的心中一直有一个声音在反复自我警告：千万不要成为没有思想的思想者。一个思想者的担当是直面我们时代的根本问题。即便我们目前并不足以立刻解答这个根本问题,但是,我们总是希冀一小步一小步地向这个大问题迈进,期待有朝一日给出自己的答案。

不仅如此,我还深深担忧我的学术会成为没有学术的学术。最近十多年来,中国学术评价体制的特征是课题申请。许多高校都明文规定,申请副教授职称的必要条件是主持1项省部级以上课题,而申请教授职称的必要条件是主持1项国家级课题或2项省部级课题。当然也有替代性方案,但是难度往往更大。在这种形势之下,青年教师不得不为了申请课题而疲于奔命。只要没有申请成功,就必须每年申请。如果六年之内没有申请成功,那么就要面临着解聘的风险。据说这是学习欧美终身教职制度的结果。江湖俗称"六年非升即走",即青年教师必须在六年内评上副教授,否则就会被解聘。而申请副教授的条件之一是主持课题,这样,每个青年教师都必须每年申请课题,直到申请成功为止。我也不得不加入这个游戏。尽管我经常警醒自己保持距离,但是总是提心吊胆。

我正在被我们时代的潮流裹挟而去,这个时代潮流就是没有思想的思想,没有学术的学术。因此,我正在沦为没有思想的思想者,没有学术的学者。我并不是说我们时代的所有思想都是没有思想的思想,也不是说我们时代的所有学术都是没有学术的学术。我所描述的只是一种大势所趋,一种需要深刻反思的知识现象。我想,这既是这十年来我的心路历程,也是这十年来中国学术界的发展轨迹。

20世纪80年代是思想的年代,90年代是学术的年代。从此,中国知识界日渐陷入专业化、学科化、碎片化的学术怪圈,从而逐步丧失了大视野、大格局、大问题的思想境界。我们生产了数以万计的学术论文,然而这些论文似乎只是小圈子的自娱自乐;我们出版了汗牛充栋的学术著作,然而这些著作对社会公众几乎没有什么影响力;我们申请了成千上万的课题项目,然而这些课题项目似乎离学术的本质愈来愈远。在这样的总体趋势之下,我们是否有可能回归王元化先生所倡导的"有思想的学术"和"有学术的思想"?[①] 我们是否

---

① 王元化主编:《学术集林》(第1卷),上海远东出版社1994年版,第370页。

可能找回失落的思想性、公共性与现实性？我们是否有能力回应我们时代向我们提出的根本问题？我们是否有能力处理我们时代所面临的根本困境？鲜矣！令人遗憾的是，我们已经进入了一个没有思想的思想时代。我们的思想是没有思想的思想，我们的思想者是没有思想的思想者。

十年来，中国学术界的通病是，只关注论文数量，而不怎么关注论文质量；只注重论文发表的期刊级别，而不怎么注重论文本身的学术水准；只看论文和课题，而不怎么看专著和译著。少数高校或许还坚持着学术本色，然而大多数高校却已经不可避免地沦陷了。我们的学术跟学术的本质完全背道而驰，我们的学者跟学者的品质完全南辕北辙。毋庸讳言，我们的学术已经掉入万劫不复的深渊了。然而，我们非但不以为耻，反而引以为傲。中国已经成为全世界论文产量最高的国家了，但是，中国到底产生了多少高质量的学术论文呢？中国到底做出了什么令人刮目相看的学术贡献呢？我们的论文产量催生了一批具有同等影响力的学者群体了吗？我们的课题数量制造了一批具有同等原创性的学术成果了吗？鲜矣！令人痛心的是，我们已经进入了一个没有学术的学术时代。我们的学术是没有学术的学术，我们的学者是没有学术的学者。

后思想时代来临的标志是，没有思想的思想，没有学术的学术。这是我们时代的精神病症！在这样的时代境遇中，我的精神焦虑是，我如何避免堕落为没有思想的思想者，没有学术的学者？我是否还有勇气直面我们时代的根本问题？即便我无法完全回答这些问题，我是否能够回答这些问题的万分之一？即便我无法回答这些问题的万分之一，我是否能够把这些问题作为我学术研究背后的问题意识？

奥威尔在《我为什么要写作》中言道："我所以写一本书，是因为我有一个谎言要揭露，我有一个事实要引起大家的注意……回顾我的作品，我发现在我缺乏政治目的的时候我写的书毫无例外地总是没有生命力的，结果写出来的是华而不实的空洞文章，尽是没有意义的句子、辞藻的堆砌和通篇的假话。"[①]

[①] 奥威尔：《我为什么要写作》，董乐山译，上海译文出版社2007年版，第102、104页。

他的文字并非为艺术而艺术,而是为政治而艺术。写作不是文字游戏,不是无病呻吟,不是自言自语。相反,写作是戳穿谎言的武器,是揭露真相的号角,是启蒙世人的福音。因此,写作的目标不是写作,而是政治。

那么,我为什么要写作?我写作的目的是为了回答中国的问题。学术的目的是什么?回答我们这个时代的根本问题。所以,我必须时刻关注这个时代,否则学术何为?如果两耳不闻窗外事,最后连窗子也会打不开。我的现实关怀,最后都会在我的学术作品中找到回应。因此,我并不是为了学术而学术,而是为了问题而学术。问题是思想和学术的灵魂。如果没有问题,那么,我们的思想就是没有灵魂的思想,我们的学术就是没有灵魂的学术。

十多年前,当我打定主意从事学术研究的时候,我的计划是先研究西方思想史,学会西方的理论工具和研究方法,然后再回过头来研究中国问题。我研究西方不是为了西方,而是为了中国。同样,我研究的问题不是西方的问题,而是中国的问题。但是,我为了在学术界谋生存,却越来越陷入西方的学术研究之中,离中国的问题越来越远。而早年的同仁如今却跟我说,他们已经读不懂我现在的文章了。这个反应极大地刺激了我,我到底怎么了?为什么具有相同问题意识的友人会读不懂我的文章?要么是我丧失了早年的问题意识,要么是我学会了使用学术江湖的黑话。

《反自由的自由:伯林与施特劳斯的思想纷争》是我的第一本书,这本书偏向学术性、专业性与理论性。《后思想时代》是我的第二本书,这本书偏向思想性、公共性与现实性,当然也包括部分单篇学术论文。这本书并不是要批判中国思想界都是没有思想的思想者,而是要自我警醒千万不要沦为没有思想的思想者。

我希望我未来的研究取向是,有思想的学术,有学术的思想。我要警惕,我的思想史研究不能只有历史而没有思想,否则就沦落为没有思想的思想史了。我也要警惕,我的政治哲学研究不能只有哲学而没有政治,否则就蜕变为没有政治的政治哲学了。

这是一个思想者的精神档案!

当下中国法理学研究之弊端*

吴 彦

我在这里所谈的不是某种"法理学"①,也不是要支持或推出某种具体的法理学主张。我在这里要谈的是某种"法理学的研究",或者说,是关于中国当下法理学研究的某种基本的思想状态。当然,要谈论当下的思想状态,重要的不是要总结它的成就,而是要对它的问题进行必要的反思和检讨。在我看来,眼下中国的法理学研究在某种意义上是不令人满意的,至少从一种理应期待的法理学研究状态的角度看是如此。

一、基础研究的匮乏

所谓的"法理学",顾名思义,就是对于法律的基础理论的研究。但是,

---

* 本文初稿是提交给 2019 年在同济大学举办的"第一届法哲学与政治哲学论坛"的笔谈文章,在此做了实质性的修改。
① 在汉语学界曾有过一场有关"法哲学"与"法理学"之差异的争论,认为法理学更着重对于法律结构的分析,更富分析性和规范性,而法哲学则是对于法律背后因素的哲学探索,因此更富思辨性。在西方学界,也不乏有人在这两者之间做出区分。但在笔者看来,这样的区分对于我们的研究来讲并没有太大必要,甚至可能会人为割裂一种连贯的研究。当然,在这一点上,笔者沿循了菲尼斯(John Finnis)教授的用法。在他看来,法律理论(legal theory)、法理学(jurisprudence)和法哲学(legal philosophy),这三个词语并没有刻意区分的必要,它们大体表达了同样的一种理论旨趣,亦即对于法律的哲学研究。

目前被冠以"法理学"之名的,往往是一个"大杂烩",只要不是部门法和法律史研究范围之内的东西,都可以被称为"法理学"。因此,一些迎合时代偏好和大众趣味的话题往往更易于占据法理学研究的核心,由此而使得法理学对于一些艰涩的基础性问题的思考和研究变得越来越稀少。从某种意义上来讲,法理学目前的状况就像是一个"游魂",最核心的东西往往随着"热点"来回浮动,法理学原本应当关注的一些恒久性的问题,诸如法律的性质,法律与强制、法律与国家、法律与道德之间的关系,为什么需要法律,为什么需要遵守法律,什么样的法律才是好的法律等基础性的、恒久性的问题,中国法理学界的思考在晚近几年没有任何推进的迹象。大家都"一蜂窝"地跑去研究人工智能、大数据、基因编辑等更易于在期刊杂志上刊发的时髦话题去了。

二、过度的"现实取向"
——区分法律政策学与法哲学

法律总是有着某种现实取向,它在很大程度上需要回应特定处境中所面临的问题。所以,法学就其本性来讲,并不像哲学那样,纯粹是思辨性的。法律需要考察具体的处境,需要应对具体的问题。因此,法学在这个意义上是一门技艺。但是,法学除了是一种我们可用之来回应我们现实处境中问题的技艺之外,它同时也涉及对一般性的人类行动的评价,这种评价在根本意义上处在伦理的范围之内。所以,法学除了是一门技艺之外,也是一门关乎我们如何行动,关乎各种人类事物如何安排的伦理学学问。所以,法学并不也不应完全是现实取向的。尽管现实取向或"实践"取向是法律的一个不可或缺的部分,但就法律最核心的内核来讲,它是理论性的,亦即是实践-道德性的。而这种实践-道德性最根本的体现就在法理学这里。因此,一味地强调法理学的现实取向,强调某项法理学研究的现实意义,在很大程度上偏离了法理学本身所具备的基本特性。在这个意义上,笔者更愿意说,我们在很大程度上可能需要在"法律政策学"与"法理学/法哲学"之间做出必要的区分,从而把那些致力于现实的有关法律的研究纳入法律政策学的范围,而把对于基础问题的研究(包括对于重要法哲学家的研究和对于重要议题的研究)重新留给法理学。

三、"热点"的追逐

追逐热点与过度强调法理学的现实取向是密切联系在一起的。法学理论,其首要的任务是对法理的一般性问题进行深入、系统和有说服力的研究。这些研究在根本意义上与"热点"是没有什么关系的。法理的研究不能成为一种"政策"的研究,法理学不能是一种"智库",这与法理学的本性是相偏离的。作为基础研究的法理学,在很大程度上是且理应是一门"冷门"的学问,它关注人类生活的深层次问题、恒久性问题和根本性问题。当然,在这个意义上,法理学研究绝不是要刻意地保持与现实的距离。相反,正如上面所一再强调的,就法学的本性来讲,它是有很强的现实取向的,而且某些"热点"的出现——诸如人工智能、基因编辑——其本身就内含着某些棘手的人类困境,如果法理学研究能够在这些热点问题的背后系统地思考这些人类困境,并在此基础之上建构一套可用以挑战我们传统固有理解的法律理论,那么这样的研究才是值得被倡导的。

四、学科的壁垒及封闭
——走向一种"大法学"的法理研究

法律理论研究不能局限于单纯的法律领域,而必须要跳出法律领域,进入由道德、政治和法律哲学共同构成的实践哲学领域。法律必须在这个整体性的人类实践活动中才能得到更好的理解。法哲学必须被看成是道德哲学的一部分予以研究,或更准确地讲,它是社会伦理学或政治伦理学的一个分支。法哲学是政治伦理学中一个独特的分支,它既依赖于道德的约束,又拥有一个可自由发挥的空间。在这个意义上,法学是一种在伦理约束下的技艺的运用。也正是在这个意义上，历史、习俗以及实践智慧在法律中占据着某种非常重要的位置。因此，自然法与实在法是这样一种作为整体性的实践哲学的法哲学研究的两个主要对象。前者主要讨论一种基本的社会和政治伦理以及法律的伦理，后者则容纳历史、社会的考量。如果我们把这样一种法哲学看成是一种自然法进路的法哲学研究，那么这样一种法哲学研究就绝不是对于超越的高高在上的某种道德的研究，而是对于人类实践活动的基本原则，以及人们在理解这些原则的前提下运用这些原则以应对现实处境（实在法就是这样应对的最主要手段）的研究。因此，一种恰当的自然法哲学绝不会忽视对于实在法的研究，相反，它对于实在法的理解和研究更是一种整全性的研究，将之纳入对于人类实践活动的整体理解之中。实在法，在这样一种法哲学的理解之下，是一种在社会和政治伦理框架之内的实践技艺，就好比遵循建筑规律的建筑师的建筑活动一样，因此，实在法与实践智慧（prudentia）之间的密切联系比所有其他联系都要根本。因此，法学的深层的研究，必须且必然会进入一个狭义法学无法囊括的领域，而这便需要我们开启一种大法学的视野，并在此视野中系统地思考法律。

五、价值研究的缺失
——法教义学与社科法学

眼下中国法理学有所谓的"法教义学"与"社科法学"的争论。当然，这个争论的焦点其实不在"法律理论"，它们不是两套法律理论的争论，而是两种研究法律的方式的争论。因此，我在这里所谈的不是理论本身的对错，而是其所忽视的东西，而这个东西对于眼下法学的前提性思考仍是重要且根本的。所谓的"教义"，在哲学界，通常也把它译为"独断论"，就是把某种命题作为前提不予检讨，进而以此为基础来建构一套体系的理论。"教义"就哲学层面来看，是一个糟糕的东西，因为哲学本身就是对于"前提"的"无限"的追索和检讨，但是法学不同，法是需要被固定下来的，是需要成为人们日常生活的一个可被认知和可被遵循的基本框架的，所以，法的教义有着某种特殊的作用，它是内在于法律的性质本身的。所以，就法教义学本身来讲，它是有某种合理性的，也是且理应是大部分法律实践者着力研读和掌握的。在一个理想的状态中，法教义学理应是法学教育的最主要的部分。但是，法教义学就其性质来讲，是以某种特定的价值秩序以及这种秩序的相对稳定性为前提的，它在某种意义上是对已经确立起来的价值秩序的一种法律上的安排。尽管它也处理价值问题，但是，它的处理方式只是片段性的，而不是系统性和根本性的。因为，它是以业已被确立起来的基本价值秩序为前提的，所以，对于价值秩序本身的合理性和合法性，以及价值秩序本身的安排，法教义学就其自身为其自身所设定的任务来讲是无力处理的。也正是在这个意义上，相比于法教义学，法哲学/自然法的研究进路更接近社科法学。但社科法学的问题在于，它对于价值问题的关注本身是偏颇和干瘪的，社科法学在某种意义上渊源于西方的经济分析法学，且混合了社会学的一些研究方法，它把效率、后果、有效性作为法律最核心的乃至是唯一的价值目标。这是对于人类生活的基本价值的无知。法律理应着眼于对于人类生活中的不同类型的价值的保护，从而使人能够通过追求不同种类的价值而达致其本身的完善。在这个意义上，无论是法教义学，还是社科法学，都无力解决眼下中国在价值问题上（无论是个人层面上的、社会层面上的还是政治和国家层面上的）所面临的基本困境。

六、缺乏对于人类生活具体问题的系统研究
——部门法哲学的研究

近30多年来，中国法理学者经常抱怨的一件事情就是法理学者不关注和研究部门法。因为缺乏对于部门法的精深研究而使得法理学者无力参与部门法的讨论之中，进而使得中国整个法理学界对于整个法学的辐射和影响力在逐年递减。与之不同，无论是欧洲大陆还是英美世界，他们的法理学

教授几乎都会同时专研某一部门法或涉足多个部门法,有些法理学者甚至本身就是某个部门法领域的领军人物。比如富勒(Lon Fuller)在契约法方面的研究本身就是英美契约法史上的一座里程碑,20世纪英美契约法的学说史就是以富勒的理论为讨论起点的。另外,像哈特,他还专攻刑法,他的再传弟子,刚刚去世的牛津前法理学教授加德纳(John Gardner)也是以刑法研究著称于世。这样的例子比比皆是,对于他们来讲,并没有严格的"部门法学者"(刑法学者、民法学者)和"法理学者"的界分,一位不研究部门法的法理学者是无力对问题(无论是一般性的问题还是具体的问题)的复杂性作出良好判断的,而一位不研究法理学的部门法学者不是缺乏对于问题的系统看法,就是缺乏真正认识问题本质的能力。

然而,我在这里说法理学者应该研究部门法,不仅仅只是说他要去研究那些具体的法条,而是要研究部门法所规定的那些对象。部门法的基础不在法条本身,法条只是一种特定意志的体现,或特定意志的某种特定的展现形式。法条的背后是活生生的人类生活形式本身。比如我们的家庭法和婚姻法,其背后是家庭和婚姻这种人类生活形式。我们到底应该如何设想家庭和婚姻?家庭和婚姻的性质到底是什么?它们理应是什么样的?这是我们在思考和研究家庭法和婚姻法之前首先需要考察的,只有在这样一种考察的基础上,我们才可能对目前以法条形式予以固定下来的那些家庭规范和婚姻规范作出批判性的检讨,而这种检讨是法学学者理应从事的最根本的任务和使命。因此,我们可以说,就法学研究来讲,以家庭法为例,它的基础在于对于家庭的法哲学研究,而家庭法哲学的背后则是对于家庭本身的哲学思考和研究(见下图)。因此,我们可以说,这是一个尽管有分层但却连贯一致的学术共同体的共同事业。在这里,法理学者既要深入更基础的哲学性的研究,亦即对于家庭、婚姻、战争、国家、契约、公司等人类生活形式和联合形式作出哲学性的研究,又要同时兼涉具体的制度架构。他们所担负的这一承上启下的贯通式的使命,是其他学者无力承担的。或许这也是我们未来的法理学者理应为其自身设定的任务和使命。

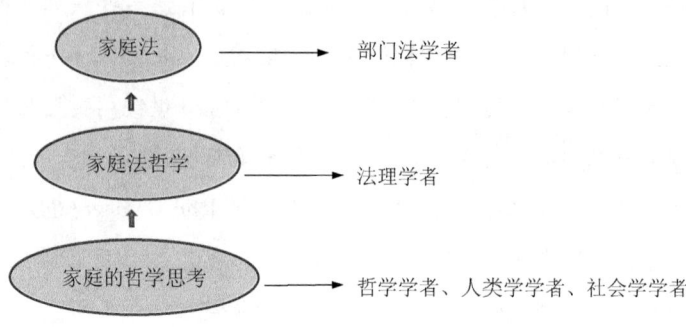

七、结语

在这里,我们可以看到,法理学是一门极其特殊的学问。它是沟通哲学和法学的一座桥梁,它要求法理学者既要有哲学的素养,又要有法学的素养;既要深入哲学之中进行哲学性的探索,又要回到法学之中寻找现实的解决之道。它既要求法理学者去思考人类生活的基本问题,又要求他返回现实思考具体的制度架构。因此,思想史与制度史、哲学与法学、思辨与求实、历史与现实,所有这些有时看起来不相一致的东西在法理学学者这里必须要以一种融贯的方式被结合起来。只有在这个意义上,法理学才可能焕发出它应有的魅力。而在这里,它唯一需要戒备和防范的就是那种追逐热点、自我封闭、单向度的技术取向、缺乏伦理思考的单薄的法理学研究。只有如此,它才可能真正成为一门值得尊敬的学问。

稿约和体例

宗旨

《法哲学与政治哲学评论》(以下简称《评论》)以纯粹的学术为根本。旨在译介西方经验、反思自我处境、重提价值问题。以开放和包容,促进汉语学界有关法哲学和政治哲学的讨论和研究。

投稿方式

一、《评论》采双向匿名审查制度,全部来稿均经初审及复审程序,审查结果将适时通知作者。

二、本刊辟"主题""研讨评论""经典文存""书评"等栏目。"主题"部分欢迎以专题形式投稿,有意应征者准备计划书(一页)以电子邮件寄交《评论》编辑部,计划书包含如下内容:

(一)专题名称(以中外法哲学和政治哲学论题为主题,此主题应具有开放出问题且引发思考之可能性)。

(二)专题构想(简短说明专题所包含的具体研究方向,说明本专题的学术意义或价值)。

(三)预备撰写论文人选与题目。提出4—5篇专题论文撰写者与论文(或译文)题目清单,另附加1—2篇专题书评之清单。

(四)预备投稿时间(本专题计划书经审查通过后,应能于半年内完成)。

三、凡在《评论》刊发之文章,其版权均属《评论》编辑委员会,基于任何形式与媒介的转载、翻译、结集出版均须事先取得《评论》编辑委员会的专门许可。

四、稿件一经刊登,即致薄酬。

五、来稿请提供电子档,电子邮件请寄交至下述地址:shenyanw@163.com。

体例

一、正文体例

(一)文稿请按题目、作者、正文、参考书目之次序撰写。节次或内容编号请按"一""二"……之顺序排列。

(二)正文每段第一行空两格。独立引文左缩进两格,以不同字体标志,上下各空一行,不必另加引号。

(三)请避免使用特殊字体、编辑方式或个人格式。

二、注释体例

(一)文章采用脚注,每页重新编号;编号序号依次为:①,②,③……

(二)统一基本规格(包括标点符号)

主要责任者(两人以上用顿号隔开;以下译者、校订者同)(编或主编):《文献名称》,译者,校订者,出版社与出版年,第×页。

(三)注释例

1. 著作类

邓正来:《规则·秩序·无知:关于哈耶克自由主义的研究》,生活·读书·新知三联书店2004年版,第371页。

康德:《实践理性批判》,邓晓芒译,杨祖陶校,人民出版社2003年版,第89—90页。

2. 论文类

邓晓芒:《康德论道德与法的关系》,《江苏社会科学》2009年第7期。

3. 报纸类

沈宗灵:《评"法律全球化"理论》,载《人民日报》,1999年12月11日第6版。

4. 文集和选集类

康德:《论通常的说法:这在理论上可能是正确的,但在实际上是行不通的》,载康德:《历史理性批判文集》,何兆武译,商务印书馆1990年版,第202—203页。

5. 英文类

(1) 英文著作

John Rawls, *A Theory of Justice*, Cambridge, M. A.: Harvard University Press, 1971, pp. 13 - 15.

(2) 文集中的论文

Niklas Luhmann, "Quod Omnes Tangit: Remarks on Jürgen Habermas's Legal Theory", trans. Mike Robert Horenstein, in *Habermas on Law and Democracy: Critical Exchanges*, Michael Rosenfeld and Andrew Arato (eds.), California: University of California Press, 1998, pp. 157 - 172.

(四) 其他文种

从该文种注释体例或习惯。

(五) 其他说明

1. 非引用原文,注释前加"参见"(英文为"See");如同时参见其他著述,则再加"又参见"。

2. 引用资料非原始出处,注明"转引自"。

3. 翻译作品注释规范保留原文体例。

著作权使用声明

本刊已许可中国知网等网络知识服务平台以数字化方式复制、汇编、发行、信息网络传播本刊全文。所有署名作者向本刊提交文章发表之行为视为同意上述声明。如有异议,请在投稿时说明,本刊将按作者说明处理。

图书在版编目(CIP)数据

菲尼斯与新自然法理论 / 吴彦主编. —北京：商务印书馆，2020
(法哲学与政治哲学评论；第5辑)
ISBN 978-7-100-18433-5

Ⅰ.①菲⋯ Ⅱ.①吴⋯ Ⅲ.①自然法学派－研究 Ⅳ.① D909.1

中国版本图书馆 CIP 数据核字（2020）第 072940 号

本书得到同济大学
"中央高校基本科研业务费专项资金"资助

权利保留，侵权必究。

法哲学与政治哲学评论（第5辑）
菲尼斯与新自然法理论
吴　彦　主编

商 务 印 书 馆 出 版
(北京王府井大街36号　邮政编码 100710)
商 务 印 书 馆 发 行
江苏凤凰数码印务有限公司印刷
ISBN 978-7-100-18433-5

2020年8月第1版　　开本 787×960 1/16
2020年8月第1次印刷　　印张 23½

定价：98.00元